ASTROLOGISCHES LEHR- UND ÜBUNGSBUCH

nach protokollarischen Aufzeichnungen
eines Abendkurses, basierend auf dem System der

MÜNCHNER RHYTHMENLEHRE

Leiter: Wolfgang Döbereiner

1. Teil

Herausgabe und Vertrieb: Verlag Döbereiner

Die Münchner Rhythmenlehre ist ein in sich geschlossenes astrologisches System.

Es beinhaltet:

1.) Definition und Interpretation der vier Quadranten wie Häuserbild - Konstellationsbeschreibungen und deren Zuordnungen

2.) Trennung von Anlage zu Verhalten mit Deutungsmethode (Anlage - Verhalten - Finalität bzw. AC - Sonne - MC) - Weg der Aphrodite

3.) Rhythmische Auslösung und Schwingungsbilder (Septare) - rhythmische Systeme

4.) die sich aus dem System ergebende Anschauung und ihre Definitionen

Das System wurde vom Kursleiter in der Zeit von 1952 bis 1956 entwickelt und erstmals als "Münchner Rhythmenlehre" von 1956 bis 1959 in der damaligen Süddeutschen Astrologieschule in München gelehrt.

Jede unzitierte Anführung aus dem Systembereich der "Münchner Rhythmenlehre" ist ein Plagiat.

Alle Rechte bei Wolfgang Döbereiner
80687 München, Agnes-Bernauer-Straße 129

Herausgegeben im Verlag Döbereiner

1. Auflage Herbst 1978
11. Auflage Oktober 1994

Herausgabe und Vertrieb: Verlag Döbereiner
ISBN 3-927094-12-9

An dem Abendkurs mit Beginn vom 13.10.1971 nahmen etwa fünfzig
Teilnehmer der verschiedensten Berufs- und Altersgruppen mit Grund-
oder Hochschulbildung teil.

Die Initiative zu den Kursaberden ging von zwei späteren Kursteilnehmern aus, die den späteren Kursleiter fragten, ob er nicht bereit wäre, einen Astrologiekurs zu halten. Dieser war
einverstanden mit der Bedingung, daß alle organisatorischen Fragen, sowie die Teilnehmerwerbung von den Initiatoren übernommen
wird.

Es wurde von den Initiatoren ein Inserat in die Zeitung gesetzt
und an die Interessenten ein Schreiben über Teilnahmebedingungen
gerichtet. Vereinbart wurde ein Abendkurs wöchentlich einmal jeweils mittwochs in den Räumen einer Fahrschule mit etwa fünfzig
Plätzen in München-Pasing.

Der erste Kursabend begann Mittwoch, den 13. Okt. 1971 abends um
19 Uhr 30.

Erklärung des Kursleiters:

Die Diktion des gesprochenen Wortes wurde belassen, um aus der Atmosphäre und Unmittelbarkeit der Kursabende mit Frage und Antwort den dargebrachten Lehr- und Übungsstoff lebendig und verständlich zu erhalten. Desgleichen auch, um Fragestellungen der Kursteilnehmer in der Diktion des Fragestellers zu belassen. Da als Bevölkerungsquerschnitt im Kurs alle Alters- und Sozialschichten vertreten waren, wird damit stellvertretend für den Leser mitgefragt.

Der Kurs war - aus der Situation heraus - von Anfang an improvisiert. Es waren aber dennoch zwei Leitlinien zugrundegelegt:

1. Keine sogenannten Kochrezepte zu vermitteln und dadurch notgedrungen den Scküler zunächst zu überfordern und in ein Chaos zu versetzen, mit dem Ziel, daß das Wissen von ihm selbst organisiert wird, seinem Habitus entsprechend.

2. Den Schüler in die Richtung eincr wertfreien und ideologieungebundenen Beurteilung zu bewegen, ihm möglicherweise den Anstoß zu geben zur Distanz gegenüber unerlebten Zeitklischees,-den echten Tabus einer jeden Zeit.

Um den Schüler unabhängig davon zu halten, wurde Kritik vielfach zur Provokation.

                                                               Wolfgang Döbereiner

ERSTER ABEND

13. Oktober 1971

(Durch Lücken in den Tonbandaufzeichnungen waren die Protokolle von S. 15 - 44 nicht vollständig; das Fehlende wurde durch Notizen von Kursteilnehmern ergänzt.)

K = Kursteilnehmer
A = Antwort des Kursleiters

Es gibt die Klassik, von altersher sozusagen, es gibt die Hamburger Schule, es gibt die Schule Ebertin. Und es gibt die sogenannte Rhythmenlehre, die kein Mensch kennt. Das ist die Münchner Schule, die ist mal vor fünfzehn Jahren gelehrt worden (von 1956 bis 59). Da gab es in München eine süddeutsche Astrologieschule. Es waren pro Kurs zwölf Personen da und wenn man bedenkt, daß das vier Jahre waren, dann waren das achtundvierzig Schüler.

Diese Rhythmenlehre wird hier gelehrt, weil ich sie entwickelt habe und weil ich sie für das augenblicklich beste und gegenwartsbezogenste System halte. Der Unterschied zu den übrigen Systemen ist folgender:

Sie haben bei den übrigen Systemen Aussagen aufgrund irgendwelcher Konstellationen, und dann müssen Sie suchen: auf welcher Ebene passiert das, - erlebe ich das an mir, erlebe ich das am anderen? Sie erhalten auch keine Beziehung zu dem, was das Ereignis eigentlich soll im Verhältnis zu der Person, der es geschieht. Mit anderen Worten: Sie errechnen ein Ereignis und die betreffende Person, der es geschieht, ob sie das selbst sind oder ob es eine dritte Person ist, - hat nicht die geringste innere Beziehung dazu, - sie kommt in kein begreifbares Verhältnis zu dem, was ihr als Ereignis genannt wird. Das ist mit den Direktionen der Fall und was es sonst noch an bisherigen Techniken gibt.

In der Ihnen hier dargebrachten Rhythmenlehre ist das anders. Sie sehen in einer Konstellation sowohl das Anlagebild, das sich in einer bestimmten Zeit auswirkt, als auch das damit verbundene Ereignis. Das heißt, Sie haben damit die Chance, ein begreifbares Verhältnis zu dem Ereignis zu kriegen, das Sie betrifft, - nämlich die Verbindung zwischen Ihrer Anlage, die einen bestimmten Ereigniswunsch hat und aufgrund dieses Ereigniswunsches sich das entsprechende Ereignis sucht. Und dann erst haben Sie ein sogenanntes ausgesöhntes oder zumindest begreifbares Verhältnis zu dem, was man Schicksal oder Geschick nennt. Und das ist auch meistens der Grund, warum man sich überhaupt mit Astrologie beschäftigt.

Dann komme ich zum zweiten Punkt: Wenn Sie, - und da müssen Sie sich vorher im klaren sein - wenn Sie heute Physik studieren oder weiß der Deibel was sonst, dann hat dies keinen Einfluß auf Ihre Anschauung oder Haltung. Wenn Sie sich aber mit Astrologie beschäftigen, dann ist das nicht ohne Folgen für Ihre Anschauung und Ihre Haltung.

Das ist ein ganz wichtiger Punkt, und zwar deswegen, weil Sie hier Einblick bekommen in die Verwirklichung von Inhalten nämlich in den Vorgang der Verwirklichung eines eigenen Anlagebildes in ein außen spür- und greifbares Ereignis. In dem Augenblick, in dem Sie diesen Vorgang mitvollziehen können, bleibt das für Sie nicht ohne Schlußfolgerungen, also das war der Punkt Nummer zwei.

Nummer drei: Meistens wird das Wort Erlebnisfreude als sehr positiv bezeichnet. Aber jede Sache hat ihren Gegensatz. Das heißt, wenn man Astrologie betreibt, sollte man die Erlebnisfreude, soweit es sich auf andere bezieht oder auf andere ausrichtet, nicht zu weit treiben. Das heißt: vielerlei Berufe werden ergriffen und Tätigkeiten vollführt, um eigene Mängel sozusagen zu kompensieren. Das ist in jeder Berufsgruppe möglich, ob das ein Jurist ist, ob das ein Arzt ist, der seine Unsicherheit dadurch kompensiert, daß er Unsicherheiten beim anderen oder Schäden beim anderen feststellt. Das ist auch beim Astrologen, der sich astrologisch betätigt, möglich. Das heißt mit anderen Worten: ein persönlicher Erlebnismangel wird dadurch abreagiert, daß man sich in das Schicksal anderer einmischt. Daß man das Schicksal anderer bewertet, weil man meint, man hätte selbst den Schlüssel dazu. Daß man dann sozusagen im Schicksal vom anderen herumrührt, was ziemlich verantwortungslos ist, weil man den anderen benützt, um seine Erlebnisunfähigkeit zu kompensieren. Das heißt in erster Linie: wenn Sie Astrologie betreiben, dürfen Sie sich nur äußern, wenn Sie gefragt sind, nie von sich aus. Sie werden eines Tages, nach soundsoviel Stunden, anfangen Horoskope zu machen und man wird neugierig und möchte wissen, was hat der für einen Aszendenten -"ach da schau her, der hat die Venus im fünften Haus, daraufhin muß ich ihn mir noch einmal genau anschauen" - und so weiter. Das ist alles schön und recht, das gehört zum Zurechtfinden im Leben. Aber in dem Augenblick, in dem Sie dann bereits konstruktive Gedanken hegen, um sich dann in dessen Lebensbereich einzumischen, selbst in Gedanken, ist das schon ein Übergriff, den Sie sich als astrologisch Tätiger nicht leisten dürfen. Was Sie damit anstellen, können Sie meist nicht ermessen. Es gibt ganz einfache technische Methoden, mit denen können Sie die Beute verblüffen, es geht ganz billig, da braucht man noch gar nicht viel zu können. Wenn Sie dann irgend jemandem, der in Schwierigkeiten ist, Sie aber noch nicht als solcher gefragt hat, irgendeine kleine technische Brillanz servieren, ist der zunächst beeindruckt, dann aber kommt nichts nach, nichts, womit dem geholfen wäre.

Das nächste ist, Sie werden auch lernen müssen, daß Sie bei einer astrologischen Betätigung irgendeiner Art, und wenn es nur als Hobby für Sie ist, nicht bewerten dürfen. Das heißt Leistung und Bewertung zählen nicht beim Astrologen, auch nicht die moralische Bewertung. Die Frage, ob sich jemand in seinen Anlagen diszipliniert oder nicht diszipliniert, ist keine Wertfrage.

Im Gegenteil: wenn zu Ihnen heute einer käme und der hätte gerade einen anderen umgebracht, dann müßte er Ihnen irrsinnig leid tun, um der Realität willen, die er in sein Leben gesetzt hat, die ohne weiteres nicht mehr wegzubringen ist. Das allerschlimmste wäre, wenn Sie den moralisch verurteilen würden.

Es kommt jetzt nicht darauf an, ob dessen Veranlagung gut oder schlecht ist, sondern es kommt darauf an, ob dessen Veranlagung geeignet oder ungeeignet ist für ein soziales Zusammenleben. Nur darauf kann es sich beziehen, daß man diagnostiziert ohne zu bewerten.

Das ist das, was ich zunächst einmal allgemein vorausschicken wollte.

Das nächste ist, - ich müßte also dann bei Ihnen ganz von vorne anfangen. Die Aufstellung eines Horoskopes leidet jetzt natürlich darunter, daß keine entsprechenden Unterlagen da sind, bei den meisten jedenfalls. Das ist im übrigen auch das Langweiligste an der Astrologie, auch für mich. Sie brauchen keine Angst zu haben, daß es zu kompliziert wäre, - Sie bekommen am Schluß ein Schema, das Sie fast blind handhaben können.

Vorher erkläre ich nur, wie das zustande kommt und wie es sich begründet, - Sie müssen das wenigstens einmal gehört haben.

Wenn man ein Horoskop macht, hat man zuerst mal ein Geburtsdatum, eine Geburtsstunde und einen Geburtsort. Was nehmen wir jetzt zum Beispiel?

K: 1. April.

A: 1. April, wann?

K: 1900.

A: 1900, welche Zeit?

K: 12 Uhr 30 MEZ.

A: 12 Uhr 30 MEZ und wo?

K: In München.

A: Also, 1. April 1900 in München um 12 Uhr 30 MEZ.

Das ist das, was Sie, wenn Sie ein Horoskop machen, zuerst einmal bekommen. Dabei müssen Sie voraussetzen, daß die Zeit mit 12 Uhr 30 auch stimmt. Meistens stimmt es nicht, weil meistens um zehn Minuten auf - oder abgerundet wird. Manchmal stimmt es um ein oder zwei Stunden nicht, weil meinetwegen der Geburtsvorgang um 1900 eventuell ein langwieriger war, und dann hat die Gebärende meistens einen Aufhänger, an dem sie sich erinnerungsmäßig orientiert, - und selbst, wenn eine Stunde danach die Glocken zwölf Uhr mittags läuten, dann hat sie daran eine Erinnerung: "Um zwölf Uhr mittags, das weiß ich ganz genau". In Wirklichkeit ist es um elf Uhr gewesen.

Der Geburtsaugenblick wird nach Untersuchungen bezeichnet, die ein früherer Astrologe um 1930, 1935, der Chef einer gynäkologischen Klinik war, ein Dr. med. Peschek aus Dresden angestellt hat. Er hat Untersuchungen über die Genauigkeit der Geburtszeiten aufgrund welcher Ausgangspunkte angestellt. Und der Ausgangspunkt für ihn ist nicht die Abnabelung, sondern der Ausgangspunkt für ihn ist der sogenannte erste in sich geschlossene Kreislauf des neuen Lebewesens, das heißt also der erste Schrei gewesen. Dieser erste Schrei kann in allen möglichen Stadien der Geburt stattfinden. Der kann auch unter Umständen, was eben gefährlich ist, - auch schon im Mutterleib stattfinden. Aber dann ist dieses die Geburtsminute.

Infolgedessen muß man immer korrigieren und muß sich immer klar sein: Die Geburtszeit, die ich da zur Verfügung habe, ist ein Ungefähres, ein Etwa.

Ich versuche jetzt den Vorgang genau zu erklären: Wenn Sie eine Geburtszeit bei uns haben von 12 Uhr 30, dann ist das meistens eine

MEZ, das heißt Mitteleuropäische Zeit die von der Weltzeitzone um eine Stunde entfernt ist.

Das kommt dadurch, daß die Sonne einen Längengrad von vier Minuten durchläuft. Daher ist es so, daß zwölf Uhr mittags, also Sonne im Zenit, in Paris zu einem anderen Zeitpunkt stattfindet, als in München, also nicht synchron oder gleichzeitig mit München oder Moskau. Um die Zeitunterschiede zu regeln, hat man am Ende des vorigen Jahrhunderts, so um 1894 in Zeitzonen eingeteilt, - in internationale Zeitzonen von je fünfzehn Längengraden. Für einen Längengrad braucht die Sonne also vier Zeitminuten, das ergibt bei fünfzehn Längengraden eine Stunde Differenz, sodaß die MEZ von der Greenwichzeit, - auf dem Null-Meridian der durch Greenwich bei London verläuft, der sogenannten Nullzeit oder Weltzeit -, um eine Stunde entfernt ist. Das heißt also, wenn Sie osteuropäische Zeit haben, dann ist die osteuropäische Zeit von der sogenannten Nullzeit um zwei Zeitzonen, also zwei Stunden entfernt. Die Geburt, die hier um 12 Uhr 30 MEZ wäre, die wäre dann in osteuropäischer Zeit um 13 Uhr 30. In Greenwichzeit ist sie um 11 Uhr 30.

Nachdem sämtliche Ephemeriden (Gestirnsstandstabellen) auf Greenwich eingerichtet sind, und auch noch aus anderen Gründen, stellt man sofort die Greenwichzeit her.

Sie müssen sich das ungefähr so vorstellen: Sie haben hier Greenwichzeit und Sie haben hier Zeitzonen, an denen die Sonne von Ost

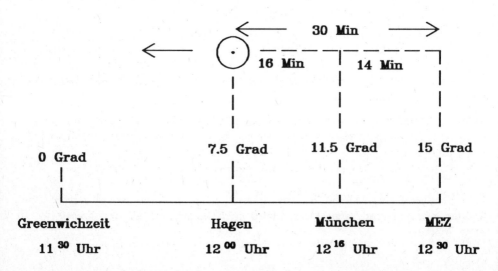

nach West sozusagen entlangwandert und wo die Sonne immer zu ganz verschiedenen Augenblicken mittags im Zenit steht.

Und Sie haben hier eine Geburt in der Zeitzone der MEZ. Für den ganzen geographischen Raum dieser Zeitzone ist es 12 Uhr 30 bei der Geburt. Dann werden Sie einsehen, daß die Pauschale der MEZ für unseren geographischen Bereich von fünfzehn Längengraden natürlich nicht auf jeden Einzelort zutrifft.

Sie müssen daher folgendes machen: Sie ziehen eine Stunde ab, das ist die Stunde zur Greenwichzeit und zählen die tatsächlich vergangene, durchlaufene Zeiteinheit bis zum Ort wieder dazu. Das heißt Sie zählen die Längengrade, die der wandernde Mittag in vier Minuten pro Längengrad durchlaufen hat, und nehmen sie mal vier, dann haben Sie die richtige Zeit, das heißt die Ortszeit.

Das wäre in diesem Falle, wenn es 12 Uhr 30 ist: Eine Stunde abziehen, damit Sie auf die Greenwichzeit kommen. Dann haben Sie 11 Uhr 30. Wenn Sie 11 Uhr 30 haben, dann sehen Sie: München ist auf 11,4 Längengrade östlich von Greenwich. Dann sind Sie auf elf Grad, - das Komma-vier das lassen Sie erstmal weg, - östlich von Greenwich. Das heißt mit anderen Worten: Sie haben elf mal vier Zeitminuten, denn die Sonne braucht für einen Längengrad vier Zeitminuten. Diese zählen Sie zu 11 Uhr 30 dazu, - 11 mal 4 = 44, also haben Sie anstatt 11 Uhr 30 jetzt 12 Uhr 14.

12 Uhr 14 ist dann die tatsächliche Geburtszeit, die tatsächliche Geburtsstunde. Ist das einigermaßen klar?

Noch einmal: Sie ziehen von der Ihnen gebotenen Geburtsstunde, wenn sie in unserem mitteleuropäischen Bereich liegt, eine Stunde ab, schauen nach, wieviel Längengrade es von Null-Greenwich bis zu dem Geburtsort sind, nehmen das Ganze mal vier Zeitminuten und zählen es zur Greenwichzeit dazu.

Es gibt Tabellen, da ist das meistens schon mit "mal vier" ausgerechnet, da können Sie es so, wie es drinnen steht, zur Greenwichzeit dazuzählen. Wenn Sie eine englische Geburt haben, brauchen Sie keine Stunde abzuziehen, weil das schon Greenwichzeit ist.

K: Spielt der Breitengrad keine Rolle?

A: Der Breitengrad spielt da jetzt noch keine Rolle, der kommt erst später.

Wir haben hier gehabt: 12 Uhr 30. Der bürgerliche Tag beginnt um 0 Uhr 00, um Mitternacht. Das heißt, eine solche angegebene Zeit von 12 Uhr 30 bezieht sich auf den sogenannten bürgerlichen Tagesbeginn. Der astronomische Tag aber beginnt um zwölf Uhr mittags, das heißt der astronomische Tag ist mittags um 12 Uhr gleich 0 Uhr 00.

Das steht immer vorne drin in den Ephemeriden, ob es eine Mittagsephemeride oder ob es eine Mitternachtsephemeride ist. In dem Augenblick, in dem Sie eine bürgerliche beziehungsweise Nachtephemeride haben, können Sie es bei 12 Uhr 30 lassen. Im Fall einer Mittagsephemeride müssen Sie dann statt 12 Uhr 30 eben 0 Uhr 30 schreiben, also zwölf Stunden abziehen. Das ist relativ einfach.

Aber nehmen wir mal an, wir können das lassen, dann haben wir hier zwölf Stunden dreißig Minuten und Null Sekunden minus eine Stunde, Null Minuten, Null Sekunden Zeitpauschale. Dann haben wir 11.30.00 Uhr in Greenwichzeit, das ist abgekürzt GZ oder WEZ. Dann haben wir bei München elf Grad, sechsunddreißig Bogenminuten östliche Länge, das nehmen wir mal vier Zeitminuten, weil die Sonne für einen Längengrad vier Zeitminuten braucht, und dann kriegen wir einen Zeitunterschied von Greenwich zu München. Der beträgt sechsundvierzig Minuten sechsundzwanzig Sekunden. Es kommen Zeitminuten raus, weil ja mit Zeitminuten multipliziert wurde.

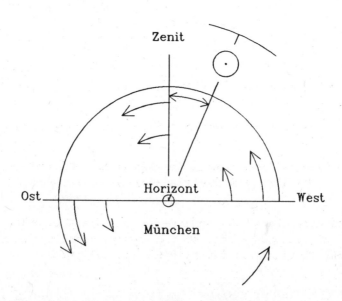

Dann addieren wir diesen Betrag zur Greenwichzeit, also zu 11 Uhr 30 und dann haben wir hier zwölf Uhr, sechzehn Minuten, sechsundzwanzig Sekunden als wahre Ortszeit.

Jetzt haben Sie festgestellt, wie weit der Mittagspunkt von der Sonne entfernt ist, - er hat die Sonne um sechzehn Minuten sechsundzwanzig Sekunden (nach astronomischem Tag = Mittagsephemeride) überlaufen.

Sie wissen aber noch nicht, wo liegt das ganze in der Ekliptik beziehungsweise im Tierkreis, - das heißt Sie wissen noch nicht, in welchem Tierkreisgrad liegt der Mittagspunkt. Da hilft uns die Sternzeit. Sie ist in den sogenannten Ephemeriden angegeben. "Ephemeriden" heißt das griechische Wort für "Gestirnsstandstabellen". Darin ist nun eine Rubrik und die heißt: Sternzeit oder siderealtime.

In dieser Sternzeit ist in Stunden, Minuten und Sekunden für jeden Tag des Jahres angegeben, in welchem Tierkreisgrad die Sonne mittags steht.

Wenn also in unserem Falle der Mittagspunkt die Sonne um sechzehn Minuten sechsundzwanzig Sekunden überschritten hat, - und ich aus der Sternzeittabelle ersehe, daß die Mittagsposition der Sonne im Tierkreis für diesen Tag Null Stunden, siebenunddreißig Minuten und dreiunddreißig Sekunden hat, dann brauche ich nur dazu die sechzehn Minuten sechsundzwanzig Sekunden zählen, und habe damit den Mittagspunkt im Tierkreis in Zeit erhalten.

In unserem Falle:

```
   0.37.33    Sternzeit aus den Ephemeriden
 + 0.16.26    wahre Ortszeit
 ─────────
   0.53.59    also dreiundfünfzig Minuten und neunundfünfzig Sekun-
```
den.

Unter diesem Wert findet man in den sogenannten Häusertabellen den
      Tierkreisgrad des Mittagspunktes oder des Zenits.

Ich sage es noch einmal mit anderen Worten: die Erde dreht sich in vierundzwanzig Stunden einmal um die eigene Achse, das heißt durch den gesamten Tierkreis beziehungsweise die Ekliptik.

Das heißt eigentlich: Eine volle Umdrehung der Erde um die eigene Achse entspricht einer Zeit von 23 Stunden, 56 Minuten und 04 Sekunden. Man mißt sie an den zwei aufeinanderfolgenden Durchgängen eines Fixsterns durch den Nullmeridian, - das ist das gleiche wie der Längengrad, - und nennt diese Zeit dazwischen den "Sterntag".

Innerhalb dieser Zeit bewegt sich die Sonne auf der Ekliptik beziehungsweise dem Tierkreis um durchschnittlich einen Grad weiter. Um diesen Sonnenfortschritt einzuholen, braucht der Meridian rund weitere 3 Minuten, 57 Sekunden, sodaß mit vierundzwanzig Stunden der Sonnentag gegeben ist.

Geht man von der Kulmination (höchster Stand) der Sonne über dem Meridian, - etwa bei null Grad der Ekliptik beziehungsweise null Grad Widder (das ist der Frühlingspunkt, bei Mittagsephemeriden also der 21. März, bei Mitternachtsephemeriden ist es der 21. September) aus, so weiß man, daß diese Kulmination am nächsten Tag um den Sonnenfortschritt von drei Minuten, siebenundfünfzig Sekunden später stattfindet.

Summiert man nun diesen täglichen Sonnenfortschritt in Zeit, - also drei Minuten, siebenundfünfzig Sekunden - Tag für Tag, so erhält man den Kulminationspunkt der Sonne für jeden beliebigen Grad in Zeit. Insgesamt durch das Jahr entspricht das dann einem Vierundzwanzig-Stunden-Kreis.

Ich kann also den Tierkreis in vierundzwanzig Stunden einteilen, ebenso die zwölf Tierkreiszeichen, - die jeweils in dreißig Grad unterteilt sind, - die auf der Ekliptik laufen. Wenn also zwölf Tierkreiszeichen vierundzwanzig Stunden sind, dann ist ein Tierkreiszeichen zwei Stunden, dann ist ein halbes eine Stunde und so weiter.

Hier bei der Geburt am 1. April sind circa zehn Tage seit dem Frühjahrsbeginn, am 21. März vergangen. Der Tierkreis beginnt mit dem Frühjahrspunkt am 21. März mit null Grad Widder. Da hier ja zehn Tage des ersten Tierkreises durchlaufen sind, beträgt die Sternzeit 00.03.57 mal 10 ergibt 0.37.33 Stunden. Das heißt die Sonne mittags an diesem Tag, ist in Zeit ausgedrückt auf 0.37.33 Stunden im Tierkreis.

Wenn das eine Geburt wäre von zehn Tagen vor dem 21. März, anstatt zehn Tage nach dem 21. März, wenn das also der 11. März wäre, dann wäre die Sternzeit ungefähr dreiundzwanzig Stunden, dreiundzwanzig Minuten und null Sekunden. Das heißt die Sonne hat die vierundzwanzig Stunden fast durchlaufen. Das nur mal vereinfacht.

Gut, dann haben wir für das Jahr 1900 eine Mittagsephemeride zur Verfügung, und deshalb beginnt die Zählung hier am 21. März und nicht wie bei Mitternachtsephemeriden am 21. September.

Aus diesem Grunde müssen wir ja auch, - wie wir schon gesehen haben - von der eigentlichen Ortszeit zwölf Stunden abziehen, - was wir ja stillschweigend bereits getan haben, - um dem astronomischen Tag der Mittagsephemeride zu entsprechen, der eben mittags beginnt.

Das Ergebnis der Summe von Sternzeit und Ortszeit ist also die Position des Mittagspunktes im Tierkreis. Man nennt sie Kulminationspunkt, kurz KP oder auch Medium coeli, kurz MC.

Ist das bis dahin jetzt einigermaßen klar?

K: Ja, aber könnten Sie es als Schema noch kurz bringen?

A: Ja, gut, das Ganze also noch einmal als Kurzschema. So werden Sie es dann später auch haben.

Schema für die Geburt:

1. April 1900
in München um 12 Uhr 30 MEZ

```
    12h 30m 00s    bürgerliche Geburtszeit in MEZ
=    0h 30m 00s    astronomische Geburtszeit in MEZ bei Mittags-
                   Ephemeride
+   24h 00m 00s    24h - Gesamtkreis, um abziehen zu können
   ─────────────
=   24h 30m 00s
-    1h 00m 00s    Zeitzonen-Pauschale
   ─────────────
=   23h 30m 00s
+    0h 46m 26s    Ortslänge München in Zeit
   ─────────────
=   23h 76m 26s    oder Umwandlung in
=   24h 16m 26s    oder im Sinne des 24h-Gesamtkreises
=    0h 16m 26s    wahre Ortszeit der Geburt
+    0h 37m 33s    Sternzeit vom 1. April 1900
   ─────────────
=    0h 53m 59s    Kulminationspunkt des Zenits in der Ekliptik
```

Das wäre jetzt einmal das, aber bevor wir dies in ein Horoskop einzeichnen können, das MC und die Häuser und die Tierkreiszeichen, ist noch anderes zu klären. Sie sollten zum Beispiel unterscheiden, was Fixsterne sind und was Planeten sind.

Fixsterne sind die scheinbar unbeweglichen, fixen oder "am Himmel festgehefteten" Gestirne weit außerhalb unseres Systems.

Planeten sind die Sonne umkreisenden Wandelsterne; sie bilden mit dem Zentralgestirn Sonne unser Planeten- oder Sonnensystem.

Die Erde ist ein Planet dieses Systems und umkreist, wie auch die anderen Planeten den "Fixstern" Sonne auf einer Umkreisungsebene. Die Bahnen um die Sonne sind nicht kreisrund, sondern ellipsenähnlich.

Die Fläche, auf der die Planeten die Sonne in verschiedenen Entfernungen umkreisen, heißt Ekliptik-Ebene. Das Wort "Ekliptik" kommt aus dem Griechischen und heißt soviel wie "verschwinden", weil die Sonne auf ihrem scheinbaren Lauf alle Fixsterne überstrahlt.

Die Planeten, entsprechend der Reihenfolge ihrer Entfernung von der Sonne, sind:

Merkur = ☿

   Venus = ♀

     Erde = ♁

        Mars = ♂

          Jupiter = ♃

            Saturn = ♄

              Uranus = ♅

                Neptun = ♆

                    Pluto = ♇

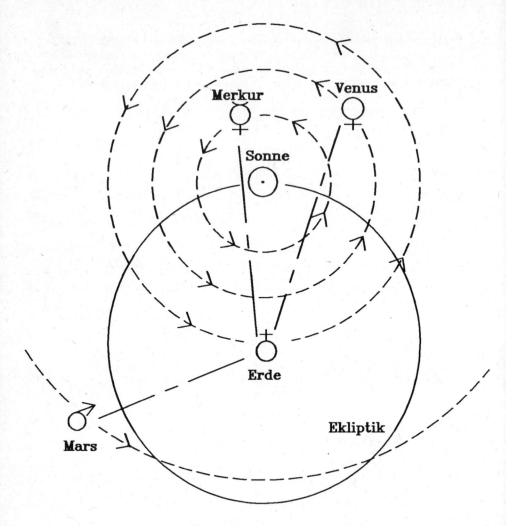

Die Abbildung veranschaulicht die geozentrische Arbeitsweise. Aus der Bahn der Erde um die Sonne (gestrichelte Linie) wird ein Zeitpunkt herausgegriffen und der augenblickliche Stand von Planeten wie Sonne im Verhältnis zur Erde fixiert und aufgezeichnet, - vorstellbar als Momentaufnahme. Werden jetzt mehrere fixierte Zeitpunkte beziehungsweise Momentaufnahmen aneinandergereiht, so ergibt sich bei ruhendem Betrachtungspunkt Erde eine scheinbare Bewegung der Sonne. Und die Bahn dieser Bewegung wird Ekliptik genannt.

Die Ekliptik wird im Sinne eines Kreises in 360 Grad eingeteilt. Der Beginn der Zählung ist der sogenannte Frühlingspunkt, den die Sonne auf ihrem Lauf jeweils am 21. März eines Jahres erreicht.

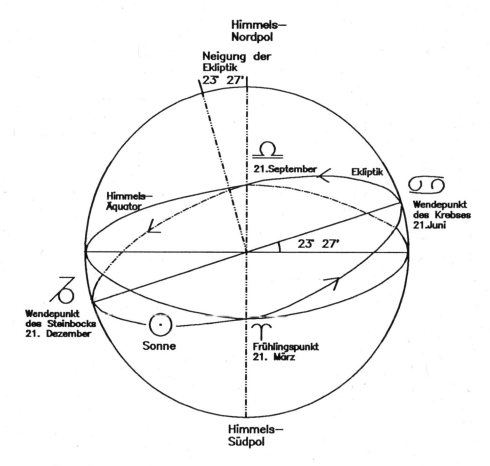

Er ergibt sich aus dem Schnittpunkt zwischen Ekliptik und dem in den Himmelsraum projizierten Äquator.

Dieser Schnittpunkt kommt dadurch zustande, was man die "Schiefe der Ekliptik" nennt, - eine Neigung der Ekliptik gegenüber der Erdachse um 23 Grad und 27 Minuten.

In Wirklichkeit liegt die Erdachse gegenüber der Ekliptikebene mit ihren Planetenbahnen in einer Schräge von dreiundzwanzig Grad, siebenundzwanzig Minuten.

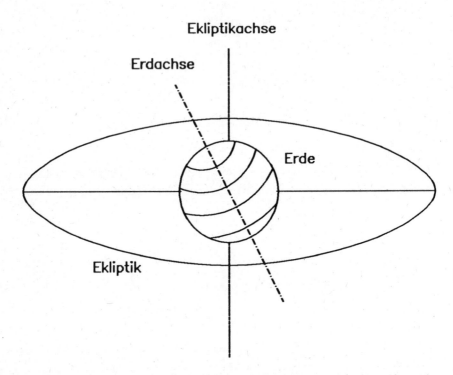

Jedenfalls wird deutlich, daß sich durch diese "Schiefe" die Jahreszeiten ergeben. Im Sommer der Nordhalbkugel, vom 21. März bis 21. September, steht die Sonne dort, über dem Äquator, am höchsten.

Es wird auch deutlich, daß im Schnittpunkt von Ekliptik und Himmelsäquator die Tage und Nächte gleich lang sind. Nun, der Schnittpunkt, an dem die Sonne "aufsteigt", also der Frühlingspunkt beziehungsweise der 21. März ist der Ausgangspunkt der Zählung auf der Ekliptik.

Von alters her wird die Ekliptik in zwölf Stationen eingeteilt. Es sind die zwölf Tierkreiszeichen, die wir hier nur nennen wollen und auf die wir, bezüglich Entstehung und Beziehung zur Ekliptik später noch eingehen.

Es ergeben sich je dreißig Ekliptikgrade pro Tierkreiszeichen und zwar:

0 - 30	=	Widder ♈
30 - 60	=	Stier ♉
60 - 90	=	Zwilling ♊
90 - 120	=	Krebs ♋
120 - 150	=	Löwe ♌
150 - 180	=	Jungfrau ♍
180 - 210	=	Waage ♎
210 - 240	=	Skorpion ♏
240 - 270	=	Schütze ♐
270 - 300	=	Steinbock ♑
300 - 330	=	Wassermann ♒
330 - 360	=	Fisch ♓

Nachdem Sie jetzt über die wichtigsten Zeichen, sowie die grundsätzlichen Verhältnisse im Planetensystem orientiert sind, könnten Sie das jetzt in das Geburtsbild einzeichnen, aber ich möchte jetzt, um die Merkfähigkeit der Zeichen vorher noch zu erhöhen und damit Sie diese besser verstehen, bei den "Alten" anfangen:

Für die "Alten", die Babylonier und als "Erben" die Griechen - hatte die Erde ihr Abbild im Himmel, - und damit jeder Ort auf Erden auch seinen Platz am Himmel. Dementsprechend waren sie der Meinung, daß so, wie sich die Dinge auf der Erde verändern, sie sich auch am Himmel verändern würden - und umgekehrt. Deshalb waren für die Babylonier grundsätzliche Eingriffe in die Natur "tabu", - im übrigen ähnlich wie in Alt-China

Man hat das bei den Babyloniern deutlich ausgedrückt, etwa in den Sätzen: "Die Erscheinungen auf der Erde laufen mit den Erscheinungen am Himmel parallel". Oder: "Ein Vorzeichen, das am Himmel sich wiederholt, wiederholt sich auch auf Erden - und umgekehrt".

Jedes Erscheinungsbild war somit neben seiner funktionellen oder kausalen Rolle auch noch Inhaltsträger, wie eben Bilder Inhalte übertragbar machen und somit Bedeutung haben. Das heißt daß alles, was materiell unterscheidbar ist und somit bezeichnet werden kann, auch geistig unterscheidbar ist, eben Bedeutung in sich trägt. In diesem Sinne wurden auch Zeitabschnitte zu Bedeutungsträgern, - die Bedeutung entsprechend mythologisch verbildlicht.

Man stellte sich das so vor: Sonne und Mond treffen sich alle dreißig Tage. Denn der Mond benötigt rund siebenundzwanzig Tage, um rund um die Ekliptik wieder an eine gedachte Ausgangsstelle zu kommen. Dann ist aber die Sonne um siebenundzwanzig Tage oder etwa siebenundzwanzig Grad auf der Ekliptik weitergewandert. Bis der Mond dies eingeholt hat, vergehen dann noch weitere drei Tage beziehungsweise drei Grad Sonnenlauf; sodaß der Mond die Sonne nach insgesamt dreißig Tagen oder Graden wieder eingeholt hat.

Damit wird, - durch die Mond-Sonne-Treffpunkte-die Einteilung in je dreißig Grad plausibel. Das heißt also, die Zeitabschnitte hatten immer ihren Höhepunkt, wenn sich das männliche und weibliche Prinzip getroffen haben: Es wurde sozusagen eine neue Zeit, ein neuer Zeitabschnitt "gezeugt". Das waren also dann diese zwölf Zeitabschnitte, in die sie da eingeteilt haben. Ptolemäus hat dann die Planetenbahnen auf die Ekliptik-Bahn projiziert (siehe Zeichnung).

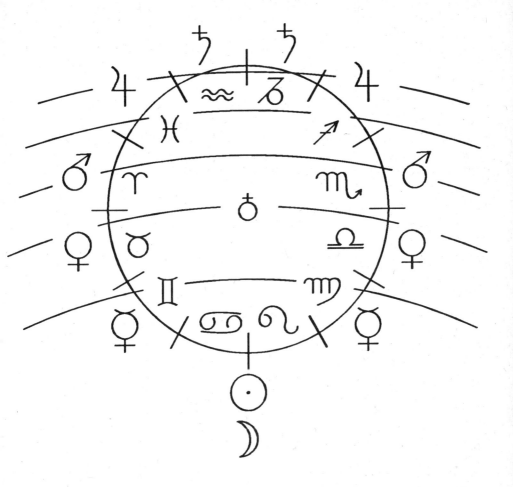

Er stellte sich vor, daß, wenn so eine Planetenbahn in einem Zeitabschnitt hindurchkreuzte, dann würde in diesem Zeitabschnitt eben dieser Planet gezeugt, - der Planet in diesem Zeitabschnitt zur Wirkung gebracht.

Es kommen hier bei Ptolemäus nur die sieben "klassischen" Planeten zur Anwendung, mit dem Saturn als äußersten Planeten. Daraus wird klar, warum der Saturn auch heute noch in der "Klassik" als "Hüter der Schwelle" bezeichnet wird.

Die Tierkreiszeichen waren somit Zeichen, die aussagten, welche Inhalte die Zeit auswirft, - somit Bedeutungsträger für Zeitabschnitte.

Die Zeichen wurden in Bildern gebracht. Schon deshalb, weil früher die gesamte Schrift eine Bilderschrift war, zum anderen aber, weil Bilder vorstellbar sind und somit innere Erfahrungen übertragbar machen. Die intellektuelle Beschreibung - die ja nur zur Kenntnis führt - bewirkt, weil sie nicht vorstellbar ist, durchaus keine innere Veränderung, - eine über ein Bild vermittelte Erfahrung sehr wohl. Beispiele gibt es da genügend: wie etwa bei Gefahren, die nicht vorstellbar sind und damit kein entsprechendes Handeln auslösen.

Jedenfalls, Beschreibungen umreißen Konturen und sagen etwas über den kausalen Zusammenhang einer Sache aus, treffen aber nicht das Wesen einer Sache.

In der Astrologie hat sich die Bilderschrift des Tierkreises erhalten, da es ja um Übermittlung einer inneren Erfahrung geht, wobei Erfahrung ja immer ein seelischer Vorgang ist.

Die Erfahrungsbilder im Tierkreis wurden in Einzelfällen auch durch Funktionszeichen verdrängt, - wie etwa beim Tierkreiszeichen Krebs, dessen Benennung aus der Ekliptik-Bahn, dem Sonnenlauf resultiert. Das ist der Zeitabschnitt nach der Sonnenwende, in dem die Sonne "rückwärts" marschiert wie der "Krebs", somit die Tage kürzer werden. Weshalb der Einwand ein Blödsinn ist, - daß Tierkreiszeichen und Sternbilder nicht übereinstimmen.

Verstehen Sie, es hängt ja nicht von den Fixsternbildern ab, daß die Sonne im Süden steht und das Zeichen Krebs zu diesem Zeitpunkt herrscht, wo die Tage kürzer werden, - das Zurückgehen, - das richtet sich also immer nach der Ekliptik und nicht nach den Fixsternbildern. Aus dem vorher Gesagten ist sowieso klar, daß der Tierkreis und seine Bedeutung sich aus den Zusammenhängen der Ekliptik ergibt. Bisweilen drückt sich in den Tierkreisbildern auch das aktuelle Geschehen aus, wie zum Beispiel beim Wassermann: die periodisch auftretenden Wasserfälle im damaligen Benennungsland, die immer um die gleiche Jahreszeit auftraten, weshalb also dann diese Zeit Wassermann genannt wurde.

Daß zum Zeitpunkt der Benennung irgend so eine Fixsterngruppe da oben im Fixsternhimmel war, wo man dann das hineingesehen hat, was auf der Erde effektiv passiert ist, und nicht umgekehrt, hat mit dem Zeitabschnitt Wassermann nichts zu tun, - denn die Ekliptik marschiert weiter und damit die Jahreszeit und damit die periodisch auftretenden Regenfälle.

Es marschieren ja nicht nur die Tierkreiszeichen an den Fixsternbildern vorbei, sondern auch die jahreszeitlichen Erscheinungen, wie oben zum Beispiel beim Wassermann die immer wieder in der Frühjahrszeit auftretenden periodischen Regenfälle, - weshalb man das ja eben Wassermann genannt hat.

Vom letzteren aus gesehen, - wenn also das Zeichen von der Aktualität benannt würde, dann müßte man in der heutigen Zeit sagen: etwa im Februar Tierkreiszeichen Fasching oder im Juli beziehungsweise August Tierkreiszeichen Autoschlange oder Reisewelle und so weiter.

Von alters her wurden die Tierkreiszeichen zunächst unterschieden in Wasser-, Feuer-, Erd-, Luftzeichen.

Die "Alten" haben das so in die vier Elemente unterteilt und das ist für die Merkfähigkeit ganz gut geeignet:

Wasserzeichen:	Fische	- Krebs	- Skorpion
Feuerzeichen:	Widder	- Löwe	- Schütze
Erdzeichen:	Stier	- Jungfrau	- Steinbock
Luftzeichen:	Zwilling	- Waage	- Wassermann

Als erste Erklärung könnte man sagen, daß die Wasserzeichen die fruchtbaren und schöpferischen Zeichen sind. Das Bild des Wassers scheint geeignet, das "ohne Begrenzung Fließende" zu charakterisieren. Da eine Sperre durch vernünftige Begrenzung fehlt, ergibt sich Empfänglichkeit und unmittelbarer Zugang zum Unterbewußten.

Die Feuerzeichen sind auf Energie-Umsetzung angewiesen, also auf zielhafte Bewegung orientiert. Sie setzen die Fruchtbarkeit des Wasserzeichens im Konkreten durch, - machen sie sichtbar. Möglichkeit wird real.

Die Erdzeichen sind die begrenzten und zentrierten Zeichen. Sie bringen das von den Feuerzeichen Durchgesetzte zur Verwert- und Verwendbarkeit.

Die Luftzeichen schließlich sind die sogenannten Verteilerzeichen. Sie bringen das von den Erdzeichen verwendbar gemachte zur Anwendung und Entwicklung in den Umkreis.

Gut, dann haben wir die Tierkreiszeichen.

Damit zur Tabelle, weil das zusammengehört. Da beziehen wir auch gleich die neueren Planeten, Uranus, Neptun und Pluto mit ein:

♈	Widder	=	♂	Mars (des Morgens)
♉	Stier	=	♀	Venus (des Morgens)
♊	Zwilling	=	☿	Merkur (des Morgens)
♋	Krebs	=	☽	Mond
♌	Löwe	=	☉	Sonne
♍	Jungfrau	=	☿	Merkur (des Abends)
♎	Waage	=	♀	Venus (des Abends)
♏	Skorpion	=	♇	Pluto (= Mars des Abends)
♐	Schütze	=	♃	Jupiter (des Abends
♑	Steinbock	=	♄	Saturn (des Abends)
♒	Wassermann	=	♅	Uranus (= Saturn des Morgens)
♓	Fisch	=	♆	Neptun (= Jupiter des Morgens)

Das Ptolemäische Bild der Zuordnung gilt im wesentlichen auch heute. Veränderungen haben sich ergeben durch die Entdeckung der neueren Planeten.

Zur Zeit der Französischen Revolution, als neue Perspektiven aufzogen, wurde der Planet Uranus entdeckt. Er war im Bewußtsein der Zeit der äußerste Planet und löste damit den Saturn als Schwellenwert ab.

Uranus ersetzt in der heutigen Astrologie die Morgenweite des Saturn, wird also dem Zeichen Wassermann geordnet.

Mitte des vorigen Jahrhunderts wurde dann der Planet Neptun entdeckt, der die Morgenweite des Jupiters ersetzt und dem Zeichen Fisch zugeordnet wird.

Pluto, der heutige "Hüter der Schwelle" als nunmehr äußerster Planet wurde 1916 erstmals errechnet und 1930 entdeckt. Er wird der Abendweite des Mars zugerechnet, also dem Zeichen Skorpion.

Bei Kenntnis der Zeitumstände wie der Planetensymbole der neueren Planeten drängt sich im Sinne des "nomen est omen" der Gedanke auf, daß die neueren Planeten bezeichenbar geworden sind, weil die von ihnen dargestellte Bedeutung zuständig geworden ist.

Inzwischen haben die "neuen" Planeten die "alten" von den genannten Plätzen fast verdrängt. Man könnte, unter Berücksichtigung der alten Zuordnungen sagen, der Neptun etwa entspricht der Morgenweite des Jupiters und so weiter.

Tatsächlich haben die früheren Astrologen, vor der Entdeckung der neueren Planeten, große Unterschiede in der Beurteilung von Morgen- und Abendweite gemacht, - sodaß zum Beispiel die damalige Abendbedeutung des Mars der Bedeutung des heutigen Pluto entspricht.

Solche Differenzierungen sind heute verlorengegangen, und angesichts der neueren Planeten auch nicht mehr erforderlich.

Um die Merkfähigkeit der Planeten zu erleichtern, möchte ich die Ansichten der Anthroposophen anführen, wobei die Erklärungen dazu, - das soll nur eine erste Erklärung sein - im Endeffekt etwas fragwürdig sind. Also nur für eine erste Orientierung:

Die Grundkomponenten sind:

○ Geist

+ Materie

) Empfindung

Das ergibt im einzelnen mit sinngemäßer Ergänzung:

♄   Saturn - Materie drückt auf die Empfindung

♃   Jupiter - Empfindung erhebt die Materie

♆   Neptun - zweimal Empfinden erheben die Materie - Unwirklichkeit

♀   Venus - Geist steht über der Materie

☿   Merkur - alle drei Komponenten machen geschlechtslos - Verbindung und Vermittlung zwischen den Komponenten

♂   Mars - Geist richtungslos in Bewegung

☉   Sonne - Geist, der sich manifestiert hat

⛢   Uranus - die mutierende, aus der Entwicklung springende Sonne. Die "explodierende" Sonne.

♇   Pluto - Empfindung von Geist eingeschlossen

☽   Mond - Empfindung, Gefühl

Setzt man diese Reihe der Planeten fort:

♁   Erde - Materie drückt auf den Geist

Jetzt haben wir die Planeten und den Tierkreis in ihren gegenseitigen Entsprechungen und sozusagen einer ersten Kenntnisnahme. Wir können also jetzt das Aufzeichnen eines Horoskopes beziehungsweise Geburtsbildes zu Ende bringen.

Wir waren stehengeblieben bei dem sogenannten Kulminationspunkt, dem KP von 0h 53m 59s - damit können wir aus den Häusertabellen die Häuserspitzen herauslesen.

Da finden Sie unter der Sternzeit 0.53.59 - die finden Sie nicht so genau in den Häusertabellen -, also nehmen wir die Sternzeit von 0.56.00. Da können wir dann ein MC von circa fünfzehn Grad Widder ablesen.

:	STZT: 0.56 MC: 15.1216 ♈			ARMC: 14.00		:
: GB :	XI	XII	AC	II	III	:
: 33 :	20.28 ♉	25.17 ♊	: 26.2021 ♋	: 18.24 ♌	14.06 ♍ :
: 34 :	20.38	25.41	: 26.4839	: 18.38	14.09 :
: 35 :	20.49	26.06	: 27.1723	: 18.52	14.13 :
: 36 :	20.59	26.32	: 27.4635	: 19.06	14.16 :
: 37 :	21.10	26.58	: 28.1616	: 19.21	14.19 :
: 38 :	21.22	27.25	: 28.4627	: 19.36	14.23 :
: 39 :	21.34	27.53	: 29.1710	: 19.52	14.26 :
: 40 :	21.46	28.22	: 29.4827	: 20.07	14.30 :
: 41 :	21.59	28.52	: 0.2019 ♌	: 20.23	14.33 :
: 42 :	22.12	29.23	: 0.5249	: 20.39	14.37 :
: 43 :	22.26	29.55	: 1.2558	: 20.56	14.41 :
: 44 :	22.40	0.28 ♋	: 1.5949	: 21.13	14.44 :
: 45 :	22.55	1.02	: 2.3424	: 21.30	14.48 :
: 46 :	23.11	1.38	: 3.0944	: 21.47	14.52 :
: 47 :	23.28	2.16	: 3.4553	: 22.05	14.57 :
: 48 :	23.45	2.54	: 4.2253	: 22.24	15.01 :
: 49 :	24.03	3.35	: 5.0046	: 22.43	15.05 :
: 50 :	24.23	4.17	: 5.3936	: 23.02	15.10 :
: 51 :	24.43	5.02	: 6.1925	: 23.23	15.14 :
: 52 :	25.05	5.49	: 7.0017	: 23.43	15.19 :
: 53 :	25.29	6.38	: 7.4214	: 24.05	15.24 :
: 54 :	25.54	7.29	: 8.2522	: 24.27	15.29 :
: 55 :	26.21	8.24	: 9.0942	: 24.49	15.35 :
: 56 :	26.50	9.21	: 9.5519	: 25.12	15.40 :
: 57 :	27.21	10.22	: 10.4218	: 25.36	15.46 :
: 58 :	27.55	11.27	: 11.3042	: 26.02	15.52 :
: 59 :	28.33	12.36	: 12.2036	: 26.28	15.59 :
: 60 :	29.14	13.50	: 13.1205	: 26.54	16.05 :
: 61 :	0.00 ♊	15.08	: 14.0514	: 27.22	16.12 :
: 62 :	0.53	16.32	: 15.0009	: 27.52	16.19 :
: 63 :	1.53	18.04	: 15.5654	: 28.21	16.27 :
: 64 :	3.04	19.41	: 16.5537	: 28.52	16.35 :
: 65 :	4.31	21.27	: 17.5623	: 29.26	16.43 :
: 66 :	6.24	23.22	: 18.5919	: 0.00 ♍	16.52 :

Aber jetzt muß ich noch folgendes sagen:

Der Ascendent beziehungsweise Aufsteigungspunkt ist der Schnittpunkt zwischen dem Osthorizont und der Ekliptik. Es ist der Punkt der Ekliptik, in dem der Tages-Himmel des Ortes beginnt. Der Ascendent, der gleichbedeutend ist mit dem ersten Haus, ist mit dem Zenit beziehungsweise zehnten Haus ein hervorgehobener Punkt des Horoskops oder Geburtsbildes.

Dann können Sie - jetzt brauchen wir die geographische Breite - unter Berücksichtigung der geographischen Breite des Geburtsortes, hier München, den Ascendenten und die anderen Häuser ablesen.

Die geographische Breite von München ist achtundvierzig Grad nördlicher Breite.

Die einzelnen Häuser rekrutieren sich aus der Einteilung des Himmelsbogens in Ablaufphasen. Dadurch entstehen insgesamt zwölf Ablaufphasen, oder um die überkommene Bezeichnung zu wählen, - Häuser.

Dabei gibt es zwei grundsätzlich verschiedene Einteilungsarten: Die eine Methode des "Regiomontanus" teilt den Himmelsbogen geometrisch-schematisch ein. Diese Häuser-Methode wird in der klassischen Astrologie relativ viel benützt. Sie kommt für uns nicht in Frage.

Die andere Methode beziehungsweise "Manier des Placitus" oder jetzt die Placitus-Häusertabelle (jetzt neu von E.R. Dostal) teilt den Himmelsbogen in tatsächliche Ablaufphasen ein und entspricht damit den wirklichen Bewegungsabläufen. Das ist die Häuser-Methode, die für uns ausschließlich brauchbar ist.

Jetzt können wir also die Werte der Häuserspitzen aus der Häusertabelle in ein Horoskopformular einzeichnen. Dabei machen wir das so, - weil ja nur das MC, der AC und die Häuserspitzen von Haus zwei, drei, elf und zwölf angegeben sind - daß wir den Wert der Häuserspitze aus der Häusertabelle, also zum Beispiel MC 15 Widder mit dem gegenüberliegenden Tierkreisgrad, also 15 Waage verbinden. Das gleiche machen wir mit den übrigen Häuserspitzen und erhalten so eine Einteilung in zwölf Ablaufphasen oder Häuser.

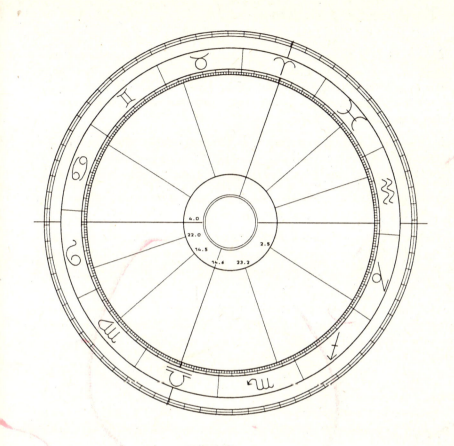

Dabei ist zu empfehlen, die Hauptpunkte des Medium coeli und des Ascendenten hervorzuheben, also die entsprechenden Linien zu verstärken beziehungsweise zu verdoppeln.

Dann tun Sie die Planeten rein, die finden Sie in den Ephemeriden.

Dabei sollten Sie aber bedenken, daß die Gestirnsstände nach der Greenwichzeit der Geburt errechnet werden müssen, weil die Gestirnsstände in den Ephemeriden auf Greenwichzeit ausgerechnet sind. Außerdem müssen Sie den Unterschied zwischen Geburtszeitstand und Tabellenstand des Planeten in Betracht ziehen: Und da müssen Sie jetzt interpolieren oder zwischenrechnen, - das müßten Sie im übrigen auch mit der Sternzeit, dem KP, in der Häusertabelle machen.

Die Geburtszeit in Greenwich liegt hier also um dreißig Minuten vor der in den Ephemeriden angegebenen Zeit der Planetenstände, also müssen Sie den Bewegungsunterschied berechnen.

Und das geht so: Nehmen wir als Beispiel den Mond, da sehen Sie es dann besser:

Wenn der Mond zwölf Uhr mittags GZ auf 4,3 Stier liegt, auf welchem Grad liegt er dann dreißig Minuten früher?

In den vorhergehenden vierundzwanzig Stunden läuft der Mond 14,9. Das können Sie dadurch ausrechnen, daß Sie die Differenz zwischen dem Grad des Vortagsstandes des Mondes und dem betreffenden Tag bilden.

Also, der Mond läuft 14,9 Grad.

Also: $24h = 14,9°$
             $0,5h = x°$,   das heißt er geht in einer halben Stunde circa $0,3°$.

Das gleiche können Sie jetzt mit den anderen Planeten auch machen. Dafür gibt es aber im Fachhandel Berechnungshilfstabellen.

Und wenn wir das dann alles haben, können wir die Planeten auch in das Horoskop zeichnen und das sieht dann so aus:

Gut, das wäre das also, zwar im Eilzug-Tempo, aber das können Sie noch x-mal üben, das ist ein einfacher Vorgang. Wir belassen es dann mit der Technik, das wichtigste was Sie brauchen wissen Sie, und wir machen dann eine Pause. Und nach der Pause fangen wir mit den ersten Deutungsgrundlagen, mit dem eigentlichen Handwerkszeug an.

P A U S E

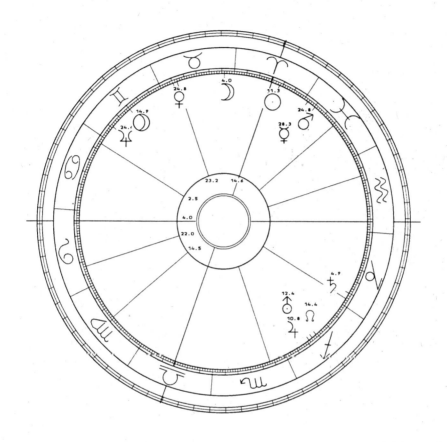

GEBURTSBILD

1. April 1900 München
12 Uhr 30 Minuten MEZ

Also, fangen wir wieder an. Dann geht es weiter mit den vier Quadranten.

Verbindet man das Medium coeli (MC) mit dem Mitternachtspunkt oder Immum coeli (IC) - die liegen sich in der "Tiefe des Himmels" gegenüber -, sowie den Ascendenten (AC) mit dem gegenüberliegenden

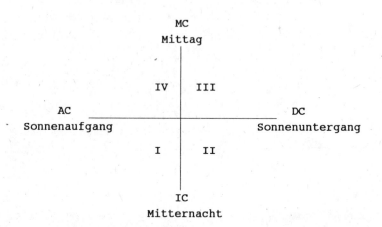

Absteigungspunkt der Sonne, dem Descendenten (DC), - so erhält man ein Achsenkreuz mit vier Quadranten:

Wir teilen diese vier Grundbausteine im aristotelischen Sinne ein in die vier Kausalitäten, - die vier Gründe des Seins:

    I. Quadrant - die causa materialis oder der stoffliche Urgrund

    II. Quadrant - die causa formalis oder der formgebende Urgrund

    II. Quadrant - die causa efficiens oder der bewirkende Urgrund

    IV. Quadrant - die causa finalis oder der bestimmende Urgrund

oder anders:

```
                        MC
                         |
   causa finalis         |    causa efficiens
      Ergebnis           |    bewirkender Urgrund
                   IV    | III
 AC ─────────────────── I│II ─────────────────── DC
   causa materialis      |    causa formalis
   stofflicher Urgrund   |    formgebender Urgrund
                         |
                        IC
```

Als erste Erklärung ein Beispiel:

Stellen Sie sich ein Stück Lehm vor. Das, was Sie am Lehm konkret sehen können, seine Gegenständlichkeit, seine stoffliche Erscheinung: das ist die Causa materialis des Lehms, die sich im ersten Quadranten darstellt. Dieses Stück Lehm als räumlicher Bestand ist unbeweglich, in sich ruhend und verharrend.

Jetzt kommt da zufällig jemand vorbei, der sieht den Lehm, - ein Töpfer etwa, sieht den Lehm und sagt: "Da mach ich ein Gefäß draus, da mach ich eine Tonschale draus".

Daß aber aus dem Lehm eine Vase, ein Krug oder eine Schale werde, haftet dem Lehm als Möglichkeit an, - das heißt der Lehm hat eine Kapazität an Möglichkeiten, die ihm durch seine stoffliche Beschaffenheit vorgegeben ist. Daß diese Möglichkeiten nun Gestalt werden, liegt in einem Bewirkenden begründet: nämlich in dem Töpfer, der sich von dem Lehm anmuten läßt. Das heißt, der Anstoß zur gestaltenden Veränderung kommt vom Töpfer, indem er die Möglichkeiten des Lehms erfaßt, - indem er auf die Idee kommt, aus diesem Material eine Schale, einen Krug oder eine Vase zu machen. Der Töpfer ist also die bewirkende Ursache für die Veränderung, die das

Material, der Lehm erfährt: es ist dies die Causa efficiens, die sich im dritten Quadranten darstellt.

Somit kommt es zur Gestaltwerdung des Lehms im Sinne einer Vase, eines Kruges oder einer Schale. Diese Form der Gestaltwerdung ist die Causa formalis, die im zweiten Quadranten deutlich wird, im Sinne des Hervorbringens des Gestalthaften.

Ist das Formen beendet, das Gefäß entstanden, so liegt das Ergebnis vor. In diesem Ergebnis erst wird der Bedeutungsinhalt und damit die Bestimmung des Erwirkten frei. Ob das Gefäß die Aufgabe hat, Opferschale bei einer Kulthandlung zu sein oder ob es die Aufgabe eines Wasserkrugs übernimmt, oder ob es weggestellt wird oder gar zerbricht, ist die Causa finalis. Sie wird offenbar im vierten Quadranten als die unbeabsichtigbare Bedeutung, die das Erwirkte mit sich bringt. Im Sinne des Beispiels vom Lehm muß noch hinzugefügt werden, daß die Frage, ob nun aus dem Lehm eine Vase oder ein Krug entsteht, im dritten Quadranten entschieden wird: nämlich im Bewirkenden, das die Kapazität an Möglichkeiten aufgreift, die das spezifische Stück Lehm bietet, das im ersten Quadranten dazu gegeben ist.

In diesem Beispiel mit dem Stück Lehm haben wir die einzelnen Quadranten in der Reihenfolge gebracht, in der sie sich gegenseitig bedingen:

Also der Stoff = I. Quadrant, der mit seiner Kapazität an Möglichkeiten eine Idee herausfordert = III. Quadrant.

Das Hervorbringen beziehungsweise Gestalten einer Form = II. Quadrant, die einen Bedeutungsraum schafft = IV. Quadrant.

Diese vier Quadranten sind das hierarchische Grundmuster, und sie liegen als solches jedem in sich geschlossenen Organismus beziehungsweise abgrenzbaren Objekt oder auch in jeder Entwicklung vor.

In diesem Grundmuster verteilen sich die Gegebenheiten und Möglichkeiten eines Objekts ebenso wie die Anlagen einer Pflanze, eines Lebewesens beziehungsweise des Menschen.

Die unbeabsichtigbare Bedeutung

```
                          MC
        IV. Quadrant     |    III. Quadrant
                         |
        Anlagen, die     |    Sichtbarkeit, die personen-
        im "Es" gebunden |    bezogen entgegenkommt
        sind             |    (Begegnung - Vorstellung)
AC   ────────────────────┼──────────────────────────────── DC
        I. Quadrant      |    II. Quadrant
                         |
        an der Person    |    durch die Person
        sichtbar         |    sichtbar
                         |
                         IC
```

    I. und II. Quadrant = phänotypische Anlage
    III. und IV. Quadrant = genotypische Anlage

Geht man davon aus, daß das Horoskop die gesamte Erbmasse des Menschen aufzeichnet, so läßt sich schon feststellen:

    I. Quadrant - alle die Anlagen, die an der Person selbst, ihrer Erscheinungsform, wie räumlichen Funktion sichtbar werden.

    II. Quadrant - alle die Anlagen, die durch die Person, die Gebärde wie das Gebären, sichtbar werden, - also alles, was die Person an Ausdruck hervorbringt.

Die "obere" Hälfte des Geburtsbildes beziehungsweise Horoskops zeigt die Anlagen, die in der Sichtbarkeit der Außenwelt manifestiert sind:

    III. Quadrant - die Anlagen, die sich an die Sichtbarkeit binden, die der Person entgegenkommt, - die also die eigene Möglichkeit zur Veränderung binden im Begegnenden, entweder personifiziert oder als Vorstellungsinhalt.

IV. Quadrant - der Bedeutungsraum des Erwirkten beziehungsweise die Bedeutung, die der Entwicklungsprozess erreicht; alle die Anlagen, die im "Es" zu binden sind, - also das, was alles "unsterblich" geworden ist, beziehungsweise der Anteil am "Unsterblichen".

Es wird daraus deutlich, daß man nicht alle seine Anlagen an und durch sich selbst erlebt, sondern daß sich ein Teil der Anlagen, nämlich der genotypische, im "Anderen" beziehungsweise im Entgegenkommenden ausdrückt. Es wird auch deutlich, daß eine Vorverwandtschaft mit dem Begegnenden besteht, wenn es zuständig wird.

Im Grunde zeigt sich darin das "Adam-Eva-Prinzip". Irgendwann im Paradies ist dem Adam die Rippe genommen worden, und jetzt muß er sein Leben lang herumsuchen, bis er seine Rippe wiederfindet. Das heißt, dem Menschen ist im Paradies bewußt geworden, daß er unvollständig ist aus sich selbst, - das heißt, er sich durch sich selbst nicht verwirklichen und vervollständigen kann, da ja ein Teil seiner Anlagen außerhalb seiner Zweckgebundenheit liegt. Will er vollständig werden, muß er aus der Zweckgebundenheit und Befriedigung des eigenen Bereichs herausleben.

Das ist also das "Adam-Eva-Prinzip", die Vertreibung aus dem Paradies, die Vertreibung aus dem Gefühl der Vollständigkeit.

Wenn Sie so wollen, können Sie dies in Zusammenhang bringen mit der Fähigkeit des Menschen zur Trennung von Subjekt-Objekt, nämlich die Sichtbarkeit, die im Sinne des III. Quadranten entgegenkommt, bewußt als Anderheit zu begreifen, - und damit in die Auseinandersetzungsfähigkeit zu kommen.

Um das Gesagte über die Quadranten nochmals zu veranschaulichen, möchte ich einen sinnbildlichen Vergleich bringen, - bezogen auf den Jahresverlauf eines Baumes:

in der selbständigen vom Baum getrennten Frucht zeigt sich die Bestimmung und Bedeutung der Entwicklung	Befruchtung in Herausforderung eines Außenvorgangs, - etwa durch Wind
er wächst sich aus in dem ihm strukturell zur Verfügung stehenden Raum	durch die Frucht wächst nicht er selbst, die Frucht wächst an ihm, zur Selbständigkeit hin

Ohne nun besonders lyrisch werden zu wollen, muß hier doch gesagt sein, daß der Wind nicht nur funktionell, sondern auch inhaltlich zu diesem Baum gehört.

Das heißt, im III. Quadranten dieses Baumes gibt es eine strukturelle Anlage "Wind"; der Wind ist, wenn auch in der äußeren Erscheinungsform des Baumes nicht sichtbar, eine Anlage des Baumes, eine "genotypische" Anlage des Baumes, die sich in "äußeren Begegnungsvorgängen" erfüllt.

Für den Menschen ist das Begegnende des III. Quadranten, - wie gesagt, seit der Vertreibung aus dem Paradies - bewußt als Anderheit zu begreifen, - damit vorstellbar beziehungsweise als Vorstellungsinhalt aufzunehmen und zu erfassen.

Das jeweils notwendige Maß, Begegnendes aufzunehmen und zuständig werden zu lassen, damit Vorstellungsinhalte zu haben, liegt am jeweiligen dritten Quadranten. Man darf annehmen, daß somit die Vorstellungsinhalte, - dem Genotypischen gleichzusetzen -, Bilder aus dem Unterbewußten sind, die primär vorgegeben sind und sich erst dann am Begegnenden erfahren und binden.

Im übrigen möchte ich, bezüglich der Quadranten noch darauf hinweisen, daß die Anlagen der einzelnen Quadranten, wenn sie im Sinne des Verhaltens dynamisiert werden, - wie später zu sehen durch den Stand der Sonne -, sie dann auf entsprechende Verhaltensgrundlagen hinweisen. Also:

I. Quadrant - im Sinne der Raumerfassung das reaktive Verhalten. Das Verhalten orientiert sich, aggressiv oder sachlich, an Umständen oder Gegebenheiten der Umwelt.

II. Quadrant - als sogenannter "seelischer Quadrant", ein durch Emotion getragenes Verhalten, oder genauer: ein durch die Emotion bedingtes Verhalten. Sie werden später sehen, daß die Vernunft, als seelische Aussteuerung gegenüber vorliegenden Bedingungen, noch durchaus in diesen Rahmen gehört.

III. Quadrant - ein durch Vorstellungsinhalte motiviertes Verhalten, oder mit anderen Worten: Vorstellungsinhalte werden zu Denkimpulsen und motivieren das Verhalten.

IV. Quadrant - ein Verhalten, das nicht mehr in der Notwendigkeit der Person begründet ist, - also in und aus sich selbst antriebslos ist.

Jeder der vier Quadranten zeigt in sich jeweils einen dreiteiligen Phasenablauf, sodaß insgesamt zwölf astrologische Felder oder Häuser entstehen. Der Begriff "Häuser" stammt im übrigen noch aus jener Zeit, in der man die jeweiligen Inhaltsabschnitte noch von den entsprechenden Göttern bewohnen ließ.

Es ergibt sich folgendes Grundschema:

das jeweils   1. Haus - zeigt das Grundsätzliche des Quadranten

2. Haus - zeigt die Art der jeweiligen Zusammensetzung

3. Haus - zeigt die jeweilige Funktion als zwangsläufige Auswirkung der vorhergehenden Häuser.

Zur Veranschaulichung:

I. Quadrant - causa materialis - zum Beispiel Holz

    1. Haus - das Erscheinungsbild des Holzes
- seine "Räumlichkeit"

    2. Haus - die Art des organischen Zusammenhangs, - also Zellaufbau, "Chemie"

    3. Haus - die Funktion in den Raum;
also Farbe, Schwere, Ausdehnung,
"Physik - Mechanik"

Dieser Zwölf-Phasenablauf (siehe nächste Seite) hat für das Häuserbild des Horoskops grundsätzliche Geltung, damit also für den individuellen Status. Er gilt aber auch in Entsprechung für den außer-individuellen Bereich der Tierkreiszeichen wie ihren Planeten im Jahresrhythmus.

Wenn wir jetzt die Begriffe für die einzelnen Phasen stärker herausarbeiten, damit sie für eine erste Handhabung für Sie "griffiger" sind, werden wir auch gleich die entsprechenden beziehungsweise analogen Zeichen mitführen.

Der Drei-Phasenablauf des ersten Quadranten, der Anlagen zur Räumlichkeit, kann auch im Sinne einer Energieumsetzung gesehen werden: Energie vergegenständlicht sich und kommt zur Funktion.

Das erste Haus wäre danach also das Energie-Potential, das zur Verfügung steht, um Raum einzunehmen, - wobei im übrigen dasjenige Tierkreiszeichen, das das erste Haus gegen den Uhrzeigersinn anschneidet, in unserem Ausrechnungsbeispiel (Seite 33) das Zeichen Löwe, die Grundrichtung des Energiepotentials umreißt.

Wir merken uns also für das erste Haus den Begriff "Energie", oder wenn Sie so wollen, Energiezustand, - der schon auf eine bestimmte Erscheinung hin disponiert ist. Wird dies im Sinne des Verhaltens dynamisiert, so kommt es zum Begriff der "Durchsetzung". Sie müssen sich das so vorstellen: wenn sozusagen eine Möglichkeit in den Raum geworfen wird, dann muß sie sich zunächst eigenen Raum er-

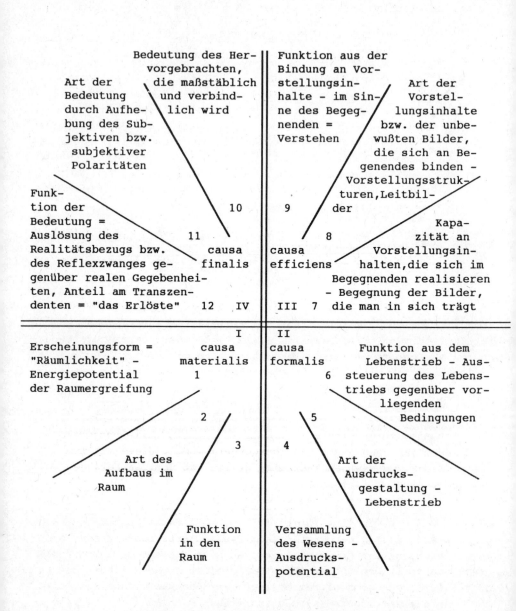

Schema des hirarchischen Grundmusters

obern. Es ist also hier ein aggressives, direktes Moment gegeben, das auf die Umstände des Raumes unmittelbar reagieren muß. Ins Bild gebracht entspräche das dem Urrudiment des "Revierverletzers".

Dieser Energie-Begriff ist analog dem Zeichen Widder und dem Planeten Mars im Jahresverlauf zu sehen. Um Mißverständnissen vorzubeugen: das heißt nun nicht, daß das erste Haus und das Zeichen Widder identisch sind, das heißt nur, daß sie einander entsprechen, - das eine auf der Ebene des individuellen Häuserbildes, das andere auf der allgemeinen Ebene des Jahresverlaufs, zwei verschiedene rhythmische Ebenen. Man hat im ersten Haus immer das Zeichen, das der Geburtsstunde entspricht, während etwa das Zeichen Widder irgendwo stehen kann, z.B. im siebten Haus, - was dann hieße, daß die Vorstellungsinhalte aggressive wären.

Das zweite Haus wäre dann die Vergegenständlichung, - wenn Sie so wollen, die Verdichtung zu geordneter oder organisierter Substanz. Wir wollen dafür den Begriff "Bestand" nehmen, der ja beinhaltet, daß es sich um ein geordnetes, abgrenzbares Ganzes handelt, - auf ein Zentrum hin geordnet, wodurch die Abgrenzungen erst möglich werden. Und, im Verhalten dynamisiert, zeigt sich, daß es sich hier um eine regulierende Folge der Entwicklung handelt. Würde etwa ein Lebewesen ständig in der ersten Phase der energischen Expansion bzw. Aggression verbleiben, es würde sozusagen verbrennen. So kommt es jetzt in der zweiten Phase zur Konservierung der Energie, zur Vergegenständlichung der Energie in Zentrierung, Festsetzung, Abgrenzung wie Absicherung, - also ein Zurückhalten, Speichern. - Wir wollen uns als Schlagwort hier "Zentrieren und Abgrenzen" merken. Als Bild zeigt sich der "Revierverhalter", beziehungsweise "das Beutetier, das sich in Herden organisiert". Dieses zweite Haus mit dem Begriff des "Bestand" entspricht im Tierkreis dem Zeichen Stier und der Venus.

Das dritte Haus zeigt die Funktionsart des "Vergegenständlichten", - also auch die Funktionsfähigkeit sowie den Funktionsbereich. Ein Käfer zum Beispiel, der laut seinem zweiten Haus den und den Zellbeziehungsweise Körperbau hat, der hat also in Haus drei die Funktion, daß er krabbelt oder fliegt, je nachdem, ob er Flügel hat oder keine. Dann sind die Nichtflügel in Haus zwei, dann kann er auch nicht fliegen und das zeigt sich in Haus drei.

Für den Menschen ist die Funktion in den Raum die Ergreifung des Raums, und dort, wo die Hand nicht reicht, bedient er sich des instrumentalen Mittels, der Technik. Im Sinne der Erfassung beziehungsweise Erschließung des Raums wie der Orientierung ist es der Intellekt, - hier verstanden als Hilfsfunktion, um sich im Lebensraum zurechtzufinden. Intellekt kommt aus dem Lateinischen, intellegere = "dazwischenliegen", unterscheiden, teilen. Der Raum wird gekennzeichnet und unterschieden bis ins kleinste Detail, Erscheinungen aus ihren Zusammenhängen gerissen und zum neutralisierten Bestandteil des Kalküls. Meist wird dies mit Geist verwechselt, vor allem von denen, die intellektuell ausgerichtet sind, Naturwissenschaftler, Techniker und so weiter., die von "geistigen Errungenschaften" sprechen, wenn sie irgendeinen neuen Bazillus entdecken.

Als Verhaltensform zeigt sich hier, - als Funktion in den Raum -, die Präsentation, das Auftreten, Darstellen, - das Funktionieren. Die Entsprechung im Tierkreis wäre hier das Zeichen Zwillinge mit dem Planeten Merkur, - als Bild könnte man an das Kerbtier, das Insekt denken.

Den Übergang vom ersten zum zweiten Quadranten könnte man im Sinne einer Entwicklung als Krise sehen. Ist die äußerste Grenze des strukturell zur Verfügung stehenden Raumes erreicht, wird man aus der Gewohnheit der Bewegung herausgerissen, auf sich und die Selbstbesinnung zurückgeworfen. Die äußere Bewegung wird in eine innere verlagert.

Sinnbildlich ist dies eine Befruchtung. Die nach innen verlagerte Bewegung führt an die unbewußten Bilder, die nur über die Begegnung zu verwirklichen sind, und von dort her die Gestaltung dieser Bilder im Erleben bewirken. Dabei ist die Begegnung der Bilder im III. Quadranten, die Gestaltung der Bilder im Empfinden und Erleben im zweiten Quadranten.

Wir haben den zweiten Quadranten den "seelischen" genannt und wollen diesen Begriff im Sinne einer Arbeitsdefinition gleich einengen, um damit umgehen zu können. Das Seelische ist somit für uns "ein sich ständig erneuernder Zustand mit dem Drang zum Gestalthaften". Sie können natürlich statt "gestalthaft" auch die eher magere Formulierung "Ausdruck" wählen, - im Endeffekt geht es um das gleiche, daß nämlich die unbewußten Bilder im Erleben "herausgedrückt" oder "herausgebildet" werden.

Die erste Phase des II. Quadranten, also das 4. Haus, ist die mehr oder weniger sprudelnde Quelle des Seelischen. Die eigenen inneren Bilder drängen hoch und suchen, noch unbestimmt, die Umwelt zu empfinden. Somit haben wir hier als Zeichen des inneren "Bildandrangs", damit der seelischen Potenz, die "Empfindungsfähigkeit", und im Sinne des Verhaltens die "seelische Identifizierung". Es geht hier auch um die "innere" Übereinstimmung mit Nahem und Nächstem, weshalb, auch im Sinne der "inneren Herkunft", die alte Symbolik als Heim verständlich wird, - durchaus im Sinne des in Bayern noch gebräuchlichen Wortes "Anwesen" für Hof oder Haus.

Die Tierkreis-Entsprechung ist hier das Zeichen Krebs mit dem Mond, - als das alte Zeichen der inneren Fruchtbarkeit, der Gebärfähigen. Als Bild zeigt sich das friedliche Einzeltier, etwa der Hase.

In der fünften Phase kommt es zum Akt des gestaltenden Handelns. Es ist dies das Hervorbringen der inneren Bilder im Erleben. Das Handeln kommt aus sich selbst, es ist gestalthaft im Sinne des Gebärens ebenso wie der Gebärde. Es ist dies das Verausgabende, Schöpferische, Zeugende, - der aus sich selbst kommende Lebenswille.

Das entsprechende Zeichen ist der Löwe mit der Sonne. Als urrudimentales Bild zeigt sich hier das Einzelraubtier.

Der Kontrast der Bilder wird hier besonders deutlich, wenn man die zweite Phase in Beziehung bringt. Hier der sicherheitsbedingte soziale Zusammenschluß, nämlich alles, auch die Gemeinschaft zum abgrenzbaren "Bestand" zu machen, dort das aus und durch sich selbst leben und bestehen können.

Hier treten, aus dem Unterschied der Entwicklungsstadien, Gegensätzlichkeiten auf, - oder anders ausgedrückt, notwendige Gegenregulative.

Mit dem fünften Haus zeigt sich überhaupt der grundsätzliche Unterschied zwischen dem ersten und dem zweiten Quadranten. Der erste Quadrant ist ja, wie schon gesehen, im Sinne des Verhaltens reaktiv gegenüber Umweltumständen, - daher von außen bestimmbar, daher

sozial. Das wird besonders deutlich in der sachlichen, ja geradezu
instrumentalen Reaktion auf Umweltumstände, wie sie der Intellekt
im dritten Haus bedingt. Diese sachlich-instrumentale Reaktion
führt zum Gerätehaften, das nicht aus sich handelt, sondern "von
außen behandelt wird". Meist wird ein solches reaktives Verhalten
ersatzweise zur Motivation dann herangezogen, wenn Störungen oder
Schwächungen im "seelischen Quadranten" deutlich werden.

Dieser "seelische Quadrant", und spezifisch das fünfte Haus, müssen sich nun ihrem starken Eigenwillen gegenüber Umweltbedingungen
seelisch aussteuern, was zur jeweiligen Anpassung führt, - was etwas anderes ist, als wenn ich mich reaktiv durch Umweltumstände bestimmen lasse.

Diese seelische Aussteuerung des Eigenwillens gegenüber Umweltbedingungen vollzieht sich in der sechsten Entwicklungsphase, also
im sechsten Haus. Wir wollen uns hierfür gleich den Begriff beziehungsweise die für uns brauchbare Definition für Vernunft merken.
"Vernunft ist eine Hilfsfunktion des Seelischen, um den Lebenstrieb gegenüber vorliegenden Bedingungen auszusteuern".

Dies setzt Diagnose und Beobachtung der Bedingungen voraus sowie
die Bewußtheit darüber, - ganz im Sinne der althochdeutschen Herkunft des Wortes Vernunft von "vernehmen", wahrnehmen. Dabei kann
gegenüber dem Wahrgenommenen durchaus so etwas wie ein Reflexzwang
im Sinne der Anpassung entstehen. Als Grundtendenz zeigt sich hier
natürlich die Abhängigkeit vom Lebenstrieb, denn wenn ich etwas Bestimmtes will, muß ich mich bestimmten Bedingungen anpassen. Die
Entsprechung im Tierkreis liegt hier im Zeichen Jungfrau mit dem
Planeten Merkur. Als Urrudiment zeigt sich hier das Beutetier, das
als "Revierwarner" auftritt.

Damit ist in der Entwicklungsreihe die Hälfte des Horoskops durchlaufen, die unter dem Horizont liegt. Beim Übergang in den dritten
Quadranten kann man fast von so etwas wie einem Auftauchen sprechen, da der Bereich der unmittelbaren Eigenbezüglichkeit, der
Selbsterhaltung und Selbstbewahrung, verlassen wird.

Zum dritten Quadranten hatten wir gesagt, daß hier die unbewußten
Bilder in der Vorstellung auftauchen und somit die Auswahl an Begegnendem bringen, - nämlich dem Begegnenden, das zuständig und
verbindlich wird. Wenn man also vereinfacht sagt, daß einem im Be-

gegnenden die eigenen Bilder entgegenkommen, so läßt sich für den Drei-Phasenablauf sagen: Aufgeschlossenheit für Bilder, Bindung an Bilder und Verwendung von Bildern, - welch letzteres ja zur Anschauung führt.

In diesem Sinne ist der dritte Quadrant der "geistige Quadrant", weil die Anderheit ja nur über das Bild begreifbar wird, - weil ja die Inhalte der Umwelt beziehungsweise der außerpersönlichen Bereiche ja nur über das Bild übertragbar werden.

Ein weiterer, noch nicht genannter Aspekt des dritten Quadranten ist die Arterhaltung. Während in den beiden "unteren" Quadranten die Sicherung und Bewahrung des Individuums die Mechanismen beherrschen, beginnt jetzt im Sinne des vorher Gesagten das Begreifen der Vielheit der Individuen, - damit der Ausgleich und die Regelungen unter den Individuen.

Dies gilt insbesondere für das siebte Haus, das das urrudimentale Bild der "Beißhemmung" zeigt. Das heißt, je nach Kapazität an Vorstellungsinhalten, - damit Begegnungsfähigkeit und Begreifbarkeit von Anderheiten, - kommt es hier im Verhalten zur Aggressionshemmung. Auch die Emotionen dürfen nicht "herausknallen", sie werden stilisiert, während die Aggression, aus dem Verhalten verbannt, in das Denken verlagert wird und von dort aus als "Denkpeitsche" das Verhalten motiviert und antreibt.

Wir merken uns hier als Begriff die "Begegnungsfähigkeit" sowie "den Ausgleich der Dualität". Das dieser Phase im Tierkreis entsprechende Zeichen ist die Waage, der Planet die Venus.

Das achte Haus haben wir die Bindung an die Begegnung genannt, damit eigentlich die Bindung an die Vorstellungsinhalte, die als auftauchende Bilder sich am Begegnenden binden. Sie können das wörtlich als "Ein-Bilden" nehmen. Es sind dies die Leitbilder, die hier das Verhalten "leiten" und auch fixieren. Das heißt, daß Vorstellungen die Emotionen bestimmen beziehungsweise beherrschen, - also ein Überwindungs- oder Opferungsvorgang zugunsten einer geistigen oder auch ideellen bis ideologischen Bindung, aber durchaus auch personenbezogen denkbar.

Das analoge Zeichen im Tierkreis ist Skorpion, der Planet Pluto. Als Bild zeigt sich der Wolf.

Diese achte Phase liegt der zweiten Phase gegenüber, die Entwicklungen stehen hier einander entgegen, - sie bilden Gegenregulative. Dies zeigt sich wiederum deutlich in den Bildzusammenhängen: im zweiten Haus das Beutetier, das sich in Herden organisiert und somit die Sicherung der Gemeinschaft überträgt. Das heißt, daß die "soziale" Gemeinschaft die Schwächen des Einzelnen abzudecken hat. Anders in der achten Phase. Der Einzelne opfert sich zugunsten der "Leitbilder der Arterhaltung". Charakteristisch zeigt sich das bei den Lemmingen (nordische Wühlmäuse), die sich bei Überbevölkerung ins Meer stürzen und ertrinken, um den Lebensraum für die Art zu erhalten. Es handelt sich hier also um zwei völlig verschiedene "Gesellschafts-Auffassungen".

Das neunte Haus, im Sinne einer Funktion der vorhergehenden Häuser, zeigt die "Verwendung von Bildern", - also die Anschauung. Und im Sinne der "Begreifbarkeit von Anderheiten" kommt es hier zum Verstehen im Sinne von Verstand, durchaus in Richtung der Wortverwandtschaft mit "Verständnis" und damit "Einsicht". In dieser Weise auch als Funktion von Begreifen: die Versöhnung.

Wir wollen uns hier den Begriff "Anschauung" merken, sowie den Funktionsbegriff "Verstand", im Sinne des Verstehens von Anderheiten. Dynamisiert als Verhalten ergibt sich die Einsichtnahme, das, was Ludwig Klages das "Aufschließen fremden Lebens" genannt hat.

Das Zeichen im Tierkreis ist der Schütze, der Planet der Jupiter. Als Bild gilt hier von alters her das Pferd, vielmehr das geflügelte Pferd, der Pegasus.

Den vierten Quadranten haben wir die "Bedeutung des Hervorgebrachten" genannt. Diese Bedeutung ist losgelöst vom Willen, sie ist nicht beabsichtigbar, zeigt aber die Maßstäbe, die die Entwicklung setzt, - die Verbindlichkeit, die über das Individuum hinaus entsteht. Letztlich ist es das, was sich aus der Verfangenheit des Raumes erlöst, in das Zeitlose hineinragt, unsterblich wird.

Daß hier der Antrieb aus sich und für sich fehlt, wird deutlich; im Gegenteil, im Drei-Phasenablauf werden in der zwölften Phase, im Sinne der Funktion, die Reflex- und Reaktionszwänge völlig aufgehoben.

Das zehnte Haus ist also die Bedeutung, die maßstäblich und verbindlich wird. Das ist, wenn Sie so wollen, im Sinne der Bestimmung die Berufung, - Beruf also nicht im Sinne von Erwerbstätigkeit, die in die sechste Phase gehört.

Im Sinne des Verhaltens ist es das Formieren auf außerpersönliche Maßstäbe hin, auch das Verbindlichmachen von außerpersönlichen Maßstäben, etwa einer Denkhaltung beziehungsweise Anschauung. In diesem Sinne ist es disziplinierend, "zurechtstutzend", regelnd, - bis maßregelnd.

Das entsprechende Zeichen im Tierkreis ist der Steinbock, der entsprechende Planet Saturn. Als altes Symbol gilt hier der "Staat".

Das elfte Haus ist, - als die Art, aus der die Bedeutung sich ergibt -, die Befreiung von subjektiven Triebfedern, die Befreiung von der Abhängigkeit und Verfangenheit von Emotionen. Mit der Aufhebung des Subjektiven kommt es hier zur Aufhebung von Dualität. Wir merken uns hier als Begriff "Aufhebung von Polaritäten", oder besser, "Aufhebung von Unterschieden". Es entspricht dies auch einem Neutralisieren von Zentren, Durchbrechen von Blockaden, - im Empfinden ein "Herausheben aus den Niederungen des Emotionalen".

Das Zeichen im Tierkreis ist der Wassermann, der Planet der Uranus, der im übrigen als mystische Figur entmannt wurde. Als Bild zeigt sich der Vogel, oder genauer: der Vogelflug. Das zwölfte Haus zeigt schließlich, als Funktion des Vorangegangenen, den Zugang wie auch Anteil am Transzendenten, am Unsterblichen, Zeitlosen. Als Vorgang ist dies die "Reinigung" vom Irdischen, die "Auflösung von Reflex- wie Reaktionszwängen", die Auflösung von Anpassung, von Vernunft, - die "Entschuldung".

Das entsprechende Zeichen sind die Fische, der Planet der Neptun, Symbol der Gewässer des "allgemeinen Unbewußten" und damit auch Symbol der Reinigung von Schuld, - etwa bei der Taufe und anderen Ritualen.

Wir haben damit zwölf grundsätzliche und abgrenzbare Entwicklungsphasen, also zwölf Entwicklungsstände; sie sind das hierarchische Muster, auf denen jeder abgrenzbare Organismus, jedes Objekt aufgebaut ist; sie sind auch das Muster der Reihenfolge, nach dem sich jeder Organismus, jeder Vorgang entwickelt.

Welche dieser Entwicklungsstände nun jeweils dominant, das heißt besonders hervorgehoben sind, zeigt sich darin, wie die Planeten und die Sonne, in diesem Grundmuster verteilt sind.

Haben wir etwa das zweite Entwicklungsfeld besonders hervorgehoben, so hieße das, daß die "Art des organischen Zusammenhangs" zum besonderen Merkmal wird und "der organische Zusammenhang" selbst eine verstärkte Ausprägung erfährt. Also etwa die "Zelldichte", mit der Folge besonderer Festigkeit, - letztere allerdings als Funktionsfolge dem dritten Entwicklungszustand zugehört.

Die Verteilung der Planeten in diesem Grundmuster oder "Modell" zeigt also die jeweilige Anlage - Situation auf.

So ist das Horoskop beziehungsweise Geburtsbild nichts anderes, als ein Anlage-Bild oder vielmehr ein "Anlage-Modell" - das dann auch in seinen Bewegungen verfolgt werden kann.

Wie stark dieses Anlage-Modell im Unterbewußtsein des Menschen verankert ist, zeigt sich, wenn man es als Ausdrucks-Raum betrachtet; wenn man es raumsymbolisch untersucht.

Der Mensch drückt sich im Bildnerischen so aus, als wolle er die Schwerpunkte und Bewegungen "seines Modells" nachvollziehen, - als wolle er sie zum bildhaften Niederschlag werden lassen. Dies gilt nicht nur für Gemälde, Plakate - das gilt besonders für Test-Zeichnungen und Schriftbilder.

Legt man den Kreis der zwölf Entwicklungsstände mit dem "Fadenkreuz" der vier Quadranten auf Schriftbilder auf, so zeigen sich Übereinstimmungen zwischen dem Schriftbild und "dem Modell" des Schreibers. Ist also etwa durch Planetenverteilung der dritte Quadrant im Geburtsbild des Schreibers besonders hervorgehoben, so wird die Schrift eine starke Rechts-Neigung mit schnellem, eiligen Rechtsfluß aufweisen. Die Übereinstimmung zwischen astrologischem Modell und bildhaftem Niederschlag läßt sich bis auf einzelne Entwicklungszustände beziehungsweise Felder hin detaillieren. Das wird besonders deutlich bei raum-symbolischen Test-Zeichnungen, wie sie auch in der psychologischen Praxis Verwendung finden. Auch sie gehen, ohne daß dies bewußt wäre, auf dieses hierarchische Grundmuster zurück.

Also gut, dann lassen wir es für heute, Sie sind sowieso überfordert worden. Aber wie gesagt, es wird alles immer wieder wiederholt, und zwar dann an Beispielen. Vorläufig genügen Ihre Notizen, Sie bekommen dann später noch Tabellen. Da können Sie dann schlagwortartig ablesen, und gerade bei der Deutung von Geburtsbildern die Schlagworte nur diszipliniert gebrauchen und kommen dann zum richtigen Ergebnis. Da können Sie dann sehen, wie exzellent dieses System ist.

ZWEITER ABEND

20. Oktober 1971

Diese vier Quadranteneinteilung ist natürlich sehr schön, denn es ist immer schön, wenn man was zum Einteilen hat. Aber das Ganze sagt auch was über Raumsymbolik aus: wenn Sie dieses Fadenkreuz auf Bilder oder Schriften legen, - wobei ja das der Ascendent, das der Descendent ist, wobei das der Zenit oder Medium coeli ist und das Immum coeli.

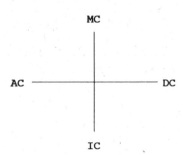

Ist das klar, was Ascendent ist, vom letzten mal her? Und was der Descendent ist, - descendere - herabsteigen, das ist also der Abendpunkt, wo die Sonne unter den Horizont verschwindet. Ascendent ist der Punkt, an dem die Sonne aufgeht, das heißt wo sie genau beginnt aufzugehen.

Wenn Sie sich an den letzten Abend erinnern: diese Quadranten sind auch anzuwenden, wenn Sie diese zum Beispiel mit Schriftbildern vergleichen. Sie können also ohne weiteres das Fadenkreuz der Quadranten auf ein Schriftbild legen, und zwar nicht auf den ganzen Brief, sondern eben auf ein Wort. Da können Sie mit Unterlängen, Oberlängen, Rechtsfluß, Linksfluß und so weiter ganz genau vergleichen: Haus sieben ist die Begegnung, wenn hier einer den Mars drinnen hat, in der sogenannten Begegnungsfähigkeit, dann besteht eben ein ziemlicher Begegnungswille.

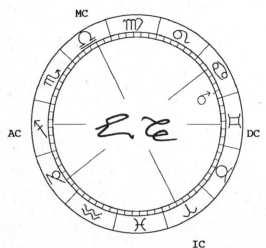

Und der Begegnungswille drückt sich nun wieder darin aus, daß die Schrift sehr stark rechts geneigt ist und nach rechts ausläuft. Oder man kann es sogar noch konkreter machen: es gibt einen sogenannten Baumtest, wo der Proband einen Baum zeichnen soll, - der ist schon so alt wie Me-

thusalem. Aber Sie können ihn ergänzen.

Zunächst ist es in der Tat so, daß der Baum sich immer jeweils dahin neigt, wo eine starke Planetenkombination ist. Ich habe Versuche darüber angestellt und das Allerinteressanteste ist das: wenn Sie dem Probanden sagen: "Nun zeichne mal die Sonne rein", - dann zeichnet er die meistens dahin, wo er sie tatsächlich im Horoskop hat.

Das nur mal am Rande gestreift, um überhaupt zu sagen: Das ist keine Einteilung, die man sich selbst erfunden hat, damit man sich ein bißchen leichter tut und über andere Dinge hinwegsehen kann, sondern das hat einen ganz konkreten Hintergrund.

Die vier Quadranten brauche ich ja weiter nicht mehr wiederholen. - Wir kämen nun zu den einzelnen Häusern, ist da einiges verblieben? - Die vier Quadranten teilen sich in verschiedene Entwicklungsphasen ein. - Häuser oder Felder, das ist der überkommene Ausdruck. Entwicklungsphasen wäre richtig, oder einzelne Stadien von Entwicklungen. Das bezieht sich zunächst auf das Häuserbild, analog auf die Zeichen des Tierkreises. Das heißt also, wenn wir hier erstes Haus, die Sache oder die Durchsetzung haben, dann würde das heißen - persönlich auf das erste Haus und allgemein auf den Tierkreis bezogen: erstes Haus: Durchsetzung, Tierkreiszeichen Widder: Energie.

Ich gehe es im Einzelnen noch einmal durch. Wir haben da im ersten Quadranten die Causa materialis, das heißt der stoffliche Urgrund. Wir haben gesagt, daß das erste Haus eines Quadranten die Sache an sich ist. Das zweite Haus zeigt den Zusammenhang beziehungsweise die Zusammensetzung. Das wäre also hier für die stoffliche Zusammensetzung die organische Zusammensetzung, der Zellaufbau. Wir haben gesagt: das dritte Haus eines Quadranten ist dann jeweils die Funktion aus den beiden vorhergehenden. Das wäre hier die Erscheinungsform: Gewicht,

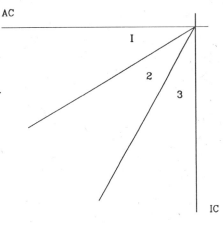

Farbe. Die Funktion nach Außen, die Darstellung nach Außen, das hier ist das dritte Haus im ersten Quadranten.

Ich habe das Beispiel genannt: Wenn Sie sagen, es handelt sich um Holz, das ist das erste Haus, dann haben Sie im zweiten Haus den Zellaufbau, und dann haben Sie im dritten Haus: Gewicht, Farbe und so weiter Wenn Sie nun das analog sehen, dann haben Sie:

    erstes Haus   - Widder
    zweites Haus - Stier
    drittes Haus - Zwilling

und dann haben Sie jeweils den Planeten, der dazugehört:

    Mars zum Widder
    Venus des Morgens zum Stier
    Merkur des Morgens zum Zwilling

Das wäre nun die Analogie.

Es ist nun folgendes: Jeder Mensch hat im Geburtsbild alle Planeten, jeweils verschiedene Aszendenten, - der eine ist im Widder, der andere im Krebs, - und dazu die Sonne. Und das ist das wichtigste im ganzen Geburtsbild; - die Erlebnisform, das ist der Sonnenstand oder die Sonne, weil sie die Verhaltenseigenschaften zeigt und damit die Umsetzung der eigenen Anlagen an die Außenwelt. Infolgedessen ist der Stand der Sonne immer jeweils das Grundsätzliche und jeweils Entscheidende. Daraus ergeben sich die sogenannten Verhaltenseigenschaften.

Es ist wie im Märchen: wo irgend jemand verzaubert oder verwunschen ist und eine lange Nase oder Schuppen oder ein Fell oder sonst was hat. Da muß eine bestimmte Aufgabe erfüllt werden und dann ist man erlöst, - von dem Pelz und von den Schuppen und so weiter

Das heißt mit anderen Worten: Die Begabung oder Veranlagung, ob sie nun günstig oder ungünstig ist, sie drückt in jedem Fall, denn man will sie ja in jedem Fall los werden. Der Ascendent und die Planeten wären also die Verzauberung, wenn man das übersetzen würde, und die Sonne ist die Aufgabenstellung, die der einzelne erfüllen muß, um zu einer Erlösung zu kommen. Das ist also die Sonne, das sind die Verhaltensmöglichkeiten, aus denen heraus man die Anlagen erlösen oder umsetzen kann und daraus kommt es dann erst zur Finalität.

Die Sonne ist also eminent wichtig im Gegensatz zu allen anderen Planeten. Und das zweitwichtigste ist erst der Ascendent, - wobei es darauf ankommt, daß die Verhaltenseigenschaft, sprich Sonne, dem Ascendenten, sprich Anlage oder Begabung, einigermaßen gerecht wird, und weder überfordert noch unterfordert wird.

Infolgedessen gehen wir einmal davon aus, daß im ersten Haus die Sonne wäre. Die Verhaltenseigenschaft einer solchen Person, - weil ich von Personen rede, möchte ich gleich mal was anführen: es ist immer so, daß, wenn man die Astrologie beginnt, fängt man damit an, sich selber zu sezieren und das Eigenhoroskop zu machen. Ich würde Ihnen davon dringend abraten, und zwar aus folgendem Grund: Das Eigenhoroskop sollte man erst dann machen, wenn man genügend Übersicht hat, sonst kommt man in der Selbstsicht möglicherweise zu Irrtümern, die sich dann so festhängen, daß man sie nicht mehr los wird. Das mal nur am Rande. -

Also nehmen wir mal an, eine Person oder eine Sache hat die Sonne im ersten Haus, dann würde das im Sinne der Entwicklung heißen: die Verwirklichung gilt der Sache an sich, das heißt mit anderen Worten: die Verwirklichung gilt der Durchsetzung, das heißt der Betreffende ist in der Phase der Selbstdurchsetzung, das ist seine Aufgabe, dafür hat er seine Verhaltenseigenschaften.

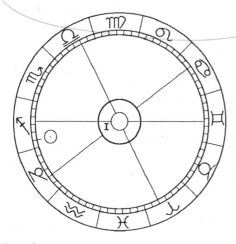

K: Darf ich nochmal fragen: was heißt das auf einen Satz gebracht: die Sonne im ersten Haus?

A: Die Verhaltenseigenschaften beziehungsweise die...

K: Das ist also so: Ascendent im selben Haus?

A: Ja, Ascendent im selben Haus. Das heißt also, der Betreffende ist in der Entwicklungsphase, sich selber zu verwirklichen. Die Sonne ist die Verwirklichung, Ascendent ist die Sache an sich, - wenn es eine Person ist, ist sie es selber. Sie ist in der Entwicklungsphase, sich selber zu verwirklichen und ihre Verhaltenseigenschaften werden entsprechend sein, das heißt sie wird der Umwelt bisweilen egoistisch erscheinen, und man wird dies dann möglicherweise bewerten und wird dann sagen: "Sie ist egoistisch" oder "Sie muß immer die erste Geige spielen" oder "Sie sieht nur sich". Ja, nun ist ja folgendes: es ist für sie geeignet, so zu sein und infolgedessen kann man ja keinen

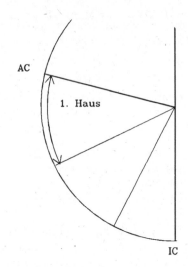

Wertmaßstab daraus machen, daß sie nur sich sieht und sich durchsetzt. Sie braucht ja nur sich selber sehen, sie hat ja nichts anderes zu verwirklichen, warum sollte sie dann nicht nur sich sehen, das ist ja gar nicht einzusehen. Es ist nämlich so: der Ascendent ist hier und was vom Ascendenten zur Spitze des zweiten Hauses geht, das ist das erste Haus.

Wenn nun die Sonne im zweiten Haus steht, dann ist der in der Verwirklichungsphase der Sicherung, Sättigung und Eigenbegrenzung, das entspricht ungefähr dem Tierkreiszeichen Stier. Eigenbegrenzung. An sich ist es beim Stier sehr deutlich, daß er seinen eigenen Standort gegenüber seiner Umgebung immer sehr eindeutig macht und abgrenzt.

K: Besteht zwischen dem, was Sie da sagen überall eine Verbindung?

A: Ja, bei allem, aber die Übereinstimmung ist nur pauschal. Wenn er die Sonne im dritten Haus hat, das ist seine Verhaltenseigenschaft, da geht es ihm um die Verwirklichung der Funktion nach außen, der Eigendarstellung nach außen.

Ich mache das nur mal ganz schnell durch: Hier, das war der erste Quadrant, die sogenannte Causa materialis.

Dann gehen wir zum dritten Quadranten: Haus sieben, acht, neun. Wenn jemand die Sonne im siebten Haus hat, ist seine Sonne als Verwirklichung und seine Verhaltenseigenschaften ausgerichtet auf Begegnung und Ergänzung durch Außensituationen.

Dann das achte Haus, - lassen wir mal die Sonne weg, damit wir schneller durchkommen, - die Bindung an die Begegnung, das heißt die Verpflichtung an die Begegnung.

Es gibt eine Unmenge von Geburtsbildern, die haben eine Unmenge im siebten Haus und im achten ist gar nichts los. Die haben eine Begegnung nach der anderen ohne sich dem Begegnenden oder Ergänzenden gegenüber zu verpflichten, Bindung kommt da keine zustande.

Dann das neunte Haus, das ist aus der Funktion daraus: Weltanschauung, das heißt die Funktion dessen, was außerhalb von einem passiert. Wer die Sonne da drinnen hat, wird sich hauptsächlich um die Funktion anderer Leute kümmern, zum Beispiel haben sehr viele Psychologen Sonne Haus neun.

Man kann den dritten Quadranten auch noch anders umreißen: Haus sieben ist die Begegnung, die sich einem ja als Bild präsentiert, - überpersönlich wäre das dann die Idee, das griechische Wort für Bild.

Das achte Haus ist dann also die Bindung an Bilder, also Leitbilder, und das neunte Haus dann die Funktion: die Verwendung von Bildern, die "Anschauung".

Der zweite Quadrant ist dann die Causa formalis, Haus vier, fünf, sechs. Haus vier haben wir gesagt: ist die sogenannte Sammlung des Wesens, die Verwahrung, also das, was man die seelische Kraft nennt, die Konzentration darauf. Wobei wir gesagt haben, daß das Haus vier, das heißt das Seelische jeweils ein Zustand ist, der sich immer wieder erneuert und zwar aus der Beziehung zwischen der Person selber und dem, was die Person herausfordert, nämlich durch Begegnung und deren Herausforderung.

Je stärker diese Wechselbeziehung ist, desto stärker ist die Antriebskraft aus dem seelischen Bereich. - Das wäre also Haus vier, das Wesen der Seele, der seelische Bereich und wer zum Beispiel die Sonne in Haus vier hat, um das mal anzudeuten, der findet seine Verwirklichung in der Verwahrung und Sammlung seines Wesens, -

nämlich seiner seelischen Eigenständigkeit. Dem geht es dann darum, seine seelische Eigenständigkeit zu erhalten.

Und dann haben wir Haus fünf, die Art und Weise, wie sich dieser Ausdruck äußert. Die Gebärde, das Gestalthafte, das Hervorbringen von Sichtbarkeit, im Gegensatz zu Haus drei, zur Funktion, sagen wir einmal zur instrumentalen, zur technischen Funktion, zum Gerätehaften. Haus drei wäre die Bewegung der Gliedmaßen, - um das mal primitiv zu sagen, während Haus fünf eine Sichtbarkeit hervorbringt, - nämlich bereits einen Ausdruck, nämlich aus der Bewegung bereits eine Gebärde.

Haus sechs ist die Abhängigkeit von diesem Lebenstrieb und von diesem Ausdruck. Das ist die Abhängigkeit von den Lebensmöglichkeiten und von den Lebensbedingungen, die jeweils herrschen. Denn je nachdem, wie der jeweilige Lebenstrieb ist, je nachdem ist die Abhängigkeit von den Lebensmöglichkeiten und den Lebensbedingungen, die man sich ja dementsprechend geschaffen hat.

Der vierte Quadrant war ja die Finalität aus der zu ersehen ist, was die Sichtbarkeit, die aus sich erwirkt wird für eine Bedeutung hat. Das heißt also mit anderen Worten: Bedeutung als geistige Unterscheidung oder sagen wir einmal: als geistige Unterscheidbarkeit des Erwirkten.

Da wäre Haus elf die Spezifikation eben jener Unterscheidbarkeit, eben die Art und Weise, wie Bedeutung zustande kommt, - also Aufhebung subjektivistischer Triebfedern, die Aufhebung des Gegensätzlichen. Das ist auch der Trieb sich zu entpolarisieren, Haus elf, das entspricht in etwa dem Wassermann, der gern Polaritäten aufhebt oder zwischen den Polaritäten sozusagen herumgeworfen wird, ohne sich an eine auszuliefern. Darum ist zum Beispiel Haus elf, Wassermann, allgemein-astrologisch das Haus zum Gleichgeschlechtlichen. Polaritäten sollen aufgehoben werden; die Unabhängigkeit vom Subjektiven.

Und dann die Funktion daraus, ist das Nichtbegriffensein in Haus zwölf, und das Isoliertsein, weil unabhängig sein von den jeweiligen Lebensbedingungen.

Das ist nur einmal kurz durchgesagt, so ganz kurz, und ich werde es Ihnen auch noch einmal in ganz einfachen Formeln sagen.

Selbst.

Sie können sagen für Widder oder Haus eins: Selbstdurchsetzung. Sie können sagen für Haus zwei oder Stier: Selbstsättigung. Sie können sagen für Haus drei oder Zwilling: Selbstdarstellung.

Das sind jetzt mal nur vereinfachende Schlagworte, die den gesamten Überblick geben sollen. Allerdings, diese Schlagworte mit "Selbst -" haben dann für die Reihe des oberen Quadranten einen Haken, weil die ja in den Anlagen nicht mehr "Selbst"-Zweck sind. Außerdem zeigt die Reihe Tätigkeiten, also so, als ob jeweils die Sonne im Zeichen wäre.

Jedenfalls, statt dem vierten Haus, dem Krebs können Sie dann sagen: Selbsthingabe, also im Grunde: seelische Verausgabung, seelische Identifizierung. Sie können statt fünftes Haus oder Löwe sagen: Selbstgefühl. Sie können statt sechstes Haus oder Jungfrau sagen: Selbstgliederung, - und wenn Sie böse sind: Selbstzersetzung.

K: Was heißt das eigentlich: Selbstgliederung?

A: Das sechste Haus ist die Abhängigkeit. - Das heißt die Abhängigkeit von den Lebensbedingungen, aber ich komm' da noch drauf. - Wir werden noch andere Begriffe schlagwortartig hineinsetzen, wir können statt Selbstgliederung auch Steuerung sagen. Sagen wir mal lieber Selbststeuerung, das ist besser. Die Vernunft als Hilfsfunktion des Seelischen. Das heißt, die Steuerung des Seelischen gegenüber den Lebensbedingungen. Das ist es an sich genau, das sechste Haus.

K: Ich habe da noch eine Frage: Was Sie uns da jetzt angeben, ist immer dann, wenn die Sonne da drinnen ist?

A: Nein. - Nehmen Sie für erstes Haus oder Widder, für zweites Haus oder Stier, drittes Haus oder Zwilling und so weiter, nehmen Sie diese Schlagworte jetzt mit diesem "Selbst -" vorn dran, das kann man sich nämlich relativ leicht merken: Selbstdurchsetzung, Selbstbegrenzung oder Selbstsicherung, Selbstdarstellung, Selbsthingabe, Selbstgefühl, Selbststeuerung. Dann haben Sie beim siebten Haus oder Waage: Selbstergänzung, das ist die Umkehrung von der Begegnung, das ist die egoistische Selbstbetrachtung von der Begegnung.

K: Was ist denn das siebte Haus für ein Zeichen?

[handschriftliche Notiz oben: M♏ = zwanghaft unterordnen unter Leitbilder...]

A: Waage. - Achtes Haus oder Skorpion: Selbstüberwindung, was sich darauf bezieht, daß der Skorpion stark vorstellungsgebunden ist, das heißt sich wegen seiner Vorstellungen selbst seelisch gern überwindet. Die Leitbildhaftigkeit beim Skorpion ist so außergewöhnlich stark, daß er jede seelische Erlebnisfähigkeit diesen Leitbildern und Vorstellungen unterordnet und deswegen zu den zwanghaften Typen gehört. Aus diesem Grund sind natürlich "Überwindung" und "Askese" für ihn Lieblingsworte. Insofern also Selbstüberwindung.

K: Was bedeutet das Wort leitbildhaft?

A: Leitbildhaft ist, wenn ich eine fixe Idee, eine Vorstellung, von einer Sache habe und die Erlebnisweise hat sich dann dieser nicht lebendigen Form des Vor-Bildes nachzuvollziehen. Das heißt das Leben kommt nicht ohne weiteres zur freien Entfaltung, so wie es will. Die haben eine fixe Idee, ein Vorstellungs-Bild, die haben Prinzipien. Das muß so und so ablaufen. Wenn es besser abläuft, sind sie auch nicht zufrieden. - Damit will ich nichts gegen die Skorpione sagen. Dann haben wir neuntes Haus oder Schütze: Selbsteinsicht. Zehntes Haus oder Steinbock: Selbstbegrenzung.

Das "Selbst -" wird, wie gesagt natürlich bei den Häusern, die über dem Horizont liegen und sich nicht mehr um die Sicherung des Individuums kümmern, etwas problematisch.

Nun, Haus elf oder Wassermann wäre: Selbsterhöhung, und Haus zwölf oder Fisch wäre: Selbstauflösung, - nämlich die Auflösung der eigenen Abhängigkeit. Das ist der Fisch, Haus zwölf.

K: Was sagten Sie Haus elf?

A: Selbsterhöhung, das heißt von der Subjektivität loskommen wollen, das heißt von den Polaritäten wegkommen wollen.

K: Und jetzt noch einmal der Fisch?

A: Der Fisch: Selbstauflösung, Auflösung der Abhängigkeit von den Lebensbedingungen. Der Fisch paßt sich den Lebensbedingungen nicht an, sondern er entzieht sich den Lebensbedingungen, die Jungfrau paßt sich an. - Jetzt haben wir also alles mit "Selbst -" durch. Also nochmal kurz: Erstes Haus, Widder, da gehört der Mars dazu, - können wir sagen: Energie. Das brauchen wir alles nicht aufzuschreiben, - nur mal so zum Merken. Wir machen dann eine Pause, und dann machen wir ein Geburtsbild von A bis Z. - Das ist alles vorgegriffen, aber das ist ja Absicht von mir. Sie sollen ruhig ein bißchen schwimmen, weil im Nachvollzug - verstehen Sie, je mehr Sie schwimmen, desto mehr haben Sie davon. Und wenn Sie nachdenken, dann organisieren Sie sich selbst, wenn ich Ihnen aber die Organisation gleich mitliefere, dann haben Sie keine Chance, die eigene Organisation zu finden. Davon haben Sie weniger und man muß ja sagen: nicht alles gleich wissen! Es ist ja ein Zeichen der Unsicherheit, wenn man immer alles gleich wissen will. Das können sich nur ganz sichere Menschen leisten, in Unklarheit zu leben.

K: So?

A: Das wäre also Widder - Mars - Energie.

Haus zwei, das wäre Stier - Venus - Stärke. Das wäre Stärke im Gegensatz zu Kraft. Natürlich auch, weil es hier auch um die Sicherung und Selbstsättigung geht, da liegt auch der Selbstgenuß mit drin. Darum sind Stiere meistens verschrien als Schlemmer, Feinschmecker.

Haus drei wäre Zwilling - Merkur des Morgens - Intellekt. Das ist sozusagen, wenn ich da erinnern darf an die Entwicklung, die Verzweigung in den strukturell zur Verfügung stehenden Raum. Das heißt nehmen wir als Beispiel einen Baum. Ein Baum wächst genau bis zum Zwilling. Danach wächst nicht mehr er selbst, sondern es wächst an ihm, nämlich die Frucht. Das heißt er wächst sich in dem ihm strukturell zur Verfügung stehenden Raum aus. Weiter kann er nicht. Und das ist die Phase der instrumentalen Funktion nach außen, des Unterscheidens, des Intellekts als Hilfsfunktion für das Zurechtfinden im Lebensraum. Der Intellekt hier als Hilfsfunktion des Zurechtfindens im Lebensraum mit allen Forderungen des Instrumentalen und der Technik. Während Haus sechs eine Hilfsfunktion des Seelischen ist, zur Steuerung gegenüber den Lebensbedingungen. Entweder Vernunft oder Anpassung.

Der Zwilling-Merkur ist der Intellekt, Hilfsfunktion zum Zurechtfinden im Lebensraum. Der Jungfrau-Merkur ist Hilfsfunktion des Seelischen gegenüber den Lebensbedingungen, Steuerung gegenüber den Lebensbedingungen entweder Vernunft oder Anpassung. Und wer sich anpaßt ist immer vernünftig.

K: Das sind Opportunisten.

A: Das muß nicht Opportunismus sein, das ist aus rein vernünftigen Gründen eine Anpassung. "Warum soll ich da jetzt eine Meinung haben, wenn ich ohne Meinung besser leben könnte." Das ist ein Standpunkt, den man vertreten kann.

Das nächste wäre dann Haus vier: Krebs - Mond - Gefühl. Dann haben wir den Löwen - Sonne - seelische Kraft. Die Jungfrau hatten wir bereits. Dann Waage - Venus des Abends - Ausgleich.

An sich können Sie die Formeln später wundervoll benützen. Ein Beispiel, wenn Sie für Haus sieben "Selbstergänzung" als Schlagwort nehmen, und Sie haben ein Geburtsbild, - ob das nun männlich oder weiblich ist, spielt keine Rolle, - und der Herrscher dieses siebten Hauses steht in eins, dann trägt die betreffende Person eine ungeheure Menge an Geschmeide und sonstigen Zusätzen der Selbstergänzung an sich. Sie können also wortwörtlich die Formeln anwenden. -Wobei natürlich die Waage sowieso gerne daran zu erkennen ist, daß ein Kleid niemals einfach geschnitten ist, sondern daß da meistens ein Jäckchen weghängt oder sonst was, da flattert immer etwas im Wind.

Haus acht haben wir geistige Bindung - Skorpion -Pluto. Das Leitbild, die Vorstellung. Haus neun, Schütze - Jupiter - die sogenannte Einsichtigkeit. Haus zehn, Steinbock - Saturn - das Regeln, bis zum Maßregeln beziehungsweise das Formieren. Das Formieren ist ja eigentlich regeln. Dann Haus elf, Wassermann - Uranus - da können wir die Mutation nehmen, die Umwandlung. Und Haus zwölf, Fisch - Neptun - Transzendenz.

K: Was war das für neun und zehn?

A: Die Einsichtigkeit für neun, für Schütze. Und das Formieren und Regeln für den Steinbock. - Wir kommen später in die Einzelheiten und bauen jedes Tierkreiszeichen einzeln auf und damit wird sich ergeben, was für Verhaltensmotive da immer herrschen. - Zum Beispiel der Steinbock, der sich gerne mit der Gemeinschaft identifiziert in der er lebt und sich, wenn man es böse ausdrückt, zum Hüter derselben aufwirft und sich berechtigt fühlt, sich in alle möglichen Lebensbereiche einzumischen. Darum werden die Steinböcke meistens Lehrer, - wobei ich nichts gegen Steinböcke habe. Das sind also ganz bestimmte Verhaltensmotive. Der Steinbock ist gemeinschaftsabhängig und er identifiziert sich mit den Maßstäben der Gemeinschaft. Das ist eine ganz wichtige Geschichte.

K: Unabhängig vom Ascendenten?

A: Ja, unabhängig, das ist die Verhaltenseigenschaft.

K: Diese Schlagworte, die Sie uns eben genannt haben, gelten die in der Reihenfolge gleich, sowohl für die Zeichen als auch für die Häuser als auch für die Planeten?

A: Genau. Es ist an sich so, daß die Planeten die sogenannten Bewegungsprinzipien der Tierkreiszeichen sind. Das heißt, wenn Sie hier zum Beispiel Stier, das Venuszeichen im siebten Haus haben, so ist das eine Frage der Begegnungsfähigkeit. Wenn diese Venus nun im vierten Haus steht, was heißt das? - Das heißt, die findet ihre Begegnung in ihrem eigenen Wesen. Sie liebt ihr eigenes Wesen und findet sich herrlich.

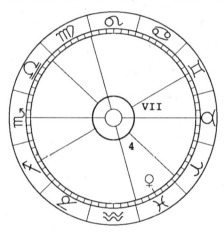

Auf noch was möchte ich hinweisen: wenn das also ein Geburtsbild mit zwölf Entwicklungsphasen ist, dann heißt das, daß eine Sache erst dann vollständig ist, wenn sie über diese zwölf Entwicklungsphasen verfügt. Verfügen heißt, wenn sie alle Anlagen verwirklicht. Das heißt auch die Anlagen müssen sich verwirklichen, die in der Begegnung selbst und nicht in der Anlagegruppe liegen, die zur Sicherung und Durchsetzung des Individuums vorhanden ist, - also auch die Anlagegruppe für die Erhaltung der Art, das heißt auch die Anlagen müssen, um Vollständigkeit zu erreichen, verwirklicht werden, die sich um die Erhaltung der Art kümmern, also die sich um die Notwendigkeiten anderer bemühen.

Jetzt wollen wir ein Geburtsbild machen. Das ist ein Deutungsversuch, damit Sie sich einen ersten Begriff über das Deutungsvorgehen machen können, - und damit Sie sehen, wie Sie selbst mit wenig

Schlagworten eine Sache schon eindeutig umreißen können. Das Deutungssystem ist spezifisch das der Münchner Rhythmenlehre. Es geht im Grundschema von drei Punkten aus:

Die erste Frage heißt: Worum geht es! Um welches Material geht es? - Das ist die Frage nach dem ersten Quadranten, der causa materialis, - nach dem Ascendenten. Das heißt mit anderen Worten: Was hat die Situation oder das Ereignis oder die Person für ein Anlage-Potential, - welche Anlagen wollen sich durchsetzen?

Der zweite Punkt ist die Frage nach dem Stand der Sonne, - der Art und Weise der Durchführung oder der Verwirklichung.

Und die dritte Frage ist immer die nach dem MC oder Zenit, und das heißt dann: Was hat das für eine Finalität, - was hat das für eine Bedeutung für ein Ergebnis?

Das sind die drei Grundfragen, und herausgeschrieben werden dann nur die Planeten, die mit diesen drei Punkten zu tun haben. - Das können oft nur drei Stück sein, die geben dann Auskunft über den gesamten Umriß. Mehr brauchen Sie dann zunächst nicht, - erst dann, wenn Sie ins Detail gehen, brauchen Sie mehr.

Es handelt sich hier in unserem ersten Deutungsversuch um das Geburtsbild eines Vorgangs, und nicht um eines einer Person. Ein Vorgang ist genauer zu kennzeichnen als eine Person, dadurch bekommen Sie schneller Zugang zu der Möglichkeit des Horoskops.

Wir haben ein Ereignis vom 4.12.1950, Murnau 14.57 Uhr MEZ.

Wenn wir von unserem Fadenkreuz ausgehen und dann die Hauptachsen bis zum Innenkreis doppelt machen, sehen Sie sofort das Auseinanderfallen in vier Quadranten. Sie sehen sofort, wo die vier Quadranten sind, das ist nämlich wichtig. - Wir haben hier also ein Grobsche-

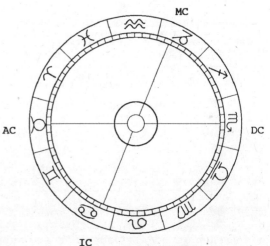

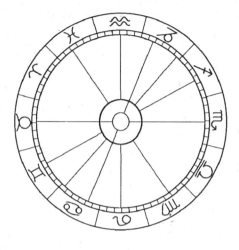

ma für erste Deutungsversuche.

Die erste Frage: Worum geht es, um was für eine Sache handelt es sich? - Die causa materialis. Die causa materialis schneidet im Stier an. Das ist die Anlage. Wir haben für den Stier: Stärke gesagt. Was kann man für Stärke noch sagen? - Substanz. Hier handelt es sich um einen Vorgang, sagen wir also Substanz, oder auch Bestand.

K: Würden Sie das ganze noch einmal wiederholen?

A: Causa materialis: der sichtbare Vorgang, das heißt worum geht es? Diese causa materialis mit diesem Ascendenten oder ersten Haus schneidet an beziehungsweise liegt im Tierkreiszeichen Stier. Das heißt es geht um Stierangelegenheiten. - Es ist ja hier keine Person, sondern ein Vorgang, es ist auch keine Institution, sondern ein Vorgang, ein Geschehen, sozusagen. - Wir haben gesagt: Stier - Venus, - das gehört zusammen. Venus ist das Bewegungsprinzip des Stiers. Und wir haben gesagt: Stier ist Stärke, Bestand. Aus dem Vorgang der Selbstbegrenzung und der Selbstsättigung und der Sicherung ergibt sich natürlich Stärke. Wir können auch sagen, weil es ein Vorgang ist, anstatt Stärke: Substanz. Jetzt muß uns interessieren in welche Beziehung die Substanz gebracht wird, wo steht das Bewegungsprinzip des Stiers? Das heißt wir müssen in den Ephemeriden nachschlagen unter dem 4.12.1950 und schauen: Wo steht die Venus?

K: Wer?

A: Die Venus, die gehört ja zum Stier, - ich überfordere Sie jetzt zwar, aber ich will ja nur mal im Eilzugtempo, pauschal einen Umriß geben. - Die Venus steht etwa auf 16 16,5 Schütze. Das ist egal, ob sie das Feld überschneidet, die Venus steht einfach auf sechzehn Grad Schütze. Man stellt also fest, die Venus ist im dritten Quadranten, die Venus ist also in der Begegnung und sie befindet sich spezifisch im achten Haus. Und was haben wir gesagt für das achte Haus?

K: Verpflichtung aus der Verbindung.

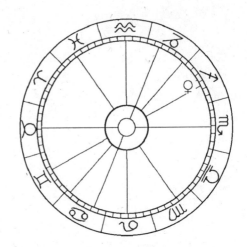

A: Verpflichtung aus der Verbindung. - Was ist das achte Haus, wenn das siebte die Begegnung ist! - Die Verpflichtung an die Begegnung, das ist die Spiritualität zum Teil, das ist die geistige Bindung. Das achte Haus ist das Leitbildhafte, das Prinzip. - Da haben wir gesagt: achtes Haus: geistige Bindung. Sie können die einzelnen Begriffe der einzelnen Häuser wie Bausteine verwenden, um zunächst einmal einen Überblick zu haben. Eines dieser Schlagworte ist: achtes Haus: geistige Bindung. Und in der Vulgärastrologie: das Haus des Todes. Jetzt steht also die Venus als Bewegungsprinzip der Substanz im Haus der geistigen Bindung. Was würde man daraus schließen?

K: Ja, also, daß die geistige Bindung im Wandel ist.

A: Nun muß ich eines sagen: wenn Sie sehen: das achte Haus liegt gegenüber dem zweiten. Wenn das zweite Haus die Substanz ist und hier das Gegenüberliegende - das ist auch wieder zusätzlich zu sagen - die Aufhebung des Unterliegenden ist. Das heißt wenn das zweite Haus die Substanz ist, ist das achte Haus die Antisubstanz. Darum heißt es auch in der Vulgärastrologie: der Tod. Das heißt die geistige Bindung, die Auslösung von der Materie, die Überwindung der Materie.

Aber wenn Sie das als Formel einfach betrachten, dann sagen Sie: Herrscher von eins: die Venus: Substanz, steht in acht, also geistige Bindung der Substanz. - Nun müssen Sie aber übersetzen, was nun geistige Bindung der Substanz ist, das ist die Aufhebung der Substanz.

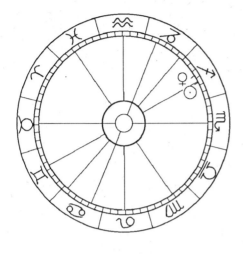

Jetzt müssen Sie als nächstes fragen: was steht eventuell noch in der causa materialis, im ersten Quadranten oder im ersten Haus? - Da steht nichts.

Jetzt ist die nächste Frage: wie verwirklicht sich das? Wonach müssen Sie fragen? - Die erste Frage: Worum geht es? - Und die zweite Frage war: Wie verwirklicht sich das? - Durch die Sonne. - Wir schauen dann in den Ephemeriden am 4.12.1950 nach und finden die Sonne auf zwölf Grad Schütze stehen. Das heißt wo liegt die Verwirklichung? - In der Phase der Aufhebung der Materie, das wäre Haus acht. - Die Sonne steht ein Grad vor der Spitze des achten Hauses, die auf dreizehn Grad liegt. Aber selbst wenn sie auf vierzehn Grad wäre, würde die Sonne noch hineinwirken, weil sie am Anfang des Hauses oder davor steht, da wird sie noch wie durch eine Welle in das nächste Haus gezogen. Es ist nicht so, daß das wie mit einem Schubladen geht. Sie liegt also auf zwölf Grad Schütze achtes Haus, das heißt, die Verwirklichung liegt in der Aufhebung der Substanz.

K: Woran erkennt man denn, welches Haus das ist?

A: Ja, da können Sie in die Häuser reinzeichnen: eins, zwei, drei und ringsum. Sie beginnen immer am Ascendenten, in der gleichen Richtung, wie die Tierkreiszeichen laufen. - Am Ascendenten: eins, und ich würde das erste Haus eines Quadranten immer mit einer römischen Zahl beziffern.

K: Ist die Spitze eines Hauses immer am Anfang oder am Ende?

A: Am Anfang.

K: Können Sie das bitte noch einmal sagen mit der Sonne.

A: Die Sonne ist die Verwirklichungsebene. Sie legt die Verwirklichungsebene fest. Die Sonne steht also hier im achten Haus, die Verwirklichung vollzieht sich also in der Aufhebung der Substanz.

Die dritte Frage ist: Was hat das für eine Bedeutung? oder: Was hat das für eine Finalität? - Das ist die Frage nach dem MC oder nach dem Zenit. Da haben wir als Zeichen: Steinbock.
Für Steinbock und dessen Bewegungsprinzip haben wir:

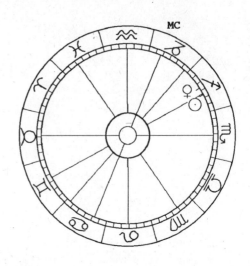

die Formierung, das Maßregeln, das Begrenzen, das Disziplinieren, das Formieren. Das heißt es handelt sich hier in der Finalität um einen formierenden Vorgang, der also nach Anlage und Durchführung Substanz aufhebt. - Wir müssen dann fragen: Wo ist das Bewegungsprinzip des Steinbocks: der Saturn, wo liegt der? - Nach den Ephemeriden liegt der auf ein Grad Waage. - Da zeichnen wir auf ein Grad Waage den Saturn rein. - Jetzt wissen wir, wo die Formierung oder Disziplinierung sich auswirkt, - im sechsten Haus?

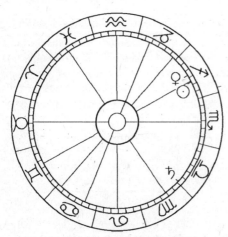

K: Die Anpassung

A: Ja, es ist schon die Anpassung in der Auswirkung. - Das sind die Lebensbedingungen, denen der jeweilige Ausdruck ausgeliefert ist, - um sich ihnen anzupassen oder gegenüberzustellen. - Die Abhängigkeit von den Lebensbedingungen. Das heißt hier sind die Lebensbedingungen eingeschränkt, sind formiert.

Jetzt kommt als nächste Frage
was steht im zehnten Haus -
weil das ja zum Zenit dazu gehört. Und in den Ephemeriden
sehen wir auf einundzwanzig
Grad Steinbock den Mars. Direkt an der Spitze, eigentlich einundzwanzig Komma fünf
Grad. Zu diesem Zeitpunkt
steht der Mars also am höchsten.

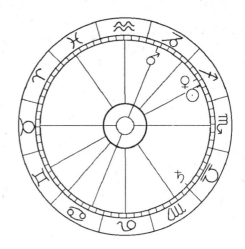

Geht nun diese Formierung harmonisch vor sich, oder wie
geht die vor sich? - Die geht
gewaltsam, energisch vor
sich, und zwar, weil an sich das Prinzip des Mars und des Saturns
nicht zusammenpassen, denn das Prinzip des Regelns und des Formie-
rens des Steinbocks und das Prinzip der Durchsetzung und Herausforderung von Durchsetzungsmöglichkeiten, die passen an sich nicht
zusammen. Das eine ist Bewegung und das andere ist Behinderung.
Und hier ist es so, das muß ich durchsetzen. Wenn ein Tierkreiszeichen ein Haus beherrscht, wie zum Beispiel hier der Steinbock das
zehnte Haus, dann ist der Steinbock der Herrscher dieses Hauses,
ist der Eigentümer.

K: Was heißt beherrschen, - die Spitze dieses Hauses ist in dem
Zeichen Steinbock.

A: Genau, das ist der Eigentümer. Der Planet, der aber dann da
drinnen steht, das ist der Pächter. Das heißt der kann sich nur in
dem Rahmen entwickeln, in dem es der Steinbock und damit der Saturn zuläßt. Wie ist also dann die Energie, wenn Energie hier auftritt und der Mars Pächter ist in einem Haus des Steinbocks? - Wie
ist dann die Energie? - Die Energie ist behindert. Sie wirkt im
Sinne des Steinbocks in Richtung Formieren, beschränken, somit eine energisch vorangetriebene Beschränkung. Also es ist weniger eine Formierung als schon eine Deformierung, wobei es um die
Substanz geht, die aufgehoben wird.

Ich sage Ihnen, das sind jetzt alles nur Formeln, damit Sie überhaupt einen Begriff davon bekommen. Das ganze ist ein Autounfall

an einem Bahn-Übergang, an einem Tunnel. Der ganze Vorgang ist ein Totalschaden bei einem Zusammenstoß eines Autos mit einem Zug, bei Murnau, wo so eine enge Durchfahrt ist.

K: Zu dem Zeitpunkt 14.57 Uhr wird eine Menge in Murnau passiert sein. Vielleicht ist einem ein Blumentopf auf den Kopf gefallen.

A: Das weiß ich nicht alles. Aber eines möchte ich dazu sagen: wenn die Konstellation über Murnau sitzt oder hängt, dann genügt ja ein Unfall, um die Konstellation zu verwirklichen. Mehr braucht die nicht. Dann müssen nicht laufend in Murnau um 14.57 Uhr Unfälle passieren.

Und dann kommt noch etwas dazu: Dieser Unfall ist ja nicht lokalisiert, - wir gehen jetzt nur schablonenmäßig darüber weg. Wir gehen später auf diese Dinge auch inhaltlich ganz genau ein. Sie müssen eines bedenken und das möchte ich da mit einbeziehen: Wenn Sie über die Straße gehen und sehen einen Unfall, und Sie sehen einen Verunfallten, - wie es so schön heißt, - und Sie nehmen sich nun beide vor, dann hat der eine den Unfall an sich erlebt und Sie haben den Unfall am anderen erlebt. Sie sind in die Situation genauso einbezogen. Sie können sagen: Murnau hat diesen Unfall am anderen miterlebt. - Das ist nämlich die Frage: wo liegt die Verwirklichungsebene? Nämlich: erlebe ich den Tod an mir oder am anderen. Das ist ein ganz wesentlicher Unterschied. Aber wenn Sie den Vorgang am anderen erleben, dann erleben Sie ihn ja tatsächlich, da wird tatsächlich eine Konstellation bei Ihnen ausgelöst, oder eine Anlage, oder ein Inhalt. Sie sind ja angesprochen davon, das hat eine Wirkung. Es kommt dann darauf an, in welcher Beziehung das zu Ihnen steht.

Und so ist das natürlich im Einzelnen auch, wenn sich etwas verwirklicht hat, ist der Konstellation genüge getan.

Die Griechen wußten das schon und haben einzelnen Planetengöttern ständig etwas zu fressen gegeben, als Opfergabe, damit sie Ruhe geben. Und wenn die Konstellation satt ist, ist sie satt.

Denn erleben tut sie immer nur der, persönlich an sich, bei dem es in die Kausalität, nämlich in den ersten Quadranten fällt. Das ist ein ganz wesentlicher Unterschied zwischen den anderen astrologischen Systemen und dem hier gelehrten, weil Sie hier eine Unterscheidung haben: Erlebe ich die Sache seelisch, geistig oder wo.

Ja, als erster Hinweis würde das genügen: Wo erlebe ich sie? Das ist nämlich wichtig. Wir machen da das nächste Mal weiter.

K: Noch eine Frage: der 4.12.50, ist das der Geburtstag der Person, die da verunglückt ist?

A: Nein, das ist das Ereignis als solches.

K: Ist dann das Geburtsbild des Verunfallten parallel gelaufen?

A: Ja, und zwar ist folgendes - die Geschichte hat sogar relative Öffentlichkeitswirkung gehabt: die Konstellation des Geburtsbildes war zwingend, was sich auch äußerlich ausgewirkt hat. Es handelt sich hier um eine Dame, die hatte einen Chauffeur und ist immer neben dem Chauffeur gefahren. Dann war damals in der Quick gestanden: "Der gefährlichste Platz ist immer der neben dem Chauffeur!" - Und da hat sie sich dann hinten reingesetzt. Und das war genau verkehrt in diesem Fall, weil der Zug den hinteren Teil des Wagens erfaßt hat und demjenigen, der vorne gesessen ist, ist überhaupt nichts passiert.

Es geht jetzt gar nicht um den Anlaß, ob das in der Quick dringestanden hat oder nicht, - ich würde eine Gewohnheit auch nicht deswegen unterbrechen, sondern es ist ein gewisses ungutes Gefühl bei ihr entstanden. Und nun hatte sie - ich ziehe das jetzt alles voraus, - eine ganz bestimmte Konstellation, - das geht auch darauf hinaus, ob irgendein Ereignis zwingend ist oder nicht. Sie hatte also eine ganz bestimmte Konstellation. Nehmen wir mal an: sie hatte Mars, Saturn, Uranus gehabt.

K: Wo? An dem Tag?

A: Wir wollen jetzt nicht detaillieren, wo sie es gehabt hat. - Nehmen wir aber mal an, sie hat es prinzipiell in ihrer Zuständigkeit gehabt, - diese Konstellation. Und nun heißt das ja nichts anderes, als daß das Symbole dafür sind, wie die einzelnen Anlagebilder zueinander stehen. Nämlich, der Mars steht für ein Anlageteil, für ein Anlagebild. Der Saturn steht für ein Anlagebild. Und nun ist es so, daß die einzelnen Anlagebilder sich, wenn zwei verschiedenartige dominant sind, - widersprechen können. Dann nehmen Sie zum Beispiel den Sicherungstrieb oder nehmen Sie den Risikotrieb. Wenn beide in einem Geburtsbild stark oder dominant gegeben sind, dann ergibt sich eine entsprechende Spannung oder

Ausschließlichkeit. Oder nehmen Sie zum Beispiel die Sicherung des Stiers, oder die Verausgabung des Löwens. Das geht nicht zusammen, da ist gar keine Chance. Ist beides dominant, muß es eine irrsinnige Spannung innerhalb dieses Geburtsbildes geben, die sich an einem dritten Punkt äußert.

Und da ist es nun so, daß die drei Planeten oder Punkte die gleichen Chancen haben. Das sind ja nur Bilder Ihrer Veranlagung. Das ist ja nicht so, daß irgendein Planet kommt und tut Ihnen irgend etwas. Es sind die Zeichen, die Symbole, die Aufzeichnungen, die Ziffernwerte, sozusagen die Formeln für die Hierarchie Ihrer Veranlagung, Ihrer Anlagebilder.

Und jetzt ist das Entscheidende: Sie haben die Chance, die Spannung dieser Anlagebilder selbst auszugleichen. Oder aber, wenn Sie es nicht selbst tun, macht sich diese Anlage, die zum Beispiel unter dem Signum Saturn steht, selbständig. Sie wirkt sich dann in Ihrem Unterbewußtsein so aus, daß Sie einen Bußwunsch, - Sie können auch sagen - einen Ereigniswunsch bekommen und ihr Unterbewußtsein treibt Sie dann automatisch in genau die Situation hinein, in der Sie das korrigierende Ereignis haben, das Ihrer Anlageverwirklichung entspricht.

Das heißt wenn Sie die Steuerung Ihrer Anlagen nicht selbst vollziehen, übernehmen die Anlagen ihrerseits die Verwirklichung automatisch und treiben Sie, das heißt Ihr Unterbewußtsein treibt Sie in Ereignisse rein, die Sie zur Verwirklichung dieser Anlagen brauchen, eben dann zum Teil im destruktiven Sinn, also eine Infragestellung des Verhaltens.

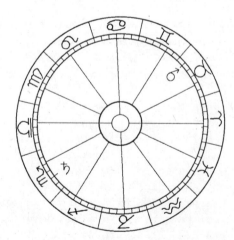

Sie müssen sich das folgendermaßen vorstellen, - es sind alles nur vorgezogene Hinweise - : wenn Sie also die vier Quadranten haben und Sie haben irgendeinen Planeten, der ganz entscheidend in die Begegnungssituation hineinfällt, - nehmen wir mal an, das ist der Mars - und Sie haben gleichzeitig im sogenannten Sicherungsteil, im zweiten Haus, einen Saturn, der sich gern begrenzen und verwurzeln möchte, dann sind das doch zwei Dinge, die überhaupt nicht zueinanderpassen: denn im zweiten Haus haben Sie den starken Sicherungstrieb und im dritten Quadranten haben Sie einen sehr starken Begegnungstrieb, - als Veranlagung - beides dominant.

Es ist ja so, daß Sie Vollständigkeit nur dann erreichen, wenn Sie auch neben der dominanten Sicherungs-Anlage diese dominante Begegnungs-Anlage verwirklichen. Will der Mensch also vollständig werden, - seit dem Paradies gilt das - muß er die Begegnung mit einbeziehen, das heißt er muß sich in Notwendigkeiten anderer verwirklichen, um selbst zur Vollständigkeit zu kommen. Das ist das Adam-und-Eva-Prinzip, das seit dem Paradies aufgetaucht ist.

Nun ist folgendes: daß jeder Mensch sich leicht tut und sagt: die Sicherung meines Individuums, die Verwurzelung im Sicherungsbereich geht mir vor. Und er wird also die Anlage im Begegnungsteil, - weil sie ja ein Risiko seiner selbst verlangt, - diese Veranlagung wird er aus Existenzangst, aus Lebensangst und so weiter nicht ohne weiteres verwirklichen. Das Ergebnis ist, daß sich diese Veranlagung eines Tages selbst verwirklicht und den Betreffenden in eine Unruhe unterbewußt versetzt, die Steuerung, die Vernunft auf die Seite schiebt und durchbricht und dann sagt man: "gibt's denn das? - Das kann man gar nicht glauben, das ist ja atypisch, was der da macht."

Es ist so, daß es ihn entweder hintreibt zu Handlungen oder daß er nun durch den sogenannten Ereigniswunsch in Ereignisse rennt, die die Abweichung von seiner Vollständigkeit korrigieren.

Das ist dann das sogenannte Schicksal, das einen angeblich trifft. Und das läßt sich astrologisch, wenn man diese Symbole als Bilder der Anlage nimmt, in einer Weise verfolgen, das ist geradezu herrlich.

I.   Anlage

   worum geht es? - ist Ascendentenzeichen

   a) In welchem Haus steht der Planet, der
      zum Ascendentenzeichen gehört?

   b) Welcher Planet steht im ersten Haus?

II. Durchführung beziehungsweise Verhalten - ist Sonnenstand

   a) In welchem Haus steht die Sonne?

   b) Welches Haus wird vom Zeichen des Löwen
      beherrscht beziehungsweise gegen den Uhrzeigersinn
      angeschnitten?,

III. Finalität, Bedeutung Was wird erwirkt? -
     ist Zeichen am MC

   a) In welchem Haus steht der Planet, der zu dem MC -
      Zeichen gehört?

   b) Welcher Planet steht im zehnten Haus?

DRITTER ABEND

27. Oktober 1971

Wir hatten das letzte Mal
ein Ereignishoroskop durchgesprochen. Sie haben das sicher noch in Erinnerung. Wir
haben drei Punkte benannt
und haben festgestellt:

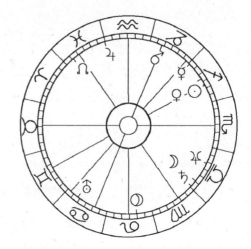

1. Worum geht es? 2. Wo und
in welcher Weise wirkt es
sich aus? 3. Was ist das Ergebnis?

Wir können das noch vereinfa-
chen, bei Sachhoroskopen, indem wir sagen: Ascendent,
und alles, was im ersten
Haus steht, und der Herr-
scher des Ascendentenzeichens, das ist die Sache. Ist das noch
klar?

K: Ja.

A: Das war bei dem vergangenen Horoskop was?

K: Der Mars.

A: Nein.

K: Ach, die Venus.

A: Die Venus, und die stand in Haus acht. Da haben wir gesagt: das
ist Stärke, Substanz, - in Haus acht: geistig gebunden. Das zweite, die Durchführung, was war das? Was ist Durchführung in jedem
Fall?

K: Der Stand der Sonne.

A: Der Stand der Sonne, ja.

Das dritte, das Ergebnis, das ist das MC. Das ist das MC, das zehn-
te Haus und was drinnen steht, beziehungsweise der Planet, der
Herrscher des zehnten Hauses ist und zwar dadurch, weil er zu dem
Zeichen gehört, das das zehnte Haus anschneidet. Das war hier der
Saturn. Und da haben wir im zehnten Haus wen gehabt?

K: Den Mars.

A: Jawohl, den Mars. Und da haben wir gesagt: wenn ein Planet in einem Haus steht, dann ist er der Pächter. Der Eigentümer ist der Planet, der zu dem Zeichen gehört, der das Haus anschneidet. Das heißt, der Mars kann in diesem Sinne seine Energie nur unter der Voraussetzung entfalten, die der Herrscher dieses Hauses zuläßt, - das ist hier der Saturn. Nachdem der Saturn das Prinzip der Zusammenziehung ist, kann der Mars also seine Energie nur in welche Richtung austoben? - Energie in Richtung Zusammenziehung. Also einengende Energie, erdrosselnde, erwürgende Energie. - Im übrigen kommt das bei solchen Fällen sehr oft vor, - diese Konstellation.

K: Wie wäre es umgekehrt, wenn der Saturn in einem Haus stünde, das vom Mars beherrscht wird?

A: Da wird die Energie massiv.

Dasselbe gilt natürlich auch für Personenhoroskope. Ich habe mit Absicht ein Ereignishoroskop als Beispiel das letzte Mal genommen, weil das sachlicher ist.

K: Ich muß aber noch etwas fragen: Das Ereignis bezieht sich doch auf eine Person, also auf die, die verunglückt ist.

A: Nein, überhaupt nicht. Na, selbstverständlich ist die beteiligt, aber das ist ja das Horoskop des Ereignisses und nicht das der Person.

K: Die ist aber wesentlich daran beteiligt, sie büßt ja ihr Leben dabei ein. Also muß es in ihrem Horoskop stehen, hauptsächlich, das Ereignis ist nebensächlich. Es können ja überall Güterwagen zusammenstoßen und es passiert gar nichts. Aber hier ist ein Mensch tot.

A: Für das, was wir hier untersuchen wollen, spielt das keine Rolle. Wir wollen ja folgenden Fall untersuchen: ist innerhalb einer Orts-Zeit-Gleichung der Inhalt einer Situation so, daß er der Funktion der Wirklichkeit oder der Realität entspricht, und nach welchen Gesetzmäßigkeiten läuft das ab.

Welche Gesetzmäßigkeiten sind für uns wichtig?

  1. die Sache 2. die Durchführung 3. das Ergebnis

Die Frage, ob die Person einen Unfall hat oder nicht. wollen wir ja gar nicht untersuchen. Verstehen Sie, das kann man später machen.

K: Aber die Planeten, die Sie genannt haben an dem Tag, die stehen doch bei der Verunglückten genau in ihrem Geburtshoroskop.

A: Ja, sicher, jeder hat in irgendeiner Weise damit zu tun, jeder in dem Ort. - Möglicherweise ist einer vorbeigegangen und hat das mit angeschaut, und das hat ihn dann die ganze Nacht beschäftigt oder es hat einer gegenüber gewohnt oder da ist irgendeiner mit Erlebnismangel dagewesen, und der hat dann gesagt: "Fein, jetzt habe ich wieder etwas zu verarbeiten." Oder was es noch alles gibt. - Verstehen Sie, ganz Murnau hat davon erfahren.

K: Ja, aber das einschneidende Erlebnis hat nur der Betroffene selbst.

A: Ja, ja, das ist subjektiv richtig, aber das wollten wir ja nicht untersuchen. Wir untersuchen ja nur den Fall, um Strukturen festzustellen.

K: Ich dachte, Sie wüßten die Daten und würden uns jetzt sagen, wie es in dem Horoskop aussieht.

A: Ja, also so weit sind wir noch lange nicht, daß wir jetzt schauen, wie es da beim Einzelnen aussieht. - Und dann, sehen Sie, ist es für uns jetzt ja gar nicht interessant, wie es beim Einzelnen aussieht, sondern für uns ist es jetzt nur interessant, wie es beim Einzelnen aussehen kann, das heißt ob wir Möglichkeiten haben, hier im Kurs, Kenntnisse zu erwerben, die Sie dann anwenden können, - nicht ich mit Ihnen, verstehen Sie, was ich meine?

Jedenfalls gilt das gleiche - Sache, Durchführung, Ergebnis - auch für Personen, und zwar insofern - ich wiederhole mich da, tue dies aber absichtlich: anstatt Sache kann man sagen: Anlage. Anstatt Durchführung haben wir gesagt: Verwirklichung der Anlagen, also Verhalten, und anstatt Ergebnis haben wir gesagt: Bedeutung

Wobei Bedeutung gedacht ist, als verbindliche geistige Unterscheidbarkeit, aus dem Ergebnis, das erwirkt wird gegenüber dem Subjektiven.

Jetzt möchte ich eine kleine Übung mit Ihnen machen. Das ist natürlich Rohbau, das ist sozusagen, - ich weiß nicht, wie man das im Bau nennt - das ist das Skelett, das Betonskelett oder Stahlgerüst, aber das ist notwendig, daß das zuerst genommen wird, damit man die Übersicht hat, und damit man die Zuordnungen der einzelnen Anlagebilder, die sich in den Planeten darstellen, hat, das heißt, daß man die Zuordnung innerhalb dieser Anlagehierarchie richtig messen kann.

Nehmen wir ein Beispiel: - Rechnen wollen wir heute nicht mehr, denn das Errechnen ist doch eigentlich klar und das ist hier eigentlich langweilig.

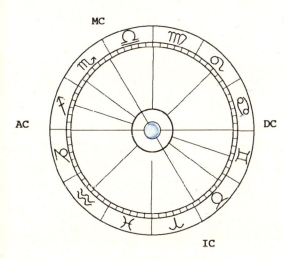

Sie haben ein Geburtsbild eines Menschen, der hat einen Ascendenten von 0,5 Grad Steinbock, der hat ein MC von 1,5 Grad Skorpion, dann ist natürlich da drüben am DC Krebs und das ist da drunten Stier, am IC.

Auch eine kleine Nebenbemerkung: Nach unserer Quadrantenlehre hat man automatisch im ersten Quadranten genau das Gegenteil oder die Ergänzung dessen, was dem dritten Quadranten fehlt, beziehungsweise auch umgekehrt.

Der Steinbock ist formierend, ist disziplinierend, und der Krebs gegenüber ist so unbegrenzt wie die Milch, die Sie verschütten. Das heißt, Menschen mit Steinbock-Ascendenten sind vermutlich deswegen so formierend und so entschieden, weil sie da drüben am Descendenten so ein Chaos haben. Worauf man dann den Satz sagen kann: unordentlich zu sein, kann sich auch nicht jeder leisten.

Umgekehrt ist es so, bei Krebs-Ascendent: die haben meistens ein bißchen Sinn für Traditionelles, haben eigentlich sehr scharf umrissene bis fast unmenschliche Ansichten, die sie ja deswegen ha-

ben müssen, weil sie in ihrem persönlichen Verhalten viel zu labil sind, so daß das Denken des dritten Quadranten der Ausgleich ist für das persönliche Handeln des ersten Quadranten.

Gut, Sie haben also hier Ascendent Steinbock, Medium coeli Skorpion. Wenn Sie also nun die drei Fragepunkte fragen wollten, dann würden Sie zuerst fragen: Welches ist der Planet, der zum Ascendenten-Zeichen gehört?

K: Der Saturn.

A: Wo steht der Saturn. Richtig! Der Saturn, der steht da drüben auf 28 Grad Zwilling. Was würde man da sagen?

K: Warum Saturn?

A: Sehen Sie, da haben wir.. - aber ich habe ja gesagt, ich wiederhole es. So wie zum Widder der Mars gehört, so gehört zum Steinbock der Saturn, klar? - Das ist ein ausgesprochen starker Begegnungstrieb, würde man sagen, unter dem Kennzeichen des Saturn, des Steinbocks.

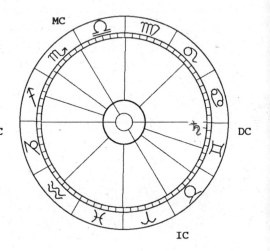

Wenn der Saturn der Regler ist, derjenige, der sich mit dem Gemeinschaftsprinzip identifiziert und alles nach den Maßstäben des Gemeinschaftsprinzips formieren will, was würde man da sagen, wenn der Steinbock-Ascendent hat und den Saturn im siebten Haus? - Dessen Anlage..

K: Der ist doch noch im sechsten Haus.

A: Ja, Spitze sieben, das wirkt hinein, vor allen Dingen, weil der Saturn in der Nähe des Kardinalpunkts steht. Man würde sagen.. - Bitte?

K: Selbsterkenntnis.

A: Ja, Selbsterkenntnis, das glaube ich im übrigen nicht einmal, das glaube ich da gar nicht. Nein, man würde sagen: Seine persönlichen Anlagen sind formierend und regelnd und, nachdem das Prinzip dieser Anlage hier im dritten Quadranten steht, ist es also so, daß er sich selbst, seine Anlagen, in der Begegnung verwirklicht, - das heißt, daß er das, was auf ihn als Begegnung zukommt, regeln, formieren und disziplinieren will. Er hat regelnde Vorstellungsinhalte, das heißt mit anderen Worten: er stellt seine Anlage in den Dienst oder die Notwendigkeit der Umwelt. Das ist also durchaus eine positive Anlage, könnte man sagen.

Was würden Sie noch fragen? - Ob er was im ersten Haus drinnen stehen hat? - Hat er nicht. Dann haben wir also den Punkt eins, die Anlage in etwa erledigt. - Was fragen Sie jetzt?

K: Wo steht die Sonne?

A: Wo steht die Sonne? - Das ist die nächste Frage. Und da haben wir die Sonne hier drinnen, in Haus drei. Was sagt uns die Sonne? - Was sagt die aus?

K: Seelische Kraft.

A: Nein, das sagt die Sonne allein schon, aber ich meine spezifisch hier im dritten Haus?

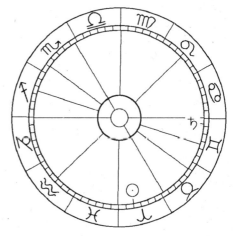

K: Verwirklichung nach Außen.

A: Nein, wir haben doch gesagt, - gehen Sie mal auf das Sachprinzip zurück.

K: Der Intellekt, die Verwirklichung ist durch den Intellekt.

A: Ja, es ist noch etwas, was ist denn Haus drei?

K: Das Ergebnis.

A: Nein, das Ergebnis ist nicht Haus drei, das ist Haus zehn. Was ist denn Haus drei? - Die Funktion nach außen. Also Physik oder so etwas. Wo wird der also diese Anlage los? - Wo verwirklicht der sich?

K: Im Intellekt.

A: Im Intellekt, sicher.

K: In der Umwelt.

A: In der Umwelt, und zwar wodurch? - Durch seine Eigenfunktion.

K: Ausstrahlung.

A: Nein, Ausstrahlung ist das nicht, das ist Funktion, das ist Selbstdarstellung, Haus drei, Zwillinge, das ist die Selbstdarstellung. Der wird seine Anlagen los, in dem er sich selber in Darstellung bringt, noch dazu ist die Sonne im Zeichen Widder.

K: Das müßte ein Schauspieler sein.

A: Das müßte ein Schauspieler sein. - Was fragen wir jetzt noch? - Jedenfalls einer, der stets emsig und tätig sich selber produzieren muß. Normalerweise würde man sagen: der hat ein relativ starkes Geltungsbedürfnis, weil er sich immer im dritten Haus, in der Selbstdarstellung, in der Demonstration in der Funktion nach Außen produzieren will. Was fragen wir als nächstes!

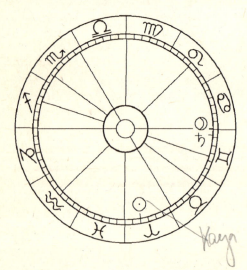

K: Nach dem zehnten Haus.

A: Das zehnte Haus, jawohl, ob da was drinnen ist? - Drinnen ist nichts, aber wo steht der Herrscher vom MC. Das ist der Pluto, - Skorpion, - und der steht da drinnen, auch wieder im siebten Haus. - Was würde das heißen? - Er hat auf die Umwelt - jetzt nicht im Sinne von Umkreis - eine relativ starke Einwirkung. Also er ist sozusagen ein Leitbild.

K: Prominent.

A: Ja, also prominent ist übertrieben, das ist ein Schauspieler, das ist der O.W. Fischer, der hat die Sonne in Haus drei.

K: Da müßte man sagen: der müßte fanatisch sein und...

A: Ja, er gibt sich halt gerne finster. In die Du-Seite hinein gibt er sich so wie Saturn-Pluto und beschäftigt sich mit Philosophie. - Und ich weiß nur eine einzige Sache: Er hat sich mal unterhalten im Nymphenburger Park mit dem Kronprinzen Albrecht, damals, und da hat dem sein Hund gebellt, und da hat der Fischer in Anwesenheit dieses zum Hund gesagt: " Sei ruhig. " - Das kann nur ein Steinbock zusammenbringen, weil jeder andere würde sagen: " Das überlasse ich doch dem Besitzer. " - Wobei ich gegen Steinböcke nichts habe. - Das ist aber ganz typisch, das Regeln wollen, das nicht Zuschauen können, wenn irgend etwas nicht geregelt ist.

K: Die Sache mit dem Steinbock: beziehen Sie sich da auf den Ascendenten oder auf die Sonne?

A: Ja, es ist also folgendes: Sie können den Steinbock, jeder hat einen Steinbock, sie können ihn am Ascendenten haben, dann sind Sie als Person so, daß Sie gerne regeln, oder als Sonnenstand, dann ist Ihre Verhaltensweise regelnd. Wenn Sie ihn am Ascendenten haben, dann sind Sie selber gerne in einem formierten Zustand, Sie haben gern Ordnung, eben wegen der relativen Unordnung im Denken. Unordnung nicht als Negation, sondern als Position: Die Reichhaltigkeit, die noch nicht bewältigt ist.

Das nächste ist: Sie können aber den Steinbock im dritten Haus haben oder im vierten, dann sind also diese Bereiche so, daß sie regelnd sind. Zum Beispiel, wenn jemand Steinbock im vierten Haus hat, da habe ich oft festgestellt: da darf man nicht rauchen, weil die Vorhänge schwarz werden, oder der Teppich Löcher kriegt, oder ich weiß nicht, was noch alles.

K: Was ist, wenn er im zehnten steht?

A: Ja, da kommt es darauf an: als Herrscher von was? - Na, lassen wir es.

Nun nehmen wir ein anderes Beispiel: Da haben wir einen Ascendenten von Skorpion, und ein MC im Löwen. Sie würden zuerst fragen: Wo steht der Pluto als Herrscher von eins? - Nicht wahr, erster Punkt war ja: Anlage. Um was für eine Anlage geht es? - Nur mal,

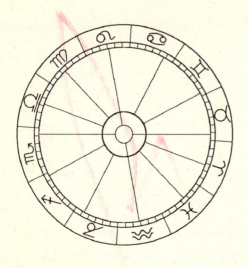

damit Sie das schematisch reinkriegen, damit Sie das ganz automatisch machen.

Ich werde Ihnen hernach noch Formeln diktieren, dann setzen Sie die Formeln ein, dann haben Sie zuerst einmal einen Überblick, und dann können Sie über die einzelnen Hintergründe, die hinter den Formeln stecken, nachdenken.

Also wir schauen zuerst: Wo steht der Pluto? - Der steht da im neunten Haus. -
Wir haben also unter Punkt eins, damit wir es einmal ein bißchen abstrakt darstellen, wir haben hier Ascendent Skorpion, Herrscher Pluto, der steht in neun.

Zweite Frage: Was steht im ersten Haus? - Im ersten Haus steht der Saturn. - Was haben wir damit unter Punkt eins? - Wir haben die Anlagen, um die es geht. Die Anlagen, die verwirklicht werden wollen, die haben wir unter Punkt eins. Das ist Pluto Verbindung Saturn, dabei ist der Dominante, der Übergeordnete der Pluto, der Beigeordnete der Saturn.
Also: I. Ascendent Skorpion
    a) Pluto in neun
    b) Saturn in eins.
Ist das klar?

K: Ja.

A: Jetzt kommen wir zu Punkt zwei. Wie und auf welcher Ebene verwirklicht sich das? Da fragen wir, wo ist die..

K:.. Sonne.

A: Die ist auch wieder einmal da drinnen in Haus

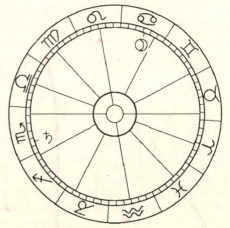

drei. – Weil, ich möchte es Ihnen einhämmern. – Die steht da auf fünf Grad Steinbock. – Wir haben also unter dem zweiten Punkt: Wie und auf welche Weise verwirklicht sich die Anlage. Da haben Sie hier die Sonne und die hat auch weiter keinen großen Aspekt. Das Löwe-Zeichen, das dazugehört, steht in zehn, aber da kommen wir später drauf, damit es Ihnen nicht zu viel wird. – Die Verwirklichung steht in einem dritten Haus, das vom Steinbock beherrscht wird, also ist eine gewisse Steinbock-Färbung der Sonne da. Also schreiben wir hin dazu: Saturn in eins.

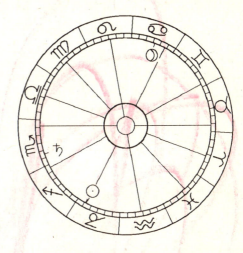

Also: II. Sonne Steinbock
           in drei
        a) Saturn in eins.
Ist das klar?

K: Ja.

A: Jetzt haben wir die Durchführung...

K: Wieso fragen Sie nach dem Saturn?

A: Die Sonne steht auf fünf Grad im Zeichen Steinbock.

K: Ach so, und dann ist das somit das Zeichen, das die Färbung gibt.

A: Und jetzt stellen Sie sich einmal vor, daß ich von der Sonne sonst nichts weiß, als daß sie im dritten Haus steht, dann langt mir das zwar, aber ich kann es ja ein bißchen bereichern, denn das gehört ja schließlich mit dazu: Die Sonne ist ja hier nicht Eigentümer, die ist ja hier Pächter, infolgedessen kann sie nur nach den Maßstäben des Planeten, dessen Zeichen in dem Haus steht, in dessen Haus die Sonne ist, – also kann die Sonne eigentlich nur, – selbst, wenn wir nach der Sonne fragen – im Saturn-Prinzip wirken. Das heißt also: wir stellen den Saturn da hin, ins erste Haus. – Würden wir das dritte Haus darstellen, müßten wir zuerst den Saturn groß darstellen, die Sonne klein, weil das Haus vom Steinbock beherrscht ist. Aber wir schauen ja jetzt nach der Verwirklichung.

K: Liegt der Saturn...?

A: Der Saturn ist im ersten Haus.

K: Und der gehört zum Steinbock?

A: Der Saturn und der Steinbock, die gehören zusammen. Und zwar: Das Zeichen ist immer die Wurzel und der Planet ist immer das

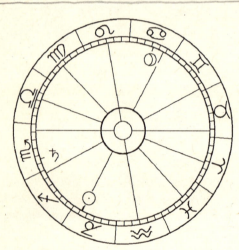

Ziel, also ungefähr: Herkunft und Ziel. Das heißt das Prinzip des Steinbocks hat hier seinen Ausgangspunkt und hier sein Ziel. Im übrigen kann man dann schon feststellen: worum geht es denn eigentlich, wenn der Herrscher von drei in eins steht? Wenn hier die Wurzel ist, die Darstellung nach außen, drittes Haus, und der Herrscher von der Darstellung nach Außen steht in eins?

K: Ich-Darstellung?

A: Genau, sich selber und möglichst saturnin. Gut, dann haben wir noch den Herrscher von Zehn, den müssen wir noch untersuchen, wer ist das?

K: Die Sonne.

A: Die Sonne in..?

K:.. drei.

A: Die haben wir in drei. Da müssen wir fragen: Was steht eventuell im zehnten Haus drinnen? - Da steht der Neptun drinnen. Also haben wir als dritten Punkt wiederum die Sonne, Haus drei mit der Zutat vom Neptun in zehn.

Also: III.   MC - Löwe
  a) Herrscher von zehn,
     Sonne, in drei
  b) Neptun in zehn.

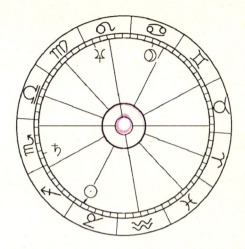

Was würde man da sagen? -
Wir haben jetzt genau vier
Planeten gebraucht, - beim
Vorhergehenden haben wir
drei gebraucht, wenn man
jetzt einmal die Sonne als
Planet mitrechnet.

Was würde man da sagen? -
Ist das der Direktor vom
Max-Planck-Institut? - Im
übrigen ist das eine Frau -
oder ist das, was gibt es denn alles, eine Pastorin oder..

K: Eine Lehrerin.

A: Ja, wir wollen jetzt nicht spekulieren und nicht raten. Sie haben hier die Anlage, wenn wir nun fragen: was ist diese Person von Beruf? Dann müssen wir schon nach den Anlagen auch fragen. Vor allen Dingen, weil der Saturn da mit drei Planeten in starker Verbindung steht.

Das ist eine Anlage, wo es darum geht, sich selber durchzusetzen, sich selber zu formieren und sich dem Umkreis mit Selbstsicherheit zu präsentieren.

Nun ist also folgendes: Die Verwirklichungsebene - Haus drei - die Funktion, die Selbstdarstellung wird gleichzeitig zum Ergebnis, im dritten Haus. - Wir haben es hier also wieder mit einer Schauspielerin zu tun. Was nicht heißt.. - und zwar Schauspielerin ist da ein falsches Wort, man müßte eigentlich unterscheiden zwischen Darstellerin und Schauspielerin, - und das ist eine Darstellerin. Das ist Frau Knef, bei der die Verwirklichung in der Eigendarstellung der Person nach außen liegt.

Das würde also besagen: Jeder, der die Sonne in Haus drei hat, hat das Bedürfnis, sich selber darzustellen, ob jeder Schauspieler oder Darsteller wird, das ist eine andere Frage, aber jeder Darsteller hat jedenfalls die Sonne in Haus drei.

K: Jetzt habe ich noch eine Frage: Wie kommen Sie auf den Neptun in zehn?

A: Ja, der steht in den Ephemeriden drinnen unter dem Tag, - ich tue ihn ja nicht zufällig so rein.

K: Und die Sonne in sieben, im Gesellschaftshaus?

A: Ja, dann wäre sie möglicherweise tatsächlich Schauspielerin. Später bei der Deutung wollen wir genauer auf die Einzelpunkte eingehen und dann auch sehen, wann sich diese einzelnen Anlagen verwirklichen, was die für Zeitpunkte haben, in denen sie sich entäußern. Sie werden dann genau feststellen, in welchem Alter sich welche Anlage als Ereignis auswirft. Das ist im Grunde der zweite Teil, wenn wir den ersten Teil, nämlich das, was wir jetzt im Schnellzugtempo einmal so überflogen haben, im Detail durchgenommen haben. - Ist das hier klar mit dem Rohsystem der Deutung?

K: Ist klar.

K: Ich habe noch eine Frage: ist das gut, wenn jemand die Sonne in Haus drei hat?

A: Nehmen Sie ein einfaches Beispiel: Es hat jemand die Sonne im ersten Haus: Für den kommt es darauf an, daß er sich selber verwirklicht, und dafür hat er auch die Anlagen, und dafür hat er auch die Fähigkeiten und darin besteht auch seine Notwendigkeit. Der kann und soll auch gar nichts anderes machen, - verstehen Sie, was ich meine?

Und von mir aus hat er das durch irgendwelche Vererbung oder was weiß ich, denn das, was hier dargestellt ist, und was Sie hier als Formel darstellen können, das ist ja die Erbmasse, die sich im Geburtsbild niederschlägt. Da gibt es extra Forschungen, - Sie können da zum Beispiel verfolgen, wie eine Familie ständig einen Mond im Skorpion vererbt. Wenn da jetzt von irgendeiner Familie etwas anderes reinkommt, was fremdartig ist, so können Spannungen auftreten.

Das ist dasselbe, wenn Sie zum Beispiel aus verschiedenen Kulturkreisen Geburten haben, oder zwischen verschiedenen Kulturkreisen

Spannungen auflösen

Geburten haben, oder zwischen verschiedenen Rassen, oder.. - wobei es vielleicht nicht auf die Rasse ankommt, sondern auf die Kulturkreise. Das sind völlig andere Bewußtseinsebenen, und das Kind hat dann entsprechende Spannungen, das heißt später ist es ja dann kein Kind mehr, und es hat entsprechende Spannungen und entsprechende Probleme zu lösen. - Gut, das wäre das.

K: Wie kann man die Spannungen lösen?

A: Sie müssen sich das so vorstellen, - nehmen Sie doch einmal als Beispiel das Märchen. Da haben Sie immer eine Anlage: irgendwie verzaubert, - eine lange Nase, ein Horn, Schuppen und so weiter - das ist immer der Ascendent, - und dann heißt es: wenn er irgendeine Aufgabe erfüllt, die ihm irgend so eine Rätselfrau aufgibt, dann wird er erlöst. Und das ist meistens irgendeine schwierige Aufgabe. Naja, und wenn er die gelöst hat, dann ist er erlöst und die Schuppen fallen ab. Das heißt mit anderen Worten: die Schuppen, oder das alles, das sind die Talente, die Begabungen, die Fähigkeiten. Das sind die Anlagen, die über den Verwirklichungsweg, über die Durchführung sich in der Wirklichkeit realisieren wollen. Und die wird der Betreffende damit los, daß er sie, indem er sie erfüllt, zu seiner Finalität kommt und dadurch eigentlich erst in einen Erlösungszustand. - Das sind diese drei Punkte im Märchen. Wir können ja schreiben:

Punkt eins: verzaubert, verzaubert womit, Punkt zwei: was muß er tun? Punkt drei: erlöst.

Da gibt es natürlich in Punkt zwei eine Unterscheidung, die man sogar in Bezug auf das Horoskop ansprechen kann, - es gibt nämlich im Märchen zwei Punkte: entweder muß er sich selber befreien, oder er wird durch irgendeine schöne Prinzessin, oder die Prinzessin wird durch irgendeinen schönen Prinzen befreit.

Und das ist nämlich folgendermaßen, - wenn man die Horoskope und die Märchen vergleichen würde: Da, wo der Betreffende sich selbst erlösen muß, ist die Sonne unter dem Horizont, und da, wo die Prinzessin kommt und einen erlöst, da ist die Sonne über dem Horizont.

Verstehen Sie, das spielt für den Betreffenden keine Rolle, auf welcher Ebene die Verwirklichung stattfindet, denn die Verwirklichung, das an sich verwirklicht werden, ist ja genauso entscheidend, wie das Verwirklichen durch sich selber. Das spielt also gar keine Rolle, da ist gar kein Unterschied.

Und es ist an sich fast zu vermuten, daß - sagen wir einmal - das Symbol, das den Märchen zugrunde liegt, damit in irgendeiner Weise zusammenhängt. Das heißt also mit anderen Worten, daß Sie im Grunde nichts anderes machen können, als Ihre eigenen Anlagen zu verwirklichen, denn was anderes haben Sie nicht zur Verfügung, und das müssen Sie dann halt auch machen.

Gut, jetzt gehen wir zunächst einmal die Tabellen durch, und zwar auch die, die wir zum Teil schon hatten.

Wir haben für den Widder gesagt: die Selbstdurchsetzung oder Energie. Das heißt also im Grunde genommen die Bewegung. Das ist die Analogie von Widder, Mars und Haus eins. Die haben wir ja auch schon. Wenn wir als Formel beim Widder, beim Mars die Energie haben, was sagt das aus?

K: Alle Schwierigkeiten, die kommen, kann man überwinden.

A: Schon bezogen.

K: Man ist sehr aktiv.

K: Der läßt sich nicht unterkriegen. Der hat die Energie, daß er sich immer durchwurschtelt.

A: Ja. - Jetzt fangen wir mal damit an, was er nicht kann. - Still sitzen kann er nicht, Geduld haben kann er nicht.

An sich ist es so: der Mars beziehungsweise der Widder ist ein Bewegungszeichen. Das heißt er kann nie statisch sein und verarbeitet eigentlich nicht, sondern verarbeitet immer nur, indem er sich in Bewegung setzt. Eigentlich ursprünglich richtungslos, fordert er also heraus, weil er sich erst an Widerständen orientieren kann. Das heißt mit anderen Worten: Sie können von jemanden, der Widder am Ascendenten hat nicht verlangen, daß er Eindrücke in aller Ruhe verarbeitet. Sondern in dem Augenblick, in dem irgendeine Belastung kommt, wird die Belastung sofort umgesetzt oder in dem Augenblick, in dem eine Handlungsleere da ist, wird sofort ein Ziel oder eine Konfrontation oder eine Herausforderung gesucht. - Wie ist der Widder dann? Im Grunde unbedenklich.

K: Choleriker.

A: Würde ich nicht sagen.

K: Impulsiv.

A: Ja, ständig in Bewegung, der muß ja, der kann ja gar nicht anders.

K: Der wird ein G'schaftelhuber natürlich dann...

A: Nein, G'schaftelhuber eigentlich nicht. - Natürlich, das ist klar, wenn jemand Widerstände herausfordert, um sich daran zu orientieren, braucht er natürlich die Gemeinschaft. Aber aus einem ganz anderen Grund als ein G'schaftelhuber. Der G'schaftelhuber braucht die Gemeinschaft nicht, um sich zu orientieren, sondern um sich selbst zur Geltung zu bringen. Das ist ein großer Unterschied. Ein G'schaftelhuber ist also schon - wenn ich es also sagen muß - mehr Steinbock, eventuell.

Wir haben also beim Mars die Unfähigkeit zu bedenken und damit natürlich die Unbedenklichkeit, zum Teil auch die Überschätzung und auch die kurze Energie. Das heißt die stoßweise kommende Energie, nicht eine Energie, die auf lange Zeit wirkt, sondern eine, die sich immer stoßweise durch Herausforderung erneuern muß.

So ein Mars also, - der kann ja nun in verschiedenen Phasen auftreten. Der kann im ersten Haus sein, der kann im zehnten sein, der kann im elften sein, der kann im fünften sein, das ist ganz gleichgültig. Er verkörpert dort jeweils nach dem Herrscher des Hauses, dem er ja Untertan ist, - siehe Pächter - Eigentümer - sein Prinzip. Das heißt wenn jemand Mars im siebten Haus hat, wie ist der dann?

K: Sehr aktiv in der Begegnung.

K: Kontaktfreudig.

A: Das ist gar nicht gesagt, der kann ja den Saturn im dritten Haus haben.

K: Der sucht auf jeden Fall einmal die Konfrontation mit einem Menschen oder mit Menschen überhaupt.

A: Der sucht die Konfrontation mit Menschen und vor allen Dingen mit Ideen.

K: Wo kommen denn die Ideen her?

A: Haus sieben. Alles das, was als Begegnung... Also das haben wir doch schon gesagt: Haus sieben - dritter Quadrant. Der dritte Quadrant, das efficiens, das Bewirkende, also nicht nur personifiziert, sondern auch als Idee.

Also, der auf die Umwelt marsisch einwirken möchte, der die Umwelt und deren Gedankengebäude herausfordern möchte, die Konfrontierung, um selber zu etwas zu kommen und so weiter. Er selber muß überhaupt nicht marsisch sein, seine Ideen-Welt ist marsisch.

K: Der hat doch keine Ideen selber, oder? - Also produktiv kann er in dem Sinne von Idee-produzieren nicht sein.

A: Das sagt nichts darüber aus, wenn er den Mars im siebten Haus hat, - das kommt jetzt darauf an, was schneidet das siebte Haus an, daß das der Krebs ist, oder der Stier, das spielt keine Rolle, - aber in dem Moment, in dem der Mars im siebten Haus drinnen ist, heißt das nur, daß der Mars der Pächter ist. Das heißt also mit anderen Worten: daß der, wenn er eine geistige Potenz im siebten Haus hat, einen Begegnungstrieb hat. Daß dieser Begegnungstrieb herausfordernd ist auf die gesamte Umwelt und deren Gedankengebäude.

Wenn jemand aber den Mars im dritten Haus hat, das ist ein Geltungsbedürfnis und zwar in einer direkten Konfrontation mit effektivem Umkreis. Der ist im Zusammenleben bestimmt schwierig zu haben, ist aber durchaus notwendig. Zum Beispiel Mars im dritten Haus deckt sämtliche Schwächen auf, die es überhaupt irgendwo gibt und so etwas muß in einer Gemeinschaft auch sein.

K: Der permanente Kritiker.

A: Nein, das tut er wiederum nicht, denn der Mars kritisiert ja nicht, der fordert ja nur heraus, der stellt ja nur in Frage. Kritisieren, - da müßte er verarbeiten, und das tut er ja nicht.

K: Das ist der Zweifler.

A: Nein, er fordert heraus ohne zu zweifeln. Der weiß möglicherweise gar nicht, worum es geht, es reizt ihn.

K: Das ist der Widerspruchsgeist

A: Das ist der Widerspruchsgeist, es reizt ihn einfach. Das ist ungefähr so, - was heißt zweifeln, - ich meine, wenn Sie in eine Wohnung einziehen wollen und Sie klopfen an die Mauer, um zu sehen, ob die fest ist, dann haben Sie eigentlich ja keinen Zweifel, Sie wollen ja nur spüren, ob das fest ist.

Mars ist zunächst das Grundprinzip der richtungslosen Energie, einer Energie, die stoßweise auftritt.

Zum Mars im siebten Haus wollte ich eigentlich nur so viel sagen: daß also einer im ersten Haus oder am Ascendent furchtbar faule Planeten haben kann, dumpf brütend, und im siebten Haus hat er den Mars, so daß er also irgend etwas will, begegnungsmäßig, und herausfordern will und das erste Haus aber nie etwas tut.

Dann haben wir die Venus des Stiers und Haus zwei. - Was haben wir bei Stier-Venus gesagt? - Wir haben als Schlagwort gehabt: die Selbstsättigung, und als Prinzip: die Stärke, oder die Substanz. - Was würde man also dann sagen: was ist in etwa die Venus?

K: In sich ruhend.

A: Ja. das ist ..

K: .. die Schönheit.

K: Genießerisch.

A. Das schon eher. Das ist halt so, - beim Widder muß ich noch eines dazutun: was wäre der Widder und der Mars, was wäre das für ein Mensch? Wäre der tatkräftig? - Das ist einer, der jedenfalls zur Verwirklichung kommt, der handelt, der nicht vor lauter Denken nichts tut, oder vor lauter Überlegung und so weiter, sondern da wird einfach gehandelt, da wird einfach alles vollzogen.

Dann haben wir die Venus: anstatt Venus können wir auch schreiben: "die sinnliche Wahrnehmung", die Venus des Stiers: die sinnliche Wahrnehmung, nämlich im Sinne von Selbstsättigung.

K: Selbstsättigung auch in dem Sinne, daß er unbedingt was wissen möchte: sinnliche Wahrnehmung, um sich selbst zu befriedigen, dadurch?

A: Ja, sinnliche Wahrnehmung auch in dem Sinn, daß er durchaus für sinnlich Wahrnehmbares ansprechbar ist, für was weiß ich ..

K: Schönheit - Architektur und Malerei.

A: Schönheit, das ist vage, für direkte konkrete Formen, für Bauten, für irgend so Sachen.

K: Gastwirt.

A: Genau: Gastwirt, das ist nämlich auch sinnliche Wahrnehmung. Also sinnliche Wahrnehmung im konkreten Bereich.

Wir haben also hier Selbstsättigung und was setzt die Selbstsättigung und die Anreicherung mit Stärke, mit Substanz voraus? - Einen relativ starken Risikomangel, ein entschiedenes Abgrenzen seines eigenen Bereichs.

K: Also nicht auf die große Menge angewiesen?

A: Ja, - das kommt dann noch darauf an, wo einiges andere ist. Ich meine halt, es kommt darauf an, ob es einer nötig hat.

Also einerseits haben wir das aktive Zeichen, das Expansive, den Widder, und als nächstes das abgrenzende Zeichen, den Stier. Da kommen dann Eigenschaften wie: Beharrlichkeit, den eigenen Rechtsstandpunkt ganz besonders scharf vertreten, wegen der Abgrenzung des eigenen Bereichs.

Erstes Haus: die Durchsetzung, dann: zweites Haus: die Verwurzelung und die Sicherung der Wurzeln und die Bereicherung und die Auffüllung der eigenen Stärke zur Sicherung. Alles das, was zum Sicherungsstreben gehört, das ist also diese Venus und infolgedessen ist die Venus auch durchaus fähig, alles das rauszuholen, was für die Eigensättigung sozusagen notwendig ist, auch der Eigengenuß.

Dann haben wir als nächstes den Zwilling und den Zwillings-Merkur, und da haben wir gesagt: Selbstdarstellung. Da haben wir gesagt: die Selbstdarstellung und die Funktion nach Außen. Da haben wir gesagt: das ist die Entwicklung und Funktion in den konkreten Raum, in den Raum der Sichtbarkeit, der strukturell zur Verfügung steht, also auch die instrumentale Entwicklung nach Außen. Also: wenn man Auto fährt, so ist das im dritten Haus. Aber wenn man den Saturn im dritten Haus hat, kommt man gern düster daher.

Oder das ist auch der Intellekt, das Unterscheiden. Intellekt als Hilfsfunktion sozusagen als das Zurechtfinden im Lebensraum. Das ist die Funktion in den Lebensraum und die Darstellung der eigenen Person im Lebensraum auf ganz konkrete Weise.

Ich sage Ihnen jetzt nur diese einzelnen Tabellengrundbegriffe, damit Sie sie dann in diesen Rahmenplan richtig einsetzen können. Sie können dann auch sehen, daß der Merkur als solcher auch wieder ein Bewegungszeichen ist, der in seiner Stellungnahme neutral ist. Das heißt vorweggenommen, wenn der Merkur bei irgendeinem Planeten steht, richtet er sich nach diesem Planeten aus, bei dem er steht, ist neutral.

K: Er richtet sich nach dem Zwilling?

A: Nein, wenn der Merkur beim Saturn steht, richtet er sich nach dem Saturn. Steht der Merkur beim Jupiter, richtet er sich nach dem Jupiter. Verstehen Sie, der ist neutral, oder sagen wir einmal mit Vorbehalt, charakterlos.

K: Der paßt sich an.

A: Nein, er paßt sich nicht an, er nimmt dem sein Farbe an.

Gut, jetzt haben wir also diese drei. Was würden Sie also sagen, wenn jemand die Sonne im Widder oder im Stier oder im Zwilling hat? Was besagt das? Was ist er dann?

K: Daß immer eine Ich-Funktion zum Ausdruck kommt.

A: Ja, eben und .. - das heißt in erster Linie, daß er - und das ist ja der Sprachgebrauch - damit nicht ein Widder oder Stier ist, weil er die Sonne drinnen hat, sondern, daß er die Verhaltenseigenschaft oder Verwirklichungsart eines Widders oder eines Stiers hat. Der ist möglicherweise im Ascendent etwas ganz anderes, aber er lebt diese Anlage wie ein Widder oder wie ein Stier und so weiter aus. - Das würde also heißen: wie lebt der Widder seine Anlage aus?

K: Aktiv.

A: Aktiv, immer unmittelbar, immer direkt, immer sofort handeln bevor man überlegt, - das ist jetzt etwas übertrieben dargestellt.

Wie würde der Stier sie ausleben? - Vorsichtig, ohne sich zu riskieren, ohne überhaupt etwas zu riskieren, seinen Rechtsstandpunkt eindeutig abgrenzen und versuchen, sich abzusichern.

Das würde also heißen: wenn jemand Ascendent Widder hat und Sonne im Stier, was würde das heißen? - Als Grundprinzip, paßt das zusammen?

K: Nein.

A: Warum paßt das nicht zusammen?

K: Weil das ein Gegensatz ist.

A: Wo ist der Gegensatz? - Ich möchte es als Prinzip erklärt haben.

K: Die Anlage ist expansiv und in der Durchführung wird er eigentlich gehemmt durch das statische Zeichen.

A: Genau, und er bringt seine Anlage nicht durch. Er bringt seine Anlage durch das Verhalten überhaupt nicht durch, das heißt er kann sich gar nicht verwirklichen, seine Anlage gar nicht total verwirklichen durch den Stier. Da kommt ein Stau zustande, der, weiß Gott, irgend etwas anderes bewirkt. Er ist also im Grunde ein Tiefstapler, also einer, der sich nicht auslebt. - Und wie ist es, wenn der Stier Ascendent ist und der Widder das Verhalten?

K: Dann schießt die Verwirklichung über seine Anlagen hinaus.

A: Ja, das heißt also: der macht unheimlich große Sprüche und hernach kommt nichts nach. - Wir werden das an Einzelhoroskopen genau durchgehen, auch die Begründung: warum das so ist und wo sich das Problem dann äußert.

Aber es ist eben so, daß der Widder sofort verwirklichen will und die Anlagen oft gar nicht geeignet dafür ist. Da gibt es aus diesem Grunde entsprechende Disharmonien, die den Betreffenden dann vor gewisse Probleme stellen und jetzt kommt das Entscheidende: Diese Probleme äußern sich zu einer ganz bestimmten Zeit. In einer ganz bestimmten Zeit werfen sie sich also aus und das nennt man dann ein Ereignis, das einem als Schicksal sozusagen entgegenkommt.

K: Das macht doch der Ascendent, der hat einen stärkeren Einfluß.

A: Einfluß hat überhaupt nichts, sondern es ist alles nur eine symbolische Darstellung der Anlagen, die Sie tatsächlich haben. Jeder Mensch hat nur eine gewisse Zahl von Bausteinen, ob Sie diese Bausteine der Anlagehierarchie, - ob Sie die in erbbiologischen Größen angeben, oder ab Sie es in Planeten angeben, das spielt keine

Rolle. Das heißt es spielt schon eine Rolle, weil mit der Astrologie kann man mehr sagen, - vorläufig noch, als bei den Erbbiologen, - nämlich: daß die einen Symbole die Anlage darstellen und die anderen die Verwirklichung und daß man eben genau sagen kann, welche Anlage sich zu welchem Zeitpunkt in welchem Ereignis auswirkt.

K: Ich möchte noch etwas fragen: Geht dieses Prinzip, Ascendent und Sonne, dann im anschließenden Zeichen durch den ganzen Tierkreis? - Nehmen wir einmal an, einer hat Schütze als Sonne und dann hat er Steinbock als Ascendent ..

A: Nein, da kann man kein Schema draus machen.

K: Ja, weil sonst haben wir ja auch davon gesprochen, daß sich die folgenden Zeichen eigentlich auch ergänzen können, - was der eine zuviel an Aktivität hat, das hat der andere ein bißchen bremsend.

A: Das ist natürlich sehr allgemein. Wir wollen es schon prinzipiell haben, wenn da der Ascendent ist und da der Sonnenstand, - ist dann die Durchführung geeignet, die Anlage des Ascendenten zu erlösen oder zu verwirklichen oder nicht. Das ist immer die Grundfrage.

K: Können die sich nicht auch ergänzen?

A: Die können sich ergänzen. Krebs und Löwe zum Beispiel, die können sich durchaus ergänzen.

K: Man erlebt das nämlich bei Ehepaaren, daß die sehr oft in nachfolgenden Zeichen geboren sind, die ergänzen sich gerade, weil sie so nah sind, aber doch eventuell ..

A: Ja, da weiß man nichts gewiß.

Zurück zum Zwilling, das heißt der Merkur bringt die Funktion zur Darstellung, bringt sie also in die Welt des Sichtbaren hinein bis zu der Grenze, die strukturell gegeben ist. - Wir sind also jetzt im Moment in einer Zwillings-Epoche seit etwa 1400.

Ja, dann haben wir den Krebs mit seinen Bewegungsprinzip: den Mond. Da haben wir gesagt: Selbsthingabe oder Gefühlshingabe. Gefühl haben wir nicht gesagt, wir haben Empfindung gesagt. An sich müßte man ja sagen: Trieb. Und beim Mond können Sie hinschreiben: seelische Erfüllung - von Außenvorgängen, - nein sagen Sie besser

Umweltvorgängen. Die seelische Erfüllung hat selber so einen Antrieb, die braucht nicht erfüllt werden durch Außenvorgänge. Was sind das also für Leute, die die Sonne im Krebs haben?

K: Gefühlsbetont.

A: Gefühlsbetont und damit ..

K: .. launisch.

A: Ja, warum launisch? - Weil sie gefühlsabhängig und undiszipliniert und ..

K: .. momentanen Stimmungen unterworfen.

A: .. seelisch reichhaltig sind.

K: Leben die bewußt?

A: Das kann man nicht pauschal sagen. Die bauen meistens als Schutzverhalten ein ziemlich strenges Denken auf. Je labiler, je unordentlicher ich bin, desto strenger werden meine Ansichten.

K: Ja, aber der verwirklicht das ja gar nicht, was er denkt.

A: Ja, aber das ist ja wieder eine andere Frage, aber immerhin ein wenig hilft es ihm vielleicht.

K: Aber durch sein Gefühl kann er doch nicht danach leben.

A: Durch seine Person, - angenommen er hat Krebs am Ascendenten, - dann kommt es immer noch darauf an, wo er die Sonne hat. Das ist eben das, wenn man so allgemein über die Sache redet, ich will ja nur das Prinzip darbringen ohne den Einzelfall angewendet zu sehen, weil da gehört ja wieder alles möglich dazu.

Das Prinzip ist der Antrieb, seelische Antrieb, das heißt nicht der seelische Antrieb, sondern das ist überhaupt Trieb, der Lebenstrieb.

K: Steht bei dem dann das Gefühlsleben an erster Stelle?

A: Ja, wenn einer die Sonne im Krebs hat, der lebt also seine Stimmungen aus. - Das ist überhaupt das, man müßte eine Gesellschaft zum Schutz der Krebs-Geborenen gründen, weil die für den heutigen Zeitgeist überhaupt nicht passen. Das sind Menschen, bei denen die Entwicklung ihrer seelischen Eigenständigkeit im Vordergrund steht, die haben ihren eigenen Rhythmus, und passen sich dem Rhythmus der Umwelt nicht so ohne weiteres an. Der Erfolg ist, daß sie meistens untergehen. Es wird ja heute keine Rücksicht auf individuelle Entwicklung genommen. Entweder sie laufen in der Norm oder nicht. Wenn nicht, dann sind sie verratzt, aus, fertig, da ist das Urteil schon gesprochen, da können die sonst eine Entwicklung haben wie sie wollen!

K: Aber das Antiautoritäre - kommt das denen entgegen?

K: Aber der Partner kann ihm dann helfen.

A: Wenn er einen hat, dann schon, nein, es geht ja hier.. Schauen Sie mal Männer, die Krebs-Geborene sind..

K: Ja und wenn die Frau ein Widder ist, dann geht das ohne weiteres gut. Der wird nie aus dem Pantoffel herauskommen, aber...

A: Also schauen Sie, das ist an sich so: so ohne weiteres läßt sich ein Krebs auch nicht treiben, weil ihm seine Eigenständigkeit wichtig ist. Und im Grunde genommen ist ja das Erwerben seiner Eigenständigkeit und die Verwirklichung seiner Anlagen das Entscheidende. Und soundso viele Männer, die Krebs-Geborene sind, sind vor allen Dingen in der Schule die Spätentwickler und die, die in der Schule meistens hinten bleiben.

Also, wenn zu mir irgendjemand kommt wegen seinem Sohn, der Schwierigkeiten in der Schule hat, und wenn ich höre, der ist am achten Juli geboren, dann weiß ich schon alles. - Weil sie einfach in einem relativ jungen Alter noch nicht diszipliniert sind, weil sie eben mehr Erlebnisfähigkeit zu disziplinieren haben als andere Zeichen und infolgedessen wesentlich länger damit beschäftigt sind. - Dasselbe ist überhaupt mit allen Wasserzeichen.

K: Die haben große Phantasie, die Krebse.

A: Die haben mehr zu bewältigen an Erlebnisfähigkeit und die sind dieser Erlebnisfähigkeit mehr ausgeliefert und haben es damit schwerer.

Wenn nun jemand Stier-Ascendent hat und die Sonne im Krebs, was würde man da schlußfolgern? - Stier-Ascendent ist gleich Stier-Anlage und die Verwirklichung, die Durchführung ist gleich Sonne:

Krebs. Ist die Krebs Durchführung eine geeignete für die Stier-Anlage?

K: Nein.

A: Warum nicht? - Naja, der Krebs schafft es nicht ganz, die gesamte Stier-Anlage zur Befriedigung zu bringen.

K: Da müßte fast Angst auftauchen bei solchen Menschen.

A: Ja, die Angst sitzt im Stier. Die Existenzangst, die sitzt im zweiten Haus. Ganz klar, die sitzt bei der Sicherung und die sogenannte Angstlosigkeit sitzt gegenüber im achten Haus, im Skorpion. Das ist klar, wenn Sie im achten Haus sind und irgendwie geistig oder spirituell gebunden, dann ist Ihnen alles, was im zweiten Haus ist - die Sicherung Ihres Individuums und Ihre Eigenbereichssättigung ist Ihnen da gleichgültig. Und was Ihnen gleichgültig ist, tut Ihnen nicht weh.

Dann haben wir also bei Löwe: Selbstgefühl. - Ach so, es ist schon spät also

P A U S E

A: Allgemein ist es üblich, - wir gehen das jetzt noch einmal ganz langsam durch - daß man zunächst das Horoskop eifrig macht und mit dem Finger in den Ephemeriden entlangfährt und sofort alle Planeten einzeichnet.

Und in diesem Augenblick haben Sie schon die Übersicht verloren. Sie legen sich also die Ephemeriden hin und zeichnen das Häuserbild ein: Wo ist der Ascendent, das MC, und so weiter und gehen jetzt ganz primitiv so vor, daß Sie sagen: erstes Haus oder Ascendent, - das ist identisch, - in was für einem Zeichen steht das? - Nehmen wir mal an, es steht im Zwilling, - also: Was ist das für eine Sache? Was ist das für eine Anlage?

Es handelt sich hier um einen Menschen, den ich da als Beispiel nehme.

Was ist das für eine Anlage? Um was geht es da? - Zwilling.

K: Funktion nach Außen.

A: Richtig, was ist das, wenn das eine Anlage ist? - Wir müssen ja die Formulierung wählen, die für die Anlage da ist. - "Funktion nach Außen" wäre eine Formulierung, die für die Verhaltung zuständig wäre, aber nicht für eine an sich statisch gegebene Anlage, die sich irgendwo verwirklichen möchte. - Also, was haben wir da für eine Formulierung?

K: Interesse und Beweglichkeit.

A: Ja, Interesse und Beweglichkeit, - und woran das Interesse und woran die Beweglichkeit?

K: An der Umwelt.

A: An welcher Art von Umwelt?

K: An der konkreten Funktionswelt.

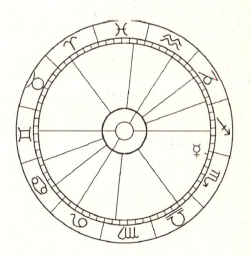

A: An der konkreten Umwelt, okey. - Da ist schon eine ganze Menge gesagt. - Gut, was fragen wir als nächstes? - Was gehört zu Haus eins? - Sache Anlage.

K: Wo steht der Merkur?

A: Jawohl, der Merkur steht in sechs, was heißt das? -Er hat also das Interesse an der konkreten Umwelt. - Ja, jetzt können wir spezifizieren: Was ist das für ein Interesse? - Jetzt noch ohne Merkur in Haus sechs. - Was ist das für ein Interesse an der konkreten Umwelt?

K: Anpassung.

A: Nicht Anpassung, - den Merkur haben wir ja noch nicht.

K: Analyse.

A: Naja, gut, Analyse.

K: Das kann Neugierde sein.

A: Auf jeden Fall: Neugierde, - im Sinne des Zurechtfindens im Lebensraum. Das ist ja ein Trieb, der im Grunde genommen ein Schutzverhalten ist, nämlich um dort, wo man ist, sich auch wirklich auszukennen.

Zuerst stellt man fest: "Da bin ich", - Widder und dann stellt man fest: "Wie fest stehe ich", - Stier und dann stellt man fest: "Was ist in meiner Umgebung", - Zwilling.

K: Forschung.

A: Ja, auch, aber was für eine Art von Forschung, wenn überhaupt?

K: Naturwissenschaftliche.

A: Ja, okey, - es könnte aber auch Journalismus sein. Würde der Merkur im dritten Haus stehen, könnte man schon ein bißchen in die Richtung schauen. - Ist das klar? Das ist auch ein sichtbares Interesse an der Umwelt, aber in einem ganz anderen Zusammenhang, als wenn zum Beispiel der Merkur im sechsten Haus steht, wie hier. - Wenn der Merkur im sechsten Haus steht, was passiert dann? Was ist das Ziel dieser Anlage?

K: Die Lebenserhaltung.

A: Ja, die Lebenserhaltung, - da wissen wir schon eine ganze Menge.

Nächste Frage, die wir noch haben ist: Was steht im ersten Haus? - Da steht ein Planet drinnen, und das ist der Pluto und das sechste Haus wird beherrscht durch den Skorpion.

K: Aber das wissen Sie nicht, wenn Sie nicht alle Planeten vorher eingetragen haben.

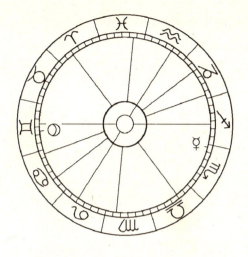

A: Ja, natürlich, aber Sie können es so machen, -Sie schauen vorher die Planeten durch und schauen: welcher steht so, daß er in das erste Haus hineinfällt.

Es ist zunächst einmal wichtig, um das Geburtsbild in den Griff zu bekommen, daß man einen Werdegang hat und das man diesen Werdegang zunächst einmal ganz strikt und primitiv einhält. Denn, wenn Sie sonst bei astrologischen Systemen sehen, wie an ein Geburtsbild herangegangen wird; da geht das zum Teil wie im Rößlsprung, weil kein Anhaltspunkt da ist. Und der Anhaltspunkt ist ja bei uns nur gegeben durch die vier Quadranten, durch die jeweiligen Unterscheidungen.

K: Eine Frage: Wir haben festgelegt, was bedeutet denn der Merkur im sechsten Haus? Warum fragen Sie dann nicht weiter: in welchem Zeichen steht er? oder ist das..?

A: Das ist zunächst noch unwichtig, das verwirrt nur.

K: Also die Häusereigenschaften sind unabhängig, jetzt, ob sechstes Haus jetzt auf Schütze oder auf Jungfrau fiele, das ist jetzt erst einmal sekundär.

A: Zunächst sekundär. - Sie können natürlich sagen: Wenn es der Skorpion ist, daß der eine fixe Idee damit verbindet, - jetzt einmal übertrieben, - ein Leitbild, eine Vorstellung.

Gut, dann haben wir die Anlage, wie sie an sich, statisch da ist. Wie sie in dem Menschen festliegt und jetzt darauf wartet, erlöst oder verwirklicht oder umgesetzt zu werden.

K: Einen Moment, täuscht mich, daß wir den Pluto noch nicht gedeutet haben?

A: Nein, Sie täuschen sich nicht. Wir haben das, was wir an sich hier im sechsten Haus durch den Skorpion auch schon haben. - Nämlich das, daß geradezu eine Abhängigkeit besteht zum Leitbildhaften, zum Fixierten, zum Vorstellungsgebundenen.

K: Wenn jetzt der Merkur nicht gerade im Skorpion stehen würde, - wie hier, - was würde jetzt Pluto alleine im ersten Haus bedeuten? - Ohne jetzt mal zu wissen, was im sechsten Haus steht.

A: Ja also, ich muß bei Pluto schon wissen: wo kommt er her? Der Pluto selber würde also bedeuten: daß die Idee - der Pluto gehört zum Skorpion, das heißt das ist die Phase der sogenannten verantwortlichen Bindung und Verpflichtung an die Notwendigkeit zur Erhaltung der Art. Das heißt an die Notwendigkeit jenseits der Eigenbedürfnisse sich hinzuwenden. Das heißt das Seelische, das eigentliche Seelische unterliegt irgendwelchen ideellen Zwängen und Vorstellungsbildern.

Der Pluto im ersten Haus würde also bedeuten: einen Einsatz. - Aber es kann ja auch sein, daß der Herrscher, Pluto und Skorpion, alles im ersten Quadranten steht, - es ist da schon zu unterscheiden.

K: Ist das nicht eine Konflikthaftigkeit mit Pluto im Zwilling?

A: Das ist drinnen. Denn der Pluto ist für den Zwilling viel zu schwer, der sackt ab.

K: Der ist schon fast zu jenseitig.

A: Ja, der ist zu jenseitig. Nun ist ja hier der Pluto der Pächter und der Eigentümer ist der Zwilling. Das heißt der Pluto kann sich sowieso nur auf der Ebene eins-sechs auswirken. Das heißt es kommt dadurch, daß der Zwilling eigentlich für den Pluto ungeeignet ist, dazu, daß Eigenschaften des Plutos sehr viel mehr noch ins Fixierte, Leitbildhafte gehen, und ins Zwanghafte. Der Pluto ist auch totalitär.

K: Könnte das, - nur als Nachfrage, - eine Beziehung zum Aberglauben haben: Pluto-Zwilling.

A: Nein.

K: Diese Fixiertheit einer nicht bewältigten Transzendenz?

A: Nein, da ist der Zwilling viel zu neutral, der läßt sich auf so etwas gar nicht erst ein.

K: Ja, wie soll sich dann diese Fixierung auf ein Leitbild..?

A: In Bezug auf die Tätigkeit, - Steuerung gegenüber den Lebensbedingungen, - Haus sechs. In dem Bezug, da ist ja der Pluto eingeschachtelt, da kann er nicht raus, der bezieht sich nur auf diese eine Ecke. In Bezug auf die Tätigkeit der Steuerung der Lebensbedingungen; - das ist also möglicherweise ein ganz fanatischer Prokurist. - Verstehen Sie, ich übertreibe jetzt. Wir wissen ja noch nicht, wo die Sonne ist.

K: Und das Fanatische käme von Pluto?

A: Ja, weil er über seelische Zusammenhänge hinaus das Prinzip verfolgt, und wenn ein Prinzip - auch wenn es aus Haus acht, einer geistig spirituellen Bindung kommt - hier in den unteren Quadranten sozusagen eingepfercht ist dann wird das Prinzip auf direkte, konkrete Dinge bezogen und wird somit problematisch.

Es gibt so pseudo-astrologische Anschauungen über Übeltäter und Wohltäter. Die sind grundsätzlich falsch, denn zuerst steht immer die Frage: in Bezug worauf ist er Übeltäter beziehungsweise Wohltäter.

Wenn Sie den Neptun, der durchaus Eindrücke vermitteln kann, und Vordergründiges auflöst, - um es nur mal allgemein zu sagen, - wenn Sie diesen Neptun zum Beispiel im zweiten Haus drinnen haben, da ist er selbstverständlich ungeeignet, weil er wurzellos macht. Aber wenn Sie denselben Neptun zum Beispiel im neunten, achten, zehnten oder elften haben, da ist er excellent.

Im übrigen haben meistens die unehelichen Geburten den Neptun in Haus zwei. Was besagt, daß die Gesetzgebung gar nichts hilft, denn die haben ihren Neptun trotzdem da drinnen. Naja, das ist klar, denn die wachsen ja ohne Vaterbild auf, und sie haben keine geschlossene Familienatmosphäre in der sie Wurzeln fassen können. Nachdem aber das zweite Haus, Stier und so weiter das sogenannte Wurzel-Haus ist, wo man seine Wurzeln hat, fehlen diese Wurzeln - mit Neptun in Haus zwei - natürlich ganz. Wenn sie nur in den ersten drei, vier Lebensjahren fehlen, dann wachsen sie auch nicht mehr nach.

Aber in diesem Fall wäre der Neptun also ohne Zweifel ein Übeltäter. - Und das gleiche gilt jetzt natürlich auch für den Pluto, der ist unten nicht ganz so gut wie droben, über dem Horizont.

K: Gilt das für alle Zeichen, die in den ersten zwei Quadranten stehen, daß sie schlechter stehen als oben?

A: Nein, nur die, die irgendwelche konkreten Dinge entweder auflösen, wie der Neptun; oder die unter Zwang stellen, wie der Pluto, der unter ein Prinzip, ein Leitbild stellt. Wenn Sie irgendwelche seelischen Vorgänge unter ein Leitbild stellen, dann ist das alles schön und recht, nur besteht halt die Gefahr, daß das Seelische sich von Anfang an nicht entwickeln kann, weil es keine Freiheit zur Bewegung hat, weil es keine Freiheit zum Zufälligen hat, und der Pluto entbindet das Zufällige, der unterbindet das Zufällige.

Gut, damit haben wir die Anlagen, sie fallen unter Punkt eins. Das sind also die Anlagen, die verwirklicht werden wollen in irgendeiner Zeitsituation, die sie brauchen, um sich zu entäußern. Also jede dieser Anlagen ist zeitgebunden in ihrer Entäußerung, in ihrer Verwirklichung oder im Ereignis in irgendeiner Situation, so daß man die Ereignisse dann als anlagetypisch oder vielleicht auch - wenn es Verhaltensanlagen sind - als verhaltenstypisch bezeichnen könnte und somit im Grunde jedes Ereignis der Verantwortlichkeit des Einzelnen untersteht.

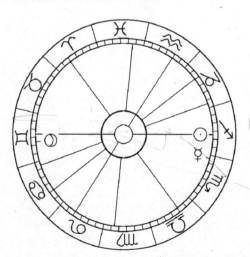

Wir fragen jetzt also nach dem zweiten Punkt und der ist ganz getrennt von der Anlage. - Worum geht es jetzt?

K: Um die Sonne.

K: Wo verwirklicht sich die Anlage?

A: Genau, es geht um die Durchführung. Was erhalten in diesem Geburtsbild die Anlagen für eine Chance sich durchzusetzen? Ja, da haben wir hier eine Sonne im Schützen, in sieben. Was heißt das? - Na, was heißt das nicht? - Fangen wir mal so an. Er hat also die Anlagen nicht, um sich selber zu sichern, zu sättigen. Er hat die Anlagen nicht, um sich selber darzustellen, oder sich selber zu präsentieren.

K: Um vielleicht einsichtig zu werden.

A: Das mal ganz sicher..

K: Ja, und altruistisch..

A: Ja, wissen Sie, altruistisch..

K: Er hat also die Sonne nicht im ersten Quadranten, sondern im dritten Quadranten.

A: Er hat sie im dritten Quadranten. Er hat sie auch nicht im zweiten Quadranten, - er ist auch nicht produktiv in dem Sinne, daß er selbst etwas Sichtbares hervorbringt.

K: Kann man sagen: er hat Sanierungschancen?

A: Er stellt seine Anlage in den Dienst der Begegnung. Und was ist der dritte Quadrant überhaupt? - Das ist alles die Sichtbarkeit, die jenseits des eigenen Bereichs liegt, das heißt mit anderen Worten: er stellt seine Anlagen in den Dienst - Sie können von mir aus sagen - der Arterhaltung. Er verwirklicht seine Anlagen sozusagen in den Notwendigkeiten der Umwelt. Jetzt müssen wir überlegen: was hat er denn für eine Anlage, die er da in den Dienst der Öffentlichkeit stellt?

K: Prinziphaftigkeit.

A: Nein, das war ja nur ein Beigeschmack, das ist ja nur der Pluto, aber der kann ja nur, wie es der Zwilling zuläßt und der Merkur. - Nein, wir haben festgestellt..

K: Neugier.

A: Neugier.

K: Interesse an der Umwelt.

A: Interesse am Konkreten und an der Erfassung des Raumes, das ist der Zwilling. Die Beobachtung, die Analyse der Bedingungen, das ist Merkur Haus sechs. Mit dem fanatischen Drang der Anlagen dies im Sinne der Arterhaltung zu tun, das ist der Pluto; - dies ist dann tatsächlich der Naturwissenschaftler, - weil der Zwilling die Entwicklung in den Raum ist, und zwar mit dem Pluto konsequent "bis an die Grenzen des strukturell verfügbaren Raumes". Der Pluto ist ja nur die Art und Weise wie der Zwilling vorgeht.

Ist das klar? Schon klar. - Gut, - ist nicht klar. Warum nicht?

K: Ich habe es ab der Erklärung mit dem Pluto nicht mehr verstanden. Was soll denn der Pluto?

A: Ja, der Pluto ist eine Beigabe, der Pluto ist ja nur eine Farbe vom Gegenstand. Der Gegenstand selbst ist der Zwilling und der Merkur im sechsten Haus. Und das ist die Untersuchung des Raumes, in Bezug auf die Analyse der Bedingungen, - und zwar mit dem Pluto, im Dienste der Arterhaltung: - das ist ein Naturwissenschaftler.

K: Der Schütze macht den Naturwissenschaftler..?

A: Nein, der Zwilling ist die Raumergreifung und der Merkur Haus sechs ist die Erhaltung der Lebensmöglichkeiten. Wäre die Sonne zum Beispiel im dritten Haus, dann wäre er Journalist oder Conferencier oder - was weiß ich oder bei Sonne Haus zwei würde er für seine individuelle Sicherung sorgen. Dann wird der Rahmen schon sehr viel kleiner.

Aber dadurch, daß er sich hier in sieben verwirklicht, vergrößert er seinen Rahmen über seine subjektive, individuelle Situation hinaus, stellt seine Anlage in den Dienst der Art Mensch. - Ist das klar?

K: Ja.

A: Gut, dann Frage drei: Was ist die Finalität, Haus zehn?

K: Wassermann.

A: Was heißt das überhaupt: Wassermann? - Was hat das für eine Finalität, was ist Wassermann?

K: Modulation, Umwandlung.

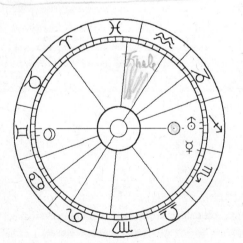

A: Aufhebung der Polarität, - also Umwandlung. Die Bedeutung der Verwirklichung seiner Anlagen liegt in der Umwandlung. - Und der Uranus, wo steht der? - Der steht da drinnen, ebenfalls im siebten Haus. - Was wird umgewandelt?

K: Vielleicht das Konkrete in der Idee.

A: Nein, die begegnende Umwelt. Würde der Uranus im dritten Haus drinnen stehen, dann würde er vielleicht tatsächlich was umwandeln. - Verstehen Sie? - Dann würde er vielleicht irgendeine effektive Umwandlung vollziehen. Aber hier wird ja nichts konkretes umgewandelt, denn der Uranus steht ja nicht im ersten Quadranten. Also: Uranus als Herrscher von zehn in sieben, - seine Bedeutung liegt darin, daß er Vorstellungsinhalte verändert, durchaus im Sinne des Uranus: Wandlung.

Das ist also irgendein Naturwissenschaftler, der irgendeine Theorie aufgestellt hat und damit auf die Zeit und auf das Denken seiner Zeit einen gewissen Einfluß hatte. Das ist ganz wurscht, wer das ist, - verstehen Sie? - Ist das klar?

Wir haben jetzt diese vier Planeten gebraucht: Pluto, Sonne, Merkur, Uranus. Jetzt kommen erst die anderen. - Mit Hilfe dieses Grobschemas bekommen Sie das Ganze in den Griff. Dadurch können Sie - wenn Sie schon nicht sagen können, worum es sich handelt, - doch - selbst als Anfänger - sagen: worum handelt es sich nicht. - Ja, und das ist schon ganz wesentlich. Das ist im übrigen der Physiker Heisenberg.

K: Ich hätte noch eine Frage, und zwar in Bezug auf die Sonne, beziehungsweise Haus sieben und Schütze. Können Sie eventuell mal exemplarisch differenzieren: Was würde aussagen: nur Sonne Haus sieben? - und was kommt dazu, wenn man auch noch weiß, daß die Sonne im Schützen steht?

A: Sonne Haus sieben wäre also, daß er seine Verwirklichung allgemein in den Dienst der Arterhaltung stellt, daß er Vorstellungsinhalte gestaltet.

K: Und was kommt durch den Schützen dazu?

A: Durch den Schützen kommt dazu, daß der Schütze weltanschaulich gebunden ist, das heißt der Schütze ist ein Bewegungszeichen, und als Bewegungszeichen ist er sozusagen getrieben etwas zu tun. Also

111

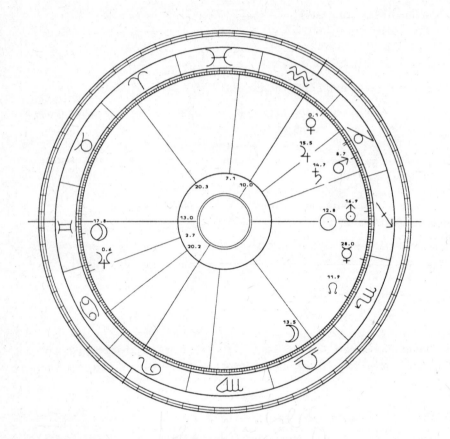

er ist in seiner Arterhaltung - na, wie soll ich sagen - naja, dem Schützen sagt man "dekorative Ideale" nach.

K: Wäre er bereits ohne Schütze Naturwissenschaftler?

A: Ja, ohne Schütze, nur bei der Anlage von Ascendent Zwilling und Merkur in Haus sechs. Der Schütze ist nur die Farbe.

Ja, also zum Beispiel nehmen wir jetzt einmal an: das wäre jetzt statt Schütze Widder-Sonne, dann wäre es also folgendermaßen: Der würde alle Augenblicke gegen irgendwelche Kollegen losgehen wie Feuer; - vor allen Dingen, weil er ja noch Sonne-Pluto-Opposition hat, das heißt er ist ja auch noch ehrgeizig. Aber dadurch, daß der Schütze da ist, merkt man den Ehrgeiz nicht so.

K: Aber in sich fühlt er die Aufgabe, - also sagen wir mal - das was er macht als eine notwendige Aufgabe, um der Menschheit was schenken zu müssen.

A: Ursprünglich ist es ja so, daß er eigentlich seine Anlagen verwirklichen will und über die Verwirklichung

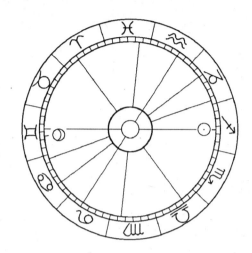

kommt er darauf, daß er eigentlich was für die Menschheit tut. In Wirklichkeit tut er ja nur für sich was. Aber er hat von sich die subjektive Vorstellung,..

K:.. daß er hier was Bedeutendes macht.

A: Ja, genau. Er hat auch den entsprechenden Ehrgeiz durch diese Opposition. - Auf diese Sachen kommen wir später.

K: Ist es nicht wichtig zu wissen, wo der Jupiter steht als herrschender Planet von Haus sieben?

A: Der steht da im achten Haus. Und nun weiß man ja, daß Heisenberg weltanschaulich sowieso tolerant und sehr einsichtig und vage aufgeschlossen ist. Nun hat er auch noch den Neptun in Haus zwei, das heißt im Konkreten seelisch unverwurzelt, ist er auf Denkentwicklung angewiesen, - die möglicherweise die

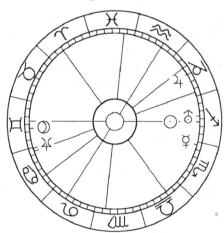

seelische Unverwurzeltheit bestätigen soll.

K: Ist das dann mehr ein Genie in der Anlage?

A. Naja, Genie, das gibt es doch nicht. - Wissen Sie, was man heute als Genie bezeichnet, das sind die Veranlagungen, die im Horoskop dominant ihre Verwirklichung im dritten oder vierten Quadranten haben, - die also, wenn sie sich verwirklichen wollen, eine totale Aufgabe der ersten Quadranten folgern. Somit ihre Verwirklichung in die Notwendigkeit der Art stellen, und da hat man den Begriff des Genies erfunden. - Weil wir ja leider eine Gesellschaft haben, in der in "Edel" und "Unedel" unterschieden wird, und die bürgerliche Gesellschaft sagt: "Eigentlich müßten wir uns für die Notwendigkeiten der Art auch einsetzen. Aber das hören wir nicht gerne. Wenn uns das einer vormacht, ist das gut, aber dann müssen wir dem einen Sonderstatus geben und dadurch, daß er einen Sonderstatus bekommt, ist er mit uns nicht mehr vergleichbar, dann heißt es ja nicht mehr, daß wir es auch machen müssen". - Und deshalb heißt es Genie.

K: Aber bei Mozart müssen die Anlagen ja schon so dominant sein, im ersten Quadranten.

A: Im ersten Quadranten, - da hat er relativ wenig. Ja der Mozart hat halt im zweiten Quadranten eine ganze Menge. Wissen Sie, da will eine ganze Menge raus.

K: Aber wenn er keine Anlage dazu hat, dann kann ja nichts herauskommen.

A: Ja, entschuldigen Sie, man hat ja immer Anlagen, -man hat also immer die Begabung, wofür man die Anlagen hat. Und das Talent kommt ja nicht mit dem Fleiß, sondern es kommt ja erst mit dem Risiko.

K: Aber bei dem ist doch alles von selber gekommen.

A: Nein, von selber nicht, was glauben Sie, wie der "müssen" hat, und dann ist er am Klavier gesessen und dann hat er Geld gebraucht und da war er schon am Einschlafen, da ist er am Klavier gesessen, hat komponiert und hat seine Füße in kaltes Wasser gestellt, damit er nicht einschläft, weil das Menuett hat fertig werden müssen am nächsten Tag. - Dann sagt natürlich der Bürger: - "er war getrie-

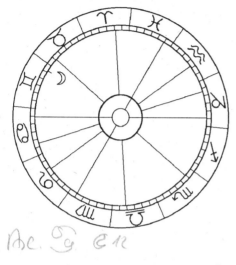

Asc. ♋ ☾ 12

ben". Da muß der arme Kerl ein Genie sein, derweil wollte er nur komponieren und leben. - Gut, ist das klar?

Wir machen noch ein kurzes Beispiel. Jetzt kommt etwas ganz Merkwürdiges.

K: Hat er keinen Ascendent gehabt?

A: Ja, das ist ein Krebs-Ascendent. - Übrigens eine kleine Zwischeneinlage, weil da gerade Krebs-Ascendent ist. - Was ist, wenn einer einen Krebs-Ascendenten hat und den Mond im zwölften Haus? Wenn der Mond im zwölften Haus ist, wo geht die seelische Erfüllung hin? - An die Unabhängigkeit, Hintergründe, Unsterblichkeit und so weiter. Bindet der sich an irgendeine personifizierte Umwelt? - Nein, der hat seine Möglichkeiten da hinten drin in zwölf. Der ist einsam. - Er hat aber, das ist das Groteske, - die Sonne im dritten Haus, was passiert? - Was stellt er nun dar?

K: Das ist dann mehr ein Asket.

A: Ja, aber die Sonne im dritten Haus? - Er stellt sich als Asket dar, als einsamer oder unverstandener. - Das ist Ludwig II. von Bayern. Er hat Hintergründiges, außerhalb der Realität stehendes, Transzendentes, Unsterbliches darzustellen versucht, - ohne dabei kreativ zu sein, - Haus drei, - funktionell. - Gut, aber darum geht es jetzt nicht.

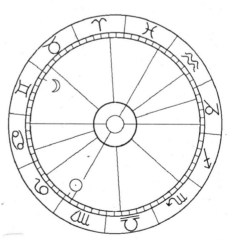

Ludwig II von Bayern.

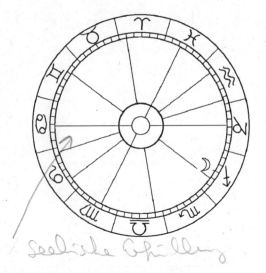

Wir haben hier einen Krebs-Ascendenten, worum geht es? – Seelische Erfüllung und so weiter. Ist das klar? – Ja, dann haben wir hier den Mond im sechsten Haus. Er ist also seelisch abhängig von der Anpassung an die Lebensumstände. Anpassung im Sinne Haus sechs, das ist der Oberbegriff für das, was Anpassung mit einschließt: nämlich: Wahrnehmung, Beobachtung, Analyse der Bedingungen.

Mond als Herrscher von eins in sechs heißt also: seelisch abhängig oder auch getrieben zu sein, Lebensumstände zu beobachten, zu analysieren, – um sich dann seelisch damit identifizieren zu können, sich sozusagen seelisch zu erfüllen.

Das ist eigentlich ein ganz komisches Horoskop. Eigentlich etwas vorgegriffen. Das könnte jetzt noch alles sein, ja das ist möglicherweise ein Lebensangst-Typ, seelisch abhängig von der Aussteuerung gegenüber den lebenserhaltenden Möglichkeiten beziehungsweise Bedingungen. Also einer, der seelisch unsicher ist, irritierbar, sensibel, und den es dann zum Untersuchen treibt.

K: Was hat der im elften Haus?

A: Da hat er gar nichts, aber am MC hat er die Fisch Sonne.

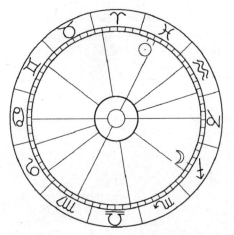

☉ H, 10.

Diese Abhängigkeiten der Anlage von den Lebensbedingungen stellt er also wieder nicht in einen kleinen persönlichen Rahmen, sondern in einen großen Rahmen, der über den persönlichen, subjektiven Rahmen hinausragt durch die Verwirklichung in Haus zehn.

Und jetzt ist die Verwirklichung nicht nur tätig in Notwendigkeiten anderer oder der Art, sondern sie ist gleichzeitig bedeutend. Nämlich verbindlich als Ergebnis, das ist ja gleichzeitig das Ergebnis, Haus zehn. Und da hat er alles mögliche noch drinnen, da hat er den Saturn, – im zehnten Haus hat er eine Unmenge von Planeten.

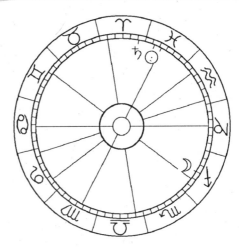

Das jetzt am Schluß nur mal kurz gestreift. Wir können das am nächsten Abend genau durchnehmen.

Wir haben also im Grunde genommen hier einen relativ schwachen Ascendenten und eine relativ schwache Anlage, – eine relativ spekulative Anlage und vor allem eine seelisch bedingte Anlage für diese Art von Verwirklichung.

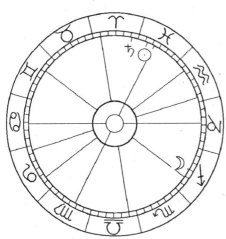

Und jetzt kommt folgender Punkt, – jetzt lassen wir mal die Planeten da oben draußen, jetzt schauen wir also mal bei der Verwirklichung nach – die Sonne kann ja hier nur so, wie der Eigentümer es zuläßt, sie ist ja hier Pächter. – Also wie

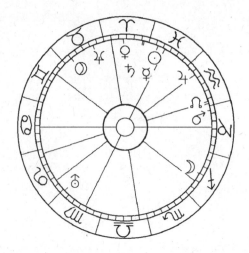

der (Neptun) es in elf zuläßt. Also worin liegt dann die Bedeutung dieser Verwirklichung?

Und jetzt kommen wir auf die Details von vorhin: Den Neptun hat er hier im Stier in elf. - Ich würde sagen: Auflösung von Vordergründigem ist der Neptun an sich. Aufhebung der Polarität, das ist sowieso im elften Haus, - im Stier von konkreter Substanz.

Und dann haben wir noch etwas, was hier allerdings nicht in das Grobsystem hinein gehört: das ist der Uranus in Haus drei, - denn der verändert dann tatsächlich Funktionen. Das ist Albert Einstein. Die Verhaltensanlagen sind so irrsinnig stark, das heißt die Verwirklichung der Anlagen wirkt ungeheuer viel stärker und - durch Sonne Haus zehn - bedeutender als beim Heisenberg.

- Gut das wär's für heute Abend -

Einstein

VIERTER ABEND

3. November 1971

Aspekte

Wir streifen kurz das, was in der üblichen Astrologie die Aspekte genannt wird. Es ist dann meistens so, daß man genau ausrechnet: dreißig Grad - Halbsextil, sechzig Grad - Sextil, neunzig Grad - Quadrat. Und dann wird meistens von einem Punkt zu zum anderen ein Strich gezogen. Und wenn dann mehrere Aspekte reinfallen, dann ist das ein heilloses Durcheinander und kein Mensch kennt sich mehr aus. - Was aber wesentlich wichtiger ist, ist festzustellen, warum sich ein in Winkeln, zum Beispiel in neunzig Grad Winkeln darstellender Sachverhalt gegenseitig ausschließt. Wie Sie wissen, ist der Ablauf der zwölf Entwicklungsphasen oder Häuser in sich einheitlich als Entwicklung. Aber die einzelnen Thesen widersprechen sich, das heißt sie schließen sich gegenseitig aus.

Wenn nun in einem Geburtsbild eine Veranlagung dominant ist, etwa im zweiten Haus: Existenzangst, Sicherungsangst, Sicherung, Abgrenzung; und gleichzeitig eine dominante Veranlagung im fünften Haus, steht zum Beispiel Löwe: Kraft, Verausgabung, - Kraft lebt nur aus der Verausgabung, - das Ausleben von Dingen, das nicht halten der Dinge, gegenwärtig sein, das nicht an die Zukunft denken. Dann sind also zwei Entwicklungsphasen, die sich gegenseitig ausschließen. Diese zwei Anlagen werden sich nicht entsprechen können und werden eine Spannung hervorrufen und dann kann man sagen: "Naja gut, die sind neunzig Grad voneinander entfernt und die wirken schlecht aufeinander." Es ist aber wesentlich besser, wenn man das aus der inhaltlichen Situation einer Anlage heraussieht.

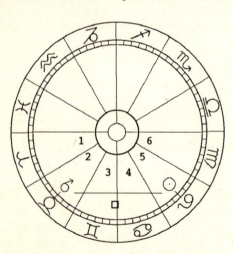

Ich habe hier in etwa ein Geburtsbild aufgezeichnet, wo das relativ deutlich und klar in Erscheinung tritt. - Wir haben hier im sechsten Haus Widder. Was würde das heißen - allgemein? - Was ist das sechste Haus?

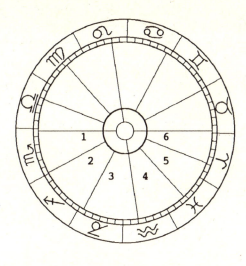

K: Lebenserhaltung.

A: Lebenserhaltung.

K: Intellekt.

A: Nein Steuerung. - Also das ist die Aussteuerung des Lebenstriebs an die Lebensmöglichkeiten, das heißt: Lebenserhaltung. Das ist sozusagen die Abhängigkeit von lebenserhaltenden Dingen, die Abhängigkeit, - der Reflexzwang, - also hier drin im sechsten liegt nicht die Tätigkeit, sondern die Abhängigkeit von der Tätigkeit. Und wenn das Widder ist, was würde man sagen? - Daß diese Abhängigkeit den Lebensmöglichkeiten gegenüber was ist? Widder - Energie haben wir gesagt.

K: Temperament.

A: Temperament und Energie mit Schwung, und was weiß ich. Wir machen hier jetzt dasselbe, was wir sonst immer mit dem Ascendenten gemacht haben, im sechsten Haus. Gut, jetzt müssen wir schauen: Wo ist welcher Planet?

A: Der Mars, genau, und der Mars, der steht genau auf dreiundzwanzig Grad Schütze, und was heißt dieses? - Das ist in Haus zwei.

K. Er verwirklicht sich nicht voll.

A: Verwirklichen?? Nein!! Das ist eine Anlage, das ist ein Anlagebild von meh-

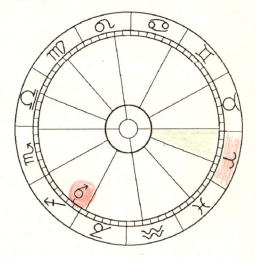

reren oder möglicherweise von vielen, nicht Verhalten.

K: Das ist eine Sicherung, die zuweilen energiegeladen vor sich geht.

A: Ja, seine Anpassung an die Lebensmöglichkeiten und das Lebenserhaltende geht so vor sich, daß er sich in einer ganz energischen und in einer ganz marsischen Weise zu sichern und zu stärken und einzuheimsen trachtet. Das ist also eine durchaus praktische Veranlagung, ein ganz praktisches Anlagebild. Das ist durchaus lebenserhaltend, würde ich sagen, denn er wird zwar manchmal ein bißchen spekulieren, weil er meint, er müßte doch mehr kriegen, - wie heißt das? "Die Gier verliert, was sie besitzt". Das kann dem passieren, aber sonst ist das also durchaus schön diesseitig und so ein bißchen auf, - sagen wir mal, - ein bißchen auf tollwütigen Hamster oder so etwas.

Gut, jetzt haben wir eine andere Anlage und zwar, der Herrscher von eins ist Skorpion. Der Pluto steht nun ausgerechnet auf vierundzwanzig Grad Zwilling. Was würde das zunächst einmal sagen? Das ist übrigens das achte Haus. Was würde das sagen? - Sie sollen nie gleich ins Detail gehen wollen, nur mal ganz allgemein. Die dominante Anlage der Person oder das Anlagebild, - das was persönlichkeitsbildend ist, weil es der Ascendent ist, - dieses Anlagebild ist auf jeden Fall einmal ideell fixiert.

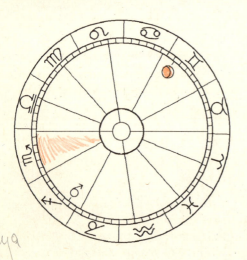

K: Das ist ja praktisch eine Verdoppelung: Ascendent Skorpion und Pluto im achten Haus.

A: Das ist eine Verdoppelung, ja. Das ist eine echte Verdoppelung, weil er also echt vorstellungsgebunden, ideell gebunden ist. Im Grunde also das Gegenteil..

K:.. von seinem Hamstertum.

A:.. von seinem Hamstertum, genau, und daß heißt also mit anderen Worten: Diese zwei Anlagebilder schließen sich gegenseitig aus. Infolgedessen ist das eine Opposition. Das nennt man so, weil sie hundertachtzig Grad auseinander sind, - also sich gegenüberstehen. Wichtig ist nun, daß Sie wissen: Halt: Skorpion-Pluto in Haus acht, das ist die Grundlage, und das zweite ist: Widder sechstes Haus, Mars im zweiten Haus. Und das widerspricht der Grundlage und damit muß da eine Spannung sein. Und die Spannung löst sich an irgendeinem dritten oder vierten oder fünften Punkt aus, - das ist aber etwas, wo wir noch später hin kommen. Es kommt noch was hinzu und zwar: Der Mann hat die Sonne auf vierundzwanzig Grad Wassermann im vier- ten Haus. Was würde das besagen? - Auf welcher Ebene verwirklicht der sich?

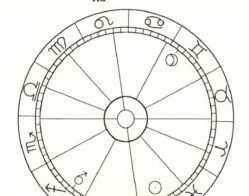

K: Seelische.

A: Seelische Ebene? - Ja, Verwahrung und Sammlung seines eigenen Wesens, das kann man ruhig mal so sagen. - Einmal pauschal: das Heim, die eigenen vier Wände. Aber jetzt: was hat das Ganze für eine Bedeutung? - Denn zur Sonne gehört ja der Löwe.

K: Da hat ja die Sonne eine Opposition zum Löwen.

A: Nein, der Löwe kann keine Opposition zur Sonne haben. Verstehen Sie. Es gibt welche, die sagen das, aber der Löwe ist ja kein Planet. Die Sonne steht vom Löwen aus gesehen in dessen siebten Haus. Das ist keine Opposition, das ist höchstens eine Ergänzung. - Ja, das würde heißen, daß der Betreffende sogar einen Beruf aus der Sonne in Haus vier macht. - Der ist Gastwirt mit einer Macke, - die Macke kommt vom Pluto, - dadurch ist das ein Spezialgastwirt. Und der ist ein echter Gastwirt, der nicht nur einen Job daraus macht, sondern der möchte seine Eigenständigkeit dann plutonisch gestalten und da also eine tragende Geschichte daraus machen.

Das, was ich jetzt nur andeute, ist das: Diese Opposition von Pluto zu Mars ist also in diesem Geburtsbild drinnen und man würde also sagen: das ist die beherrschende Spannung in dem ganzen Geburtsbild. Wir werden später sehen, daß sich diese Mars-Pluto-Opposition, die sich vom zweiten zum achten Haus zeigt, ein ganz spezifisches Erlebnis bringt. Also später nicht nur dieses Ereignis, sondern überhaupt wie sich die Anlagen und zu welchem Zeitplan sie sich auslösen. - Dieser Mann ist nämlich zweimal mit dem Leben davon gekommen, der ist zweimal von einem LKW überfahren worden.

K: Meinen Sie jetzt die Opposition Mars-Pluto?

A: Mars-Pluto.

K: Oder meinen Sie jetzt zweites Haus - achtes Haus?

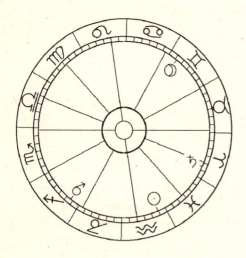

A: Das ist mithin das Gleiche.

K: Da ist sicher dann der Jupiter mit drin.

A: Nein, da ist nichts sonst drinnen, sonst hätte ich es schon reingezeichnet, wenn das irgendwo wäre, im Gegenteil. Es steht hier noch der Saturn. Es geht hier nur darum, die beiden sich ausschließenden Anlagen: Mars, zweites Haus: Hamstertum, - Pluto, acht: ideell fixiert sein, vorstellungsgebunden sein, jede Art von Vorstellungsgebundenheit zieht schon den dritten Quadranten mit herüber. Diese Anlage Mars-Pluto hat eine Uhr, die tickt und an einem bestimmten Zeitpunkt will sie sich an die Außenwelt verwirklichen und auslösen. Und dieser Zeitpunkt kommt bei dem mit ungefähr dreißig Jahren und er kommt ungefähr mit zweiundfünfzig Jahren wieder hin. Beide Male hatte er fast das gleiche Ereignis, nämlich daß er - im übrigen in der Nähe der Türkenkaserne von einem Lastwagen überfahren wurde und dann aber auch noch lebend davon kam.

K: Ist das daraus schon irgendwie zu sehen?

A: Ja.

K: Aus der Opposition?

A: Ohne weiteres. Der Mann war mir gegenüber gesessen, da hab' ich gesagt: "Au weh, mit dreißig Jahren, da hat's blöd ausg'schaut" Da hat der gesagt: "Das kann man wohl sagen." - Vorgreifenderweise zeige ich Ihnen kurz die Auslösung des Ereignisses. Wir rechnen dabei in einem Sieben-Jahres-Rhythmus, dem Mond-Rhythmus, ausgehend vom Ascendenten im Uhrzeigersinn, wobei jedes Haus des Geburtsbildes eine Phase von sieben Jahren darstellt. Sie müssen sich das so vorstellen, daß quasi das erste Haus, - also die "Raumwerdung", - im Uhrzeigersinn durch

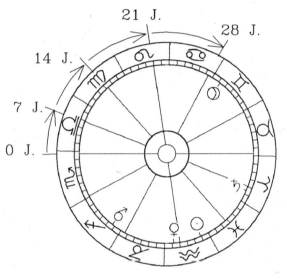

das Geburtsbild wandert und dabei die angetroffenen Anlagen "Raum", oder Wirklichkeit "im Raum" werden lassen. Daß die Wanderung im Uhrzeigersinn verläuft, geht auf die einfachere und unkompliziertere Darstellungsweise zurück. Denn ob die Planeten beziehungsweise die Anlagen in das erste Haus hineinwandern, oder ob ich statt deren Bewegung des Ascendenten beziehungsweise das erste Haus in der Gegenbewegung laufen lasse, bleibt sich gleich. - Beim Ascendenten ist also die Stunde der Geburt. Bei der Spitze des zwölften Hauses ist er sieben Jahre alt. Bei der Spitze des elften Hauses vierzehn, am MC einundzwanzig, Spitze neuntes Haus achtundzwanzig Jahre und so weiter.

Jede dieser Sieben-Jahres-Phasen wird von dem Zeichen beherrscht, das die jeweilige Zeitphase im Uhrzeigersinn anschneidet. Also wohlgemerkt: **Die Tierkreiszeichen beherrschen die Häuser im Sinne der Deutung gegen den Uhrzeigersinn, sie beherrschen aber die Ablaufs- oder Zeitphasen im Uhrzeigersinn.** Im Beispiel: die Spitze des zwölften Hauses steht in der Waage. Dieses Zeichen Waage beherrscht also im Sinne der Deutung das zwölfte Haus, - es beherrscht aber den Zeitraum von sieben bis vierzehn Jahren. Und diese Waage löst nun in diesem Zeitraum von sieben bis vierzehn Jahren die Venus aus, die nun ihrerseits im dritten Haus steht.

Den Zeitpunkt, wann diese Venus genau ausgelöst wird, rechnet man nun so aus, daß man zuerst schaut wieviel Grad das dritte Haus einnimmt, - also wieviel Grad es von Spitze Haus drei bis Spitze Haus vier sind: es sind 37 Grad. Wenn ich nun diese 37 Grad durch 7 dividiere, dann weiß ich, wieviel Grade in diesem Haus für ein Jahr zuständig sind. In unserem Beispiel: 37 Grad : 7 Jahre = 5,3 Grad/Jahr. Dann brauche ich nur noch den Abstand messen, den die Venus von der Häuserspitze vier, - im Uhrzeigersinn -, entfernt ist, teile diesen Gradwert durch den Jahres-Gradwert, und habe dann das Ergebnis, in welchem Jahr der Phase sieben bis vierzehn sich die Venus auslöst.

Also: Größe Haus 3 = 37 Grad
        37 Grad : 7 Jahre = 5,3 Grad/Jahr
        Abstand Hausspitze vier zu Venus = 10,5 Grad
        10,5 Grad : 5,3 Grad = 1,98 Jahre, -   also circa 2 Jahre

Die Venus wird also zwei Jahre nach Phasenbeginn fällig, also, - nachdem die Phase von sieben bis vierzehn Jahre geht, - mit neun Jahren.

Das gleiche kann ich mit allen übrigen Häusern machen: Wenn ich jetzt in Uhrzeigersinn weitergehe, ist Spitze elftes Haus Jungfrau, infolgedessen löst sich irgendwann - das können Sie genauso ausrechnen wie vorher mit der Venus - in der siebener Jahresperiode zwischen dem vierzehnten und einundzwanzigsten Lebensjahr der Merkur aus. Und wenn Sie dann weitergehen, sehen Sie, daß zwischen dem achtundzwanzigsten und fünfunddreißigsten Lebensjahr sich nicht nur der Mond auslöst, als Herrscher dieser Periode, sondern auch die Mars-Pluto-Opposition. Und zwar deshalb, weil der Pluto hier direkt angetroffen wird und dann automatisch die Mars Opposition mit auslöst. Der Pluto wird nach ungefähr -wenn wir das jetzt genau so rechnen, wie das mit der Venus - nach zwei Jahren angetroffen, also löst sich das Ereignis mit 28 + 2 Jahren, also mit 30 Jahren aus. Allerdings eins muß ich noch dazu wissen: es hätte niemals irgendeinen Unfall gegeben, der ihn betroffen hätte, wäre nicht der Herrscher dieser Periode, der Mond in Haus zwei. - Und dieser Mond als Phasenherrscher legt die Ebene fest, auf der das Ereignis passiert, also Haus-zwei Ebene. Die Ebene ist nämlich der "Bestand der Person", die Körperlichkeit.

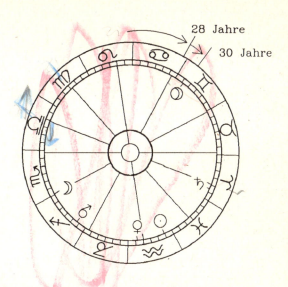

- Wäre der Mond nicht in Haus zwei oder im ersten Quadranten, der causa materialis, dann würde er das Ereignis nicht in Form eines Unfalles erleben, sondern in irgendeiner anderen Form, also nicht körperlich. - Aber das kommt später. - Und dasselbe passiert dann nocheinmal, und zwar, wenn sich der Mars als Bewegungsherrscher des Zeitraums, der vom Widder in Uhrzeigersinn beherrscht ist, auslöst. Der Zeitraum von neunundvierzig bis sechsundfünfzig Jahren wird vom Widder beherrscht. Also löst sich der Mars und damit die Pluto-Opposition mit neunundvierzig plus zwei Jahren, also mit einundfünfzig Jahren nochmals aus, - er hat nochmal das gleiche Erlebnis, weil ja auch der Mars, der ja der Bewegungsherrscher von diesem Zeitraum ist, in Haus zwei steht, also betrifft es ihn wieder körperlich.

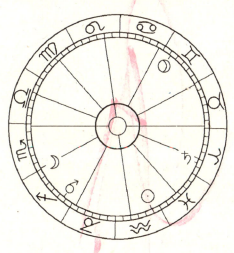

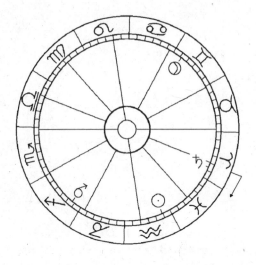

Das ist alles vorausgegriffen, - nur ein Vorausblick, wie die einzelnen Anlagen sich auslösen.

K: Kann man auch sehen, daß er mit dem Leben davon kommt?

A: Das ist nicht zu sehen, also zunächst auf den ersten Blick nicht.

K: Kann der dem ausweichen, wenn er es weiß?

A: Selbstverständlich. Dem Ereignis als solches kann er nicht ausweichen, aber er könnte das Ereignis dadurch auflösen, indem er diese Spannung von Mars-Pluto löst, - ich meine damit, daß dieser Mann mit Mars Pluto nicht unbedingt immer angenehm im Umgang also besonders friedlich ist. Wenn er sich bewußt wird, daß diese Anlagebilder sich gegenseitig ausschließen und versucht, irgendeine dieser Anlagen - na, wie nenn' ich das - dominieren zu lassen und die andere runterzudrücken. - Also ein Homöopath würde sagen: "Moment einmal, der ist gefährdet, jetzt gebe ich dem mal soviel Mars da unten drin, ich gebe dem Ferrum, stopf den von oben bis unten voll, dann kann der Mars nicht mehr wirken, weil er abgedeckt ist", - quasi, also jetzt ein bißchen vereinfacht. - Das ist hier in dem Fall besonders schwierig, denn der ist einer Konstellation ausgeliefert, die man kaum lösen kann, und die hat er vermutlich irgendwie von seinen Eltern geerbt.

K: Ich verstehe nicht ganz, daß die Lösung durch Unterdrückung geschehen kann..

A: Ja, Unterdrückung ist falsch..

K: Unterdrückung ist falsch, aber harmonisieren nicht.

A: Es muß harmonisieren, das stimmt schon, aber das sind schon Dinge, die jetzt zu weit vorausgehen, das ist an sich, der zweite, spätere Teil des Kurses.

K: Da hab' ich noch eine Frage: der hat ja auf vierundzwanzig Grad
Zwilling den Pluto und auf vierundzwanzig Grad Schütze den Mars
und auf vierundzwanzig Grad Wassermann die Sonne..

A: Ein schönes Trigon (120 Grad).

K:.. verstärkt das diese Aspekte, wenn die Grade ziemlich genau
übereinstimmen.

A: Da ist gar kein Zweifel, ja. Das verstärkt schon.

K: Kann man da eigentlich sagen: wenn er das ziemlich deutlich
hat..

A: Schauen Sie, es ist folgendes: je stärker der Aspekt ist, desto
genauer ist natürlich die Wirkung. Das zweite ist aber, daß Sie sagen können, - auch ohne daß Sie neunzig Grad feststellen, - daß
zwei Anlagebilder, die in verschiedenen Entwicklungsphasen stehen
und von mir aus einundachtzig Grad von einander entfernt sind, genau so ungünstig sind, sich ausschließen. - Was heißt ungünstig? -
aber die schließen sich aus, selbst wenn Sie dann sagen können:
"Gut, das ist also keine genaue Quadratur, weil es nicht genau
neunzig Grad sind, oder keine Opposition, weil es nicht genau hundertachtzig Grad sind." Wichtig ist überhaupt, in welcher Entwicklungsphase steht diese Anlage. Steht diese Anlage in der
Sicherung, steht die im Risiko. Und das allein genügt. Und das ist
in so und so vielen Fällen der Fall, daß das vorkommt, ohne daß
das nun neunzig Grad sind. Also kann man da nicht genau messen.

K: Also ich möchte jetzt weniger bei den negativen Anlagen, - es
wird ja auch gute geben, denn da kann man dann sicher..

A: Ja, die Mars-Anlage ist ja an sich positiv, nicht, das ist ja
positiv, wenn man zu was kommt. Verstehen Sie: Und daß er ideell
fixiert ist und daß er also auch an andere Dinge denkt als bloß an
seine Brötchen oder so was, ist für sich gesehen auch positiv,
bloß beides dominant, das ist das Problem.

Das wollte ich nur als Einleitung bringen, um klarzulegen, was man
eigentlich unter Aspekten verstehen kann. Aspekte zeigen also im
Grunde nichts anderes an, als die verschiedenen Anlagebilder und
die verschiedenen Anlagen, die der Mensch hat und die verschiedenen Entwicklungsphasen, die aus verschiedenen rudimentären Herkünf-

ten kommen können, und sich somit ergänzen, ausschließen oder sich überhaupt nicht behelligen können.

Ich sage Ihnen das nur, weil Sie das wissen müßten, wenn Sie irgendeinem Astrologen begegnen, - und der spricht also dann normal oder in irgendeiner astrologischen Vereinigung, - dann sagt der zu Ihnen: "Wissen Sie, mein Merkur hat ein Sextil zu meinem Mars." - Und da müssen Sie also wissen, die sind sechzig Grad auseinander und das Sextil ist ein freundlicher Aspekt. Schauen Sie, also alle Zeichen, die sechzig Grad auseinander sind, das ist zum Beispiel Löwe zu Waage, die tun sich gegenseitig gar nichts und zwar deswegen, weil es zwei Entwicklungsphasen sind, die sich in gar keiner Weise ausschließen, sondern sich möglicherweise sogar in irgendeiner Form fördern. Dann gibt es noch das Halbsextil, das sind dreißig Grad, das ist eher schon fragwürdig. Dann gibt es das

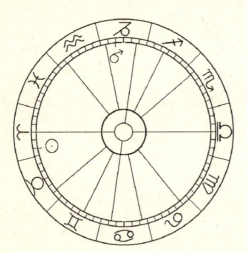

sogenannte Quadrat, das sind neunzig Grad. Das ist dann klar, wenn Sie hier erstes Haus, die Expansion haben und wenn Sie hier, zehntes Haus, die Formierung und die Begrenzung haben. Dann sind das zwei Phasen, die sich total ausschließen und infolgedessen: Wenn ein Mensch, - von mir aus - den Mars im Steinbock hat und die Sonne im Widder, was ergibt sich daraus?

K: Neunzig Grad

A: Ich meine es nicht in Zahlen. In Zahlen sind das neunzig Grad. Was tut der Mars im Steinbock?

K: Ja, der ist behäbiger. Der Steinbock ist behäbig.

A: Das ist eine Einschränkung der Energie. Das ist eine Energie, deren Ziel es ist, irgend etwas, nämlich dort, wo der Saturn steht, einzuschränken, verstehen Sie.

K: Der schränkt doch die Energie ein.

A: Nein, die Energie selber ist nicht eingeschränkt. Dieser Saturn - nehmen wir einmal an, - der Saturn steht dann auch noch im dritten Haus..

K: Das ist einschränkende Energie, er schränkt andere ein.

A: Er schränkt andere ein, ja. Er schränkt andere ein, er schränkt seinen Umkreis ein, weil er einen bestimmten Haltungsehrgeiz im dritten darstellt.

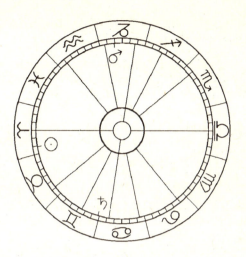

Das ist also eine einschränkende Energie, - aber Energie. Wissen Sie, der Mars kann nur so, wie der Mietvertrag oder Pachtvertrag mit dem Eigentümer abgeschlossen ist, anders kann der nicht. Und wenn der Pachtvertrag mit dem Saturn heißt: Begrenzung, Einschränkung, - dann kann der Mars seine Energie nur in dieser Richtung rauslassen. Das heißt also: das ist eine Energie, die - was auch immer - einschränkt. Die Energie ist niemals expansiv, in dem Sinn. Sie hat immer ein Konfrontationsziel, sie braucht immer irgend etwas, wo sie einschränken kann. Sie ist also mithin nicht richtungslos, sondern auf Einschränkung fixiert. Wenn aber jemand die Sonne im Widder hat, wie ist er dann? - Da ist er dann expansiv, beides muß sich ausschließen. Und erst in diesem Augenblick wird der Mars das, was man negativ oder ungeeignet nennt. Erst in diesem Au-

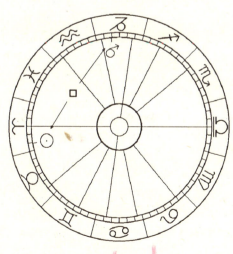

genblick wird der Mars ungeeignet, weil die Verwirklichung der Sonne ja auf Expansion ausgerichtet ist. Und die Sonne ist in dem Fall dominant, weil sie für das Verhalten zuständig ist. - Das sind also neunzig Grad.

K: Wie wirkt sich das aus bei dem?

A: Naja, das kommt jetzt darauf an, in welchen Häusern das ist. - Der wird von der Umgebung nicht gerade gut gelitten sein, - würde ich sagen. Weil er einerseits niemand leben läßt, wie er leben will und nimmt gleichzeitig für sich, - also für seine Sonne -ständig das Recht in Anspruch, alles das zu tun, was er beim anderen unterbinden will. Aber es kommt immer darauf an, wie solche Bilder dann im Gesamtzusammenhang stehen, die kommen nie einzeln heraus. Darum haben wir ja dieses Grobsystem. Das können Sie zwischen allen Zeichen machen und zwischen allen Häusern und Phasen.

Wie wäre es zum Beispiel bei Sonne Löwe und Skorpion. Was tut der Löwe? - Na, nehmen wir mal an, wie haben die Sonne im Löwen, und wir haben den Mars im Skorpion - jetzt einmal unabhängig davon, was für Häuser das sind. Das ist, das können Sie ausrechnen, also ein Quadrat, das sind neunzig Grad, aber was steht dahinter, was tut der Löwe? - Der Löwe ist gegenwartsbetonte Verwirklichung, das heißt er ist ein Gegenwartssubjektivist, -also, das ist jetzt übertrieben. - Dem ist das Lebendige und Unmittelbare jeweils das Entscheidende. Das geht so weit, daß er sozusagen asozial wird, nur damit er seine Bewegungs- und Handlungsfreiheit, seine unmittelbare Handlungsfreiheit stets gewährleistet sieht. - Sind auch schwer zum Heiraten zu kriegen, genauso wie die Stiere. Stiere aber aus einem anderen Grund.

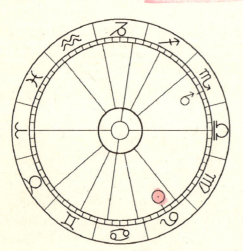

K: Oder weil er nicht will.

A: Ja, das ist ein Schutzverhalten beim Stier, weil - wenn er noch sehr jung heiratet und es geht schief, dann heiratet er kaum mehr. Der Stier ist sehr verpflichtungstreu und das weiß er zumindest unterbewußt von sich und so jemand wird natürlich sehr vorsichtig in Bindungen sein, weil er weiß, er ist verpflichtungstreu, und sich damit ja selber ausliefert. Beim Krebs ist das ganz was anderes, der kann ein paarmal heiraten, weil er weiß, er ist nicht verpflichtungstreu, und infolgedessen macht ihm das dann auch gar nichts aus, er kommt ja auch schnell wieder weg. Und solche Sachen sind jeweils ein Schutzverhalten und das soll man denen gar nicht nehmen, das soll man denen allen lassen. Ja, hier haben wir also den Löwen, der bindet sich nicht gerne, weil die Unmittelbarkeit des Erlebens für ihn ganz entscheidend ist, darum mag er alles was lebendig ist, zum Beispiel Tierliebe, und was weiß ich, das ist ganz groß geschrieben. Vorstellung und Planung, das ist für ihn eine Einengung. - Was macht der Mars im Skorpion?

K: Der ist vorstellungsgebunden, fixiert.

A: Fixiert, also vorstellungsgebunden, also sagen wir einmal: die Energie ist - nehmen wir die Formel - auf geistige Bindung hin ausgerichtet, das heißt auf etwas, was dem Lebendigen übergeordnet sein soll, eine Idee, eine Vorstellung, irgend etwas Ähnliches. Das muß natürlich der unmittelbaren Erlebnisfähigkeit widersprechen. Das ist völlig ausgeschlossen, daß sich diese Anlagen in irgendeiner Weise vertragen könnten. Es kommt natürlich dann noch darauf an, in welchem Haus sich das abspielt. - Ist das klar, warum Quadrate eben dann Quadrate sind? Und warum es wichtig ist, die nicht einzuzeichnen, sondern daß man nämlich aus dem Aufbau, aus dem Deutungsaufbau des Geburtsbildes sieht: ah, ja, der hat die Anlage Löwe und dann muß das also das und das Quadrat sein.

K: Es gibt also jetzt Quadrate?

A: Sie brauchen ja gar nicht wissen, daß das ein Quadrat ist, das spielt gar keine Rolle. Sie brauchen nur wissen: eine Löwe-Anlage und eine Anlage Mars-Skorpion müssen sich gegenseitig ausschließen, weil sie sozusagen zwei Entwicklungsphasen dominieren lassen, die gleichzeitig nicht zueinander passen. Wo also der ganze Entwicklungsweg von Löwe, Jungfrau, Waage zu Skorpion vorher dazwischen hereingehört. Gut, das wäre das. Sind da noch Fragen zu den Aspekten, oder sonst etwas?

K: Wir haben eigentlich genug Beispiele gebracht: Sonne-Quadrat-Mars.

A: Ja, Sie können auch Sonne-Quadrat-Saturn sagen, zum Beispiel, - Sie können da auch den Saturn drinnen haben, das spielt keine Rolle.

K: Spielt das Zeichen eine Rolle?

A: Die Basis, auf der der Planet steht, das Haus legt die Entwicklungsphasen fest. Ob die nun gefärbt sind von dem Steinbock her, oder von der Jungfrau, das spielt nur eine sekundäre Rolle.

K: Ist das beim Quadrat genauso gegeben, daß so etwas passieren könnte, so ein Ereignis, wie vorhin bei dem Lastwagenunglück mit der Opposition von Mars-Pluto?

A: Selbstverständlich. Nehmen Sie einmal an, Sie haben hier den Saturn und Sie haben hier die Sonne. Nehmen wir einmal an, die Häuser entsprechen sich in etwa, nehmen wir einmal an, Sie haben den Ascendenten hier, so daß also der Saturn hier im zwölften Haus ist und das ist, sagen wir einmal das neunte, oder wie auch immer. Gut, Sie haben nun da eine Anlage, die sich, ehe das Kind überhaupt bei Bewußtsein ist, schon ihre Realität und Außenrealität sucht, nämlich, sagen wir nur mal ganz allgemein, - weil wir ja das Gesamtbild nicht kennen und auch gar nicht aufzeichnen wollen -, Sie haben hier eine Behinderung, eine Einschränkung der Entwicklung. Und wir haben hier also diese Einschränkung der Behinderung, die natürlich äußerst schädlich ist für die Verwirklichung eines Löwens. Die für jemand, der die Sonne hier im Krebs hat, gar nicht so schlimm ist. Wie auch für jemand, der die Sonne in der Jungfrau hat, nicht so schlimm ist. Schlimm ist die für einen Löwen, weil der die Bewegungsfreiheit braucht, ist das klar?

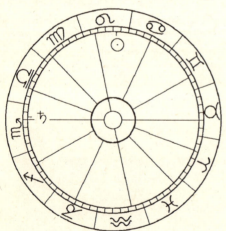

K: Ja.

A: Gut. Jetzt kann das Kind aber gar nichts dafür, weil es kann weder denken, noch hat es irgendeinen Intellekt zum Verarbeiten noch sonst irgend etwas, es kann sich die Situation selber nicht aussuchen. Und das wird ein ganz bestimmtes Ereignis sein. Das wird von mir aus sein, daß die Eltern sich scheiden lassen, oder irgend etwas, das die Entwicklung behindern kann. Und diese Krankheit, - das ist quasi eine Entwicklungskrankheit, - und die wirkt sich erst aus, wenn der Betreffende bei der Auslösung seiner Sonne liegt. Das ist also ungefähr mit fünfundzwanzig, sechsundzwanzig Jahren, da kommt es dann erst raus und diese Anlage wirft dann ein Problem auf. Und dieses Problem ist zu diesem Zeitpunkt fällig, zuständig, und das ist auch ein Verhaltensproblem. Und wenn der dem Verhaltensproblem nicht von sich aus entgegen kommt, dann wird ihn ein Ereignis aus der ungelösten Situation herausreißen. Und damit die Abweichung von seiner Verwirklichung wieder korrigieren. Das ist also ganz gleich, was für Aspekte das dann sind, ob das eine Opposition ist oder irgend etwas.

K: Und wenn jetzt statt des Saturns der Jupiter stünde?

A: Ja, dann wäre es ein bißchen besser. Weil der Jupiter kein beengendes Prinzip ist. Ich meine, der Unterschied zwischen dem Jupiter und dem Saturn ist so: beim Saturn haben Sie nichts zum Essen und beim Jupiter haben Sie zu viel gegessen; also wohl fühlen tun Sie sich dann auch nicht, wenn die Entwicklungsphase verkehrt liegt.

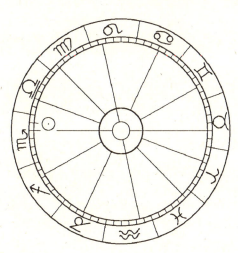

Ja, da haben wir noch etwas, was ich nebenbei streifen möchte, also mit Jugendentwicklung und so weiter. Das ist also an sich folgendes: Angenommen Sie haben hier Ascendent Skorpion und haben die Sonne hier im zwölften, wie wir es beim Saturn gesehen haben, - da kann das Kind also überhaupt nichts dafür, daß es den Saturn hat, - aber wer kann was dafür? - Niemand, kein Mensch. Das ist so: etwa Sonne Haus zwölf, da ist das Kind gezeugt worden, als die Mutter noch mit einem anderen als dem Vater verheiratet war und das Kind die erste Zeit verschwiegen wurde.

Oder Sie können ein anderes Beispiel nehmen: Wenn Sie im zweiten Haus Neptun und im elften Haus, meistens ein Quadrat von Saturn oder sonst was dagegen haben, - Verletzung von Haus zwei zu Haus elf, können Sie den Betreffenden sofort sagen: Ah, ja, unehelich geboren. Und da können Sie mit einer Trefferquote von ungefähr 98% rechnen und das ist immerhin ganz schön. Und der Witz an der Geschichte ist der: da im zweiten Haus ist der: da im zweiten Haus ist Neptun drinnen und hier haben wir im elften Haus den Saturn. - Was sagt denn dann der Neptun im zweiten Haus? So viel wissen Sie ja schon von den Tierkreiszeichen: - Er löst die Situation auf, damit die Wurzeln.

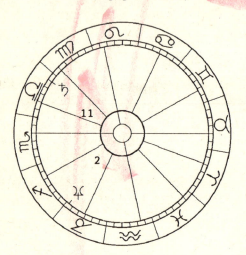

K: Wenn das aber umgekehrt ist, Neptun in elf und Saturn in zwei?

A: Das kommt hernach. - Ich habe jetzt nur diese Konstellation gefragt. Was heißt das? - Der Betreffende wird ungeheuer schwer Wurzeln in einer Lebensform finden, der wird fast überhaupt nicht zu einer Lebensform finden. Drückt aber gleichzeitig aus, daß die Lebensform zum Zeitpunkt der Zeugung und Geburt aufgelöst und nicht vorhanden war. Das heißt mit anderen Worten: Man kann also im Bundestag tausend Gesetze machen zur Gleichberechtigung der unehelich Geborenen. Die Konstellation hebt denen kein Mensch mehr ihr ganzes Leben auf. Die Wurzellosigkeit im zweiten haben sie drinnen.

K: Wie ist das umgekehrt, wenn der Neptun da oben in elf steht und der Saturn da unten in zwei, was es dann sein?

A: Ja, das käme also auf das Häuserbild an, der Neptun im zweiten ist also auf jeden Fall unehelich, - und Saturn Quadrat Neptun von zwei zu elf ist auch unehelich, oder die brüchige Form, da ist gar kein Zweifel. Und zwar deswegen, weil da von irgend einer Erbanlage her, der Sicherungs- und Formierungs- und Verwurzelungstrieb im konkreten Bereich, - Haus zwei, - zwar relativ stark ausgesprochen ist, aber gleichzeitig durch Neptun aus Haus elf aufgelöst.

K: Warum ist der nicht gehemmt, sondern stark ausgesprochen?

A: Zunächst für sich gesehen, ohne Neptun.

K: Ja, aber warum gerade beim Saturn?

A: Der Saturn formiert, legt gerne fest, bürokratisiert gerne. Der Merkur zum Beispiel verwurzelt sich nicht gerne, weil er keine Ausgesprochenheit hat, der will beweglich bleiben.

K: Ja, gut, ich verstehe Ihre Deutung, aber könnte man nicht genauso sagen: der Saturn hemmt die Verwurzelung.

A: Nein, der Saturn begrenzt auf das, wofür er zuständig ist, das heißt er würde niemals hemmen, sondern nur auf etwas begrenzen, das heißt er würde Scheuklappen haben. - Aber das nur am Rande. Jetzt wollen wir mal ungefähr ein Tierkreiszeichen durchsprechen. Was glauben Sie auf Grund dessen, was wir also über die Entwicklungsphasen gesagt haben, zum Beispiel über das zwölfte Haus, das Zeichen Fische, - wie ist eine Verhaltensform von Sonne Fisch?

K: Phantasten.

A: Phantasten, ja, also Utopisten?

K: In höheren Regionen schweben, also unter Umständen..

A: Ja, was noch?

K: Beziehung zur Allgemeinheit, Beziehung zum Spiritismus.

A: Das ist nicht gesagt. Ja, aber an sich ist das richtig.

K: Auf jeden Fall fehlt einmal der Bezug zur Realität.

A: Die Füße fehlen, ja?

K: Das kann sich doch genauso in Vagabundentum äußern, als gerade in einer geistig hochschwebenden..

A: Richtig, aber eines ist als übergeordneter Begriff an sich gemeinsam, nämlich: das Hingeben an indirekte Vorgänge.

K: Und was sind das?

A: Ja, indirekte Vorgänge sind das, also wenn jemand glaubt, daß er die Atmosphäre zwischen den Dingen spürt, - zum Beispiel viel Fische sind unter den Antroposophen, der Rudolf Steiner ist übrigens selber einer.

K: Die Sonne im Fisch?

A: Ja, ja, die Sonne im Fisch. Ich rede jetzt vom Verhalten. - Indirekte Vorgänge, das heißt sie wollen am liebsten die Dominanz oder Zuständigkeit des Oberbewußtseins, der Vernunft auflösen. Fische, wenn Fische hier ist, dann ist Jungfrau hier, und wenn das das sechste Haus ist, dann ist das das zwölfte Haus. Und wenn wir gesagt haben, daß das sechste Haus die Anpassung, Steuerung an die Lebensbedingungen ist, - was ist dann das zwölfte Haus?

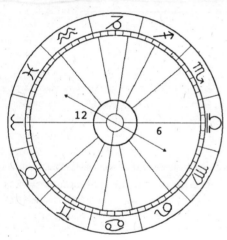

K: Die Auflösung.

A: Die Auflösung, das heißt das Unabhängigseinwollen vom sechsten Haus. Das heißt was tut also ein Fisch? - Er entzieht sich den Realitäten. Und was tut die Jungfrau?

K: Die sieht ihnen ins Auge.

A: Die sieht ihnen ins Auge. - Ich würde sagen, die ist ihnen ausgeliefert, den Realitäten, da dreh' ich die Hand nicht um, was da besser ist. - Die Jungfrau, - wir haben also gesagt, - die Jungfrau ist ein Erdzeichen und ein starkes Verwertungszeichen und der

Fisch ist ein Wasserzeichen, das ist fruchtbar, das Wasser, das überall hinspült, empfänglich, und kein guter Verwerter, er hält und verfestigt nichts. Wenn sich also der Fisch den Realitäten entzieht, sobald man ihn auf diese festlegen will, - was macht dann die Jungfrau? - Die sucht sich die Realitäten geradezu. Gehen wir einen Schritt weiter. - Wenn jetzt der Mars in der Jungfrau steht, was heißt das? Ist der geeignet für die Jungfrau?

K: Da wird für mich die Umwelt immer sehr lustig, weil er sehr seinen Prinzipien lebt und zwar mit sehr starker Energie und die anderen sicher zu stöhnen haben. Aber für sich selber wird das nicht unbedingt negativ sein.

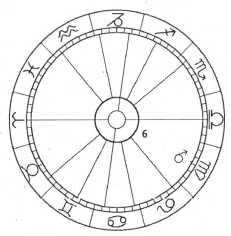

A: Ja, das ist im Allgemeinen schon richtig, aber wenn man es nun genau zerlegt, dann muß man sagen, - also gut, die Jungfrau, das sechste Haus ist die Abhängigkeit von den Lebensmöglichkeiten. Und wenn der Mars drinnen ist, wird das - die Steuerung, und die Übersicht, die Bewußtseinsübersicht übermäßig verstärken, das heißt also mit anderen Worten: das ist irgendein scharfer Analytiker. Das ist ein Detailspezialist oder so irgend etwas und wenn der Mars aber im Fisch ist, ist so jemand dafür geeignet?

K: Auf gar keinen Fall.

A: Auf gar keinen Fall. Und warum nicht?

K: Das ist in zwölf, in dem Fall: die Auflösung.

K: Auflösung mit Energie.

A: Also, Fisch ist Auflösung des Vordergründigen, des Realen, und der Mars ist Energie. Also kann man die Formel sagen: Mars-Neptun wäre also Energie plus Auflösung, und das ist destruktiv. Wenn Sie nun Neptun in der Jungfrau haben, - und das Prinzip vom Neptun kennen Sie ja - würde das passen?

K: Genauso unpassend wie vorher der Mars. Der Neptun hat nie was mit der Realität zu tun.

A: Infolgedessen - ja, genau. - Der verunsichert nur die Vernunftssituation, während man gleichzeitig an die Vernunftssituation ausgeliefert ist. Und - um noch einmal darauf zurückzukommen - was verstärkt ein Planet, wenn er in der Jungfrau steht? - Vernunft, Anpassung und Steuerung, seelische Steuerung, und wenn die Sonne drinnen steht, heißt das, daß dessen Verwirklichung auf die Anpassung an die Lebensbedingungen ausgerichtet ist.

K: Opportunität.

A: Ja, Anpassung an die gegebenen Lebensmöglichkeiten. Was entsteht bei jemanden, der sich an die bestehenden Lebensmöglichkeiten anpaßt?

K: Der ist ein Realist.

A: Man nennt ihn einen Realisten, aber was entsteht bei dem? - Wovon ist er denn abhängig?

K: Von der Umwelt.

A: Er ist von den Lebensmöglichkeiten abhängig und deren Verwertung und deren Aussteuerung. Er ist also aufgabenabhängig. Ist der, der eine starke Planetenkonstellation in der Jungfrau hat, ist der treu?

K: Ja.

K: Ja, auf Berechnung nur.

A: Ja, Berechnung finde ich schon eine Wertung, Berechnung finde ich eine Wertung.

K: Ja, treu ist er schon.

A: Der ist nur aufgabentreu. Und kriegt er Versäumnisangst?

K: Ja.

A: Kriegt er. Kriegt er leicht, warum? - Weil er aufgabenabhängig ist. - Gut, dasselbe beim Fisch. Wenn die Sonne im Fisch ist, was

140

ist das zwölfte Haus, - das ist ein bißchen schwer in Begriffe zu fassen oder begreifbar zu machen.

K: Auflösung von Substanzen.

K: Auflösung von Materie.

A: Die Distanz zur Vernunft suchen. Die Distanz suchen, um unabhängig zu werden von Vernunft, Vernunftsgründen, oder von den Lebensmöglichkeiten. Ist der praktisch veranlagt?

K: Nein.

A: Überhaupt nicht.

K: Kann man das allein der Tatsache entnehmen, daß er die Sonne im Fisch hat?

A: Nein, das hängt von der Gesamtschau ab.

K: Das ist eine Pauschale.

A: Das ist eine ganz grobe Pauschale. Um nur die einzelnen Zeichen ein bißchen näher zu bringen. Was ist, wenn der Saturn drinnen steht in der Jungfrau, in Haus sechs?

K: Wenn das alles sehr intensiv ist, verstärkt sich dann die Anpassung?

A: Ja, es kommt dann noch darauf an, - Schauen Sie, da kann also jemand die Sonne drinnen stehen haben, und der Neptun steht irgendwo, was weiß ich. - Wissen Sie, das sind immer rausgegriffene Einzelteile. Sie müssen das im Gesamtbild sehen, weil das Anlagesymbol lebt ja nur aus dem Zusammenhang mit den anderen.

K: Also, wie ist das, wenn das Fischezeichen jetzt nicht nicht gerade in zwölf steht?

A: Das steht ja auch nicht in zwölf, - ich habe ja nur gesagt, analog: Jungfrau ist das sechste Zeichen, Fische das zwölfte, also zwölftes Haus und Fische sind nur analog. Eine andere Frage ist die, wenn jemand eine starke Betonung im Fisch hat, ist der wertungsfrei? Wertet der moralisch? - Nein, warum nicht?

K: Weil ihm das wurscht ist.

A: Weil die Polaritäten schon aufgehoben sind, vorher im Wassermann - das vorhergehende Zeichen Wassermann hat die Polarität schon aufgehoben, - beim Fisch existieren sie schon nicht mehr. Wertet die Jungfrau moralisch?

K: Ja.

A: Ja, warum?

K: Weil die durch den Löwen durch ist.

A: Nein, weil die einteilen muß, weil die eine Übersicht haben muß.

K: Das sind Leute, die gerne nachtragend sind.

A: Das kann man nicht sagen, also, das glaube ich nicht. Eher Stiere. - Ich erinnere mich an eine Erzählung, da ist ein fünfundvierzigjähriger Mann mitten in seinem Beruf erfolgreich und was weiß ich alles, - und die Geschichte, die ihm von seiner Jugend geblieben ist, ist die, daß er am Elisabethenmarkt einkaufen gegangen ist als Fünfjähriger mit dem Geldbeutel von der Mutter. Und da ist ein größerer Bub gekommen und hat dem gesagt: "Geh, laß einmal schauen, was hast denn da drinnen," und da hat er fünf Mark drinnen gehabt, und da hat der Größere ihm die fünf Mark genommen und ist abgehauen. Das wußte der mit fünfundvierzig Jahren noch, also das hat der immer wieder erzählt. Das war ein Stier. Verstehen Sie, das ist nicht nachtragend, das ist einfach für einen Stier ein Übergriff über seine Grenzen, das ist einfach zuviel, das erzählt der auch mit achtzig noch. Gut, wenn Sie eine Betonung im Wassermann haben, wie ist der Wassermann?

K: Ausgleichend, er hebt die Polarität auf.

A: Gut, der will also die Polaritäten aufheben. Was tut er damit?

K: Er sucht die Freiheit.

A: Nein, Freiheit ist das nicht, Freiheit ist ja nur die Möglichkeit Abhängigkeiten zu wechseln. Das will er nicht. Sagen wir einmal was anderes: wenn, jemand also Polaritäten auflösen will, verwurzelt er sich dann gerne?

K: Nein.

A: Was heißt das praktisch für sein Leben?

K: Legt sich nicht fest.

A: Legt sich nicht fest.

K: Er fühlt sich frei.

A: Ja, er fühlt sich ungebunden, das ist etwas anderes. Nicht jeder, der ungebunden ist, ist frei, aber er..

K: Er hält sich ein Hintertürchen offen.

A: Ja, Hintertürchen, er will sich einfach nicht binden, und zwar deswegen, weil er..

K: Damit er noch andere Möglichkeiten hat.

A: .. er kann sich nicht verwurzeln, in gar keinem Lebensbereich, will er - na, wie nenn' ich das - er kann keinen Standpunkt haben, sagen wir einmal so, er kann keinen Standpunkt haben, weil er ständig mutiert. - Das ist jetzt alles furchtbar übertrieben. Wenn nun der Mars im Wassermann ist, was heißt das?

K: Daß er aggressiv wird.

A: Ja, worin wird er aggressiv?

K: In Veränderungen.

A: In Veränderungen, ja.

K: Daß er in Extreme kommt.

A: Ja. Jemand, der sich nicht gerne verwurzelt um der Beweglichkeit willen, wegen Aufhebung von Polarität, Aufhebung von Subjektivismus, über was spricht der gerne?

K: Über Luftveränderungen.

K: Die Zeiten sind nicht schlecht im Himmel da oben.

A: Nein, er redet immer über die ganze Welt, er redet über Kinder in Biafra und über die von Indien, - kaum von den nächstliegenden Problemen.

K: Weltverbesserer.

A: Ja, Weltverbesserer. Wie ist das, welches Zeichen von allen Tierkreiszeichen, - das ist immer so zwischendurch, weil von jedem

Zeichen kriegt man da ein bißchen mit, - welches Zeichen hat Ortsangst und welches nicht, welches Tierkreiszeichen?

K: Fisch hat Angst.

A: Fisch hat Platzangst.

K: Der Wassermann?

A: Der hat daheim Angst.

K: Wer?

A: Der Wassermann.

K: Der Wassermann hat Platzangst?

A: Der hat Raumangst. Der Wassermann kann nicht in geschlossenen Räumen sein, der läßt alle Türen auf und der läßt alle Fenster auf und der geht auch in der Früh um fünf Uhr schon in den Hain. Welches Zeichen hat noch Platzangst? - Na, so allgemein vom Zeichen her. Der Fisch und der - Widder.

K: Daß die Zeichen so dicht zusammenliegen, sagt gar nichts?

A: Das hat nichts zu tun damit, - weil der Widder, der braucht ja immer Platz für seine Expansion, eingeengt verliert er die Sicherheit seines marsischen Selbstverständnisses.

K: Der Stier nicht?

A: Der Stier nicht, der hat keine Platzangst. Ja, dann machen wir jetzt eine Pause und hernach nehmen wir dann ein Horoskop durch.

P A U S E

A: Ja, gut, machen wir weiter. Das ist das Geburtsbild einer Institution. Da haben wir Ascendent Zwilling und MC Wassermann. Was macht der Zwilling?

K: Der beschäftigt sich mit der Umwelt.

A: Der beschäftigt sich mit der Umwelt. - Und was macht der Wassermann, hier das Ziel und Ergebnis?

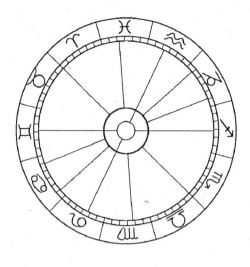

K: Der hebt die Polarität auf.

A: Der hebt die Polarität auf. Das Ziel und damit das Ergebnis ist also: Veränderungen der Gegebenheiten. Gut, was heißt Krebs im dritten Haus?

K: Die sind sozial.

A: Sozial?

K: Zurück in die Öffentlichkeit, auf jeden Fall.

A: Ja, das kann man noch nicht sagen, - das geht schon über das hinaus, was jetzt zu sehen ist. Nein, der Krebs, was ist denn der Krebs, was haben wir denn gesagt? - Gefühlsbetont, also der tritt nach außen auf als gefühlsbetont, - die gibt sich also nach außen gefühlsbetont, die Institution.

K: Konservativ wahrscheinlich auch.

A: Wie das, wegen dem Steinbock im neunten?

K: Nein, wegen dem Krebs.

A: Ja, der ist ja nur konservativ im Denken, weil er den Steinbock gegenüber hat, das ist ja nur ein Schutz. Der Krebs ist ja so labil, daß er sich sogar die Tradition herholt, um einen Schutz zu haben, im sich daran zu halten, sozusagen. Das Konservative ist drinnen im neunten Haus, Steinbock beherrscht. Wie ist denn das mit dem achten? Wie ist denn die geistige Bindung dieser Institution, wenn so eine Institution überhaupt geistig gebunden sein kann? Auch Steinbock, - wie ist denn das? - Das ist auch konservativ.

K: Einengung, geistig.

A: Wie paßt denn das jetzt zusammen, daß die einerseits konservativ sind, in der Bedeutung aber Polaritäten aufheben und wandeln wollen?

K: Vielleicht ist es eine Sekte.

K: Eine Universität.

A: Nein, das ist alles Spekulation.

Ich will ja nur die Frage auf das beantwortet haben, was man tatsächlich sehen kann. - Naja, das ist ganz klar. - Das Bedürfnis wird natürlich besonders stark, - denn es ist ja eine Entwicklung - und das können Sie in jedem Geburtsbild sehen: der Uranus steht um so stärker, je mehr der Saturn ihn einengt. Wenn in einem Geburtsbild der Saturn in irgendeinem Bereich schädigt, dann können Sie also damit rechnen, daß der Uranus einen Platz hat, der so hervorgehoben ist, weil der Uranus ja das Ventil ist, um aus der Beengung herauszuwandeln. Im übrigen, rein technisch gesehen ist Saturn/Uranus die Explosion, die Bombenexplosion.

Gut, jetzt möchte ich hier aber das Geburtsbild ausdeuten lassen. - Was fragen wir zuerst? - Den Ascendenten.. - Ja, also, da haben wir schon gesagt, den Zwilling.

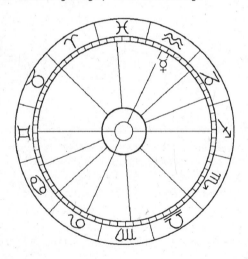

K: Zwilling - Merkur.

K: Wo steht der Merkur?

A: Wo steht der Merkur, gut, wo steht er? - Ja, der steht Spitze zehntes Haus im Wassermann. Was heißt das?

K: Kann sich nur auswirken im Aufheben der Polarität.

A: Nein. Ich will nichts vom Wassermann, ich will Haus zehn.

K: Es wird verbindlich.

K: Anlage und Ziel fällt zusammen.

A: Genau, Anlage und Ziel fallen zusammen, das heißt die Entwicklung nach außen ist bedeutend. Die Entwicklung in den Umkreis - Zwilling - die wird zu einem entscheidenden Maßstab, für das, was die Institution eigentlich will. Die Institution wird also nach außen, in die Umwelt, - in den Umkreis wirken, und zwar maßstäblich.

K: Das könnte eigentlich bei jeder Institution so sein.

A: Nein, nicht jeder.

K: Eine Institution wird gegründet, weil..

A: Nein, Moment, das ist ja das Mark dieser Institution. Zum Beispiel Bayer Leverkusen würde den Herrscher von eins nicht in Zehn haben. Denn die wollen ja fertigen und produzieren. Das ist etwas ganz anderes. Oder was gibt es noch? Oder von einem Atlantikpakt, ja, der Atlantikpakt hat einen Ascendenten von Stier, das ist ganz klar, er ist ein Schutzpakt, das ist wieder ganz was anderes. Das hier kann natürlich jetzt noch viel sein. Na gut, was wollen Sie noch wissen?

K: Wo die Sonne ist.

A: Nein, die nächste Frage heißt anders.

K: Welche Planeten noch drinnen stehen im ersten Haus.

A: Richtig, da haben wir den Mars drinnen. - Heute haben wir es mit dem Mars auf dreiundzwanzig Zwilling zu tun! - Da steht der im ersten Haus, was sagt das?

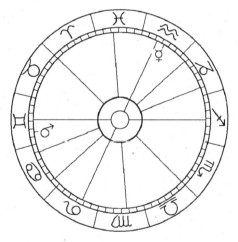

K: Alles was wir bis jetzt darüber gesagt haben: die Anlage ist energiegebunden und dadurch erfolgsbetont, vielleicht?

A: Genau.

K: Eine entscheidende Institution.

A: Warum entscheidend?

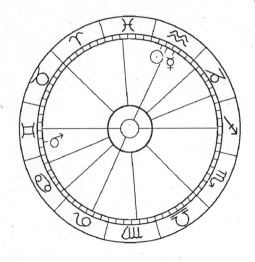

Bloß deswegen, weil sie energisch ist? - Der Mars sagt nur das aus, daß das was die Institution will, auf energische Weise betrieben wird. Was ist die nächste Frage?

K: Jetzt fragen wir nach der Sonne.

A: Jetzt fragen wir nach der Sonne, richtig. - Bei dem anderen Geburtshoroskop mit vierundzwanzig Zwilling haben wir auch eine Sonne im Wassermann gehabt, hier also auch. Sie steht hier in zehn. - Und was heißt das? - Wassermann? - Also auf welcher Ebene wird das verwirklicht?

K: Das heißt eigentlich: wo wir gesagt haben, daß Anlage und Ziel zusammenfallen, da kommt jetzt auch noch die Verwirklichung mit rein.

A: Ja, sozusagen. Was ist das für eine Institution, möglicherweise? - Nein, ich frage jetzt nicht: was sie sein könnte. Ich frage..

K: Den Erfolg.

A: Ja, das ist auch noch nicht gefragt. Bedeutend ist ja noch nicht erfolgreich. - Was sagt die Sonne da im zehnten?

K: Sie wird allgemein anerkannt.

A: Wodurch? - Sie wird allgemein verbindlich. Allein durch ihre Verwirklichung. Und zwar in welchem Sinn? - Fragen wir also Haus zehn - Wassermann - Aufhebung von Polarität. Und jetzt fragen wir: wo steht der Uranus? - Und der Uranus steht hier im Widder im elften Haus.

K: Also noch einmal: Aufheben der Polarität.

A: Genau.

K: Aber was besagt das ausgerechnet noch im Widder?

A: Ja, daß halt.. Na, ja, ich will da jetzt nichts sagen. Was würden Sie da zunächst einmal schlußfolgern: Ist das die deutsche Lufthansa, oder..?

K: Nein.

A: Ist sie nicht. Warum nicht? - Sonne im Wassermann, da sagt der Wassermann..

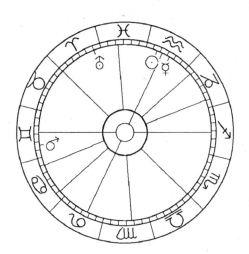

K: Institution für Friedensforschung.

A: Institution für Friedensforschung, was würden Sie sonst noch sagen?

K: Weltanschaulich, religiös gefärbt.

A: Weltanschaulich, wenn.. Also Bayer Leverkusen und Lufthansa kann es nicht sein. Sind Sie anderer Meinung? Oder der deutsche Bundestag, der hätte die Sonne in Haus drei aber nicht in zehn. - Ja, also gut: also Lufthansa und Bayer Leverkusen als Sammelbegriff für alles entsprechende, warum diese nicht? - Sie sollen ganz klar und präzise selber für sich wissen, warum Sie etwas ausschließen, damit Sie um so sicherer werden in der Handhabung dieser Symbole.

K: Weil da kein Gewinnstreben irgendwie hervorkommt,

A: Genau. Keine Sicherungsabsicht, keine Entfaltungsabsicht, sondern, weil die einzige Absicht dieser Institution ist: mit Energie die subjektiven Polaritäten im Umkreis aufzuheben.

K: Machtinteressen!

A: Die subjektiven Polaritäten im Umkreis und subjektive Machtinteressen, das ist ja was verschiedenes.

K: Ja, aber die UNO, als Gedanke, möchte ja eigentlich genau das auflösen.

A: Möchte auch,..

K: Wenn es nicht klappt, dann ist das was anderes.

A: Ja, gut. Jetzt haben wir ja mal das Grobsystem, nicht, wir wissen also schon, in welcher Richtung was geht. Als nächstes würde ich sagen: tun wir die anderen Planeten rein. Das haben wir ja bis jetzt noch nie gemacht, daß wir auch andere Planeten zu Rate ziehen. - Wenn es heißt: Aufhebung der Polaritäten, elftes Haus, worin liegt, - was ist das elfte Haus nach unserer Beschreibung? - Die Art und Weise, wie sich die Bedeutung artikuliert, - das heißt einerseits durch den Widder, dessen Mars hier im ersten Haus steht. Aber wenn wir das andere noch wissen wollen, wie der Uranus einigermaßen gebaut ist, dann müssen wir also auch nach dem Fisch fragen, der Haus elf beherrscht. - Und wie geht die Aufhebung der Polarität vor sich, wenn der Fisch in elf da mit reinschneidet? - Was macht der Fisch?

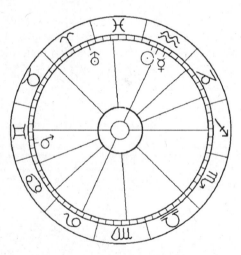

K: Auflösen

A: Auch Auflösung, von was? - Von Vernunft, Abhängigkeit..

K:.. der Realität.

A:.. von den Lebensgegebenheiten.

K: Ich habe ja Realität gesagt.

A: In Ordnung. Gut, dann fragen wir nach dem Neptun, und der steht da unten drin im vierten Haus. Was heißt das? - Welche Art von Abhängigkeit wird denn da aufgelöst?

K: Die psychische Bindung.

A: Ja, schon, aber woran?

K: An die Anpassung von jemand.

A: Nein. Wegen der Jungfrau? - Die Jungfrau hat nicht viel zu sagen, im Gegensatz zu dem Haus, das gefragt ist. - Wissen Sie, die Jungfrau ist also das Mundane, Allgemeine, aber die Häuser sind sozusagen die Tierkreiszeichen für das Individuum. Die Häuser sind dominant, die Zeichen geben dann erst die Färbung, wie das vor sich geht. Also wenn Sie wissen wollen, was hat der für eine Seele, oder die Institution, dann schauen Sie: aha, durch den Löwen angeschnitten, - Haus vier - infolgedessen eigenständig sein wollen, einen eigenen Sitz haben wollen, selbständig sein wollen, nicht, und so weiter Das Wesen dieser Geschichte, ja, aber in diesem Rahmen dieser Eigenständigkeit ist der Neptun da drinnen als sozusagen "Sendbote" der Aufhebung der Polarität. Das ist also im Grunde ein Widerspruch in sich, denn einerseits wollen sie selbständig, eigenständig, unabhängig, handlungsfrei sein, und andererseits haben sie den Neptun da drinnen, der also nun wieder genau das auflöst.

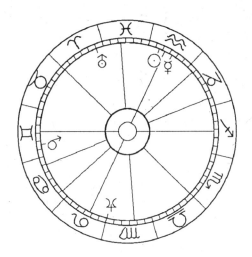

K: Verstärkt aber doch da oben die Konstellation.

A: Eminent, ja. Und das ist mit anderen Worten so, daß der Neptun nur so kann, wie es der Löwe zuläßt und der Löwe hat sein Ziel hier in der Auflösung der Polarität - Sonne -. Insofern widerspricht es nicht. Ist das klar? - Und aufgelöst wird - was wird im vierten Haus aufgelöst?

K: Die seelische Eigenständigkeit wird aufgelöst.

A: Genau, seelische Eigenständigkeit. - Wird immer merkwürdiger. Was würde Sie dann interessieren, dem noch näher zu kommen, - drittes Haus, sechstes, fünftes, achtes, siebtes, - was würde Sie interessieren?

K: Hat das eine Bedeutung, daß der zweite und vierte Quadrant wesentlich umfangreicher sind?

A: Ja, aber das würde nur verwirren, wenn man auf diese Dinge jetzt eingehen würde.

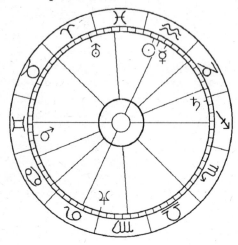

K: Mich würde das neunte Haus interessieren.

A: Neuntes Haus, die Anschauung, ist durch den Steinbock konservativ und der Saturn steht im siebten Haus. - Was sagt das? - Das heißt also an sich, daß die Begegnung nach außen, daß die Begegnungsfähigkeit wovon abhängt? - Die Begegnungsfähigkeit, die Begegnungsart hängt vom achten und neunten Haus ab. Das heißt wie begegnet die Institution? - Von ihr her kommen, - ist das klar?

K: Nein.

A: Nicht? - Das Zeichen, hier Steinbock in acht und nun ist der Ausgangspunkt, der Planet, hier Saturn in sieben ist das Ziel der Auswirkung. - Ausgangspunkt ist also eine formierende, geistige Haltung, deren Ziel worin liegt? - In der Begegnung. Also was würde uns interessieren? - Uns würde das siebte Haus interessieren, denn der Saturn ist ja hier Pächter. Der Herrscher von diesem siebten Haus ist der Schütze,

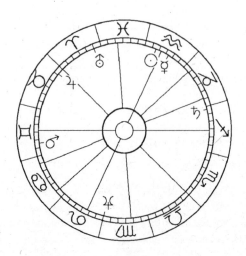

zusätzlich. Also: worin liegt die Art der Begegnung dieser Institution überhaupt? - Und da schauen wir uns den Jupiter an, und der Jupiter steht da hinten drinnen, Spitze zwölf. - Was heißt das?

K: Noch einmal die Bestätigung des Gesagten.

A: Was wird aufgelöst? - Es geht ja hier nur darum: das siebte Haus ist - wir haben gesagt: causa efficiens, das Bewirkende, das heißt das siebte Haus ist insofern eine Ergänzung, als es die Ideenwelt ist, die von außen kommt, oder an die man sich hinwendet, im Grunde ja die eigenen Bilder. Und wenn der Herrscher von sieben, also der Jupiter zum Beispiel in zwei stünde, was würde das sagen? - Das würde hier im übrigen gar nicht passen, aber was würde es sagen?

K: Da käme auf einmal die finanzielle Sicherung hinein.

A: Genau, dann würden die nämlich Pseudo machen, gut. - Wenn aber der Herrscher von sieben in zwölf steht, heißt das doch: die Auflösung von subjektiver Abhängigkeit von den..

K:.. realen Gegebenheiten.

A: Ja. - Lebensmöglichkeiten.

K: Aber der Stier ist doch drinnen.

A: Das macht nichts, die ganze Substanz ist hier im zwölften Haus, was heißt denn das überhaupt schon, wenn der ganze Stier im zwölften ist?

K: Die legen überhaupt keinen Wert auf die Absicherung.

K: Aufhebung der Sicherheit.

A: Nein, das ist also wieder - bitte immer genau unterscheiden - die legen keinen Wert auf Absicherung und Verwurzelung im Realen, Moment, - hier schon, im zweiten, aber im Denkziel nicht, in ihrer Öffentlichkeitsarbeit nicht, das ist ein großer Unterschied, - wir reden über das siebte Haus. Was ist denn der Schütze überhaupt für ein Zeichen?

K: Für religiöse Bindung.

A: Naja, und wenn die da hinten drinnen in zwölf steht. - Es kommt noch eins hinzu. Haus drei haben wir doch gesagt: das ist diese..

K: .. Funktion nach außen.

A: Ja, die treten nach außen empfindsam mit Gefühlen in Erscheinung - der Mond steht auch noch hier. Was sagt das? - Und dann können wir die Venus auch gleich reinzeichnen, die steht auch hier.

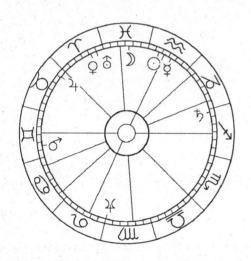

K: Ist der Mond in elf?

A: Ja, Spitze elf. - Da haben Sie die Venus als Herrscher von fünf: der Lebensausdruck geht also auch auf die Aufhebung der Polarität hin. Was ist das, was würden Sie sagen? - Wissen Sie, es kommt darauf an, daß sie also, wenn Sie zum Beispiel sagen: "Aufhebung der Polarität", wissen, was das im Endeffekt heißt, - es können ja auch geistige - bitte?

K: Gegensätze sollen ausgeglichen werden.

A: Aufgehoben, nicht ausgeglichen, sonst wäre es ja Waage.

K: Auf philosophischem Wege.

A: Philosophisch, warum philosophisch?

K: Wegen Jupiter Haus zwölf und dann Haus neun im Steinbock.

A: Ja, ist Haus zwölf philosophisch? - Hat Philosophie Grundsätze? - Philosophie hat keine Grundsätze, aber die hier haben Grundsätze. - Was haben die für Grundsätze? - Formierte, - wie nennt man denn formierende Grundsätze? - Die nennt man Dogmen. Das ist nämlich die Gründung der Vatikanstadt. Und das ist dann die, - wie es heißt - die streitbare Kirche. Wenn Sie das jetzt nachträglich sehen, warum ist das die Gründung der Vatikanstadt? - Worin sich natürlich das katholische Element und alles das, was da ist, mit ausdrückt.

K: Ist nicht schon, sagen wir einmal, der Saturn im Schützen, ist der nicht schon katholisch?

A: Genau. Überhaupt, achtes und neuntes Haus, Steinbock oder Saturn ist schon katholisch. Aber was denken Sie, wenn Sie jetzt schlußfolgern und dieses Horoskop sehen und Sie wissen, das ist also von mir aus eine katholische Institution. Was würden Sie daraus schlußfolgern?

K: Ich würde daraus folgern, daß die Institution katholisch ist.

A: Ja, schon, aber ich meine, - das wissen Sie jetzt. Nehmen wir einmal an, Sie sehen das Geburtsbild, dieses Horoskop.

K: Das ist ziemlich stark fixiert, das läßt keine Alternativen zum Leben..

A: Die läßt sie überhaupt nicht zu, das ist überhaupt nicht drinnen. Eine Alternative gibt es gar nicht. - Nein, aber eines finde ich ganz deutlich hervorgetreten, - die haben tatsächlich eine Idealisierung. Also ich meine, bitte, schauen Sie sich es an. - Es geht tatsächlich um die Aufhebung und die Erlösung. Schauen Sie, dieses zwölfte Haus, das ist nämlich der Punkt: nämlich Aufhebung der Abhängigkeit von den Lebensmöglichkeiten und das ist Erlösung, und das Ziel der Begegnung ist die Erlösung. Die Erlösung von der Abhängigkeit, ja, - Herrscher von sieben in zwölf.

K: Aufhebung von Gegensätzen.

A: Die Aufhebung von Polarität gehört ja mit dazu, - das ist ja die Vorstufe aus Haus elf zu zwölf. Wenn Sie also unabhängig werden wollen von den Abhängigkeiten der Lebensbedingungen, dann müssen Sie zunächst einmal die Polarität aufheben. Das ist also Haus elf. Der Wassermann geht also dem zwölften voraus und das zwölfte ist die Funktion des vorhergehenden elften Hauses.

K: Von der vielgepriesenen "Liebe Deinen Nächsten" ist da aber gar nichts drinnen.

A: Doch, doch.

K: Wo denn?

Aber das ist eingebaut, das ist der Krebs im dritten Haus, der den Mond da oben im Fisch hat, - sozialer können Sie es ja gar nicht

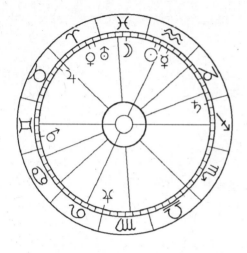

haben. – Das ist Nächstenliebe, Krebs-Fisch, Wasserzeichen, Haus elf.

K: Da ist doch der Löwe im dritten Haus.

A: Nein, der schneidet das vierte an, das ist bei uns so: das Haus, was der Löwe in Gegenuhrzeigersinn anschneidet, das beherrscht er. Die sind eigenständig, da ist hier Löwe im eigenständigen Rechtsbereich, was noch einmal deutlich wird..

K: Aber in der Realität sind die doch sehr wohlhabend, ist das da mit drinnen, daß es denen doch recht gut geht?

A: Ja, also wohlhabend. Daß die wohlhabend sind, würde ich sagen, ist schon zu sehen. Denn der Pluto als Massezeichen, für Anreicherung in zwei, das ist schon wohlhabend. Aber die Spannungen, die in so einem Horoskop sind, die müssen sich ja irgendwie ausdrücken. Zum Beispiel muß natürlich das Soziale mit den Dogmen in Kontrast stehen, also der Mond annähernd mit dem Saturn in Quadrat stehen. Genauso wie das: die Aufhebung von Polaritäten in elf, Uranus, muß in eine Quadratsituation hineinkommen zu der Verfestigung und Anreicherung der Lebensordnung in zwei und so weiter Das sind natürlich Quadratstellungen, die müssen kommen, rein inhaltlich, und die haben sicher irgendwann

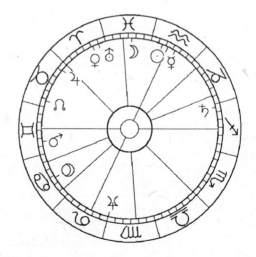

und irgendwo ihre Probleme gebracht. Das Datum ist im übrigen der
11.2.1929.

K: Ist da die Gründung?

A: Ja, das war der Staatsvertrag. Und der ist ratifiziert worden
in dem Augenblick, in dem die laufende Sonne am siebten Juni dann
genau hier, am Ascendenten stand. Was noch einmal recht schön ist.

K: Die laufende Sonne am Ascendenten?

A: Ja, da war die Ratifizierung dann. - Sie können dann aus dem Geburtsbild jeweils sehen, wenn Sie Ihre Konstellation vergleichen,

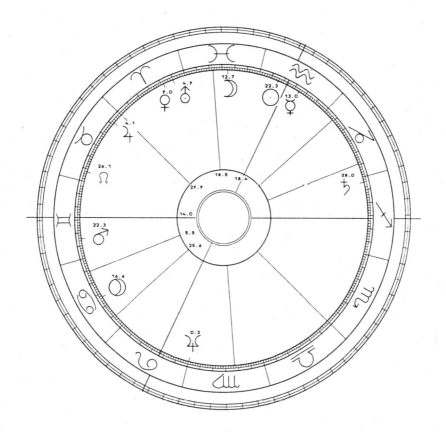

wie Sie zu der Institution stehen. Und an welchen Punkten Behinderungen gegenseitig da sind.

K: Auf wieviel Grad ist der Ascendent?

A: Ja, ich habe das also aus einer Sammlung rausgenommen und da ist es irgendwie komisch verdruckt, also zwölf, dreizehn, vierzehn Grad Zwilling, so etwas. Und da haben Sie im vierten Haus im übrigen auch noch das mystische Element, das da relativ stark ist. Die Jenseitserfüllung des eigenen Ortes oder der eigenen Seele. Die haben Sie da auch noch.

Ja, das Horoskop können wir sogar ein bißchen an der Tafel lassen und die Planeten allein auswischen. Da habe ich noch eine Institution, die fast die gleiche Häusereinteilung hat. - Damit wir einen Unterschied sehen. - Hat jemand die Ephemeride da von 1948?

K: Da ist eine.

A: Ja, ich komme später darauf zurück, denn alle Planeten weiß ich nicht. 1948, wo stand denn da der Uranus? - Der muß im Zwilling gewesen sein, - 1948 im Februar, am 28. Februar.

K: Der Uranus? - Auf zweiundzwanzig Grad Zwilling.

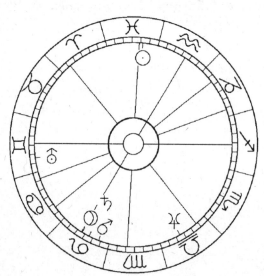

A: Auf zweiundzwanzig Grad Zwilling, dann hätte ich doch recht gehabt, jawohl. - Und der Neptun ist in der Waage vermutlich, nicht, auf fünf, sechs, sieben Grad.

K: Zwölf Grad.

A: Schon! Ja, hier haben Sie eine Institution, - wo ist denn der Mars damals gewesen?

K: Der Mars war im Löwen, so vierundzwanzig Grad.

A: Aha, und der Pluto war nämlich gleich dabei.

K: Der Pluto war auf dreizehn Löwe.

A: Ja, das weiß ich noch, der war da drunten in vier. Und der Saturn müßte auch irgendwo da unten gewesen sein.

K: Ja, siebzehn Löwe.

A: Gell, ich erinnere mich noch etwas. - So, wo liegt der Unterschied? Wo liegt der Unterschied zum vorhergehenden Geburtsbild, der Vatikanstadt. Ist ein Unterschied da, ist er groß? Worin liegt er?

K: Das ist ein großer Unterschied.

A: Das ist ein großer Unterschied, worin liegt er?

K: Der Uranus im ersten Haus schon.

A: Noch deutlicher.

K: Das Zerstörende des ersten Hauses.

A: Nein, das ist schon eine Wertung, - und noch dazu eine falsche. Nein, schauen Sie, Sie haben, wenn Sie nach der Bedeutung fragen, - da haben wir die Bedeutung aus Haus zehn zuerst im elften Haus gehabt, in einer Aufhebung der Polarität. Und jetzt haben wir die Bedeutung innerhalb der Sache selber, in Haus eins. Die Bedeutung der Institution liegt also in sich selber. - Ist das klar?

Das ist ein ganz großer Unterschied. Hier liegt die Bedeutung in der Durchsetzung dieser Institution. Das ist ein ganz entscheidender Unterschied und die Institution selber ist aber wiederum bedeutend und allgemein verbindlich, Herrscher von eins ist auch hier, in zehn. Das ist ja gleich, das ist ja dasselbe wie vorhin. Nur, die Bedeutung liegt in der Durchsetzung hier, erstes Haus. Wie ist es mit der Verwirkli-

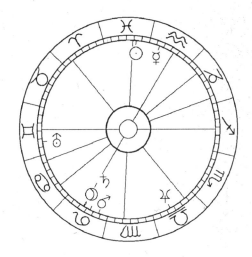

chung? - Die ist auch bedeutend, verbindlich, ja. Aber auch in dem Sinn, daß es sich auf Haus eins bezieht. - Und wo ist noch der Unterschied?

K: Gehört diese Planetenballung da unten jetzt in Haus vier oder in Haus drei?

A: Alles in vier.

K: Auch der Pluto?

A: Ja.

K: Das würde sich eher auf praktische Ziele richten.

A: Warum?

K: Ja, weil sie unten sind.

A: Unten langt nicht..

K: Ja, aber die sind im Psychischen eingeschlossen.

A: Genau, der zweite Quadrant ist ja nicht praktisch, der ist ja meistens sehr unpraktisch.

K: Sagen wir halt generell unten.

A: Ja, ich weiß schon, ja, dann müßte es hier spezifisch im ersten Quadranten deponiert sein, oder eben im Steuerungsbereich. Haus sechs, Vernunftsbereich. Aber in dem Fall wären es Wirklichkeiten und keine Realitäten.

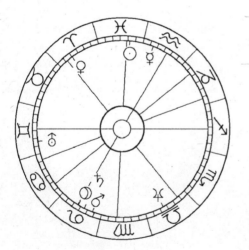

K: Da ist seelische Energie dahinter, aber gleichzeitig..

A: Seelische Energie, und die Bedeutung liegt im - wir hätten natürlich vorhin fragen sollen, - Waage Haus fünf und so weiter - Wo steht die Venus, steht die nicht auch da unten, oder? Ah, die muß da droben stehen, richtig, im Widder oder wo?

K: Auf fünf Grad Widder.

A: Sehen Sie, das haben wir wieder ähnlich, aber dieser gewaltige Unterschied, das ist der entscheidende, - daß der Bedeutungsträger sozusagen, der Uranus, hier in eins steht und nicht im elften Haus.

Die Bedeutung liegt in dem einen Fall, - bei Uranus Haus elf, - in der Aufhebung und Heraushebung aus Unterschieden und Dualitäten, aus der "Entschuldung" aus der Verfangenheit vor Abhängigkeit. Die Bedeutung liegt im anderen Fall, - Uranus Haus eins, - in der Sa-

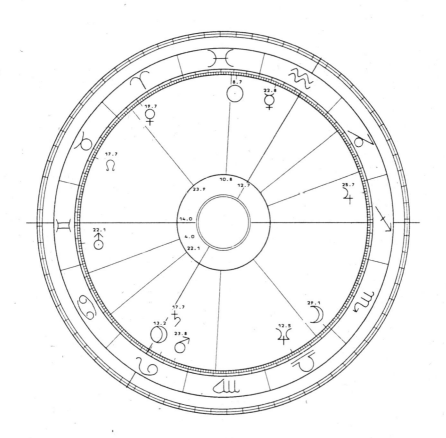

che selbst, also im Vorhandensein der Institution, - deren maßstäbliche Wirkung auf die Umwelt..

Ich sage es Ihnen ganz kurz, damit es heute nicht zu spät wird: das ist die Gründung der Bayerischen Akademie der Schönen Künste.

K: Der Mond fehlt noch.

A: Der Mond, wo ist der? - Ja, ich weiß es nicht mehr ganz genau, ich weiß nur damals noch..

K: So Anfang Skorpion, so Ende Waage, Anfang Skorpion.

K: Der Saturn irritiert mich da ein bißchen, was sagt der aus?

A: Im übrigen ist im selben Gebäude die Antikensammlung, immer und eh gewesen. Was mir sofort aufgefallen ist, weil der Saturn in vier ist. Und zweitens: es ist doch ziemlich traditionell das Ganze. Schauen Sie, es ist so: die Bayerische Akademie der Schönen Künste hat also Mitglieder ecetera. Und Mitglied wird man - also ein sehr, sehr junges Mitglied war ja mal der Karl Amadeus Hartmann, da war er fünfzig, aber da war er mit Abständen der Jüngste. Sehen Sie, also wenn die zu den Versammlungen reingegangen sind, dann haben Sie mehr Stöcke wie Beine gesehen, ja, - ich will nicht geschert sein, - aber verstehen Sie, das ist schon hier drinnen in dem Saturn in vier, das ist schon stark mit drinnen, nicht? Und dann hat die Akademie auch sehr große Ziele gehabt, und ziemlich starke Impulse, die hat also sehr bedeutende Tagungen veranstaltet: Kunst und Technik, oder ähnliche Dinge. Wo also eine entscheidende Rolle schon gespielt wurde, jedenfalls in den fünfziger Jahren.

Ganz eine andere Frage: - das ist wieder ein Vorgriff auf sehr viel später - : Angenommen, man kommt in seiner Entwicklung hier rein, an den MC, an den Wandlungspunkt. Da müßte sich doch etwas wandeln, nicht, das ist so ungefähr nach einundzwanzig Jahren. - Was müßte sich da wandeln? - Doch immer das, wo die Bedeutung steht, der Uranus in eins: Nämlich, sie selber. Die haben nämlich da umziehen müssen, weil da gebaut wird, das Tunnel unten durch, das war im Prinz Carl Palais. - Dagegen die katholische Kirche mit ihrer Vatikanstadt hat nicht umziehen müssen, wie sie da oben an den MC hingekommen sind, weil sie den Uranus da oben in elf haben. Das heißt einundzwanzig Jahre später müßte bei denen was passiert sein, - bei der Vatikanstadt, mein' ich? - Es müßte eine Wandlung in der Auffassung bezüglich Aufhebung von Polaritäten gewesen sein. Im übrigen ist da sogar..

K:.. ein Konzil gewesen.

A: Irgend so etwas müßte gewesen sein, 1950, - weiß man nichts mehr genaues.

K: Da war nichts.

A: Da war nichts. - Ja, nicht fünfzig, sondern, - das geht ja hier anders vor sich, nämlich, daß der Uranus sich erst dann auslöst, wenn die Strecke gelaufen ist von Spitze zwölf bis zum Uranus, die ist ja von hier bis hier, das ist dann 1956 und so weiter 1957 gewesen. Gut, das wäre das.

K: Ja, da ist Papst Johannes XXIII. dran gekommen.

A: Johannes XXIII., ja der hat ein bißchen einen Uranus hinein gebracht. Und was war der? War der im Wassermann geboren?

K: Schütze.

A: Aha, Schütze war der. Wenn Sie eine Materialsammlung haben wollen, da war also am 28.2.1948 die Gründung der Bayerischen Akademie der Schönen Künste.

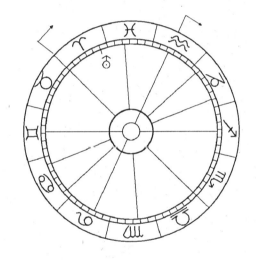

K: Und was für eine Uhrzeit?

A: Ja, sagen wir einmal, quasi die Eröffnung. Die können Sie ja schon aus dem Ascendenten zurückrechnen, etwa zehn Uhr dreißig.

K: Ascendent auch so im Zwilling?

A: Der war höher, ich habe es noch genau, der war höher droben als beim Horoskop des Vatikan.

K: Eine vorgreifende Frage: Haben Sie eigentlich von Moskau-Verträgen schon Horoskope angefertigt?

A: Nein. Dieses hier nur, weil ich damit zu tun hatte.

K: Was können Sie gerade über die jetzigen Ostverträge sagen?

A: Ja, schauen Sie, wer macht sich denn die Arbeit? Die Arbeit kann sich ja keiner machen, verstehen Sie, das ist ja unbezahlte Arbeit, das schafft kein Astrologe. Schauen Sie, wenn einer irgendwie an astrologischen Statistiken arbeiten will oder sonst irgend etwas, muß er es aus eigener Tasche finanzieren, nebenbei, und da ist er schon so überfordert, daß er dann nicht auch noch Ostverträge zum Spaß ausrechnet.

Gut, dann hören wir für heute auf.

FÜNFTER ABEND

10. November 1971

Wir sollten heute ein bißchen wiederholen. Aber das machen wir im Anschluß an ein Geburtsbild, das ich Ihnen jetzt hinzeichne, so als Übung.

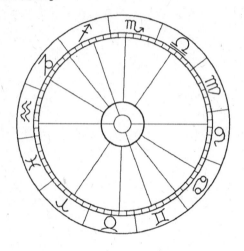

Das ist das Horoskop einer männlichen Person. Was kann man da schon in etwa sagen?

K: Es geht um die Aufhebung von Polaritäten zum Selbstzweck..

A:.. der Erweiterung - Aufhebung der Polarität zum Zwecke der Erweiterung. Wunderbar, da haben Sie im Grunde schon alles gesagt, wenn man jetzt nur noch weiß, welche Polarität er aufheben möchte. Aber das kann man erst feststellen, wenn man weiß, in welchem Haus der Uranus steht. Ist das klar? - Worum geht es?

Die erste Frage war: die Sache. Die zweite Frage: die Durchführung. Die dritte: das Ergebnis.

Oder anders ausgedrückt: Erste Frage: welche Anlagen sind da, worum geht es? Zweiter Punkt: durch welches Verhalten verwirklicht der Mensch dieses? Das wäre die Durchführung. Und der dritte Punkt: zu welchem Ergebnis, zu welcher Finalität, zu welchem Ziel kommt das Ganze. Was erwirkt der Betreffende als Ergebnis. Das ist dann die Frage nach dem Zielgebiet. Ist das klar? - Nicht klar?

Gut, wir haben doch folgendes gesagt: wenn Sie ein Geburtsbild haben und Sie können über die einzelnen Zeichen noch so viel wissen, und was die Häuser bedeuten, das nützt Ihnen gar nichts. Mit all den dazugehörigen Planeten haben Sie so viele Kombinationsmöglichkeiten zwischen den Tierkreiszeichen, Häusern und Planeten, daß Sie in ein sinnloses Denkchaos kommen, - in ein Beurteilungschaos. So daß Sie gar nicht mehr wissen, wer für wen zuständig ist. Das man soll also, um die erste Übersicht zu erhalten, mit so wenig wie möglich Bausteinen zu einer Beurteilung zu kommen. Sie beschränken auf die grundsätzlichen Planeten, das heißt sich immer erst auf den Ascendenten mit dem, was dazugehört, beschränken, - was die Anlagen, die sich verwirklichen wollen, die rausdrängen, die etwas wollen, um die es geht, beinhalten.

Wichtig am Geburtsbild ist immer die Sonne, weil sie den Verhaltensweg aufzeigt, das heißt die Pforte, durch die die Anlagen möglicherweise durch können oder nicht. Das heißt, die Umsetzung der Anlagen in die Wirklichkeit oder die Realität. Das wäre dann der zweite Punkt, und zwar die Durchführung.

Sie müssen sich vorstellen, Sie haben eine Anlage und dann haben Sie dazu eine mehr oder weniger geeignete Art des Verhaltens. Es kann so sein, daß Sie möglicherweise als Ascendent, als Anlage etwas ganz Grobes haben, irgendein Zeichen mit ein paar ganz groben Planeten dran, als Anlage. Dann kann es aber sein, daß Sie eine so sensible Sonne haben, die etwas so Feinnerviges ist, so etwas Empfindliches wie ein Seismograph. So jemand tut sich doch irrsinnig schwer, über sein sensibles Verhalten, seine im Grunde ziemlich robuste Natur, also Anlage, ins Leben umzusetzen. Der tut sich irrsinnig schwer, das schafft der gar nicht, weil die Pforte des Verhaltenswegs, der Verhaltensmöglichkeit so gering ist, daß seine dicke Anlage gar nicht durchkommt.

Andererseits hat einer eine Verhaltensanlage, die ist wie ein Scheunentor und dann kommt so ein Mäuser als Anlage durch. Das wäre dann so eine kleine Hochstapelei, - oder so in der Richtung. Das ist die kleine Anlage, aber der große Bogen des Verhaltens, und hinterher kommt dann nichts.

K: Kann man das in der heutigen Zeit auch auf diese ganzen repräsentativen Figuren, wie Könige und so weiter beziehen?

A: Kann man ganz sicher.

K: Das ist ja genau dasselbe, repräsentieren tun eine Menge, aber Macht ist nicht da.

A: Nun ist es so: wenn Sie die Queen Elisabeth nehmen, die repräsentiert ja nicht sich. Die repräsentiert ja ihr zehntes Haus, das heißt ihre Tradition. Aber das kann man schon genau so nehmen. Ist das klar bis hierher?

Also, wir haben zuerst die Anlage, nach der wir fragen. Da wollen wir umreißen: was ist das für eine Anlage? - Das ist die Anlage Uranus-Wassermann. Hier ist der Wassermann am Ascendenten. Was haben wir für Wassermann gehabt? - Aufhebung der Polarität. - Ist das klar gesehen, warum der Wassermann die Aufhebung der Polarität ist?

Das nützt Ihnen gar nichts, wenn Sie über den Wassermann jetzt ein ganzes Buch wissen, verstehen Sie, Sie müssen wissen, was der Überbegriff ist. Später müssen Sie den Überbegriff begreifen, was in dem alles drinnen ist und zwar nicht nur denkerisch begreifen, sondern auch so begreifen, daß Sie jemanden, der diesen Wassermann hat, auch wenn er Ihnen nicht paßt, trotzdem verstehen.

Wichtig ist also: Aufhebung der Polarität. Aus dem Häuserbild an sich ohne Planeten, kann man nun schon sagen: es geht um Aufhebung der Polarität. Es geht um noch etwas, denn in das erste Haus fällt noch, - das ist ein Sonderfall - der Fisch mit rein, da geht es auch noch um die Auflösung von Abhängigkeit.

Sonst wissen wir gar nichts. Aber das ist schon eine ganze Menge, was wir dadurch wissen. Jetzt stellen Sie sich einmal vor, wie wenig Material wir verwenden, und wie viel wir schon wissen.

Jetzt stellen Sie sich mal vor, Sie hätten das ganze Geburtsbild schon da mit sämtlichen Planeten und so weiter, da bekommen Sie im Nu ein paar hundert Kombinationen zusammen. Und dann sehen Sie das Einfachste von dem Tierkreiszeichen, von dem Häuserbild überhaupt nicht mehr.

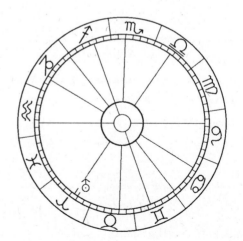

Was fragen wir als nächstes?

K: Nach der Sonne.

A: Nein.

K: Wo steht der Uranus?

A: Ja, wo steht der Uranus. Der Uranus steht exakt Spitze - zweites Haus. Was will er denn für eine Polarität aufheben?

K: Die Sicherung.

A: Die Sicherung möchte er aufheben?

K: Die Gegensätze der Sicherung.

A: Die Gegensätze in der Sicherung. Was sind denn die Gegensätze in der Sicherung? - Nicht die Gegensätze, sagen wir einmal die Unterschiede.

K: Ich könnte mir vorstellen die Unterschiede zwischen arm und reich.

A: Die möchte er auch aufheben, ja, das ist ganz sicher. Der möchte Unterschiede auf dem Gebiet des zweiten Hauses: Sicherung, Verhältnis zur konkreten Umwelt aufheben.

Der nächste Planet, der für den Ascendenten, die Anlage in Frage kommt, ist der Neptun. Der steht im siebten Haus. Was will er denn auflösen?

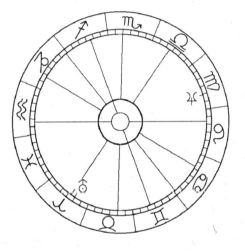

K: Wie kommen Sie jetzt auf den Neptun?

A: Da ist Folgendes, das haben wir noch nicht gehabt: der Ascendent steht im Wassermann, und das erste Haus ist so groß, daß die Spitze des zweiten Hauses erst in den Widder reinkommt. Infolgedessen ist der Fisch eingeschlossen und er zählt noch zum ersten Haus, zum Ascendenten. Zwar als Nachfolgeplanet, nicht so stark, wie der Uranus, weil der, der vorher kommt, der mahlt auch zuerst. Also der Fisch ist Nachfolgeplanet, quasi vom Wassermann.

K: Und wenn der Fisch nur zur Hälfte drinnen ist?

A: Dann gilt er nicht mehr, nur wenn er ganz drinnen ist. Gut, jetzt haben wir den Neptun im siebten Haus, was ist das? Was ist denn der Neptun? - Auflösung von..

K:.. Materiellen.

A: Nein, nicht vom Materiellen, - kann sein, wenn er im zweiten Haus steht oder wo. Nein der Neptun gehört zum Fisch. Der Fisch ist allgemein das zwölfte Zeichen im Tierkreis, der steht gegenüber vom sechsten Zeichen. Was ist Haus sechs? Was ist Jungfrau?

K: Die Lebenserhaltung.

A: Nein, das ist die Abhängigkeit von den Lebensbedingungen. Also, ist der Neptun die Auflösung der Bewußtheit, der bewußten Steuerung oder des bewußten Verhältnisses, hier im siebten Haus. Ist das klar?

K: Nein.

A: Nicht klar. Also noch einmal: Was ist nicht klar? Der Neptun da?

K: Der Neptun ist im siebten Haus?

A: Richtig.

K: Aber Sie haben ihn bis jetzt außer acht gelassen.

A: Nein. Der Neptun ist seiner Grundcharakteristik nach die Auflösung von Vordergründigem, von Konkretem und zwar von der Abhängigkeit des Bewußtseins, in seiner Grundbedeutung. Wenn Sie ihn für sich allein, - nicht in einem Horoskop - betrachten, ist er die Auflösung des Oberbewußtseins, die Auflösung der Vernunft, die Auflösung der Steuerung, das heißt das unabhängig werden wollen von der Vernunft, von der Bewußtheitssteuerung, von der Anpassung. Darum ist der Neptun ja zuständig sowohl für die Fixer als auch für die Alkoholiker und so weiter, für alle die, die ihr Oberbewußtsein vernebeln wollen. Er ist aber auch für andere zuständig, auch für Beute, die in Trance fallen, die auch das Oberbewußtsein auf die Seite schieben, oder so etwas. Ist das klar?

K: Ja.

A: Gut, jetzt steht er im siebten. Was will der Neptun im siebten auflösen? Was löst er auf?

K: Begegnung.

A: Begegnung, ja die bewußte Begegnung, die bewußte, konkrete Begegnung löst er auf.

K: Wie kann man das realistisch ausdrücken?

A: Das ist eigentlich schon sehr realistisch ausgedrückt. Nämlich insofern - was macht er denn? - Der ist immer freundlich, den können Sie nirgends packen, der ist Nebel, wo Sie hinlangen ist der Nebel. Das ist jetzt übertrieben, aber.., - das sind Scheinbindungen.

K: Ist das nicht so ähnliches, wo Verbindungen, Ehen sich auflösen?

A: Genau. - Ich kann Ihnen einen Fall sagen, wo wir dasselbe Bild haben, nur, wo der Herrscher von eins, der Uranus, nicht hier, im zweiten drinnen ist, der steht dann ganz wo anders. Aber wo wir den Neptun auch im siebten haben.

Der Betreffende ist ein furchtbar gescheiter Mensch, er hat in irgendeinem Fach mit magna cum laude abgeschlossen, was also sehr gut sein soll. Der hat auch den Neptun da drin, im siebten Haus. Und der hat die anderen Planeten anders, das spielt jetzt keine Rolle. Aber von wegen Neptun: der hat einen reinen Verfolgungswahn. Das geht so weit, daß, wenn die Streichhölzer auf seinem Schreibtisch anders herumgedreht liegen, dann ist er schwer beunruhigt, weil ihm damit einer etwas auswischen wollte. - So schlimm ist das, sonst ist er ganz normal und ganz vernünftig. Der leidet aber darunter und zittert dann. Wenn die Streichhölzer anders liegen, zittert der.

K: Da muß ich bei mir gleich mal nachschauen, weil ich bin auch so.

A: Und jetzt ist folgendes: jetzt können Sie fragen: wo kommt das her? - Schauen Sie, der hat einen Neptun hier im siebten Haus, der löst jede Bindung mit einer ungeheueren Art von einem sich höflichen und freundlichen Entziehen auf und geht überhaupt auf keine Bindung ein. - Drum ist er auch ehrgeizig geworden als Bestätigung für sich selbst. Irgendwo her muß er seine Bestätigung haben. Die Folge ist, daß seine ganzen Anlagen nicht rauskommen, - der Neptun, läßt sie nicht raus. Und die Folge ist, daß das so einen Stau von Anlagen gibt, daß die ihn so drücken, weil er nicht zur Erlebnisfähigkeit kommt weil er die Begegnung ausschließt. Ist das klar? - Ja, was macht dann einer, wenn er nicht zur Erlebnisfähigkeit kommt durch die Begegnung, - was macht so einer automatisch?

K: Der wird Einsiedler.

A: Nein, er sucht in sich selbst einen Erlebnisbereich aufzuspeichern und das ist die Streichholzschachtel. Wenn ich schon keinen Kontakt habe, dann baue ich mir so eine Erlebniswelt auf, wo zwischendurch auch mal etwas Unruhiges passiert.

K: Er kompensiert.

A: Ja, das kann man auch so sagen, er kompensiert, natürlich.

K: Das ist ja richtig krankhaft.

A: Gesund ist das nicht. - Ja, und das wirkt sich so aus: der Mann wird natürlich nervenkrank, der wird in eine Nervenheilanstalt eingeliefert, für soundsoviel Jahre. Wird mit schweren Mitteln behandelt, die auf die Leber gehen, damit wird er jahrelang gefüttert, damit er immer in einem gewissen gleichmäßigen Ruhezustand ist und damit er für die menschliche Gesellschaft ein -doch wenigstens in seinem Bereich - nützliches Mitglied ist. Er wird im Grund therapeutisch angepaßt. Zu lösen ist das möglicherweise mit einer astrologischen Therapie. Das setzt voraus, daß es eine Institution dafür gäbe, die dann auf Grund des Geburtsbildes astrologisch-therapeutisch behandeln würde. Dann gäbe ich dem keine allopathischen Mittel, sondern eben entsprechende Neptunmittel.

K: Was sind Neptunmittel?

A: Da gibt es genug aus der Homöopathie zum Beispiel Lachesis, das ist ein Schlangengift, das ist ein Neptunmittel, in kleinen Potenzen.

K: Das wirkt nicht beruhigend, sondern?

A: Das hebt auf, das entspannt. Gut, aber das ist jetzt nicht unsere Frage.

K: Alles was Sie uns jetzt erzählt haben, läßt sich aus der Formel: "löst bewußte, konkrete Begegnung auf", eigentlich doch nicht entnehmen. Da würden Sie uns mit Beispielen sehr helfen.

A: Das kommt ja allmählich, ich kann ja nicht gleich mit der Tür ins Haus fallen. Die Beispiele werden ja immer konkreter. Denn Sie sollen ja lernen, hinter dem, der zu Ihnen kommt, eine Erleidensform oder Erlebensform zu sehen. Es geht nicht bloß darum, daß Sie jetzt neugierig sind und sich nur so weit mit dem anderen beschäftigen, als das Ihre Neugierde befriedigt ist, - sondern, wenn Sie sich damit beschäftigen, dann müssen Sie auch auf den anderen eingehen. Denn der kommt möglicherweise als Fragender oder als Bittender oder als Notrufender. Und wenn Sie Ihre Neugierde befriedigt haben, lassen Sie ihn stehen. Das geht nicht. Das ist keine verantwortliche Astrologie. Wenn Sie nicht begreifen, worum es geht, dann lieber die Finger davon lassen oder es nur für den Hausgebrauch machen.

K: Ich denk ja nicht, daß das gleich so drastisch ist.

A: Ja, meinen Sie, daß andere zu Ihnen kommen? Die Gesunden kommen nicht. - Das muß ich jedem sagen, der bei mir Astrologie lernt, das ist eine grundsätzliche Voraussetzung. Neugierig ist schließlich jeder. Und stellen Sie sich mal vor, wenn einer selber keine Erlebnisfähigkeit in seinem eigenen Bereich hat, - ich habe zum Beispiel eine Nachbarin, die sich alle fünf bis sechs Wochen einen Streit sucht. Da weiß ich schon, die braucht wieder einen kleinen Impuls für eine Aggression und da sucht sie mich als Nachbarn. Nächstes mal geh ich hin und sag: Ich laß mir Stundenlohn dafür zahlen, weil sie ja alle fünf Wochen einen Aggressionsabnehmer braucht.

Verstehen Sie und aus diesem Mangel an Erlebnisfähigkeit kann es sein, daß Sie zum Beispiel Psychotherapeut werden, weil Sie ja dann an den Erlebnissen anderer teilhaben. Es kann sein, daß Sie sich mit Astrologie beschäftigen, alles wegen der eigenen unerlebten Situation. Das ist aber dann nicht aus Reichhaltigkeit, daß Sie sich um den anderen kümmern oder ihn verstehen, sondern es ist so: Sie kompensieren am Mangel des anderen Ihren eigenen. - Gesund ist das auch nicht. Gut, ist das klar? - Ist schon klar. Gut, was fragen wir jetzt?

K: Wo ist die Sonne.

A: Ja, wo ist die Sonne.

K: Was steht denn noch im ersten Haus?

A: Im ersten Haus ist nur der Mondknoten drin, den lassen wir mal, der zählt nicht so.

K: Eine Frage: der Mondknoten, ist das irgendeine Materie, die im Himmelskreis ist oder ist das..?

A: Nein, das ist eine an sich rein astronomisch technische Verbindung zwischen der Mondbahn und der Ekliptik. Aber das hat einen Vorzug: der Mondknoten sagt ein bißchen was über Verbindungen, Trennungen und so weiter. aus. Er sagt ein bißchen was aus. Das ist kein Planet oder so etwas.

K: Hier würde er fast verstärken.

A: Hier würde er schon verstärken, das ist klar. Ja, die Sonne tun wir rein, und die Sonne steht hier hinten drinnen, in Haus zwölf. Jetzt wird es eigentlich gefährlich. - Sagen wir mal ganz allgemein, gefällt Ihnen das oder nicht? - Gefällt Ihnen nicht?

K: Sagen wir einmal: das Erlebnis, die Auswirkung ist auch wieder im zwölften Haus, in sich selbst.

A: Wie verhält der sich mit Sonne Haus zwölf? - Würden Sie den Ihr Konto verwalten lassen?

K: Dagegen!

A: Dagegen, und warum dagegen?

K: Allein durch den Uranus, weil er an der Spitze ins zweite Haus steht, da ist irgendwie das verletzt, was mit der Sicherung zusammenhängt.

A: Aha, und wenn er ein Konto verwaltet, dann soll es doch sicher sein, zumindest für einen selber.

K: Und wenn die Sonne in zwölf ist, ist das nicht ganz den realen Gegebenheiten fern?

A: Er hat keinen Griff, keinen Henkel. - Was ist denn das zwölfte Haus? - Auflösung von Steuerung, von Vernunft, - einen unvernünftigen Menschen lasse ich mein Konto nicht führen, das bin ich ja selber schon, da brauche ich keinen anderen dazu.

K: Wie kann man da jetzt noch den Steinbock reinnehmen?

K: Denn an und für sich löst er auf und an und für sich formiert er. Es kann doch keine formierte Auflösung sein? Oder sagen wir mal: eine prinzipielle Auflösung?

A: Das bekommen wir gleich. - Jetzt ist folgende Frage: paßt das zusammen, wenn jemand an sich mit seinen Anlagen darauf ausgerichtet ist, das konkrete zweite Haus, die wirtschaftlichen Grenzen, die gesetzliche Verankerung aufzuheben und in diesem Sinne prinzipiell aber interessiert ist am konkreten Bereich? - Es ist ja nicht nur die Frage: daß er die Grenzen aufheben will, sondern er ist an diesem Bereich prinzipiell interessiert, indem er die Grenzen aufheben will. Und andererseits hat er die Sonne im zwölften Haus. - Was würde das sagen? - Paßt das zusammen?

K: Das ist ein Gegensatz.

A: Das ist ein Gegensatz, das schließt sich aus. Alle zwei nebeneinander, geht nicht. Verhalten und Anlage fallen auseinander. Infolgedessen müssen die welchen Aspekt haben?

K: Ein Quadrat.

A: Ein Quadrat, und das haben sie auch. - Damit Sie die Aspekte verstehen und kennenlernen, - nicht aus dem reinen Abzählen: 30, 60, 90 oder 88 und, - zählt das überhaupt noch? - sondern daß Sie sagen: die Anlagen und das Verhalten geht überhaupt nicht zusammen. Da ist gar keine Chance.

K: Warum ist das Aufheben von Polarität und Sonne im zwölften Haus, warum ist das ein Widerspruch?

A: Weil die Auflösung von Polarität bezieht sich ja auf etwas ganz Spezifisches, konkretes, das inkonkret gelöst werden soll.

K: Das weiß man doch nicht.

A: Das weiß man schon, nämlich auf das zweite Haus. Der Uranus, der zum Wassermann gehört, liegt ja im zweiten Haus. Was ist das zweite Haus? - Verwurzelung im konkreten Lebensbereich, Sicherung und auch Abgrenzung. Abgrenzung des individuellen Eigenbereichs auf wirtschaftlichem Gebiet gegenüber anderen Bereichen. Die Abgrenzung ist ja auch nur möglich zum Beispiel mit Gesetzen, mit Gesellschaftsgesetzen oder Eigentumsrechten.

Darauf ist er, - denken Sie sich mal den Uranus weg, - prinzipiell gerichtet, weil er den Herrscher von eins, - ganz gleich, was für ein Planet das ist, - in zwei hat. Herrscher von eins steht in zwei, - ganz egal, was für ein Planet, - da geht seine Anlage hin, da will er tätig sein. Wie will er tätig sein? - Wassermann - Uranus: Aufhebung von Polaritäten. Er möchte also Grenzen aufheben,

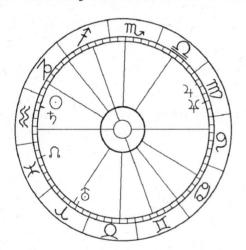

ist das klar? - Ja, also muß sich die Sonne in zwölf ausschließen. Was kann man da jetzt so ungefähr schon sagen? - Was wollen Sie als nächstes für einen Planeten?

K: Den Jupiter, weil er der Herrscher von Haus zehn, MC ist.

A: Der Jupiter, ja.

K: Ja, der Saturn wäre jetzt zu fragen, glaube ich.

A: Nein, in zweiter Linie. Na gut, der ist derjenige, der der Eigentümer von Haus zwölf ist. Na, tun wir ihn rein, der sitzt auch noch da hinten drinnen. - Ja, der Jupiter, der steht in Konjunktion mit einem anderen Planeten, dem Neptun. Der steht auch im siebten Haus. Was sagt das? - Übrigens, über die Sonne, über die Verwirklichung können Sie noch etwas aussagen, wenn Sie daran denken, der Planet - und nennen wir die Sonne jetzt ruhig mal einen Planeten, arbeitstechnisch, - der Planet ist immer das Ziel von seinem Ausgangspunkt, nämlich von seinem Tierkreiszeichen. Das heißt, die Sonne in zwölf kommt vom Löwen her, siebtes Haus.

K: Warum jetzt das siebte Haus?

A: Ja, durch den Löwen.

K: Ja, aber der ist doch mehr im sechsten?

A: Ja, nicht mehr, - daß der das siebte Haus in Gegenuhrzeigerrichtung anschneidet, damit zählt er ins ganze Haus rein, damit beherrscht der Löwe dieses Haus.

K: Die Spitze sieben liegt im Löwen, praktisch.

A: Die Spitze sieben liegt im Löwen, infolgedessen ist der Herrscher des siebten Hauses der Löwe.

K: Der Herrscher des sechsten Hauses, das ist der Krebs, weil der nämlich..

A: Richtig, das ist der Krebs. - Was können Sie da sagen? Im übrigen sehen Sie daran: der Eigentümer vom siebten Haus ist die Sonne, da hinten im zwölften. Jupiter - Neptun gehören damit im Grunde beide da hinten mit rein, sie gehören mit zum Verhalten.

K: Kann man sagen: Begegnung mit dem Ziel der Auflösung?

A: Ja, mit dem Ziel der Auflösung.

K: Dann wäre es in diesem Fall: Erweiterung auf irgendeiner Ebene mit dem Ziel der Begegnung.

A: Wieso mit dem Ziel der Begegnung.

K: Weil der Jupiter im siebten steht.

A: Jupiter heißt: was wird erweitert, wo liegt das Ereignis? - Das Ereignis liegt in der Begegnung. Und die Begegnung selber liegt durch die Sonne, dem Eigentümer des siebten Hauses, da hinten im zwölften drin. Das heißt, es geht um die Erweiterung im Sinne der Auflösung und noch einmal Auflösung konkreter, gesteuerter Begegnung oder bewußt definierbarer Verhaltensweisen. - Das ist also eine glatte Vernebelung.

Aber eine Vernebelung zu welchem Ziel? - Ich meine jetzt nicht Ziel im Sinne vom zehnten Haus, sondern um welche Anlagen rauszubekommen?

K: Um die Polaritäten aufzuheben.

A: Um die Grenzen, die wirtschaftlichen Grenzen, sozusagen, - sagen wir mal: die Eigentumsgrenzen aufzuheben. Die Polarität verschiedener Eigentumszentren. Und um das zu erreichen, hat er einen Verhaltensweg, daß er alles, was er tut, vernebelt. Ist das klar? - Schon klar. - Gut, das war das Horoskop eines meiner ersten Klienten.

Dem habe ich gesagt: "Sie, in zehn oder vierzehn Tagen da ist eine Situation bei Ihnen, die sieht ziemlich stark nach Betrug aus, da müssen Sie aufpassen. Haben Sie zur Zeit irgend so etwas, womit Sie reingelegt werden können?" Und da hat er so ein feines Lächeln aufgesetzt. Und drei Wochen später habe ich erfahren, daß er einen ganz großen Coup gelandet hat und dann verschwunden ist. Ich habe gemeint, nicht er sei der Täter, sondern der Erleidende, - vielleicht weil ich es nicht wahrhaben wollte.

K: Kann man das überhaupt feststellen?

A: Das ist schon ganz deutlich, daß der gar nicht anders kann. Wenn das heute wäre, in der heutigen Zeitsituation, dann könnte er möglicherweise da ein ideelles Ziel hineinlegen, - dann kommt diese im Grunde kriminelle Veranlagung mit dieser gegensätzlichen Sonne nicht so raus. - Er kann zum Beispiel in irgendeinem kapitalistischen Land einen Marxisten spielen und kann dann sagen: "Ich mache das aus Idealismus" und wird dabei seine kriminellen Anlagen los.

Aber im Grunde genommen ist es so: Sie müssen davon ausgehen, daß der Mensch so geboren ist und daß er die Anlagesituation drin hat und daß er dementsprechend aufwächst.

So mit fünf Jahren, da erwischt es ihn da hinten im zwölften Haus ganz schwer und da wird natürlich das Kind mit fünf Jahren - nur mal bildhaft so in das zwölfte Haus hinein verängstigt, daß das Kind später, alles, was im siebten ist und was das Verhalten betrifft, zurückhält und sich nach außen nicht zeigt. Und das sich-nach-außen-nicht-zeigen-geht natürlich schon darauf hinaus: sich

zu verschleiern oder den anderen über sich irre zu führen. - Dem
bliebe eigentlich gar nichts übrig als in ein Kloster zu gehen
oder in ganz etwas Edles oder noch etwas Heiligeres, und auf alle
möglichen Dinge zu verzichten. - Das schafft er nicht wegen seiner
Anlage, weil, sonst müßte er die über die Klinge springen lassen.
Das ist äußerst schwierig. Natürlich hat er auch aus der Konstellation heraus eine Erleidensform, denn eines Tages haben sie ihn erwischt, dann hat er gesessen und das ist auch nicht angenehm.

Die Konstellation, die er persönlich nicht bewältigt hat, die ist
ihm dann als Schicksal entgegengekommen, weil die will sich ja verwirklichen hier hinten im zwölften. Wenn er nicht freiwillig ins
zwölfte Haus reingeht, dann wird er durch eine Situation der Ereignisauslösung ins zwölfte reingezwungen. Wäre er aber von sich aus
ins zwölfte reingegangen, hätte ihn keine Macht der Welt zwingen
können, reinzugehen, weil er schon drinnen war. Aber das kann man
von einem Menschen nicht verlangen, wenn die Anlagen so wie hier
liegen.

K: Würden Sie so einen Menschen als Wirtschaftsspion einstellen?

A: Nein, weil er erwischt wird.

K: Und wenn er die Sonne woanders hätte, nicht gerade in zwölf?

A: Dann wäre es besser. Dann wäre alles in Ordnung.

Das Geburtsbild habe ich deswegen mal als kleines Beispiel genommen, weil Sie überall dort, wo Sie eine Verbindung, eine Quadratverbindung, wo die Sonne dabei ist, von eins zu zwölf haben, ist
immer die Gefahr, daß das eher ins kriminelle Eigentumsrecht geht.
Also nicht Dinge, die mit Mord und Totschlag enden, sondern die
das kriminelle Eigentumsrecht betreffen (Anmerkung "Freud")

K: Muß das immer der Uranus sein?

A: Nein, das können alle Planeten sein, aber der Herrscher von
eins muß in irgendeiner Weise beteiligt sein, und die Sonne.

K: Jupiter und Uranus würden zum Beispiel alleine nicht ausreichen?

A: Nein, bei Jupiter würde er zwar versuchen, krumme Touren zu machen, würde nie erwischt werden und wäre sehr genial dabei. Es
gibt ja geniale Hochstapler, und das wäre dann einer von der Sorte.

K: Ich meine, wenn die Sonne im zwölften Haus fehlen würde, dann könnte sich das ja nicht auswirken, auf der Ebene.

A: Das stimmt, da haben Sie recht. - Da ist ja jetzt keine Frage mehr dazu, oder? - Nein. - Jetzt wollen wir folgendes machen, nachdem ja vieles nicht verblieben ist, machen wir halt mit einer Wiederholung weiter.

Um gleich beim zweiten Haus zu bleiben. - Wir haben also vorhin gesagt, daß der Neptun auch nach seiner Grundsituation Auflösung der Steuerung, der Bewußtheit und so weiter, ist, gegenüber dem sechsten, der Bewußtheit. Was ist jetzt, wenn der Neptun im zweiten Haus steht?

K: Auflösung der materiellen Sicherung.

A: Auflösung der materiellen Sicherung, in Ordnung, stimmt genau. Die Formel trifft exakt. Das ist jetzt eine ganz schöne Formel, aber was steht jetzt dahinter? - Wie geht das an, wenn der geboren wird? - Da hat er den Neptun auch schon im zweiten Haus.

K: Unehelich geboren.

A: Wir haben gesagt: das zweite Haus sind die Wurzeln. Wenn der Neptun drinnen ist, was passiert dem Kind? - Es entwickelt von vornherein keine Wurzeln. Wird zwangsläufig gegen jede Vergemeinschaftung mißtrauisch sein und wird sich nirgendwo verankern und verwurzeln können.

Jetzt ist folgendes: hier wird durch den Neptun schon was ganz Reales aufgelöst. Es wird nämlich Haus zwei, worin er steht, aufgelöst.

K: Das braucht also gar kein ungünstiger Faktor sein?

A: Nein, diese Anlage nämlich, die Auflösung von Abhängigkeiten, ist ja an sich eine sehr günstige, - weil: Vernunft ist ja nicht das Letzte, - Vernunft und Steuerung und Oberbewußtsein, das sitzt ja in der sechsten Phase. Dann geht ja die Entwicklung danach noch weiter mit Haus sieben, acht, neun und so weiter. Aber wenn diese Auflösung hier im Wurzelbereich - Haus zwei - ist, dann kann man doch schlußfolgern, daß was passiert?

K: Der fühlt sich überhaupt nicht zu Hause, die ganzen Wurzeln, die ganze Entwicklung, die fehlen.

A: Ja, aber was ist die Folge?

K: Er hat einen schwachen Charakter.

A: Sagen wir mal: der hat einen Steinbock-Ascendenten, der schwankt überhaupt nicht. Was ist die Folge, wenn der Neptun im zweiten ist! - Eine ganz konkrete Folge, wenn er nirgends verankert ist. - Der hat doch tausend Verhältnisse, aber doch nie eine Ehe.

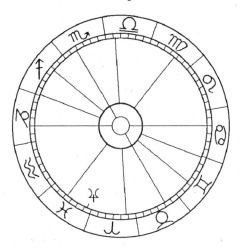

K: Wieso ist Haus zwei: Ehe?

A: Es kann sich ja das siebte Haus auslösen, und wenn sich das siebte mit dem zweiten gleichzeitig auslöst, dann ist das immer eine Ehe.

Und Sie müssen eines bedenken: wenn Sie eine Ehe eingehen, dann verändern Sie ja die Grenzen Ihres eigenen Rechtsbereichs. Das ist ein ganz großer Unterschied. Da kann angeblich eine ganz große Liebe herrschen, aber das zweite Haus wird ausgeschlossen. Dann riskiert man sich also trotzdem nicht. Infolgedessen muß der Herrscher von sieben, der ja das Prinzip der Begegnung ist und der Herrscher von acht, - das Prinzip der Bindung an die Begegnung, - die müssen dann automatisch in zwei schlecht stehen.

K: Es kann doch sein, daß der Betreffende jetzt in sieben und acht nichts drinnen hat, oder vielleicht Sonne in acht, was würde dann da dagegensprechen?

A: Da muß man schon die Gesamtkombination anschauen, wo die einzelnen Planeten sitzen, - das würde dann schon das Gegenteil aussagen. Was ist jetzt zum Beispiel, wenn jemand die Sonne im zweiten Haus hat? Wie verwirklicht sich der? - Das ist ein sehr häufiger Fall in unseren Breiten.

K: In der Sicherung.

A: In der Sicherung, ja. Man kann als Formel sagen: der verwirklicht sich oder er ist in der Entwicklungsphase seiner Verwirklichung, in der es um Sicherung, Abgrenzung seines Bereichs geht, die Sicherung des Individuums, nämlich von sich selbst. Ist das klar? -Das ist keine negative Aussage, sondern das ist eine sehr positive Anlage, verstehen Sie. Die wird nur dann negativ, wenn er sich um Bereiche des siebten oder achten Hauses kümmern will. Dann ist er falsch beraten. - Das ist, - wie ich schon gesagt habe, - in unserer Gesellschaft leider so, daß der, der sich um sich selber kümmert, niederer bewertet wird, als der, der sich um andere kümmert. Das sollte eher umgekehrt sein. Gut, das ist also da - Haus zwei - Verwirklichung.

Es ist nun folgende Frage: wo liegt da die Schwierigkeit. Sie wissen, ein Horoskop besteht nicht nur aus einer Anlage, die nun zufällig einmal günstig ist, sondern es gibt ja andere Entwicklungsphasen, die dazu nicht günstig stehen.

Wir haben zum Beispiel gesagt: Stier oder zweites Haus, das ist die Ansammlung von substantiellen Möglichkeiten, von Stärke. Ist das klar?

K: Ja.

A: Naja, und wenn das fünfte Haus oder Löwe die Verausgabung von seelischer Potenz, also Kraft ist, paßt das zusammen?

K: Nein.

A: Paßt nicht zusammen.

K: Das muß ein Quadrat sein.

A: Das heißt also, wenn der seine Sonne im zweiten Haus hat, dann kommt von Haus aus mal zu kurz - was? - Die Verausgabung des Seelischen kommt zu kurz. Ist das klar?

K: Ja.

A: Jetzt, wenn aber einer die Sonne im fünften Haus hat, was kommt dann wieder zu kurz? - Die Sicherung und Abgrenzung seines eigenen Bereichs. Er ist dann etwas zu großzügig, das muß ja nicht "zu" sein, aber großzügig oder sonst irgend etwas ist er schon. Ist das klar? - Gut, dann machen wir jetzt eine kleine Pause und fahren

mit Tierkreiszeichen und mit Häusern weiter fort und bringen am
Schluß noch einmal ein Beispiel.

P A U S E

A: Was ich vorher mit Neptun in Haus zwei gesagt habe, ist natürlich kategorisch. Es ist immer noch ein Unterschied, wo der Eigentümer des zweiten Hauses sitzt. Das heißt, welche Sicherungswurzeln - es gibt ja da auch noch Unterschiede - also welche Verwurzelung aufgelöst wird.

Wenn der Herrscher von zwei zum Beispiel in sieben steht, dann wären speziell die Wurzeln aufgelöst, die man braucht, um sich beim Partner zu verwurzeln.

Steht der Herrscher, - der Planet des Zeichens, welches das zweite Haus anschneidet - zum Beispiel im dritten, dann wird die Funktion nach außen aufgelöst. Oder steht er im vierten, dann wird jede Art von Vergemeinschaftung und so weiter aufgelöst.

Es gibt natürlich noch ganz entscheidende Unterschiede. Das ist jetzt nur kategorisch, prinzipiell. - Es ist an sich so, daß ein Geburtsbild ja niemals so stark negativ sein kann, daß es nicht gleichzeitig die Möglichkeiten hat, die Gegenregulative zu verwenden.

Was wissen Sie von dem, was wir in den ersten Stunden oder Abenden gesagt haben? - Was wissen Sie über das vierte, fünfte, sechste Haus?

K: Das vierte wäre das Seelische an sich.

A: Ja.

K: Das fünfte wäre die Gestaltung des Seelischen also Gebärde, Ausdruck, Herzlichkeit. Und das sechste, das wäre eine seelische Aussteuerung, also seelische Anpassung an die Gegebenheiten.

A: Genau. Jetzt müssen wir uns fragen: Was können Sie sich darunter vorstellen: viertes Haus: Versammlung des Wesens oder seelischer Kräfte? Was kann man sich da vorstellen?

K: Die seelischen Wurzeln.

A: Ja, wenn man sich seelisch formiert, sozusagen.

K: Wo kann man sich seelisch formieren?

A: Zum Beispiel daheim im eigenen Bau, oder bei sich selber, da kann man eine gewisse Einheitlichkeit herstellen. - Ich möchte das schon ganz konkret haben: was stellen Sie sich unter dem Seelischen vor?

K: Gefühle.

A: Gefühle?

K: Unter anderem.

A: Unter anderem, was kommt denn da noch dazu?

K: Das Gefühl im Gegensatz zur Ratio.

A: Zur Ratio? - Warum Gegensatz?

K: Ja, Unterscheidung von der Ratio.

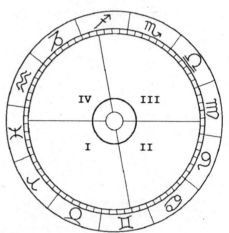

A: Ja, da ist folgendes: Da wollen wir uns noch mal klar machen: wir haben hier den ersten Quadranten, zweiten, dritten und vierten Quadranten.

Der zweite Quadrant war ja die causa formalis. Wir haben gesagt: das ist der Akt des Handelns aus eigenen Emotionen, aus eigenen Triebfedern heraus. Frage: Wie kommt es überhaupt zu dem Akt? Wie kommt es zu dem Drang, etwas aus sich heraus gebären zu wollen.

K: In der Natur der Sache.

A: In der Natur der Sache? Ja, das liegt schon drinnen, das stimmt schon, aber aus..

K: Man braucht ja die Polarität, aus sich selbst heraus kann man nichts machen, man muß einen Gegensatz oder irgend etwas feststellen, das anders ist und mit dem man sich auseinandersetzen muß.

A: Es muß also eine Herausforderung sein. Wo sitzt die Herausforderung?

K: Im dritten Quadranten.

K: In der Umwelt.

A: Da kommt die Herausforderung, - dritter Quadrant.

K: Ist das so zu verstehen, daß immer der nachfolgende Quadrant die Herausforderung ist gegenüber dem Vorhergehenden?

A: Nein, das würde ich nicht so sagen. Das trifft zwar beim dritten zu. - Sie müssen immer von der Gegensätzlichkeit oder von der Polarität ausgehen. Da ist folgendes: Sie haben hier im ersten Quadranten die Person als solche in ihrem Erscheinungsbild, in ihrer Grundanlage und so weiter das Ego. Sie können sagen: das ist das Ego. Das Ego und die eigenen Vorstellungsinhalte verlangen keine Bewußtheit über sich selber außer durch die Begegnung.

Wir haben doch gesagt: im ersten Quadranten ist die Person, das ist alles, was an der Person sichtbar wird. Das im zweiten Quadranten ist alles, was durch die Person sichtbar wird, - um das mal auf einen primitiven Nenner zu bringen. Und im dritten Quadranten ist alles, was der Person an Sichtbarkeit entgegenkommt, was sie herausfordert Nicht der Umkreis, sondern die Herausforderung der Begegnung. Und wir haben gesagt: die Anlagen, die der Mensch hier hat, die verwirklicht er nicht in sich und durch sich, sondern die Anlagen hat er irgendwo frei nach dem Adam-Eva-Prinzip.

Er kann sich also erst total verwirklichen, - wenn er einen Ausgleich will. Das schafft er nur, indem er etwas anderes mit in seine Welt einbezieht. Ist das klar?

K: Ja.

A: Wenn einer einen Jupiter hier im dritten Quadranten hat - und einen Jupiter mag jeder, das ist immer etwas Schönes, dann hat er ihn ja ursprünglich noch gar nicht. Haben tut er nur den ersten Quadranten, wenn er geboren wird.

Wenn er also den Jupiter für sich gewinnen will, dann muß er schon: 1. auf die Herausforderung der Begegnung eingehen, 2. sich ihr gegenüber auch verpflichten, - das ist dann Haus acht.

Wie ist es bei einem Tier? - Das Tier hat sämtliche Konstellationen in seinem Erscheinungsbild. Das Tier braucht im Grunde genommen keine Partnerschaft um zur Vollständigkeit zu kommen. Das Tier braucht keine Begegnung, keine Trennung: Subjekt - Objekt. Ist das klar?

K: Wie ist das dann möglich, daß bei Hunden, daß der sich auf's Grab legt von seinem Herrn, weil er keine Lust mehr hat zum Leben?

A: Das macht der Hund schon. Aber aus einem ganz anderen Grund als den, den der Mensch in ihn hineinprojiziert. Denn der Hund hat einen Rudeltrieb.

Der Hund gehört zu den sogenannten Rudeltieren. Herde ist wieder etwas anderes. Die Erdzeichen, Stiere spezifisch, sind mehr die Herdentiere. Sie haben gerne abgegrenzte Bereiche in einer Gemeinschaft, deswegen sind die auch furchtbar staatserhaltend und gemeinschaftserhaltend und sorgsam für Sozialfragen. Weil vom Urrudiment, vom Urinstinkt her das einzelne Herdentier nicht bestehen kann und einen Schutz der Gemeinschaft überträgt.

Während das Rudeltier, - die Raubtiere, die in Rudeln leben, - da ist jedes einzelne möglicherweise auch eigenständig.

K: Domestizierte Tiere haben einen gewissen Kindheitszustand. Sie sind nicht total eigenständig.

A: Genau, das ist durch das Domestizieren verloren gegangen. Ich habe einen jungen Schäferhund zu Hause. Als er noch sehr jung war, habe ich eine Zwetschge gegessen, da hat er auch eine Zwetschge gegessen. Dann habe ich einen Salzhering gegessen, dann hat er auch einen Salzhering gegessen. Dann hat er die Lefzen ziemlich verzogen, aber er hat ihn runtergeschluckt. Bis ich draufgekommen bin: ich bin ja für ihn der Rudelführer und er muß von mir lernen, was richtig und was falsch ist.

Infolgedessen, wenn der Rudelführer Salzhering ißt, dann muß er auch Salzhering fressen. Inzwischen hat er einige Erfahrungen gemacht und er frißt den Salzhering nicht mehr.

Es heißt: der Hund verteidigt seinen Herrn. - Der Hund verteidigt sein Rudel, nämlich seine eigenen Wurzeln, seine Sicherheit. Darum unterscheidet der Hund auch nicht zwischen gut und böse, das kann er nicht, das ist auch ganz gut so.

K: Aber es ist noch eine andere Frage einzuflechten: es ist alles auf Entwicklung angelegt und das Tier unterliegt der sogenannten Gruppenseele, dem Gruppenprinzip. Wogegen der Mensch schon etwas befreiter ist vom Gesetz des Lebens her und die Auseinandersetzung suchen muß. Das heißt, wie sie ja sagten, daß er da bereits hineingestellt ist.

A: In die Polarität. Und dann meint er, er trifft in der Begegnung jemand völlig Fremden und dabei trifft er sich selber. Nämlich sich selber in seiner genotypischen Anlage.

K: Vielleicht ist das überhaupt der Schluß aller unserer Gedanken, die Auseinandersetzung mit sich selbst ist ja das letzte.

A: Das ist so: im Grunde genommen kann man sagen, sind alle, die in einer identischen Weise heiraten oder sich als Partner finden, vorverwandt, weil die Bindung oder die Anziehung um so stärker ist, je näher man genotypisch verwandt ist.

Nehmen wir als Beispiel mal den Mars im siebten Haus. Das ist Denk-Aggression, das ist ja der Trieb seiner Anlage. Aber die ist ja genotypisch, - genotypisch ist der Mars irgendwo versteckt, diese Energie-Anlage. Die Energie ist irgendwo bei ihm genotypisch versteckt, kommt in seinem Erscheinungsbild selbst nicht raus.

Jetzt haben Sie die sogenannten versteckten Erbanlagen. Die haben nun den Drang, sich ebenfalls zu verwirklichen. Ist das klar? - Ja, und was hat der für einen ganz unbewußten Drang, wo zieht es den hin, zu welcher Person?

K: Zu einer energischen.

A: Und was ist eine energische Person? Das ist eine, die im ersten Haus den Mars hat. Oder die eine Widder Sonne hat, oder irgend so etwas. Der drängt also nach diesem Mars? - Der Vollständigkeitsdrang aus den versteckten Erbanlagen.

Infolgedessen also Vorverwandtschaft, das meine ich damit. Und je mehr natürlich von Planeten, die einer im sichtbaren Bereich hat, im Erscheinungsbereich, und die der andere in seinem sogenannten versteckten Erbbereich hat, - je mehr solche Komponenten auftreten, desto stärker, desto intensiver, desto dauerhafter ist die Bindung.

Wenn natürlich einer eine Bindung eingeht, die nur daraus besteht, daß er irgendein Loch im zweiten Haus hat, nämlich einen Neptun, - nehmen wir an, er hat einen Neptun im zweiten Haus, - und er heiratet nun jemanden, der die Sonne im zweiten Haus hat, dann ist das eine Bindung, die nicht auf dem tatsächlichen Ausgleich beruht. Weil, der kompensiert ja nur seinen Mangel mit dem anderen. Der benützt den anderen so quasi als Prothese, um im Leben oder im Existenzbereich, wo er möglicherweise Angst hat, das Fortkommen oder das angenehme Leben zu sichern.

Das sind im übrigen auch die Gründe, bei denen die Kirche die Ehe von vornherein für nichtig erklärt. Das sind Nichtigkeitserklärungsgründe. Bindungen, die auf Haus zwei basieren, oder auf Haus sechs, oder auf Haus vier, Muttertrieb, oder so irgend etwas.

K: Das wären Ehen, die auf Grund des Horoskops geschieden werden.

A: Das wäre richtig.

K: Da müßte man vorher schon was machen.

A: Ja, vorher, wissen Sie, da gibt es ja das Prinzip vom freien Willen und der freie Wille richtet sich immer nach der Not. Sie können auch niemanden keimfrei halten, - also vom Schicksal her gesehen. Es gibt Krankheiten, die braucht man einfach zur eigenen Entwicklung. Sie können niemanden keimfrei halten, denn sonst kommt er zu gar keinen Erlebniswerten. Denn er begreift möglicherweise die Vorgänge seiner Konstellation gar nicht. Und darum passiert so und so viel Leuten irgendeine negative Sache tausend Mal, weil sie die halt tausend Mal negativ haben müssen, bis sie es begreifen, und manchen passiert's nur einmal.

Nehmen wir mal an: es kommt einer zu Ihnen und sagt: "Du hast jetzt fünf Stunden Astrologie gehabt, Du müßtest jetzt eigentlich was wissen" und kommt zu Ihnen und sagt: "Ich möchte jetzt dies und jenes wissen," dann ist natürlich die sehr große Gefahr da, daß Sie sagen: "Du mußt das machen und Du darfst nicht das machen." Das ist schon grundverkehrt. In dem Moment, wo Sie sich mit Astrologie beschäftigen, sind Sie ein Interpret, mehr sind Sie nicht. Sie sind ein Vermittler zum Verständnis des Schicksals, mehr sind Sie nicht. Und wenn Sie dem Betreffenden sein Verhältnis in seiner Situation klarlegen, sozusagen ihm bewußt machen, dann genügt das vollkommen, und dann müssen Sie ihm den freien Willen lassen zu handeln, wie er will. Denn jeder braucht die Chance ganz bewußt sein Verderben zu wählen, die Chance muß er haben, das ist ganz wichtig.

Und darum bin ich persönlich, subjektiv, gegen den Sozialismus, denn da haben Sie die Chance nicht. Die wollen jeden gut machen, und da muß ich protestieren. Die wollen jeden Menschen innerhalb der Gesellschaft, innerhalb der menschlichen Gemeinschaft erlösen. Da darf niemand vergammeln, oder zum Beispiel Astrologie machen, das darf der gar nicht.

K: Warum hat man in der Bibel eigentlich was gegen die Astrologie?

A: In der Bibel steht nichts gegen die Astrologie. Da gibt es Passagen, da heißt es: "Ich habe Euch einen Tag für ein Jahr gegeben." Das ist zum Beispiel die astrologische Grundregel für die Direktionen. Das heißt, wenn du den Sonnenstand um einen Tag veränderst, dann hast du ein Jahr Aussage.

K: Da steht eine Passage "Du sollst nicht in den Sternen lesen" oder so ähnlich.

A: Wer weiß, wann das reingekommen ist.

K: Wir haben gesagt: Widder ist Analogie Haus eins. Wenn das Zeichen jetzt aber immer im Gegensatz steht, zum Beispiel statt Haus eins in Haus sieben.

A: Gut, wenn der Widder in Haus sieben steht, dann haben Sie automatisch Haus-eins-Ascendent-Waage. - Wo liegt dann die Durchsetzung? Widder ist ja Durchsetzung - Energie. Wo liegt dann die Durchsetzung?

K. In der Begegnung.

A: Ja, nur in der Begegnung. - Und wo liegt sie nicht? - Im eigenen Handeln. Darum sind die Waage-Ascendenten immer die, die am grünen Tisch vom Generalstab sitzen oder Pläne machen, wie die Werbekolonnen zu marschieren haben, während sie selber gar nicht aktiv handeln. Das ist bekannt, und da sind die sogar gut. - Ja, das war das.

Wir wollten eigentlich auf den zweiten Quadranten hin, nämlich auf das, was man als seelisch, oder als Kraft und so weiter bezeichnen kann.

Wenn die Person eine Herausforderung hat, dann ergibt sich eine gewisse Art von Spannung oder der Drang zum Ausdruck. Dieser Drang zum Ausdruck, der ist im zweiten Quadranten. Frage: Ist dieser Drang zum Ausdruck damit immer konstant?

K: An und für sich nicht, weil es dem Krebs entspricht.

A: Nicht wegen des Krebs, der Krebs drückt ja nur das aus, was der Grund ist. Und der Grund ist immer die jeweilige Beziehung und Spannung von eins zu sieben. Je stärker jemand begegnungsfähig ist, desto stärker ist er im Ausdruck.

K: Wo kommt der Ausdruck her?

A: Der entsteht als ein Zustand, als ein sich ständig erneuernder Drang zum Gestalthaften. Dies als Arbeitsdefinition, zum Arbeitsgebrauch.

Ein sinnbildliches Beispiel: Sie haben einen Batzen Lehm, - das ist der Quadrant eins. Stellen Sie sich vor, Sie haben den Batzen Lehm vor sich auf dem Tisch. Dann schauen Sie den Batzen Lehm an, sonst haben Sie nichts zu tun. Was denken Sie dann?

K: Ich beschäftige mich mit dem Lehm.

A: Ja, gut, aber inwiefern?

K: Ich forme was daraus.

A: Sie machen was daraus. Ja, was denn?

K: Modulieren und wegschmeißen.

A: Ja, was machen Sie daraus?

K: Eine Form.

A: Ja, was für eine?

K: Was mir gerade einfällt.

A: Eine Maschinenpistole machen Sie nicht draus.

K: Ich kann ja aus dem Lehm nur etwas machen, was der Lehm hergibt.

A: Genau, aber woher wissen Sie, was der Lehm hergibt? Ja, es ist nämlich dies: die Idee aus dem Lehm eine Schale zu machen, ist der dritte Quadrant des Lehms. Das sind nicht Sie, sondern Sie greifen nur die Potenz des Lehms auf, die Möglichkeit, die im Lehm als Herausforderung zur Veränderung liegt, die greifen Sie auf. Und darum machen Sie aus dem Lehm eine Schale, verstehen Sie. Das Sie vor dem Lehm sitzen und aus dem Lehm überhaupt etwas machen wollen, das liegt ja im Lehm. Das ist das siebte Haus des Lehms. Das ist die Möglichkeit, die im Lehm liegt. Na gut, und wenn der Lehm Sie nun folgendermaßen anmutet, wie Sie sagen, daß Sie eine Form machen. Was passiert denn da bei dem In- oder Ausformen? - Wovon ist der Ausdruck der Form abhängig? - Vom Lehm und was sich aus dem Lehm machen läßt.

Und im persönlichen Bereich ist es genau so. Sie können da nur den seelischen Ausdruck haben, gemäß den Möglichkeiten, die in der Person angelegt sind, - also Person und Möglichkeit beziehungsweise Kapazität zur Entwicklung.

Sie können es noch anders sehen. Nehmen Sie mal an, der Himmel ist riesengroß. Und nehmen Sie mal an, dieser dritte Quadrant ist der Teil, den Sie persönlich aus dem Himmel raussehen können. Der kann ganz verschieden bei den Einzelnen sein, jedenfalls ist er immer für den Einzelnen als Herausforderung geeignet. Das ist wichtig. Und je mehr Sie sich dieser Herausforderung annehmen in das Hineinsteigen, was etwa aus dem Lehm an Potenzen möglich ist, desto stärker wird der Drang, die Form zu verwirklichen, Potenz auszudrücken.

Infolgedessen ist die seelische Situation, die seelische Reichhaltigkeit, wovon abhängig? - Immer von der Begegnung- und Bindungsfähigkeit an die Begegnung, die gehört dazu. Folglich ist das Seelische als Arbeitsdefinition hier: jeweils ein sich ständig erneuernder Zustand. Ein sich ständig erneuernder Zustand oder eine Spannung, sich auszudrücken. Und im fünften Haus haben Sie dann den Akt der Handlung, sozusagen die Zeugung zum Tun, also ein Hervorbringen. Darum heißt auch das fünfte Haus, das Haus der Kinder und des Sexus und so weiter.

K: In der Vulgär-Astrologie heißt es zum Beispiel im vierten Haus: das Haus der Scholle.

A: Ja, schauen Sie, mich interessiert doch nicht: ist jetzt das vierte Haus die Scholle, oder sind das vierte Haus meine Familienmitglieder, oder habe ich eine schlechte Mutter gehabt. Das interessiert mich doch eigentlich gar nicht. Mich interessiert doch mein Verhältnis zu den Anlagen und zu der Auswirkung diese Anlagen. Ich möchte ein begreifbares Verhältnis zu dem, was ist, ein bewußtes Verhältnis, - und ich möchte ein bewußtes Verhältnis zu dem, was geschieht, das heißt ich möchte ein begriffenes Schicksal.

Ich möchte nicht in einer Welt umeinander irren und schauen: jetzt habe ich wieder Pech gehabt. Das Ganze ist dann völlig beziehungslos zu mir und dann kommt einer und haut mir noch mal eine auf den Kopf, und dann weiß ich gar nicht: warum? Ich kann dann nur sagen, - funktionell, - der hat ein größeres Trum gehabt. Das genügt mir nicht, das ist uninteressant.

Ich habe beim Brandler Pracht mal nachgelesen: Neptun in Haus drei hat eine amoralische Schwester. - Ich habe einen Neptun in Haus drei und ich habe zwei Schwestern. Was hilft das. Die eine ist Schauspielerin und die andere ist Malerin. Ja, wer ist jetzt amoralischer von beiden? - Verstehen Sie, das sagt doch nichts aus.

Und darum meine ich: Vulgär-Astrologie, was hilft mir das, wenn ich weiß: fünftes Haus sind meine Kinder? - Ich möchte wissen, was dahintersteckt. - Oder sechstes Haus ist die schwere Arbeitstätigkeit und Hunger und Not und Sorge und Angst um die Existenz und so weiter.

Ich weiß doch viel mehr, wenn ich weiß: ich habe einen Lebenstrieb und wenn ich den Lebenstrieb verwirklichen will, dann kann ich ihn nur dank der Umstände, die im Leben sind, verwirklichen. Also bin ich abhängig davon, wie ich meine Individualität gegenüber den Lebensbedingungen aussteuere. Und das nennt man Vernunft oder Anpassung. - Da weiß ich doch wesentlich mehr.

K: Ja, psychologisch weiß ich mehr.

A: Nein, nicht nur psychologisch, sondern begrifflich ist es richtig.

K: Sie sprechen also von einem Lebenstrieb, wäre das als ein Geschehnis zu betrachten, angefangen von Haus eins bis zu Haus zwölf? - Jetzt ist aber noch nicht klar, wie es weiter geht? - Es besteht eine bestimmte Beziehung: Sie sagen: Herausforderung. Das muß ja eine feste Regel sein, erster Quadrant zum dritten? Ist das eine feststehende Regel der Herausforderung?

A: Ja.

K: Welche Herausforderung gibt es da noch? Vielleicht von zwei zu vier, oder ist die anders?

A: Da gibt es keine, da gibt es nur ein sich Abschließen in der Entwicklung. Wenn ich in einem Entwicklungszustand bin, in dem ich meine Wurzeln verfestige, dann ist das eine völlig andere Situation. Wenn es im Mai schon richtig feucht ist und die Sonne kommt raus und die Pflanzen fangen an Wurzeln zu treiben, dann ist das eine ganz andere Phase, als wenn die Pflanze irgendeine Frucht im August trägt. Das sind zwei so konträre Phasen: im August verausgabt sie sich, Haus fünf, gibt von sich her, und im Mai sammelt sie an, Haus zwei. Selbstverständlich, sie kann hernach um so mehr Frucht bringen, je mehr sie vorher ansammelt hat. Aber das Geburtsbild ist ja nun eine Summe von Entwicklungszuständen.

Es gibt ja nicht nur die Sonne, Sie können die Venus irgendwo haben, die Sonne irgendwo haben, den Mars irgendwo haben. Das sind die sogenannten ererbten Anlagen aus der Tierzeit.

Der Mars ist zuständig für alles, was noch aus der Raubtierzeit stammt, - die Zähne, die Eckzähne, das Horn, die Krallen, oder was es sonst noch alles gibt. Also Mars: automatisch Zahnweh, braucht bloß der Neptun dazukommen, - Auflösung der Krallen.

K: Im ersten Quadranten sagten Sie: Lehm, im dritten: die Idee zu dem Lehm.

A: Genau.

K: Und im zweiten ist dann: Lehm plus Idee.

A: Das ist nicht: plus Idee. Das ist ganz etwas anderes. Der zweite ist die Aktion, das Handeln. Da passiert etwas, etwas ganz Neues.

K: Was geschieht aus dem Lehm und der Idee?

A: Da kommt der Akt.

K: Ja, das ist mir klar. Und jetzt müßte man noch zur Ergänzung analog wissen, was im vierten Quadranten geschieht.

A: Ja, freilich, da steht die Vase da, da ist sie gebrauchsfertig, da können Sie Wasser reingießen. Da ist das Gefäß fertig.

Das ist die Finalität. Schauen Sie, der vierte Quadrant ist die Finalität, das heißt die Bedeutung.

Und wenn Sie überlegen: was ist das Wort: Bedeutung? Wie kann man das irgendwie messen? - Dann können Sie sagen: Bedeutung ist die geistige Unterscheidbarkeit einer Sache. Ist das klar? - Was etwas bedeutet, fällt heraus aus dem Rahmen, sagen wir es mal so. Das ist unterscheidbar, sonst würde es nichts bedeuten. Ist das klar?

K: Jetzt ist es klar, ja.

K: Das ist ein anderes Begriffssystem, was Sie uns da nahebringen.

A: Na, das ist klar, man gewöhnt sich heute natürlich daran, daß man Begriffe schon ziemlich schlampig anwendet, und das gewöhnt sich jeder Einzelne so an. Zum Beispiel was wird heutzutage unter Vernunft verstanden? Und so weiter.

Also: Bedeutung, da waren wir, und das heißt mit anderen Worten: wenn etwas Bedeutung hat, dann ist es unterscheidbar, - gegen was unterscheidbar? - Wenn es unterscheidbar ist, muß es gegen etwas unterscheidbar sein, - gegen was ist es unterscheidbar?

K: Gegen das Unbedeutende.

A: Gegen etwas, was eine andere Bedeutung hat, oder etwas, was keine Bedeutung hat. - Ist das klar? - Wenn es heraus ragt..

K: Gegen das Ungeformte.

A: Gegen das Ungeformte, richtig. Wir können uns auf die Formel einigen: durch das Ergebnis wird seine Bedeutung offenbar. - Wir können uns auf diesen Satz einigen.

Dann hätten wir im sogenannten seelischen Bereich als Arbeitsdefinition also einen Zustand, der abhängig ist von der Herausforderungssituation. Sie sehen das ganz eindeutig, wenn Sie so und so viele Geburtsbilder durchschauen: wenn die dritte Quadrantensituation aufgehoben ist, dann haben Sie im zweiten Quadranten immer irgendwelche Schwierigkeiten drinnen, - Saturn und so weiter. Das haben Sie immer, oder Sie haben Herrscher von fünf oder von vier im ersten Quadranten drinnen. Da kann man schon direkt damit rechnen.

K: Wenn der dritte Quadrant fehlt, meinen Sie, daß er dann wenigstens eine bestimmte Gewichtung hat?

A: Nein, es kommt nicht darauf an. Die Gewichtung eines Quadranten wirkt nicht nur allein daraus, ob nun etwas sehr stark mit Planeten durchsetzt ist oder nicht, sondern es kommt darauf an, in welchem Verhältnis zu den anderen Anlagen eine dieser Anlagen steht.

Man muß immer ein gesamtes Geburtsbild sehen. Darum bringe ich ja diese Rohbaudeutung, damit wir zunächst ein bißchen Übersicht der Anlage-Hierarchie haben und dann kann man die anderen Dinge einbauen.

K: Ist das das, was Sie "Dominanz" nennen? Und das, was auf das erste Haus bezogen ist, die Sonne, und das, was auf das zehnte Haus bezogen ist.

A: Genau. Erstes Haus, Sonnenstand, zehntes Haus; das sind die drei: Sache, Durchführung, Ergebnis.

K: Das ist ganz unabhängig, in welchen Häusern sie sind.

A: Das ist völlig egal. - Da kommen noch die kleinen Varianten dazu, aber durch die soll man sich nicht verwirren lassen, eh man nicht das Grundgerüst hat. Das ist wie ein Skelett, wo man dann die anderen Sachen erst hineinhängt. Aber das Skelett muß zuerst stehen. Das ist das wichtige.

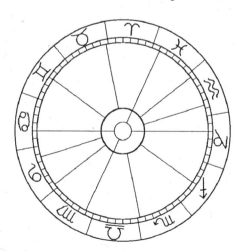

Jetzt bringen wir zum Abschluß noch einmal ein Geburtsbild, damit wir die Eindrücke bereichern. Was kann man da so sagen?

K: Die seelische Substanz zum Zweck der Auflösung des Vordergründigen.

A: Nicht seelische Substanz, sondern Potenz: seelische Hingabe. Wir fragen also zuerst?

K: Wo steht der Mond?

A: Ja, wo steht der Mond?

K: Der steht in Haus sieben.

K: Der zielt auf die Begegnung.

A: Der zielt also genau auf die Begegnung.

K: Gibt es da eine Opposition zum eigenen Haus?

A: Das gibt es nicht, das gibt es bei uns nicht, Opposition zum eigenen Haus. Begegnung ist nie Opposition. Begegnung ist immer

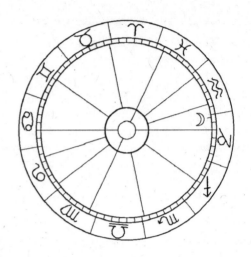

Ergänzung in der Auseinandersetzung. Darum ist für mich die Opposition nie eine schlechte Konstellation, nur dann, wenn zwei zusammenkommen, die nicht zusammen passen. Also zum Beispiel der Uranus und der Saturn, oder der Mars und der Saturn. - Also ganz allgemein gesehen: seelische Hingabe, wohin?

K: An die Begegnung.

A: An die Begegnung, ja.

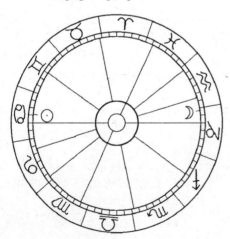

K: Was steht im ersten Haus?

A: Im ersten ist alles so knapp, das steht alles schon im zweiten.

Schauen wir mal, wo steht die Sonne als Verwirklichung? - Das nur ganz kurz. - Mir kommt es nur auf eine einzige Konstellation an. - Die Sonne steht auf fünfzehn Grad Krebs, die steht da hinten drinnen in zwölf. Was heißt das

K: Das ist ein Zurückziehen, ein Entfernen von den Umweltbedingungen in sich selbst.

A: Also ein Entfernen von den Umweltbedingungen. Gleichzeitig aber, der Anlage nach, will er begegnungsfähig sein. Er zieht sich in seinem Verhalten gegenüber den Bedingungen der Umwelt zurück. Eine völlig klare Aussage. Die Aussage können Sie ohne weiteres machen, wenn Sie nur die Formeln anwenden.

K: Können Sie das wiederholen?

A: Das haben wir ja schon gesagt.

K: Aber zu schnell.

A: Er ist einerseits seiner Anlage nach seelisch begegnungsgetrieben. Er ist nicht nur begegnungsfähig, er ist schon begegnungsgetrieben mit seinem Mond. Der Mond ist ja seelische Hingabe, Selbsthingabe, möglicherweise sogar an die eigene Empfindung, - das gibt es auch, wenn der Mond im dritten Haus steht, als Herrscher von eins. Da ist einer so irrsinnig hingegeben an seine eigenen Empfindungen, daß er gar nicht mehr sieht, was um ihn herum ist.

Die Sonne ist die Durchführung, gleichzeitig also das Verhalten, das sich von den Bedingungen der Umwelt zurückzieht. - Ist das klar?

K: Ja, nicht ganz.

K: Wie wirkt sich das aus?

A: Da sind wir ja noch gar nicht. - Ja gut, wie wirkt sich das aus? Gut, Sie haben die Frage gestellt, Sie sind jetzt selber neugierig geworden. Sie wissen jetzt nur, das ist die Anlage und das ist die Verwirklichung.

Die Antwort bekommen Sie in der dritten Frage: nämlich in der Frage nach der Bedeutung. Da fragen wir nach dem Neptun, wo der steht? - Der steht in Haus zwei, - was ist der Neptun? Was tut denn der?

K: Auflösen.

A: Auflösen. Was löst er
denn auf?

K: Materielle Sicherung.

A: Was ist denn das, das
ist doch die..

K:.. Verwurzelung.

A: Die Verwurzelung, in
was? - In der konkreten,
abgegrenzten, gesicherter
Umwelt. Die löst er auf.
Ist das klar?

Jetzt müssen wir fragen:
was für ein Planet steht
im zehnten Haus, das gehört ja dazu. Und dieser Planet, der jetzt im zehnten Haus steht,
der kann ja nur so wirken, wie es der Neptun zuläßt. Denn der Planet, der da jetzt reinkommt, hat ja nur einen Mietvertrag, der

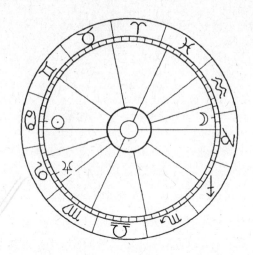

steht nicht im Grundbuch. -
Da steht der Uranus drinnen. - Was tut der Uranus?

K: Der löst Polaritäten auf.

A: Okey, und das auf der Gefühlsebene, denn wir haben
nur den Ascendenten von
Krebs. Das ist die Anlage,
um die es geht. Was heißt
das?

K: Homo.

A: Homo, gleichgeschlechtlich. Das ist ein Fall von
Gleichgeschlechtlichkeit. -
Ist das klar? - Das ist

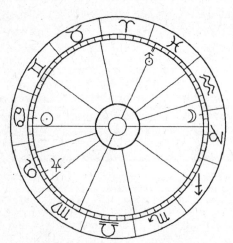

ganz folgerichtig.

Versuchen wir es aus einer anderen Richtung zu begreifen: Er ist
irrsinnig stark hingabefähig. - In seiner Kindheit ist etwas pas-

siert, als er über seine Sonne da im zwölften Haus gelaufen ist. Was ist da in seiner Kindheit passiert? - Da ist er vereinsamt, keine Nestwärme, keine Geborgenheit, keine Geschlossenheit und so weiter, - vom Leben verdrängt. - Ist das für ihn schlimm? Besonders schlimm, oder weniger schlimm?

K: Für den schon.

A: Besonders schlimm. Wegen dem Krebs-Ascendenten und zweitens: weil der Mond noch dazu im siebten Haus drinnen steht, ist das für den ganz besonders schlimm. Die Folge ist: der braucht, selbst wenn er als Kleinkind noch keinen Intellekt hat, der braucht eine Kompensation.

Sein Verhalten ist zeitlebens ein Haus-zwölf-Verhalten. Nämlich sich den Umweltbedingungen zu entziehen. Was ist dann die Folge, daß er die Ordnung und die Polarität der Umweltbedingungen nicht anerkennt beziehungsweise daß er sie auflöst, daß er sich ihnen entzieht. - Das ist ganz folgerichtig, darum muß als Ergebnis der Neptun in zwei stehen.

Nachdem die ganze Geschichte sich bei ihm aber auf Gefühls- und Ausdruckssektor auslebt, - siehe zweiter Quadrant: Akt, Getriebenheit im Handeln, Getriebenheit im Ausdruckshandeln, führt ihn das automatisch in ziemliche Schwierigkeiten.

Da haben wir also in zehn den Uranus: Aufhebung von Polarität. - Und der Uranus kann nur so, wie es der Neptun im zweiten zuläßt, das ist eine ganz folgerichtige Geschichte, schon aus der Kindheit raus.

K: Angenommen: das zweite Haus wäre in die Jungfrau gefallen. In dem Fall ist doch der Löwe, der das zweite Haus anschneidet, der ist geradezu der Ausdruck. Wenn das jetzt in der Jungfrau wäre, würde die Deutung dieselbe sein?

A: Die würde dieselbe sein. Es verstärkt sich die Situation bei Löwe dadurch, daß auch hier der Herrscher von zwei - Sonne - in zwölf ist. Das heißt,, daß der Eigentümer des zweiten Hauses, nämlich der Lebensordnungen, sowieso mit seinem Ziel ins zwölfte Haus geht. Insofern haben Sie recht, wenn das zweite Haus Jungfrau wäre, wäre es nicht so schlimm. Dann wäre er vielleicht bisexuell. Aber das ist schon klar, oder?

K: Ja.

A: Was Sie hier haben, ist nichts anderes als eine Symbolhierarchie der jeweiligen Anlagen einer Person oder einer Sache oder eines geschlossenen, in sich eigenständigen Wesens. Das sind alles Anlagebilder, die jede einzeln für sich richtig sind, die nur in ihrer Zusammensetzung nicht passen.

Ja, das wär's dann für heute.

SECHSTER ABEND

17. November 1971

Wir haben heute zuerst eine Art Denkaufgabe. - Wir haben das letzte Mal das zweite und das zwölfte Haus und die Beziehungen zueinander gehabt, dann haben wir früher einmal das dritte Haus gehabt. Heute gehe ich wieder zurück auf das dritte Haus und da hätten wir eine Denkaufgabe.

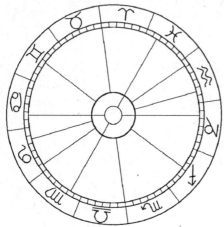

Wir wenden wieder das Verfahren der Deutung an: Sache, Durchführung, Ergebnis. Oder anders ausgedrückt - ich wiederhole das tausendmal, damit es auch wirklich sitzt - : Anlage, Auslebung der Anlage, das heißt Verwirklichungsmöglichkeit und Finalität beziehungsweise Bedeutung.

Dann haben wir hier das erste, zweite, dritte, vierte, fünfte, sechste, siebte, achte, neunte, zehnte, elfte, zwölfte Haus. - Kann man da schon etwas sehen?

K: Eine starke Betonung der Wasserzeichen.

A: Ja, Ascendent Krebs.

Am MC, zweiundzwanzig Fische und da vorne am Aszendenten zweiundzwanzig Krebs Gut, nach was fragen Sie da zuerst?

K: Wo steht der Mond?

A: Der Mond steht im Übergang von sieben zu acht. - Was sagt das? Kommt er da gut an? Mag das der Mond, oder mag er es nicht?

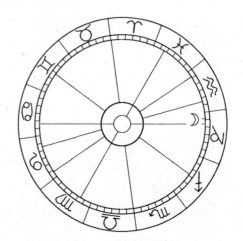

K: Mag er nicht.

A: Mag er nicht, warum mag er nicht?

K: Mag er schon.

A: Mag er schon?

K: Mag er nicht, weil er in Opposition steht.

A: Opposition gibt es nicht bei uns. Das heißt die gibt es schon, aber nicht in dem Sinn, daß es negativ wäre. Opposition ist dasselbe wie Konjunktion. Das liegt nicht an der Opposition oder an der Konjunktion, das heißt am Gegenüber oder am Beisammenstehen, ob das gut oder schlecht ist, sondern es hängt immer davon ab, wer beieinander steht.

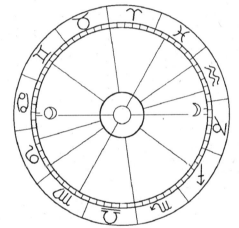

Der Mond zeigt, daß die Gefühlswelt ideell gebunden sein will, ein Leitbild sucht. - Aber ich will ja nicht erklären, das sollen Sie ja tun. Was fragen wir als nächstes?

K: Wo steht die Sonne?

A: Nein.

K: Nach dem MC.

A: Nein.

K: Welche Planeten sind im ersten Haus?

A: Was für ein Planet ist im ersten Haus. Da haben wir einen, da haben wir den Pluto, der steht da ziemlich auf dem Ascendenten. Was sagt der?

K: Ja, der geht in die gleiche Richtung wie der Mond, praktisch.

K: Ja, geistige Bindung.

A: Ja, das heißt, wenn sich die geistige Bindung so auswirkt, daß es am Ascendenten steht und vom Skorpion her kommt, vom fünften. - Was ist dann geistig gebunden?

K: Seine Seele ist ideell fixiert.

A: Der lebt mit einem Leitbild, der hat eine fixe Idee. - Das ist übrigens eine "Sie". - Es muß ja nicht immer unangenehm sein, eine fixe Idee zu haben. Da fragt sich dann auch noch: für wen unangenehm, oder für wen angenehm. Was fragen Sie als nächstes?

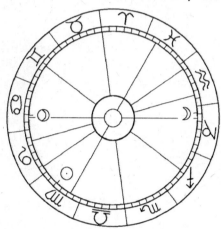

K: Nach der Sonne.

A: Warum fragen Sie danach? - Weil Sie wissen wollen: hat die Betreffende eine Chance durch ihr Verhalten ihre Anlagen umzusetzen. - Die Sonne steht auf zwölf Grad Jungfrau, die steht im dritten Haus. - Jetzt nur keine schnellen Schlußfolgerungen, wir wollen alles erklärt haben. - Die Sonne steht im dritten Haus.

K: Selbstdarstellung.

A: Selbstdarstellung, ja. - Gut, was fragen wir weiter?

- Damit wir den ganzen Rohbau, die ganzen Planeten für den Rohbau haben. - Da fragen wir, wo steht der..

K:.. Neptun?

A: .. Neptun, weil MC, die Finalität, Fisch ist. - Der steht auch im dritten.

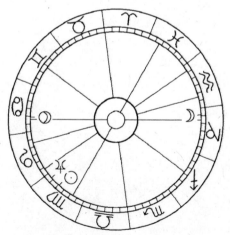

Wir haben dann im zehnten noch einen Planeten stehen und zwar den
Uranus. Wir haben hier eine Persönlichkeit mit fünf Planeten im
Grobsystem. - Bei der brauchen wir fünf Planeten, um den Deutungs-
rohbau festzulegen. Manchmal langen drei und manchmal sind es noch
mehr. Was schlußfolgern Sie jetzt? Was macht die, und warum macht
die das?

K: Könnte eine Schauspielerin sein.

A: Könnte eine Schauspielerin sein. - Wer ist für
Schauspielerin? - Weil sie
die Sonne im dritten Haus
hat?

K: Und Mond im siebten
Haus. Sie braucht das Publi-
kum.

A: Und welche Begründung, -
weil Sie das so anmutet?

K: Ich könnte mir auch vor-
stellen, daß es auf einem ganz anderen Gebiet ist, zum Beispiel eine nach außen sehr stark zur Geltung gebrachte Sozialarbeit, fast
so Sektenanführerin.

K: Schriftstellerin.

A: Warum?

K: Weil die Sonne in der Jungfrau ist.

A: Ja, die Sonne ist in der Jungfrau, aber das würde noch nicht
langen.

K: Wir haben doch eine starke Haus drei Besetzung, dann haben wir
den Neptun, der ja ein bißchen irrational ist und in die ganze Sache mit reinkommt, - also das Gefühl ein bißchen transzendent
macht und die Mondbesetzung, die Plutobesetzung, ich glaube, daß
da auf jeden Fall ein bißchen Beschäftigung da ist, - nach außen
hin, und irgendwie mit dem Motto, - ich möchte sagen so wie: "Liebe Deinen Nächsten", - in diese Richtung könnte es gehen.

A: Also möglicherweise ein religiöser Fimmel?

K: Ja, so in die Richtung.

A: Ja, was gibt es noch für Thesen? - Also: nun möchte ich eines sagen: Schauspielerin ist sie nicht. - Warum nicht?

K: Weil der Neptun im dritten Haus ist.

A: Nein. - Nur Grobsystem, Sie brauchen nur anwenden, um was es geht. - Es ist so: Hat die ein großes Geltungsbedürfnis?

K: Ja.

A: Drittes Haus, verwirklicht sich in..

K:.. der Selbstdarstellung.

A: In der Selbstdarstellung, ja. - Was für einen Teil von sich will sie selbstdarstellen?

K: Ihren Intellekt.

A: Warum ihren Intellekt?

K: Weil die Sonne in der Jungfrau ist.

A: Nein, der Intellekt gehört zum Verhalten. Sie stellt mit dem Intellekt dar - Sonne Haus drei -das sagt aber noch nichts darüber aus, was sie intellektuell darstellt. Und wenn wir wissen wollen: was sie darstellt, was für einen Planeten schauen wir uns da an?

K: Den Merkur, weil der zur Jungfrau gehört.

A: Gar nicht. Den Merkur brauchen wir gar nicht.

K: Den Mond.

A: Ja, das ist doch die Anlage, die zur Verfügung steht, die dargestellt wird. Also, wenn wir wissen wollen: was stellt die von sich dar? Dann müssen wir doch erst wissen, was ist überhaupt, in der Anlage. Was für eine Anlage hat sie denn, welche läßt sich denn von ihr darstellen? - Und was gibt es da für ein grundsätzliches Kennzeichen von dem Mond?

K: Die Begegnung.

A: Ja, was heißt das?

K: Das Gefühl bringt sie in die Begegnung.

A: Ja, aber deswegen kann sie trotzdem Schauspielerin sein. - Nein, ganz primitiv, erster Abend, was haben wir gesagt?

K: Die seelische Erfüllung in der Hingabe.

A: Nein.

K: Weil der Mond als Herrscher von eins im dritten Quadranten ist.

A: Genau, weil er im dritten Quadranten ist, hat sie selber gar nichts zum Darstellen. Was von sich selbst stellt sie dar? - Ihre Vorstellungsinhalte. - Ja, wenn der Mond hier unten wäre, dann würde sie selber agieren, oder wenn der Herrscher von drei in eins stünde, dann würde sie selber agieren. Aber so nicht. -Ist das klar? - Ist nicht klar, ist gar nicht klar?

K: Nein.

A: Im dritten Haus ist die Selbstdarstellung, das war die erste Stufe.

K: Und spielt die Sonne da eine zweitrangige Rolle?

A: Nein, die Sonne spielt schon eine erstrangige Rolle, aber die Sonne kann ja nur das verwirklichen, was an Verwirklichungsmöglichkeiten, an Material, da ist. Was ist die Verwirklichungsmöglichkeit? - Der Ascendent, die Anlage. - Ist das klar?

K: Ja.

A: Ja, gut, und was ist das für eine Anlage? Ist das eine Anlage, die in der Gegend rumhupft, also ich meine so im dritten Haus oder im zweiten oder im fünften? Ist doch nichts dergleichen, die will auch nichts ausdrücken, der Mond ist auch nicht im zweiten Quadranten. Ist das klar?

K: Nein.

A: Wir haben doch gesagt, - erster Abend hier - :
  erster Quadrant: Sichtbarkeit selbst.
  zweiter Quadrant: Sichtbarkeit an dem, was durch einen
         selbst hervorgebracht wird.

oder:
    erster Quadrant: Sichtbarkeit an sich
    zweiter Quadrant: Sichtbarkeit durch sich,
    dritter Quadrant: Sichtbarkeit, die entgegen kommt,
                              Vorstellungsinhalte.
    vierter Quadrant: Sichtbarkeit, die als Finalität erwirkt
                              wird.

Das nur mal nach der Sichtbarkeitsgeschichte, aber Sie können auch so sagen: Ich (I) tue (II) Dir (III) es (IV). Ist das klar, warum die keine Schauspielerin ist?

K: Ist schon klar, weil sie nichts hervorbringt.

K: Darf ich mal fragen: sagen wir einmal, die wäre Schauspielerin, müßte dann der Mond im zweiten, im "tue" stehen?

A: Der könnte in den ganzen unteren Quadranten hängen. Mit Ausnahme von Haus sechs, - wenn sie ihn in Haus sechs hätte und die Sonne in Haus drei, dann würde sie wahrscheinlich in irgendeiner Werbeagentur allen auf die Nerven fallen.

Nachdem sie den Mond im siebten, übergehend zum achten hat, ist sie echt begegnungsfähig?

K: Würde ich schon sagen.

A: Und wie steht es mit dem Verhalten?

K: Drängt zum Du.

A: Und das Verhalten auch?

K: Nein.

A: Das Verhalten nicht. Warum nicht?

K: Weil die Sonne in drei ist.

A: Sonne drei, also was tut sie? - Sie benützt die Begegnung, um sich selbst zu verwirklichen, und nicht nur das, sondern auch um ihr Geltungsbedürfnis loszuwerden. Die sagt zum Beispiel sie kennt den Kaiser von China und den Schah von Persien persönlich unter anderem.

K: Das wäre dann Hochstapelei.

A: Ist sie auch, aber das ist sie eigentlich nur nebenbei, so aus Geltungssucht, das merkte sie selber gar nicht. Obwohl schon einmal die Polizei hinter ihr her war. Aber da hat sie nicht verstanden warum.

Es kommt noch etwas dazu: sie ist gleichgeschlechtlich veranlagt, kein Zwitter, mehr Lesbierin.

Zweitens: hat sie dann mal Musik studiert bis zur Orgel Reife, - wobei man nie genau weiß, was wahr ist.

Dann war sie Redakteurin bei irgendeinem Modeblatt, eine sehr gute sogar. - Später habe ich sie aus den Augen verloren. Ich habe ihr mal geholfen, wie die Polizei hinter ihr her war, da ist sie immer zu den Zeitpunkten aufgetaucht, wo die Polizei nicht da war, - das habe ich immer genau ausgerechnet. Und das ging ein halbes Jahr sehr gut, weil man sie zwischendurch immer gesehen hat und da konnte niemand sagen, sie hätte sich entzogen.

Mir kam es jetzt nur darauf an, festzustellen: warum die nicht selber Schauspielerin ist. - Sagen wir mal: Schauspielerin ist der falsche Ausdruck, Darstellerin.

Gut, jetzt nehmen wir nochmals die Knef: Der Ascendent müßte so auf zwei bis drei Grad Skorpion sein, und dann müßte der MC auf dreizehn Grad Löwe sein. Wir haben die Spitze des dritten Hauses im Steinbock; jetzt haben wir den Herrscher von eins. Da fragen wir: was macht hier der Pluto, wo steht er? - Gut, der steht da hinten im dritten Quadranten, in Haus neun. Die dürfte also auch keine Schauspielerin sein, oder Darstellerin. - Im übrigen ist sie ja, ganz davon abgesehen, das nicht einmal alleine, sondern auch Texterin und Sängerin. Sie hat ein Buch geschrieben und ist in ihren Chansons moralisch und so.

Was können Sie sich vorstellen, warum sie doch Schauspielerin ist?

K: Weil sie durch den Saturn als Herrscher von drei in eins, sich selbst, in ihrer Person darstellt.

A: Genau. Die Sonne ist der Pächter eines Hauses, das vom Saturn beherrscht ist, und der steht in Haus eins. Und dann hat sie hier auch ein leichtes Quadrat von Neptun in zehn rein, das ist ganz klar, denn beides kann sich nicht vertragen: Saturn - Neptun. Da haben Sie auch so ein bißchen die "Sünderin" drinnen. Ist das klar?

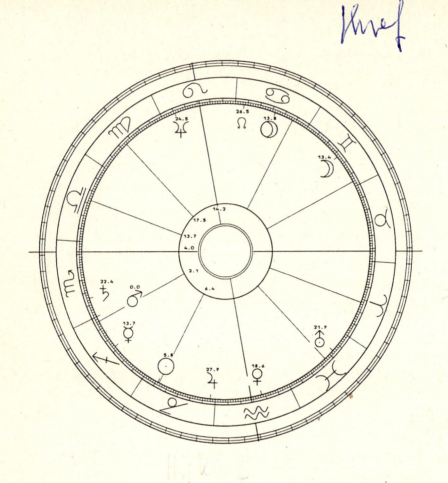

K: Kann man sagen: Überdarstellung der eigenen Person?

A: Genau, "Über -" das ist sogar das richtige Wort. Sie will im Grunde genommen etwas anderes über die Darstellung Ihrer Person darstellen.

K: Was?

A: Ihre Anschauung in neun, siehe "Geschenkter Gaul" und eigene Texte "Wovon träumt die Ente" oder so ähnlich.

K: Sie nehmen doch immer erst den Ascendenten rein und da ist der Pluto in neun. Würde man das nicht als leitbildhafte Anschauung sehen?

A: Ja, schon. - Wir haben es ja jetzt nicht als Ganzes durchgesprochen, sondern es geht jetzt nur darum: der Herrscher von eins ist im dritten Quadranten und trotzdem stellt sie sich selber dar, weil sie die Sonne in drei hat und der Herrscher von drei, der Saturn sich auf eins bezieht. Das nur als Kontrast zum vorhergehenden Beispiel.

K: Aber was würde man sonst sagen, wenn der Pluto in Haus neun ist?

A: Das ist ähnlich wie vorhin: sie benützt die Anschauung, um in Haus drei zur Geltung zukommen. Es sind Bilder, die sie dann durch die Sonne im Steinbock entsprechend bitter, herb und demonstrativ vermittelt. Ist das klar? - Ja.

Dann wollen wir mal was anderes untersuchen, jetzt schauen wir uns noch mal ein paar Geburtsbilder an. Fragen wir zuerst: Wo steht die Sonne? - Die Sonne steht hier in Haus vier. - Dann fragen wir: Was steht im ersten Haus? - Mond/Saturn. Dann fragen wir: Wo steht der Herrscher von zehn? - Der steht in Haus zwei. Was würde das sagen: bekommt der Luft?

K: Nein.

A: Als Löwe ist der einem Erstickungsanfall nahe. Er bekommt also keine Luft. Warum bekommt er keine Luft? Gut, Ascendent Löwe, was will der Löwe?

K: Herrschen.

A: Herrschen? - Dann muß ich anders fragen. - Wenn man sagt: herrschen, dann ist das schon Bewertung. Das stimmt nämlich gar nicht, der Löwe will gar nicht herrschen. Da haben nur die anderen den Eindruck davon. Der Löwe ist überall. Der Löwe hat Kraft und er hat Selbstgefühl. Er will aktiv sein, er will produktiv sein, er will wirken.

K: Kann man sagen, er will seinen Lebensraum gestalten?

A: Genau, das kann man wortwörtlich sagen. Aber den möchte er selber gestalten, und da braucht er niemanden dazu.

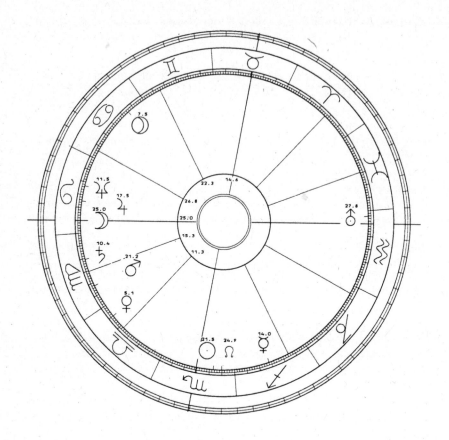

K: Braucht er die, die ihn bewundern?

A: Das kommt später. Die braucht er natürlich schon, ein Gockel ist er schon.

K: Das ist fast wichtiger als das Gestalten. Wenn er genug hat, die ihn bewundern, dann kann er auch noch auf das Gestalten verzichten.

A: Das kommt darauf an, wo er die Sonne hat. Wenn er die Sonne im Zwilling hat, dann schon. Das heißt also: wenn jemand sehr kräftig ist und seelisch sehr kräftig, sehr aktiv ist und seinen Lebensraum selber gestalten möchte, unabhängig sein möchte, was heißt das?

K: Unabhängigkeit.

A: Der will auf keinen Fall planen, will sich auf gar keinen Fall festlegen. Er will nicht in eine Form gepreßt werden und er braucht vor allen Dingen eines: Bewegungsfreiheit.

Ihm kommt es darauf an, daß er immer unmittelbar die Möglichkeit hat, zu entscheiden was er will. Er muß immer unmittelbaren Bewegungsraum haben. Der kümmert sich unter anderem auch nicht darum, wenn in irgendeinem Park steht: "Hund an der Leine führen" oder so, das tut er nicht. Und er ist furchtbar empfindlich auf seine Würde, nämlich auf seinen Bewegungsraum.

K: Bezogen auf den Löwen, oder..?

A: Bezogen auf den Löwen, ja.

Gut, und der Löwe braucht also viel Platz. Warum hat er den Platz nicht?

K: Weil er die Sonne in Haus vier hat?

A: Ja, die Sonne hat er im vierten Haus, die hat er da drinnen. Was heißt das?

K: Das ist an und für sich die seelische Eigenständigkeit, die seelische Potenz.

A: Warum ist das eingesperrt im zweiten Quadranten?

K: Im fünften könnte ich mir vorstellen, daß es sehr gut wäre. Weil er etwas gestalten kann im fünften Haus. Im vierten müßte er sich selbst gestalten, so ungefähr.

A: Was will er denn überhaupt, wenn er die Sonne im vierten Haus hat?

K: Etwas hervorbringen.

A: Nein, er will seine seelische Eigenständigkeit und die will er ausbauen und gestalten. - Den Herrscher von zehn haben wir im zweiten Haus. Und das führt dazu, daß er das auf sehr konkrete Weise macht, gut, in Ordnung. Aber was fehlt? Was fehlt an dem ganzen Horoskop?

K: Der dritte Quadrant.

A: Der dritte Quadrant fehlt überhaupt.
Zeichnen wir die anderen Planeten auch noch rein, dann wird das deutlicher. Was fehlt da? - Der hat keinen Ausgleich durch Begegnungssituationen. Ist das klar?

K: Ja, aber mir ist nicht klar, warum das so schlimm ist?

A: Nein, so schlimm ist das ja nicht.

K: Ja, aber das keine Luft bekommen, das habe ich auf ganz was anderes bezogen.

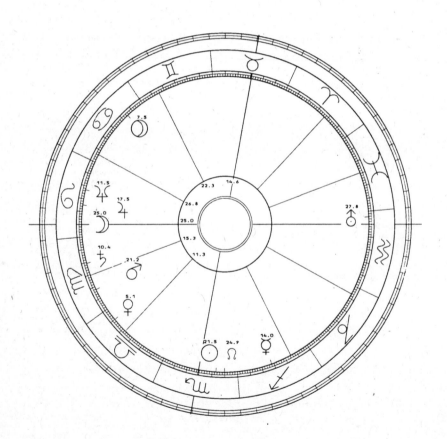

A: Auf den Saturn bezogen?

K: Auf den Saturn bezogen, und dann hat mich von vornherein schon der Mond gestört, wenn ich ihn als Gegenpol der Sonne nehme, dann noch der Löwe drinnen, - daß hier dann Spannungen auftreten, die dem die Luft wegnehmen, das finde ich, sieht man an der Planetenhäufung beim Ascendenten. Die Sonne stört mich im vierten Haus weniger.

A: Ja, die Sonne im vierten Haus ist deswegen so schwerwiegend, weil sie nämlich gleichzeitig die Anlage wie auch die Verwirklichung ist. Sonst haben wir den Herrscher von eins irgendwo und dann haben wir die Verwirklichung extra. - Oder der Herrscher von eins steht in vier und die Verwirklichung haben wir dann irgendwo anders, verstehen Sie. - Aber hier ist es so, daß der Herrscher von eins, der Löwe ist, und der ist gleichzeitig die Verwirklichung. Diesem Löwen sind untertan, sagen wir mal, der Mond und der Saturn, weil sie die Pächter von diesem Haus sind. Also auch Mond und Saturn sind mit drinnen, in den Löwen hineingepackt. Dann haben wir den Herrscher von zehn auch noch im ersten Quadranten, im zweiten Haus drinnen. - Aber lassen wir den mal aus dem Spiel. Jetzt hat der die Sonne im zweiten Quadranten, im vierten Haus. Jetzt ist alles auf die eigene Seele disponiert. Es ist überhaupt keine Chance zur Begegnung drinnen. Mars als Herrscher von neun in zwei. Seine Einsichtigkeit bezieht sich auch hier auf das zweite Haus, auf den Mars, - den Eigenbezug.

K: Ja, soll sie doch. Nun ja, hat er keine Begegnung.

A: Gut, hat er keine Begegnung, das genügt mir ja.

K: Aber das, was vorher gesagt wurde, schließe ich noch immer nicht aus dem Sonnenstand. Dieses ganze Sonnenproblem ist mir nicht klar

A: Gut, lassen wir die Sonne weg und stellen fest: der hat keine Begegnung. Was hat das für Folgen?

K: Daß er sich zurückzieht.

A: Nein.

K: Die Sonne muß sich irgendwo verwirklichen, wo sie sich an und für sich gar nicht verwirklichen will, - nach den Anlagen des Löwen, - so sehe ich das. Der Löwe braucht etwas anderes.

A: Nicht nur der Löwe.

K: Soll er doch sich selbst psychisch verwirklichen.

A: Ja, ich will ja nur den Kontrast rausstellen, daß alles hier unten ist, und daß in der Begegnungsseite gar nichts ist und daß alles darauf disponiert ist, die eigenen Wurzeln zu sichern, die eigenen seelischen Wurzeln zu wahren und zu sichern, - Das vierte Haus ist immerhin ein Verwahrungshaus, das ist kein Ausgabehaus.

Und das ist sowohl in der Verwirklichung als auch in der Anlage, die sind da identisch. Und dieses Verwahren bezieht sich auch noch auf die zwei Planeten, auf Mars und Venus im zweiten Haus, die auch wieder aus einer beherrschenden Ecke, einer zumindest von da oben, vom MC, kommt.

Jetzt kommt noch dazu: Herrscher von sechs ist auch noch der Saturn. Das heißt es sind lauter Verwahrungsmomente da, die die Verausgabung des Löwen und damit der Sonne einengen. Da ist gar kein Zweifel.

K: Als Gesamtkonstellation, ja.

A: Die Sonne im vierten Haus hat keine Möglichkeit zur aktiven Gestaltung. Darauf kommt es aber an. Und jetzt, - darauf wollte ich eigentlich hinaus, braucht der ein Ventil, und das ist der Uranus da oben in sieben. Der verschafft ihm etwas Luft. - Beleuchten wir das Problem noch einmal von einer anderen Seite.

Hier haben Sie als Anlage: Löwe. Löwe ist Verausgabung. Kraft als Vorgang: Verausgabung. Und hier haben Sie die Sonne im vierten Haus: Skorpion. Skorpion ist was?

K: Geistige Bindung, das Gegenteil von Löwe.

A: Skorpion ist nicht das Gegenteil, aber zumindest etwas Gegensätzliches. Wird also dieser Sonnenstand im vierten, wird der der Anlage gerecht oder wird die eingeengt?

K: Die wird eingeengt.

A: Die wird eingeengt. - Und da braucht er dieses Ventil, den Uranus. Er ist furchtbar neugierig und allem aufgeschlossen.

K: Jetzt möchte ich fragen: Warum hat er überhaupt geheiratet? Das sehe ich jetzt nicht? Man könnte fast sagen, der kommt gar nicht zum Heiraten.

A: Geheiratet hat er schon aus einem bestimmten Grund. Es gibt zwei Arten von Frauen, denen er auf eine indirekte Weise sehr treu ist, die einen sind die sogenannten Hausmütterchen, die anderen Schlagerstars oder Tänzerinnen von einem Fernsehballett, oder tolle Puppen, wie man sagt. Die ersteren von beiden, die sind etwas ganz Biederes. So was von bürgerlich kann man sich überhaupt nicht vorstellen, mit Deckchen am Herd und so weiter Das ist vermutlich der Grund: Die einen sind zum Angeben und die anderen für das vierte Haus. Denn, wenn ich schon ein schönes viertes Haus haben will, irgendwo im Tessin, dann soll wenigstens irgendwer drinnen sein, das gehört dazu. Das ist weniger aus Begegnungsfreude, sondern damit das Haus komplett wird, neben der Garderobe, dem Büfett, da muß dann auch eine Frau drinnen sein.

K: Was ist eigentlich der Mondknoten? *Mondknoten*

A: Das ist einfach der Schnittpunkt zwischen der Mondbahn und der Ekliptik. Das ist eine Art sensitiver Punkt. Da gibt es einen absteigenden Knoten, da sagt man: das sind Trennungen. Oder einen aufsteigenden Knoten, das sind Kontakte, Verbindungen und so weiter. An sich sagt man: der Mondknoten bezeichnet die Kontaktfähigkeit der Person. Wenn jemand den Mondknoten im ersten Haus hat, ist er kontaktfähig.

Das Prinzip, das hier wichtig ist, ist jetzt das: wann steht quasi der Uranus immer stark? Was könnte man schlußfolgern?

K: Wenn derjenige ein Ventil braucht für irgend etwas.

A: Genau. Je stärker der Saturn, oder je mehr der Saturn die Sonne einsperren kann, oder je mehr die Sonne eingesperrt ist, die Verhaltenssituation, oder je mehr der Saturn irgendwelche Bereiche einsperrt, - nehmen wir mal an, er steht als Herrscher von sechs in zwei, oder in drei mit irgendeinem Quadrat, dann steht in jedem Fall der Uranus stark. Und stark stehen heißt: auf der Achse stehen, oder in einem Eckhaus oder als Spannungsherrscher.

Wenn alle Planeten auf einer Seite sitzen und ein einziger steht gegenüber, dann ist das immer der Spannungsherrscher. Das kann der Mond sein, oder alles mögliche, meistens ist es der Mond, oder der Uranus.

K: Und wenn alles auf einer Seite ist und auf der anderen überhaupt nichts?

A: Das gibt es auch. Das müßte man dann untersuchen. Das kommt dann auf das Einzelhoroskop an.

K: Gibt es Aussagen darüber, daß man sagt: alle Planeten in Quadrant eins und zwei, alle in drei und vier und so weiter? Kann man da globale grobe Schemen aufstellen?

A: An sich kaum, denn es kann ja so sein: der Herrscher von eins kann ja Widder sein, oder Stier. Oder Herrscher von eins kann genau so gut Löwe sein. Im Grunde genommen ist die Anlage bei dem einen auf Ansammlung substantieller Möglichkeiten, Konzentrierung substantieller Möglichkeiten ausgerichtet, im zweiten Fall ist das Grundprinzip schon, daß es hier um die Verausgabung von Potenzen geht. Da liegt schon der Unterschied. Jetzt nehmen Sie mal an, Sie haben einen Ascendent Löwe und alles im ersten Quadranten drinnen, dann kommen Sie trotzdem nicht zu derselben Aussage, als wenn Sie Ascendent Stier haben und auch alles im ersten Quadranten. Es geht um eine gewisse Durchsetzung der eigenen Anlagen. Es geht um eine Durchsetzung und Formierung des Ego bei Quadrant eins, und dann kann man als zweites sagen: worin liegt das Ego?

Das Ego liegt vielleicht in der Ansammlung, wenn der Ascendent Stier ist, in der Konzentrierung substantieller Möglichkeiten. Das würde heißen, daß der Betreffende zumindest schon mal einen ziemlichen Umfang hat, keine hohe Verbrennung hat, weil er ja nichts her gibt. Das geht auf den Organismus über.

A: Ich habe übrigens ein Geburtsbild hier, alles ist in sieben und acht, nichts am Ascendenten. Wir haben Ascendent Jungfrau und alle Planeten, Verwirklichung, Herrscher von eins und so weiter, Merkur sind im siebten Haus. Was heißt das?

K: Der ist begegnungsabhängig.

A: Ja, wenn das erste Haus oder der erste Quadrant nicht irgendeine Stütze hat, würde das heißen: daß der ständig wie eine Waage hin- und herfliegt, je nachdem in welcher Kontaktsituation er ist.

K: Und wenn der dritte Quadrant, also siebtes, achtes, neuntes Haus gleichmäßig gut verteilt sind?

A: Ja, dann würde das auf die einzelnen Punkte verteilt das gleiche sagen.

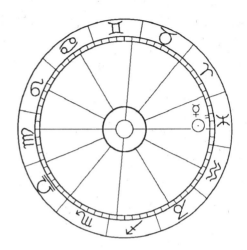

K: Kann man da prinzipiell Aussagen machen, wenn man in ein Horoskop hineinschaut, nur nach den Quadranten?

A: Man kann eines prinzipiell sagen: wer alles im oberen Quadranten hat, ist sehr mitteilungsbedürftig und lebt ausgesprochen nach außen. Man kann auch sagen, daß er im Grunde genommen erst in der zweiten Lebenshälfte zum Erfolg kommt, selbst das kann man sagen. Das heißt, daß er einen langen Entwicklungsweg hat, um sich zu verwirklichen, oder um verwirklicht zu sein, wenigstens auf einer bestimmten Stufe.

Und wenn alles im unteren Quadranten ist, kann man sagen, daß das zunächst einmal Praktiker sind, die auch eher verschlossen sind, die sich eher abschliessen nach außen. Die Dinge zurückhalten und die sich nicht unbedingt verausgaben. Während die von der oberen Hälfte, die sind in Gefahr, daß sie sich verausgaben. Wenn die Potenz vom ersten Haus nicht besonders stark ist, dann ist die Verzettelungsgefahr um so größer.

K: Weil sie es für die Allgemeinheit machen, während im anderen Fall, ist es alles für sich selbst.

A: Genau.

K. Gibt es Aussagen für den ersten/vierten beziehungsweise zweiten/dritten?

A: Gibt es schon. Nur würde ich sagen, die helfen uns nicht so übermäßig viel. Auf den ersten Blick kann man sagen: im zweiten Quadranten hat er zum Beispiel eine Menge. Und dann können Sie auf den ersten Blick sagen: den drückt das. Da ist zunächst - wenn alles im zweiten Quadranten ist - zwar ein ziemlicher Ausdrucksdrang, aber gleichzeitig, wenn die Begegnung fehlt, wenn der dritte Quadrant fehlt, ein entsprechend starker Subjektivismus, das heißt eine Bezogenheit auf das eigene Bedürfnis, sich auszudrücken. Also eine Art Hingabe Egoismus.

Wenn man jetzt von dem zweiten Quadranten insgesamt redet, da gehört das vierte und sechste Haus mit rein, nämlich die Abhängigkeit von dem Drang. Denn, je stärker das Haus fünf ist, desto stärker muß der Herrscher von sechs belastet sein. Ist das klar?

K: Ja, so ungefähr.

A: Ist nicht klar?

K: Nein.

A: Na gut, wenn Sie als Herrscher von fünf den Lebenstrieb haben, Rennfahrer zu werden, dann müssen Sie sich an die Lebensmöglichkeiten des Rennfahrers anpassen. Dementsprechend ist dann auch das Haus sechs. Das heißt Haus sechs ist die Anpassung des Lebenstriebs an die Bedingungen. Das ist ein sogenannter Steuerungsvorgang. Je individueller das Haus fünf disponiert ist, desto schwieriger wird die Anpassung im sechsten Haus.

Wenn einer zum Beispiel im vorigen Jahrhundert Raumfahrttechniker geworden wäre, also hundert Jahre zu früh, dann hätte der mit dieser Spezifikation natürlich ganz schwierige Anpassungsbedingungen an die Lebensbedingungen gehabt. Verstehen Sie, was ich meine?

K: Ja, die Umwelt und so weiter.

A: Man kann sofort vom fünften Haus auf das sechste schließen. Man kann das bei den übrigen Dingen auch machen. Schon klar? - Ja, das wäre das, dann machen wir jetzt eine Pause und dann machen wir hernach eine Wiederholung der Tierkreiszeichen.

P A U S E

K: Wie ist denn das mit den Quadranten und Oppositionen und all diesen Dingen?

A: Ja, da wird gefragt nach den Quadranten, Oppositionen, wie man die erkennt.

Wir haben gerade ein Geburtsbild gehabt von Löwe und Skorpion. Wobei der Ascendent Löwe war und wo der Mond im Löwen am Ascendenten war. Also die beiden Entwicklungsphasen, die des Löwen, nämlich die der Verausgabung, und die des Skorpions, die der Beherrschung des Lebendigen, oder die Bindung des Lebendigen an Vorstellungsinhalte. Das ist eine Einengung, eine Disziplinierung, eine Unterordnung des Lebendigen. Und das andere ist eine unabhängige Auslebung des Lebendigen.

Das sind zwei verschiedene Entwicklungsphasen. Und wenn beide dominant sind, schließen sie sich doch aus. - Ist das klar?

K: Ja.

A: Ja, und die zwei Zeichen stehen genau neunzig Grad auseinander, was ein Quadrat ist.

> neunzig Grad ist ein Quadrat,
> hundertachtzig ist eine Opposition, und
> null bis sechs Grad, sagen wir mal, ist eine Konjunktion.

Aber es genügt, wenn Sie wissen, da steht ein Planet im Löwen, nehmen wir mal an: der Mars, und da steht ein Planet im Skorpion, nehmen wir mal an: der Saturn, dann will der Mars mit Energie sich verausgaben und irgend etwas verausgaben, je nach dem, was für ein Haus und so weiter. Und der Saturn will formieren, regeln. Was? - Irgendeine Unterordnung des Lebendigen, das liegt ja im Skorpion drinnen, die Unterordnung des Lebendigen an eine Idee oder Vorstellung, die will der Saturn formieren. Beide Anlagen schließen sich gegenseitig aus. Das genügt, wenn Sie das wissen.

Sie brauchen gar nicht zu wissen, daß das ein Quadrat ist, Sie können es natürlich wissen. Sie können dann sagen: das ist ein Quadrat. Wenn Sie nur lernen: die sind neunzig Grad auseinander, infolgedessen ist das ein Quadrat, infolgedessen ist das nicht gut, - das genügt nicht. Sie haben viel mehr davon, wenn Sie möglicherweise vom Quadrat gar nichts wissen, aber Sie wissen: ein Saturn im Skorpion, Mars im Löwen, die können sich nicht vertragen.

Und so ist es mit den übrigen Aspekten auch. Im Grunde genommen ist es so, es hängt ja alles in einem Tierkreis. Also, wenn man schon mit Aspekten anfängt, dann müßte es im Grunde genommen tausend Beziehungen geben, denn jeder Punkt hat Beziehung zu jedem Punkt, der verschiedenartig ist. - Oder Sie greifen vier heraus:

> Das Quadrat, neunzig Grad,
> die Opposition, hundertachtzig Grad,
> die Konjunktion, null bis sechs Grad,

und dann gibt es noch:

> das Halbquadrat, fünfundvierzig Grad,
> das Sextil, sechzig Grad,
> das Halbsextil, dreißig Grad.

Ein Sextil ist immer passabel. Ein Sextil paßt in irgendeiner Form immer zusammen.

Denn stellen Sie sich mal vor: Sie haben Widder und Wassermann, die sind sechzig Grad auseinander, die vertragen sich gut. Jeder läßt dem anderen Platz, die kommen sich nicht ins Gehege. Das sind Entwicklungsphasen, die sich nicht stören. Mit Steinbock und Fisch ist es sogar so, daß es einigermaßen geht. Obwohl es da schon ein bißchen fragwürdig ist. Und darauf basiert das sogenannte Sextil.

Beim Trigon - hundertzwanzig Grad - ist es folgendermaßen: da sind alle Erdzeichen untereinander, alle Wasserzeichen untereinander und so weiter. Die Wasserzeichen, die an sich die unbegrenzten sind, das heißt die sich nicht selbst begrenzen, die tun sich nichts. Ob sie sich dabei ergänzen, das ist wieder eine ganz andere Frage. Das ist also klar mit den Aspekten? - Ja?

Jetzt noch einmal etwas zum Wiederholen:
Der Planet ist immer das Bewegungsprinzip des Tierkreiszeichens, dem jeweils zugehörigen. Und zwar zeigt es die Zielrichtung an. Der Planet zeigt immer die Zielrichtung auf. Ist das klar? - Das haben wir x-mal probiert, wenn wir einen Herrscher von eins gehabt haben, von Zwilling zum Beispiel, dann haben wir gesagt: es geht um Entfaltung, Entwicklung in den konkreten Raum, oder Untersuchung des konkreten Raumes. Dann haben wir gesagt: wo steht der Merkur? -Damals haben wir das schon gehabt, daß wir gesagt haben: wo liegt das Ziel des Tierkreiszeichens? - Wo liegt der Planet?
Dann zu den Häusern - da können wir sagen:

>beim ersten: materielle Erscheinung,
>beim zweiten: materielle Sicherung,
>beim dritten: materielle Entfaltung.

Wir können natürlich viel besser sagen: die Sache an sich oder die Anlage, und dann können wir sagen: die Sicherung der Sache, und dann können wir als nächstes sagen, im dritten Haus: die Entwicklung der Sache, und zwar alles in bezug auf die jeweilige Sichtbarkeit der Anlage, die ja durch den jeweiligen Ascendenten disponiert ist. Es ist ja, wie gesagt, ein Unterschied, ob wir einen Ascendenten Stier haben, oder einen Ascendenten Fisch. Da geht es dann um ganz andere Dinge.

Aber das Prinzip gilt gleichermaßen:
>die Sache an sich,
>die Sicherung der Sache in der konkreten Welt, - weil es ja der Sichtbarkeitsquadrant ist, der erste, - und die Entwicklung der Sache in der sichtbaren Welt.

Und wenn Sie das über die Häuser wissen, über die ersten drei, dann genügt das zunächst, und damit können Sie im Grund alles erklären. Wir haben auch, nur zur Erklärung, etwas gezwungen, alles auf "selbst" gemacht, - das heißt:

>die Selbstdurchsetzung,
>die Selbstsättigung,
>die Selbstdarstellung,

das ist natürlich klar, das schlußfolgert sich.

Wenn Sie zum Beispiel hier haben: die Sicherung der Sache, im zweiten Haus, dann ist das, wenn man das in einen Vorgang übersetzt, oder wenn man das auf eine Person bezieht, dann ist das natürlich eine Selbstsicherung, Selbstsättigung, Selbstbefriedigung.

Und beim dritten Haus ist es das gleiche: materielle Entfaltung. Da haben wir da stehen: Selbstdarstellung, das heißt nicht materielle Entfaltung, sondern wir haben statt dessen gesagt: die Entwicklung der Sache in den sichtbaren Raum. Das ist natürlich eine Darstellung, von einer anderen Seite her gesehen: die Darstellung einer Sache.

Wenn also zum Beispiel jemand einen Krebs-Ascendent hat und der Mond im ersten Haus, Sonne im dritten Haus, oder Mond und Sonne im dritten Haus, dann ist der so irrsinnig stark auf die Entwicklung seiner Person in den sichtbaren Raum disponiert, daß er möglicherweise jedem auf die Nerven geht, und jedem alles erzählt, weil er unter dem Aspekt der Gefühlshingabe sich darstellt.

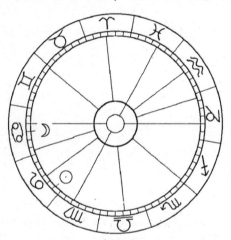

Der Vorgang ist wieder ganz anders, wenn wir Stier Ascendent haben und die Venus und die Sonne im dritten Haus. Der erzählt nicht jedem alles - der geht auch möglicherweise auf den Wecker - aber als Stier begrenzt er, er versucht sich aus dem Umkreis zu ziehen.

Das ist ein ganz anderer Vorgang. Das eine ist ein Verausgabevorgang und das andere ist ein Einsammlungsvorgang, fleischfressende Pflanze, sozusagen in Bewegung.

Die Sicherung einer Sache, oder die Sättigung einer Sache ist natürlich ein Vorgang der Konzentrierung substantieller Möglichkeiten. Die Sicherung einer Sache im sichtbaren Raum, dazu gehören

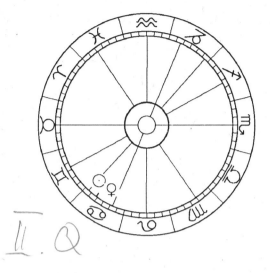

auch Gesetze, Rechtsfragen. Aber eine Konzentrierung aller substantieller Möglichkeiten auf sich führt zu Stärke.

K: Kann man allgemein sagen: daß das Tierkreiszeichen über das Haus dominiert?

A: Genau, so ist es. - Gut, das ist klar, dann gehen wir über zum zweiten Quadranten.

Der zweite Quadrant war ja das, was insgesamt gesehen die Sichtbarkeit zeigt, die man hervorbringt. Und da haben wir Haus vier als Beginn. Und da müßte man anstatt: seelische Erfüllung, seelische Versammlung sagen, Verwahrung des Wesens. Dabei ist anstatt: seelisch, besser zu sagen: der seelischen Kräfte. Oder noch besser: der Ausdruckskräfte oder der Gestaltungskräfte, weil das Wort: "seelisch" ein bißchen begriffsverwoben ist, verschwommen. Wie formulieren wir das: Verwahrung der Gestaltungskräfte, der Ausdruckskräfte?

K: Der Emotionen, oder so.

A: Das ist eigentlich schon mehr das fünfte Haus. Viertes Haus ist sozusagen der Sitz und die Gestalt des Wesens. Und das Wesen besteht aus dem, was an Ausdruckskräften sich gestaltet, was sich da verwurzelt. Und dabei haben wir eine Arbeitsdefinition für das, was man "seelisch" nennt, soweit man das Wort "seelisch" hier benützt für den zweiten Quadranten: daß man sagt: daß das ein sich ständig erneuernder Zustand ist, mit dem Trieb zum Gestalthaften. Aus der Spannung von Quadrant eins zu Quadrant drei: nämlich zur Begegnung, also aus der Herausforderung des dritten Quadranten gegenüber dem ersten kommt die Spannung, sich ausdrücken zu wollen. Das wollen wir als Arbeitsdefinition für "das Seelische" gebrauchen. - Ist das klar?

K: Nicht ganz. Sie sagen: aus dem Verhältnis von Quadrant eins zu drei kommt die Spannung..?

A:.. die Spannung, sich ausdrücken zu wollen, oder daß gestaltet wird, oder daß etwas geschieht. Ja, und da haben wir bei der "Selbst"-Geschichte hier: Selbsthingabe.

K: Eine Frage noch: diese Selbsthingabe, dieses Zurückziehen, könnte das auf verschiedene Weise geschehen? Zieht er sich aus Angst zurück oder im meditativen Sinne? - also ich meine, dieses Sammeln, dieses bewußte In-sich-sammeln. Das verbinde ich persönlich nicht mit krebsig, sondern ich habe immer das Gefühl, daß hier Angst vor draußen ist und man zieht sich mal vorsichtshalber zurück. Liege ich da falsch?

A: Die Angst vor draußen kann natürlich mit bewirkend sein, aber die kommt dadurch, weil der Krebs wieder seine Kräfte genau in vier hat. Die Angst vor draußen ist ja wiederum deswegen, weil er seine Anlagen dort in vier disponiert hat und nickt draußen. Also muß er vor draußen Angst haben.

Und dann kommt noch etwas dazu, daß so ein Haus, wie das vierte, oder so ein Zeichen, wie der Krebs oder wie der Mond, die haben einen starken seelischen oder ausdrucksmäßigen Identifikationsdrang. Das heißt sie wollen immer echt sein, das heißt sie wollen sich immer mit dem, was sie tun identifizieren. Die Folge davon ist, daß sie in soundsoviel Situationen kommen, wo Inhalt und Funktion getrennt werden müssen, einfach aus der Situation.

Nehmen wir mal an, der eine Krebs hat einen Arbeitgeber, den er nicht leiden kann, dann kann er dem auch nicht sagen, daß der ein Idiot ist, weil er sonst am nächsten Tag fliegt. Das kann der Krebs aus seinem Drang sich zu identifizieren irrsinnig schwer verarbeiten. Das fällt ihm ungeheuer schwer. Und die Folge davon ist natürlich, daß er sich dann zurücknimmt und dann sich auf sich selbst konzentriert.

K: Ich verstehe das nicht ganz, könnten Sie das nicht an einem Beispiel erklären?

A: Ja, gut, zum Beispiel ein Krebs-Ascendent, der ist als Person sehr träge und gefühlssubjektivistisch. Und die Folge davon ist, daß er sehr labil ist.

Und dann bezieht er das Schutzverhalten durch das Zeichen gegenüber, durch sein Denken, durch Herausforderung. Und die Herausforderung beim Krebs ist der Steinbock. Und deswegen hat er dann sehr strenge Denkforderungen, als Halt. Darum sind sie Traditionalisten, sind für Traditionen. Halten gern an irgendwelchen alten Gewohnheiten fest. Wenn Sie einen Krebs-Ascendenten kennen, der mit achtzehn Jahren eine bestimmte Krawatte trug und Sie treffen ihn mit fünfundzwanzig wieder, kann es Ihnen ohne weiteres passieren, daß er dieselbe immer noch trägt. - Das gehört alles zum Festhalten.

Er wird sehr scharf urteilen, er wird ganz scharfe Urteile fällen, relativ objektiv, scharf formulieren und präzise sein. Und zum Teil geben die auch gute Mathematiker ab. Dies aus dem Denk-Schutzverhalten heraus, weil sie persönlich im Verhalten so labil sind. Wenn zum Beispiel einer irgendwo entlassen werden sollte und der Präsident wäre Krebs-Ascendent, da bräuchte der bloß persönlich bei ihm erscheinen, und der Krebs würde es nicht übers Herz bringen: "nein" zu sagen. Aber er würde der Meinung sein, daß der Mann da nicht reingehört, das würde er ihm gleichzeitig sagen. Er würde ihm sagen: "Sie gehören eigentlich hier nicht rein und es ist Wahnsinn, wenn Sie bleiben, aber Sie können bleiben."

K: Ich habe bei Sonnenstand Krebs die Beobachtung gemacht, daß die Leute sich für unentbehrlich halten. Und ich halte es nicht für Zufall, daß sie glauben, wenn sie zum Beispiel in einem Geschäft sind und krank werden, - das dürfen sie nämlich nicht, - daß dann der Betrieb zusammenbricht. In Urlaub dürfen sie auch nicht gehen. Alle anderen sind ersetzbar, aber der Krebs Sonnenstand nicht.

A: Ja, das müssen Sie anders verstehen: wenn Sie sich vorstellen, daß der Krebs sich mit allem, was er tut seelisch identifiziert.

Und dieser Krebs ist zum Beispiel irgendeine Verkäuferin in einer Metzgerei, dann schafft sie die Arbeit gar nicht anders, als daß sie sich mit der Metzgereitätigkeit als Verkäuferin seelisch identifiziert. Die Folge davon ist, daß dieses Metzgereiverkaufen sozusagen ihre seelische Heimat wird. Sie lebt da drinnen.

Der Zwilling, der in der Metzgerei ist, der sagt: Naja, was soll es. Aber der Krebs nicht. Und jetzt hat er Heimatgefühle und jetzt möchte er auch nicht, daß man ihn rausnimmt. Darum ist er unentbehrlich, das geht ja gar nicht anders.

Jetzt kommt noch dazu, daß, wenn irgend etwas ist, diese Krebse meinen, sie sind unentbehrlich, dann auch echt beleidigt sind, seelisch getroffen, gegen jede Vernunft, echt beleidigt gegen den Geschäftsführer zum Beispiel und der lacht, der kann das überhaupt nicht verstehen, - es geht ja ums Geschäft und nicht um Gefühle. - Und die Krebse arbeiten dann auch mehr, so faul sie sonst sind.

K: Das meinte ich vorhin eigentlich mit ehrgeizig. Sie arbeiten hier in diesem Unentbehrlichkeitsraum so lange, daß man von außen sagen muß: die sind ehrgeizig.

A: Ja, von außen sieht es wie ein Ehrgeiz aus. Aber sie wollen ja nichts erreichen damit. Sie wollen ja nur zu Hause sein, und es soll anerkannt sein, daß sie da zu Hause sind und daß sie schon zwanzig Jahre im Betrieb waren. Und sie freuen sich, wenn sie eine Anstecknadel nach fünfundzwanzig Jahren bekommen. - Es ist zwar furchtbar,..

Verstehen Sie, insofern ist einer, der Krebse als Angestellte hat, schon gut dran, weil die sich mit der Arbeit seelisch identifizieren.

K: Stimmt das: Krebse seien die besten Pädagogen?

A: Ja, der Eduard Spranger ist zum Beispiel ein Krebs, Krebs Sonne. Ascendenten kann man schwer feststellen. Der Pestalozzi ist wieder ein Steinbock. Es wechselt immer zwischen Steinbock und Krebs hin und her. Pädagogen sind sie schon gute, aber nicht persönliche. Als Pädagogen, wenn sie mit den Fällen zusammenkommen, dann sind sie zwar eine Art Krankenschwester für den Fall, oder für das Kind, und sehr fürsorglich. Aber es ist ja nicht gesagt, ob es für das Kind gut ist, weil das Kind braucht auch eine Begrenzung und eine Begrenzung bekommt das Kind nie durch den Krebs.

Wenn ein Elternpaar ein Kind erzieht, und einer von beiden ist Krebs, dann wird zwar das Krebs-Elternteil die strengsten Forderungen über die Erziehung des Kindes aufstellen, aber das Kind wird immer ganz genau wissen, zu wem es gehen muß, wenn es vielleicht ins Kino will. Es geht immer zum Krebszeichen hin.

K: Die pädagogische Note, die ist beim Krebs gerade deshalb hervortretend, weil er ein eminent großes Gedächtnis hat. Ich habe es jedenfalls schon öfters festgestellt. Das Gedächtnis wächst zwar langsam, aber ein Pädagoge, der nicht erst an den Schreibtisch zu gehen braucht, sondern aus sich heraus das Wissen hervorbringt, ist überzeugend.

A: Das ist das Schutzverhalten Steinbock-Descendent im Denken gegenüber Krebs.

K: Da gibt es noch eine andere Qualität bei den Wasserzeichen und insbesondere beim Krebs: der sogenannte Magnetismus. Also eine Art von heimeligen Gefühl. Es ist das heimelige Gefühl, das man bei ihm hat, aber wehe, man kann sich auch ebenso täuschen, wenn man darauf eine Freundschaft gründen will. Denn eine Freundschaft ist lange noch nicht gemacht.

A: Und dann kommt noch eines. Der Krebs ist dadurch, daß er sich seelisch identifiziert, fähig, den anderen seelisch zu begreifen. Das heißt also, er leidet quasi mit.

Genauso, wie er sich von mir aus mit der Arbeit als Verkäufer identifiziert, seelisch, so identifiziert er sich, wenn einer auf der Straße liegt und jammert und hat Bauchweh oder hat sich den Kopf angeschlagen, weil er besoffen ist. Dann gehen soundsoviel andere Tierkreiszeichen vorbei und sagen: der ist ja besoffen, der ist selber schuld. Und der Krebs sagt: was heißt da selber schuld, den Kopf hat er sich trotzdem angehauen. So reagiert übrigens auch der Löwe.

K: Ein Krebs ist auch ein guter Ehepartner, als Mann. Das ist doch das Zeichen, das die Frauen am besten begreift.

A: Da ist gar kein Zweifel. Nur sind sie für die Frauen wieder zu wenig begrenzt.

K: Sie geben zu wenig Halt.

A: Sie geben zu wenig Halt. - Auf der einen Seite hängen die Frauen wieder seelisch an diesen Männern, auf der anderen Seite haben sie zu wenig Halt.

Hauptsächlich ein Fisch läßt eine Frau immer frei schwimmen, weil er sagt: wenn ich erst etwas sagen muß dazu, dann ist es sowieso schon sinnlos, - wenn sie es nicht von selber weiß. - Das ist eine Art von Narzißmus. - Wenn ich sie erst darauf hinweisen muß - das muß von alleine wachsen, - dann ist es sinnlos, aus, Ende. - So ist der Fisch.

K: Was ist, wenn Krebs und Fisch zusammenkommen?

A: Das ist ein bißchen hart.

K: Von welchem Krebs haben wir jetzt eigentlich gesprochen? Kann man überhaupt die Unterscheidung machen: Sonnen-Krebs und Ascendenten-Krebs?

A Sie müssen nur umsetzen in Ascendent, dann wissen Sie, das ist die Veranlagung, die sich lösen will. Und bei Sonnenstand wissen Sie, das ist die Verhaltensart, wie er sich verhält. Sie können auch sagen: Venus drinnen oder Mars drinnen. Mars Krebse sind zum Beispiel sehr viele Tierärzte.

K: Und die Jungfrau im Ascendent, wie würde die sich verhalten?

A: Zu Sonne Krebs? Das kommt darauf an, in welchem Haus ist die denn?

K: Es heißt doch, die Jungfrau-Geborenen sind auch gute Pädagogen.

A: Ja, heißt's? Das habe ich noch nie gehört. Ja, irgendwie glaube ich das auch nicht. Jungfrauen sind viel zu sehr mit sich selber beschäftigt.

K: Ich glaube, das könnte man verwechseln, Beruf von dem intellektuellen Wissen zur Pädagogik.

A: Ja, sie sind gute Untersucher und Tester. Jungfrauen sind zum Beispiel gern Ärzte.

K: Die Jungfrau im Ascendent und die Sonne im Krebs, wie würde sich das in der Praxis auswirken, als Lehrerin, zum Beispiel?

A: Ja, als Lehrerin, ich weiß nicht, ob das als Lehrerin so geeignet ist und zwar deswegen: Das Jungfrau-Zeichen als solches ist ja das des sechsten Hauses und das ist die Frage der Steuerung, der Anpassung an die Lebensbedingungen. Jetzt stellen Sie sich mal vor, das jetzt nur mal als Tierkreiszeichen. Die Steuerung, diese Vernunftssituation gegenüber den Lebensbedingungen, also zwischen

Neigung, Emotion und den Lebensbedingungen steht die Vernunft oder die Steuerung, steht quasi das Zeichen Jungfrau.

Nun können Sie sich vorstellen, daß dieses Zeichen Jungfrau ja keine zwei Füße auf dem Erdboden hat, sondern ständig unruhig ist, weil es eine Zwischensituation darstellt. Die sind im Grunde, weil sie ja nicht feststehen, relativ gefühlsunsicher. Und aus Gefühlsunsicherheit suchen sie eine Ersatzsicherheit im konkreten Detail. Und aus diesem Grund sind sie gute Beobachter. Was meinen sie, was Kinder aus schlechten Ehen für gute Beobachter sind. Die werden meistens Detektive, Astrologen, Psychologen, Tester für Meinungsumfrage-Institute und so weiter. Diese Situation haben Sie bei der Jungfrau.

Und aus diesem Grund wird die als Lehrerin von den Kindern fertig gemacht. Und stellen Sie sich vor: Sonne-Krebs auch, die tanzen der auf der Nase rum.

K: Ich habe das in der Verwandtschaft, die ist eine ausgezeichnete Lehrerin. In der Berufsschule, mit fünfzehn-, sechzehnjährigen Kindern.

A: Ja, wo steht denn der Jungfrau-Herrscher von eins: Merkur?

K: Das weiß ich nicht.

A: Ja, das müßte man natürlich wissen. Sie könnte einen Saturn im dritten Haus haben, dann wäre da schon eine Bremse drinnen.

K: Es heißt immer: der Krebs setzt sich Ziele, setzt er seinen Mitarbeitern auch Ziele?

A: Die Frage war: der Krebs setzt sich Ziele, ob er nicht gleichzeitig seinen Mitarbeitern auch Ziele setzt? - Nein, da verlangt er eigentlich relativ wenig, weil es ein liberales Zeichen ist.

K: Das meint er also nur für sich?

A: Ja, die Wasserzeichen sind sowieso die liberalen Zeichen. Die Wasserzeichen sind in sich so träge, so unbegrenzt und in sich so fruchtbar, daß sie es eigentlich nie nötig haben auf Kosten anderer zu leben. Wenn nämlich einer vom anderen etwas verlangt, dann lebt er ja im Grunde genommen schon auf seine Kosten.

Zum Beispiel gibt es sehr viel Lehrer, die haben eine sehr starke Steinbock-Komponente, Sonne oder Ascendent, die wollen formieren, unbedingt formieren. Und da brauchen sie Kinder dazu. Und Sie können schon sehen, Mädchen, die Steinbock-Ascendent haben oder Steinbock-Sonnenstand spielen gerne mit Jüngeren. Da können Sie sicher sein, daß die Zehnjährige eine Steinbock-Komponente hat, die die Sechsjährigen braucht, um sie dann zu formieren und zu regeln, oder zu maßregeln, je nach dem, wie weit das geht.

Und der Krebs braucht niemanden, infolgedessen hat jeder Ruh' vor ihm. Dasselbe ist beim Löwen auch.

Und das andere liberale Zeichen, das ist noch der Fisch, denn beim Skorpion ist es etwas anderes. Der verlangt in einer anderen Weise etwas von seiner Umwelt, nicht aktiv, er verlangt es nicht direkt, sondern er verlangt es indirekt. Er stellt bestimmte Forderungen auf, er hat ein Prinzip, er hat eine Vorstellung, er ist leitbildhaft, er hat eine Vorstellung, was ein edler Mensch sei. Infolgedessen läßt er zwar jeden so sein, wie er ist, aber mit den anderen redet er nicht. Verstehen Sie?

K: Ich habe auch festgestellt, daß Skorpione einen treuen Freundeskreis, so ein Zentrum haben wollen und es wird praktisch nicht toleriert, wenn einer abspringt, oder ohne einen Grund zu geben nicht mehr erscheint.

A: Ja, das ist klar. Sie wissen ja, Skorpion, das ist die Bindung an die Begegnung, das achte Haus, Pluto: die Bindung an die Begegnung. Das heißt die verantwortliche Bindung an die Begegnung. Das heißt mit anderen Worten, daß für den Skorpion nichts schlimmer ist, als das Aufgeben einer Sache, und selbst wenn es aus gesundheitlichen Gründen ist, empfindet das der Skorpion immer noch als Schwäche und Verrat und so etwas nimmt er nie hin. Da sagt er dann: Schluß, der ist eben unfähig. Die muß es auch geben. Er sagt: es gibt Unfähige und der gehört dazu, ich habe da nichts mit zu tun, ich bin fähig.

Darum können Sie, wenn Sie irgend etwas durchboxen wollen oder wo es auf Verläßlichkeit ankommt, können Sie den Skorpion-Ascendent ohne weiteres nehmen, Sie wissen nur nicht, ob er recht lange mit Ihnen redet. Ich weiß einen Fall, da hat einer Ascendent-Skorpion. Und da ging er und so drei, vier Personen zur Trambahnhaltestelle hin, und die Frau von dem einen wollte, weil sie alle so wortkarg waren, die wollte irgend etwas Nettes, Verbindliches sagen, und hat sich dann auch geäußert über eine Sache, nur ganz kurz, so nebenbei. Daraufhin hat der Skorpion sich wortlos umgedreht und ist gegangen und hat sich zehn Jahre nicht mehr sehen lassen.

Für den Skorpion ist dann die Sache erledigt, ähnlich wie der Fisch, weil er sagt: es ist absolut sinnlos, daß ich da noch ein Wort rede. Wenn ich das erst erklären muß, dann ist es sowieso schon zu spät. Insofern ist er sehr ausschließend, ist unverzeihlich, verzeiht nicht, und zwar deswegen, weil jede menschliche Schwäche für ihn ein Versagen ist. Und dann hat es sich.

K: Ist er gegen sich genau so?

A: Er ist gegen sich selbst genau so. Und es ist so: eine gewisse Unmenschlichkeit ist auch dabei, weil das Lebendige, oder vielmehr die lebendige Entwicklung einer Sache, - die so und so viele Abweichungen und Fehler braucht, - die fehlt, die läßt er nicht gelten.

Sie sehen es an sich dadurch deutlich: Skorpion zu Löwe. Das eine ist die Loslösung, Haus acht gegenüber von Haus zwei, die Bindung der Substanz an das Begegnende, also das Herausreißen der Substanz aus dem ersten Quadranten, ist quasi das achte Haus. Während der Löwe, zweiter Quadrant, der ist Verausgabung. - Der Skorpion hat das Leitbildhafte, dem alles Lebendige untergeordnet ist.

Ein Skorpion, angenommen Sie haben einen Pluto, der das Ausdrucksprinzip des Skorpions ist und der steht im Quadrat Mars-Saturn, und es kommt noch einiges hinzu, dann haben Sie möglicherweise einen, der wegen einer fixen Idee über das Leben hinweggeht. Zum Beispiel der Nationalsozialismus ist unter diesem Signum gestanden, weshalb die sich überhaupt nichts dabei gedacht haben. Das war alles in Ordnung, wissen Sie, von der skorpionischen Idee her, war das total in Ordnung. Sie haben nach ihrer Vorstellung eliminiert.

Das Ganze ist sowieso noch interessant, wenn Sie die Jahreskonstellation anschauen, wie der Nationalsozialismus hochgekommen ist. Da ist 1934 dann der laufende Pluto/Uranus, der der Signifikant für den Nationalsozialismus war - Pluto - Skorpion und Uranus sind sozusagen zweifarbig, der eine hat türkis, der andere orange, ergibt zusammen braun.

Da haben Sie den Pluto im Krebs gehabt und zu dem Uranus haben sie ein Quadrat gehabt, aus Ende Widder. Und das hat auch die entsprechende Auseinandersetzung gegeben 1934 mit dem Röhm. Pluto/Skorpion ist eher ein rechtsgerichteter Planet beziehungsweise ein rechts gerichtetes Tierkreiszeichen und der Uranus ist eher links gerichtet. Der Wassermann ist ja der Feind des Skorpions, weil der Wassermann möchte ja bindungslos sein. Aufhebung der Polarität, und wenn Sie die Aufhebung der Polarität beziehungsweise der Unterschiede in den ersten Quadranten tun, dann haben Sie den Sozialismus.

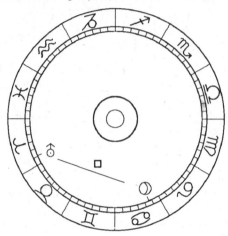

viertes Zeichen!

Während der Skorpion, der will nicht Aufhebung der Polarität, sondern der will Bindung an ein Leitbild. Mit der Dauer wird allerdings jedes ideologische System zu Skorpion, auch wenn es links gerichtet ist.

Jeder, der irgendwie einen Pluto oder Skorpion stark stehen hat, ist möglicherweise so leitbildhaft, daß er keine menschlichen Regungen gelten läßt.

Sie müssen sich vorstellen: es ist einer ja nicht sofort ein Skorpion, ein ganz ausgewachsener, sondern das fängt ja als Kleinkind an. Und als Kleinkind wächst ja alles mit. Aggression, Empfindungswelt, und so weiter das wächst mit. Und wenn nun einer als stark skorpiondisponiert hochwächst, dann kann sich ja, wenn das Leitbildhafte auch gleich dominant von Anfang an mitwächst, das Seelische gar nicht entwickeln.

Und bei Frauen haben Sie da dann die Hysterikerinnen, die sehr leicht hysterisch werden. Die haben Sie sowieso in dem Jahrgang

1934, wegen Uranus Quadrat Pluto, da haben Sie eine ganze Masse von Hysterikerinnen drinnen.

Und da haben Sie noch etwas so nebenbei, bei Uranus Quadrat Pluto: die haben oft Rückgratgeschichten und so weiter. Wenn Sie irgendein Mädchen fragen, das 1934/35 geboren ist, wenn Sie fragen: "Rückgrat"? - Dann sagen achtzig Prozent: ja, weil bei denen ist dann irgendeiner dieser beiden Planeten irgendwo im ersten Quadranten disponiert und das sind dann die Rückgratgeschichten, aber nur, weil sie im Quadrat zueinander stehen.

K: Wie wirkt sich das bei Männern aus?

A: Da habe ich noch nicht gefragt. Bei den Frauen, und auch bei den Männern ist das so: Sie haben von mir aus möglicherweise eine starke Skorpion- oder Pluto-Disposition, und das Vorstellungsleben oder das Leitbild ist eminent stark, es ist so stark, daß die Erlebnisfähigkeit dadurch nicht voll entwickelt sein kann. Dann haben Sie natürlich die Situation, daß es, je nachdem, passieren kann, - je nachdem, wo die Sonne und wo das andere steht, - daß der Betreffende nun etwas für sein Leitbild braucht, einen Inhalt, den er selber schon nicht mehr in seiner Erlebnisfähigkeit hat. Die Folge ist, daß sich der Skorpion irgend jemanden greift, irgend etwas Blühendes, Lebendiges, das er dann überwinden will und in seine Leitbildform, beziehungsweise Vorstellung hineinzwingen, hineinknechten will. Und das macht er meistens ganz raffiniert. Darum suchen sich so und so viele Mädchen, Skorpion Mädchen mit Vorliebe zunächst einmal Löwe-Männer aus. Das gibt dann meistens ein Remis, oder sagen wir mal: im besten Fall ein Remis.

K: Oder Schütze-Männer.

A: Schütze-Männer und Skorpion? - Ja, das geht auch ganz gut. Ich meine, der Schütze ist ein bißchen zu eitel, geistig eitel, für einen Skorpion, aber es geht.

K: Skorpione sind doch auch gerne eifersüchtig.

A: Ja, warum sind Skorpione eifersüchtig? Aus welchem Grund ist er eifersüchtig und wann ist er eifersüchtig?

K: Wenn sein Leitbild verletzt ist.

A: Wenn sein Leitbild, seine Vorstellung verletzt ist, das ärgert ihn.

Gut, dann hören wir heute hier auf und machen dann das nächste Mal weiter.

SIEBTER ABEND

24. November 1971

Wir beginnen heute wieder mit den Zeichen und zwar ab Löwe, analog fünftes Haus.

Und da haben wir: Kraft des Gefühls, das heißt man müßte eigentlich sagen anstatt Kraft: Verausgabung. Man müßte eigentlich ganz genau sagen: Form der Verausgabung, Gestalt der Verausgabung. Das ist sozusagen der Vermittlungspunkt der jeweiligen seelischen Möglichkeit an die Außenwelt.

Dann haben wird das nächste: das sechste Haus, die Jungfrau. Da sollten wir statt Vernunft als Überschrift eher nehmen: Steuerung, Anpassung. Das heißt die Anpassung des jeweiligen Lebenstriebes an die vorliegenden Bedingungen. Das heißt Anpassung ist auch seelische Aussteuerung gegenüber der Realität, - da sollte man eigentlich hinschreiben: seelische Steuerung und Anpassung an die Bedingungen. Das ist im Grunde genommen damit eine Abhängigkeit und zwar die seelische Abhängigkeit von den Bedingungen.

In der an sich normalerweise gelehrten klassischen Astrologie ist Haus sechs das Haus von Not, Sorge, Krankheit, Untergebenen- und Arbeitsverträgen. Das sind möglicherweise Auswirkungen, aber es ist nie die Krankheit als solches, sondern es ist nur immer das seelische Abhängigkeitsgefühl von der Krankheit, während die Krankheit selbst im ersten Quadranten ist. Es ist ein funktioneller Schaden, Haus drei, oder eine organische Situation, Haus zwei. Ist das sechste Haus soweit klar?

Wie ist das, nehmen wir einmal an, es hat jemand die Sonne im sechsten Haus, was würde das bedeuten? - Sonne als Verwirklichung, als Symbol der Verhaltenseigenschaften. Was würde das heißen: Sonne im sechsten Haus?

K: Daß er ein Optimist ist.

A: Im sechsten Haus ist er selten ein Optimist. Im sechsten Haus nicht, weil die kluge Anpassung zeigt nie einen Optimismus, - denn die Anpassung ist ja auch eine Verwertung der Möglichkeiten. Wenn ich mich an die Dinge anpasse, bin ich automatisch ein guter Verwerter, - wenn ich mich nicht anpasse, bin ich automatisch ein schlechter Verwerter - und ein guter Verwerter wird sich Ihnen gegenüber nie als Optimist zeigen, weil Sie ja sofort von dem mehr verlangen. Das ist ganz klar.

Wie würde sich einer mit Sonne Haus sechs verhalten? - Wäre der fähig, Bundeskanzler zu sein? - Naja, das kann man nicht sagen, das wollen wir draußen lassen. - Es geht jetzt nicht um die Wertung, ob jemand, der die Sonne im sechsten Haus hat, Bundeskanzler werden kann, sondern es geht um die Geeignetheit der Verwirklichung, das heißt wo fühlt sich der Betreffende am wohlsten.

Wenn Sie also jemanden mit Sonne im sechsten Haus haben und Sie haben selber einen Betrieb und Sie wollen den eine Filiale leiten lassen, glauben Sie, daß der zufrieden ist.

K: Nein.

A: Warum nicht? - Der will sich anpassen, genau.

K: Der will geleitet werden.

A: Der will geleitet werden, ganz genau. Ist das klar, warum der sich leiten lassen will? - Das ist ein guter Verwerter, der möglicherweise nicht sehr schöpferisch oder, wie es heißt, kreativ ist. Der zwar ein hervorragender Verwerter ist, aber eben gerade als Verwerter abhängig ist von Verwertungsaufgaben, die ihm geboten werden.

K: Und er kommt mit guten und schlechten Vorgesetzten aus.

A: Der kommt mit beiden gut aus, weil er eben vernünftig ist, weil er eben die eigenen Lebenswünsche auszusteuern weiß gegen die jeweils herrschenden Bedingungen. Ob die Bedingungen nun ein angenehmer oder unangenehmer Arbeitgeber sind, - er ist ja begabt, um auszusteuern.

Wie ist es denn, wenn jemand den Mond im sechsten Haus hat? Der Mond als Symbol, - sagen wir es einmal ganz schlicht und einfach - für das Gefühl.

K: Der paßt sich gefühlsmäßig an.

A: Ja, wie ist der in seiner Stimmung?

K: Der ist von seinen Gefühlen abhängig.

A: Genau, der ist von seinen Gefühlen jeweils abhängig.

K: Von seinen eigenen?

A: Ja, freilich.

K: Der paßt sich doch nicht g'rad an, sondern der ist schwierig.

A: Schauen Sie, wenn jemand den Mond im sechsten Haus hat, ist er von den eigenen Gefühlen abhängig, wenn er ihn im zwölften Haus hat, von denjenigen der anderen. - Aber auf Haus zwölf kommen wir schon noch. - Was ist mit dem Mond im sechsten Haus noch?

K: Ist der eingeklemmt, weil er sich selbst nicht genug verausgaben kann?

K: Der braucht jemanden, an den er sich anlehnen kann.

A: Einen Partner, an den er sich anlehnen kann. Ja, den braucht er sowieso.

K: Er ist Gefühlsschwankungen unterworfen.

A: Ja, das ist eben so: der verausgabt sich seelisch nicht, weil er sich seelisch den jeweiligen Bedingungen anpaßt. Er verausgabt sich nicht.

Nun kommt meistens etwas dazu - Mond im sechsten Haus, das gibt oft eine sehr weite Hüftweite, bei Männern wie bei Frauen. Wie überhaupt bei einer starken Besetzung des sechsten Hauses. Da gibt es auch entsprechende Volkssprüche darüber, die das sehr deutlich ausdrücken, wie zum Beispiel: dem sitzt ja der Hintern viel zu tief, als daß er frei würde. - Da steckt was dahinter, astrologisch übersetzt würde das heißen: der hat viel zu viel im sechsten Haus, als daß er aus der Verfangenheit seines Reflexzwanges herausschauen könnte. Es geht im übrigen ja nicht um eine Wertung, sondern darum, ob der Mensch zufrieden ist oder nicht.

Ich kenne jemanden, der ist stark Jungfrau disponiert, das ist also soviel wie sechstes Haus. Der hat einen Betrieb aus der zweiten Position einwandfrei geleitet, sodaß immer der Inhaber zu dem Betreffenden hin gegangen ist und den um seine Meinung gefragt hat: "Meinen Sie, ist das gut?" Und er hat alles richtig beantwortet. Und in dem Augenblick, in dem er selbständig werden sollte, hat er versagt und zwar deswegen, weil keine Position vor ihm stand.

K: Jetzt habe ich noch eine konkrete Frage: Sie sagten, daß der sehr viel im Jungfrau-Zeichen hatte und das identisch mit dem sechsten Haus ist, worauf muß man jetzt schauen: Jungfrau-Zeichen und sechstes Haus, das kann ja durchaus verschieden sein.

A: Es ist so: jeder hat ein Zeichen Jungfrau und jeder hat ein
sechstes Haus. - In dem Moment, in dem wir das durchgehen, können
wir es zunächst natürlich nur in der Analogie durchgehen. - In
Wirklichkeit ist es so: es kommt darauf an, was sitzt im sechsten
Haus bei welchen Ascendenten, oder: wo steht die Jungfrau, wo ist
er ein guter Verwerter? Er kann ein guter Verwerter auf allen Gebieten sein, auf dem Gebiet des dritten Hauses oder des zweiten
Hauses, das spielt dann keine Rolle. Ich erkläre hier nur das Prinzip dieser Entwicklungsphase, nämlich die Funktion aus dem Lebenstrieb.

Wir haben doch immer gesagt, daß das dritte Haus eines Quadranten
die Funktion ist, die sich aus dem vorhergehenden erklärt oder ergibt. Und die Funktion aus dem zweiten Quadranten, nämlich der causa formalis, der seelischen Versammlung und Verausgabung des
Lebenstriebs, - die Funktion aus dem Lebenstrieb ist halt die Konfrontation mit den Bedingungen und damit natürlich auch die Aussteuerung oder die nicht-Aussteuerung. Es kann im sechsten Haus
weiß Gott was drinnen stehen, was eine normale Aussteuerung des eigenen Lebenswillen gegenüber den Lebensbedingungen verhindert oder
behindert. Dann haben Sie keine gute Aussteuerung, das heißt Sie
haben keine Vernunft, oder eine gestörte Vernunft, oder eine behin-
derte.

Es ist ja nicht so, daß das sechste Haus prinzipiell die Vernunft
ist, sondern es ist so, daß es die Entwicklungsphase ist, in der
die Aussteuerung mit den Bedingungen notwendig wird. Und Sie können dann ersehen, was für eine Disposition besteht, - ist diese
Disposition auf Grund des Lebensstils so, daß die Aussteuerung möglich wird, oder ist sie so, daß sie nicht möglich wird.

K: Was wäre, wenn Sonne und Mond im sechsten Haus wären, das wäre
doch eigentlich ein Widerspruch, oder ist das ein Ausgleich?

A: Ich würde sagen, daß das weder ein Widerspruch noch ein Ausgleich ist. Ich würde sagen, daß da eine sehr starke Abhängigkeit
und zwar handlungsmäßig als auch gefühlsmäßig von den Lebensbedingungen besteht. Daß sich automatisch durch diese Abhängigkeit von
den jeweiligen Bedingungen und durch die Anpassung an die Bedingungen eine gewisse seelische Selbständigkeit und auch eine Ausdrucks-
selbständigkeit nicht entwickeln kann, weil der Ausdruck ja immer
abhängig ist von den jeweiligen Bedingungen. Die bestimmen ihn. In-

folgedessen: Wie ist ein Mensch, der immer abhängig ist von den Bedingungen, die jeweils auftauchen?

K: Unfrei.

A: Unfrei und damit natürlich seelisch gestaut und ausgesprochen depressiv.

K: Gehemmt.

A: Gehemmt, das würde ich nicht sagen. Er ist nur dann gehemmt, wenn er keine Bedingungen zum Anpassen hat.

K: Daß das Gehemmtsein sich aufstaut und dann..

A:.. dann ausbricht in sogenannten Depressionen und in Saufgelagen, oder was es da so gibt. Ich kann Ihnen eine ganze Masse von Jungfrauen sagen, die ab und zu, alle sechs Wochen ein Saufgelage brauchen.

K: Was ist, wenn ein Haus nicht besetzt ist, das heißt kein Planet drinnen ist.

A: Das würde bedeuten, daß das Haus kein Zielgebiet ist, sondern immer nur ein Ausgangspunkt. Wir haben ja gesagt: in der Hierarchie der Symbole ist es so, daß das Zeichen die Wurzel, also den Ausgangspunkt bildet und dort, wo das Bewegungsprinzip des Zeichens, also der Planet ist, das Zielgebiet bildet. Darum fragen wir ja auch immer beim Ascendenten: "Um was geht es?" und die zweite Frage ist: "Wo steht der Planet, das heißt auf welcher Ebene wirkt sich die Anlage aus?" - Ist das klar? - Gut, dann gehen wir zum nächsten Quadranten.

Um ein bißchen zu rekapitulieren, was ist der dritte Quadrant? Wie haben wir das genannt?

K: Die Begegnung.

A: Ja, die causa efficiens, also das, was das Bewirkende ist und zwar das Bewirkende für diesen ersten Quadranten gegenüber. Das ist der Einfall von draußen, der als Herausforderung für den ersten Quadranten zuständig oder gegeben ist. Das ist also die Potenz an Begegnungsfähigkeit, die in einem Geburtsbild jeweils da ist. Das heißt also, das Bewirkende, das von draußen reinfällt, - als ob da ein Fenster ist, um das bildlich zu nehmen. Das ist auch das, was möglicherweise durch personifizierte Begegnungen an Gedanken, Ideen, Einfällen und so weiter zuständig wird.

K: Das ist doch eigentlich für jedes Horoskop festgelegt, die Tierkreiszeichen liegen sich ja fast gegenüber.

A: Was heißt festgelegt? - Jeder braucht ja nicht alles.

K: Nein, aber wenn ich im ersten Haus ein bestimmtes Zeichen habe, habe ich automatisch im siebten mein Gegenüber.

A: Das Gegenüber, was zu einem Schutzverhalten oder zu einem Ausgleich führen kann. Es gibt einen Spruch, der heißt: "Man soll seine Schwächen organisieren, weil man die Stärken von alleine hat." Und es ist an sich so: wenn Sie zum Beispiel Krebs-Ascendent haben, dann haben Sie automatisch den Steinbock gegenüber. Und was würde das schlußfolgern? Wie ist denn jemand, der Krebs-Ascendent hat?

K: Gefühlsbetont, labil, mitteilungsbedürftig.

A: Ja, warum ist er mitteilungsbedürftig? - Das ist er schon, aber warum? - Seelisch reichhaltig und ungeordnet. Und was ist dann der Ausgleich dazu?

K: Die Formierung, der Steinbock im siebten Haus.

A: Die Formierung, und zwar die Formierung entweder passiv, nicht durch ihn selber bewirkt, sondern durch die jeweiligen Lebensumstände und Partner, die ihn koordinieren und disziplinieren oder aber, der Betreffende baut sich ein Schutzverhalten auf, das durch ganz dogmatische Denkinhalte gekennzeichnet ist. Je labiler er als Person, als erstes Haus ist, desto dogmatischer wird er in seinem Schutzverhalten, im Denken sein und in den Forderungen an die Außenwelt.

Was haben wir gesagt: was das jeweils folgende Haus zu einem Eckhaus ist? - Das siebte Haus ist also ein Eckhaus, da kommen wir schon noch darauf zurück. - Machen wir mal zuerst das siebte Haus. Was ist denn los, wenn jemand den Neptun im siebten Haus hat, was sagt das aus?

K: Daß er Täuschungen in der Begegnung unterliegt.

A: Ja, aber das wäre eine Auswirkung.

K: Platonische Liebe.

A: Warum platonisch, das siebte Haus ist sowieso die platonische Liebe, ohne Neptun auch.

K: Das ist Auflösung der Partnerschaft.

A: Ja, das ist Auflösung der konkreten Partnerschaft, was würde das heißen?

K: Er legt sich nicht fest in der Verbindung.

K: Ist es so, daß er sich nicht festlegt? Oder ergibt sich die Auflösung so, ohne daß er sich darüber bewußt wird. Also ich meine, es ist nicht seine Absicht: "Ich will mich jetzt nicht binden", sondern er hat Bindungen, die sich dann wieder auflösen.

A: Ja, es hat also jemand den Neptun im siebten Haus und dann wird er immer wieder in Situationen kommen und an Bindungen, die diesen Neptun im siebten Haus in irgendeiner Form zum Ausdruck bringen anhand einer Symbolkette, von mir aus durch Ereignisse. Entweder - nehmen wir mal an, es ist ein Mädchen, - sie hat einen Freund, der ist Neptun, asozial und was weiß ich alles, und deshalb ist eine authentische Bindung nicht möglich, - oder sie hat einen Freund, der verheiratet ist und Chemielehrer - Neptun, damit es paßt, - wo also auch eine authentische Bindung nicht möglich ist, oder sie hat einen Freund, der in Übersee ist, und wo sie ab und zu mal hinüber telefoniert.

Diese Neptun-Affinitäten zu Begegnungsmöglichkeiten sind dann oft so, daß man sagen könnte: Das kann nur dem passieren, das ist typisch für den, immer wieder passiert dem das gleiche.

K: Aber wenn man den fragen würde, würde er sagen: "Ich möchte doch so gern, das böse Schicksal."

A: Ja, genau, aber in Wirklichkeit steuert ihn oder sie das Unterbewußtsein als eine Art Ereigniswunsch immer in genau diese Situationen hinein, damit sie sich selber als Person erhält und sozusagen eine Scheinbegegnung wahrt.

K: Aber es gibt im Gegensatz doch noch Leute, die zugeben: "Ich will mich nicht binden.", eben aus Freiheitsliebe heraus.

A: Die haben aber dann nicht den Neptun in sieben.

K: Muß das immer negativ sein?

A: Schauen Sie, ich habe in meiner langen Praxis, wenn ich Neptun im siebten Haus gesehen habe, festgestellt, daß da immer eine Scheinbegegnung durchgeführt worden ist, die in Wirklichkeit nie bestand. Das Ereignis ist im späteren Alter das, daß ohne diesen Ausgleich des Bewirkens oder Herausforderns der Person durch eine echte oder authentische oder vollzogene Begegnung es dazu kommt, daß der Betreffende allmählich an mangelnder Erlebnismöglichkeit, an Erlebnisfähigkeit leidet und sich dann eine imaginäre Scheinwelt aufbaut, um zu seinen Erlebnissen zu kommen. Und es gibt dann, wenn der Saturn dabeisteht, Fälle von Verfolgungswahn oder das sind zum Beispiel Menschen, die durch die Straßen gehen und laut streiten mit sich selbst. Ich würde nicht sagen: das ist negativ, sondern ich würde sagen: das ist ungeeignet für die Person.

K: Das siebte Haus ist das Ehehaus?

A: Ja, natürlich führt das siebte Haus zusammen mit dem zweiten Haus schon zur Ehe. Das siebte alleine ist nicht das Ehehaus, da gehört ja dann noch das zweite hinzu, weil, wenn Sie den Ehevertrag unterschreiben, dann geben Sie ja eine ganze Menge von Rechten her, und die fallen alle ins zweite Haus. Eine Ehe ist immer im zweiten Haus drinnen.

K: Ich muß jetzt noch was fragen: es wäre doch sehr gut denkbar, daß sehr gute Aspekte da sind, sodaß diese Neptun-Stellung im siebten Haus auf ein inneres Bild nur ausleitet und nicht, wie Sie sagten, daß es zu irgendwelchen Störungen kommen muß? Es kann auch positiv sein. Ich glaube, Sie mögen das Wort nicht sehr.

A: Wissen Sie, "positiv" ist immer so ein Wertmaßstab, es geht nur darum: ist es geeignet oder ist es ungeeignet für die Person.

K: Neptun ist doch auch ein Zeichen der höheren Geistigkeit.

A: Ja, aber wo es hingehört, verstehen Sie, da, wo es hingehört.

K. Aber wenn er sehr gut aspektiert ist.

A: Aspekte zählen bei unserem System nicht so sehr. Und zwar deswegen: die Planeten, wie sie dastehen, sind ja Zeichen einer Symbolhierarchie für die jeweiligen Anlagebilder, für die Gruppierung der Anlagebilder, für die jeweilige Dominanz und ob Sie das nun im

Geburtsbild aufgezeichnet sehen mit diesen symbolischen Zeichen, oder ob Sie es von mir aus im Chromosomensatz sehen mit seinen Zeichen, das spielt also keine Rolle.

Wichtig ist jetzt, daß, wenn Sie einen Planeten in der Phase Löwe als dominantes Veranlagungsbild haben und Sie haben gleichzeitig als dominantes Veranlagungsbild einen Planeten im Stier, - dann sind das zwei Dinge, die sich widersprechen. Nämlich, die eine Entwicklungsphase ist für die Ansammlung substantieller Möglichkeiten, somit also für die Konzentrierung substantieller Möglichkeiten auf den eigenen Bereich, die andere dominante Anlage ist auf Verausgabung hingerichtet, das sind also zwei Dinge, die sich gegenseitig widersprechen, wenn sie beide dominant sind. Diese Anlagebilder stören sich dann. Und das kann ich unter Umständen dadurch sehen, daß ich sagte: Ja, die sind neunzig Grad auseinander, das ist ein Quadrat. Aber der Weg über die jeweiligen Aussagemöglichkeiten eines jeweiligen Symbols ist mir sehr viel lieber als wenn ich vorher zähle: ah ja, das sind neunzig Grad, das ist schlecht. - Verstehen Sie, was ich meine?

K: Muß das schlecht sein?

A: Es ist zumindest ungeeignet.

K: Ein Quadrat kann sehr wichtig sein, ohne Quadrat wäre überhaupt keine Spannung da.

A: Freilich, eine Spannung braucht jeder, aber es ist halt so: wenn Sie astrologische Vorträge hören, dann heißt es: Schauen Sie den an, der hat ein wunderbares Quadrat, der hat also alle Möglichkeiten zum Künstler, weil er die Spannung hat. - Wissen Sie, das ist so allgemein. Ich kann Ihnen so und so viele Quadrate zeigen zum Beispiel von dem Massenmörder Landru. Der hat auch die Spannung gehabt. Wissen Sie, das sagt nichts aus. Ich bin jetzt nur extra drastisch.

K: So war das doch nicht gemeint, daß man das generalisiert.

A: Aber wenn ich eine Aussage mache, muß ich sie generalisieren können, denn sonst brauche ich Ihnen ja nichts von Gesetzmäßigkeiten erzählen.

Gut, wir waren also beim siebten Haus. - Wie ist denn einer, der den Mars im siebten Haus hat?

K: Einer, der die anderen immer überfahren will.

A: Womit?

K: Ein kraftvolles Entgegenkommen von dem Betreffenden zu jemanden anderen.

K: Der sucht einen Partner, der kraftvoll ist.

A: Der ist also ungefähr das Gegenteil von dem Neptun. Der sucht zu viele Spannungen. Und der ist so überzeugt von seinem Denken, daß er meint, er müßte alle anderen überzeugen.

K: Ich möchte noch etwas zu Neptun Haus sieben fragen: Ist er durch seine Einstellung so, daß der auf solche Begegnungen trifft.

A: Das ist so: er will sich durch die persönliche Einstellung selbst verwahren, sich selbst nicht verausgaben, sich selbst nicht riskieren. Verstehen Sie, er will sich also aus Unsicherheit oder aus irgend etwas anderen nicht riskieren und sich damit nicht ausliefern. Dann kommt der automatisch immer wieder zu solchen Begegnungen, wo immer der Neptun dazwischen steht und die natürlich Scheinbegegnungen sind.

K: Ist es denn nicht möglich, einen Partner festzuhalten, der den Neptun im siebten Haus hat?

A: Es kommt natürlich jetzt darauf an: wo steht die Verwirklichung, wo steht die Sonne? - Und es ist ja durchaus so, daß manche ihre Verwirklichung in der Verhinderung finden. Das darf man nicht ausschließen. Das ist echt so, das klingt traurig, aber das gibt es auf bestimmten Gebieten.

K: Und wie ist das mit dem Mars im siebten Haus? Ist das so zu verstehen, daß das Aktive, die Energie eingesetzt wird in der Begegnung, indem der Betreffende mit seinem Mars auf die Begegnung..

A: Der schießt auf die Begegnung los, wo er sie auch immer nur findet.

K: Oder daß dem der Mars begegnet in der Form, daß die anderen ihm als Mars begegnen?

A: Der sucht sich erst einmal marsische Begegnungen und ihm begegnen marsische Begegnungen, das ist beides möglich.

K: Und wie ist das, wenn der Mars in einem weichen Wasserzeichen steht.

A: Das ist klar, das ist jeweils verschieden, es gibt so Färbungen, aber das Prinzip bleibt das Gleiche. Natürlich ist der Mars im Steinbock schwieriger als der Mars im Löwen.

Gut, das nächste wäre dann das achte Haus, analog zum Skorpion, analog zum Pluto.

K: Bindung an die Begegnung.

A: Das ist also die Verantwortlichkeit, das heißt Begegnung - siebtes Haus, - Bindung - achtes Haus, - das würde heißen: die Verpflichtung gegenüber der Bindung. Wie ist es also, wenn jemand den Mars im achten Haus hat? Wo ist er denn besser im siebten oder im achten Haus?

K: Ich achten.

A: Im achten, warum?

K: Weil er sich dann bindet.

A: Ja, aber ist das nicht ein bißchen zu energisch?

K: Ja, schon, er wird die anderen fest beeinflussen.

A: Ja, das sowieso.

K: Er ist besitzergreifend.

A: Sie müssen sich vorstellen: das achte ist das gegenüberliegende Haus vom zweiten. Das zweite ist die Konzentration substantieller Möglichkeiten und das achte ist die Loslösung davon. Also: in je stärkerem Maße ich mich an die Begegnung binde, in um so stärkerem Maße vernachlässige ich selbstverständlich oder riskiere meine Konzentration auf substantielle Möglichkeiten. Infolgedessen, wenn einer den Mars im achten hat, was passiert da? Der lebt für seine eigene Substanz viel zu stark und ist dann auch noch - es braucht nur so ein Pluto Quadrat mit hinein kommen - fanatisch.

Aber die Verpflichtung und Bindung an die Begegnung ist eine Situation, die ja nicht erlebt wird, sondern die von fixierten Leitbildern herkommt, nämlich von außen. Ist das klar? - Ist nicht klar, also fangen wir noch einmal von vorne an. Machen wir mal einen anderen Kontrast.

Zweites Haus: Konzentration auf substantielle Möglichkeiten. Fünftes Haus: Verausgabung. Achtes Haus: Konzentration auf die Begegnung.

Ist das klar? - Gut, was ist dann die Konzentration oder die Bindung oder die Verpflichtung an die Begegnung? - Jetzt nicht an die personifizierte, sondern an das, was bewirkend ist. Das, was von außen, wie durch ein Fenster hereinfällt. Denn die Begegnung ist ja auch das, was wie durch ein Fenster hereinfällt. Was auf einen zukommt, ohne daß man es selber veranlaßt.

K: Wenn er sich also allzu sehr auf die Begegnung konzentriert, dann vernachlässigt er eigentlich sich selber.

A: Ja, aber was von sich?

K: Die Konzentration auf sich.

A: Ja, und was noch?

K: Die substantielle Sicherung.

A: Gut, und was noch? Er vernachlässigt noch was.

K: Sucht nach weiteren Begegnungen.

A: Das glaube ich nicht. Jemand mit einem starken achten Haus ist mit einer Begegnung zufrieden.

Aber ich will ganz woanders raus, der vernachlässigt noch etwas. - Wir haben jetzt folgendes gesagt:

das zweite Haus ist die Konzentration auf die eigenen substanziellen Möglichkeiten, das fünfte Haus ist die Verausgabung, und das achte Haus ist die Konzentration auf das, was bewirkend oder herausfordern ist.

K: Ja, aber was vernachlässigt er dadurch?

A: Seine Verausgabung, also seinen ganzen seelischen Quadranten vernachlässigt er dadurch. - Ist das klar? - Immer unter der Voraussetzung, daß das achte Haus jetzt überdominant ist, - weil er Prinzipien hat, das Leitbildhafte, die Vorstellung aus dem Denkbereich, aus dem Ideenbereich, das ist vorstellungsgebunden. Und das Leitbildhafte als solches ist ja zunächst nicht erlebt.

K: Ist der nicht eigenständig?

A: Der ist schon eigenständig.

K: Aber wenn er immer den anderen braucht, und sich immer auf den anderen wirft?

A: Nein, ich rede ja jetzt nicht allein von der personifizierten Begegnung, oder dem, was als Herausforderung durch die Person als Begegnung kommt, sondern ich meine jetzt die Herausforderung insgesamt und damit auch die Bindung an das, was jenseits meines Bereiches ist. Denn wir dürfen ja nicht vergessen, das ist ja genau das, was jenseits der Zweckdienlichkeit seines Bereichs ist. Das hier im ersten Quadranten ist ja die Erhaltung des Individuums. Das da drunten ist ja sozusagen der Futterneid. Das hier oben, dritter Quadrant, ist die Anlage zur Erhaltung der Art. Wo also der eine den anderen nicht totbeißt, damit die Art bleibt. Verstehen Sie, das ist hier das Übergeordnete über das Individuelle.

K: Das Soziale könnte es sein.

A: Nein, das Soziale geht auf den Herdentrieb von Haus zwei zurück im Sinne der Sicherung des Individuums.

Aber das hier - achtes Haus - ist nur das Leitbild als solches, das ist nur die Struktur. Das ist doch nicht die Auswirkung des Zusammenlebens im Rudel oder in Herden oder sonst irgendetwas. Sondern es ist allein die Strukturvorstellung und die ist zunächst nicht erlebt. Die ist fixiert dadurch, weil sie nicht erlebt ist und je stärker das achte Haus wird, - desto stärker wird das Vorstellungsleben das Ausdrucksleben überlagern und somit natürlich die Erlebnisfähigkeit ziemlich stark reduzieren. Darum stehen die beiden auch im Quadrat. Darum ist einer, der den Mars im achten Haus hat, ziemlich stark leitbildfixiert.

Sie sehen es ja schon, was man im allgemeinen einem Skorpion-Geborenen nachsagt: daß sie eben so prinzipiell wären und daß sie ein Versagen zwar nicht werten, aber nie verzeihen, weil es ja der Vorstellung widerspricht.

K: Und das wäre mit der Sonne im achten Haus?

A: Die Sonne im achten Haus würde so etwas bestätigen.

K: Und der Neptun im achten Haus?

A: Das ist dann eine Auflösung.

K: Würde die Sache dann eventuell ins Mystische gehen?

A: Ja, da wird dann ausgewichen auf das Mystische. Und was ist, wenn der Uranus im achten ist? - Dann wechseln die Bilder, an die man sich verpflichtet jäh, - also er ist nicht gerade das, was man unter Nibelungentreue versteht.

K: Wie meinen Sie das: weltanschaulich oder so etwas?

A: Ansichten und Weltanschauung, im Sinne von Leitbildwechsel.

K: Wie würde sich der Mond dann im achten auswirken?

A: An sich ist das kein guter Platz für den Mond, weil er sich dort nicht entwickeln kann. Aber es ist etwas anderes, es ist das, daß man sich an außerhalb der Zweckdienlichkeit liegenden Notwendigkeiten orientieren kann, gefühlsmäßig. Dann ist es auch noch so, eine relativ starke Disposition im Haus acht verleitet natürlich auch relativ stark dazu, irgendwelchen Ideen zum Opfer zu fallen. Ich bin sicher, daß der Nationalsozialismus eine ganze Menge von solchen Haus acht Geschichten angezogen hat, oder die Jesus-Bewegung jetzt.

K: Kommen wir doch mal auf den Neptun zurück: Auflösung der Bindung. Es wird doch vielfach gesagt: Neptun im achten Haus sei: Tod. Der Tod von Seefahrern zum Beispiel.

A: Sie haben natürlich schon im achten Haus mit dem Neptun drinnen als Überbegriff die Loslösung von der Bindung an Zuständigkeiten. An sich ist das achte Haus die Bindung an Notwendigkeiten außerhalb des eigenen Bereichs. Sie haben also die Loslösung von der Konzentration oder von der Verwurzelung eigener substantieller Möglichkeiten. Da liegt natürlich Loslösung von Materie schon mit drinnen, aber wissen Sie, es ist halt so: In der Astrologie gibt es Astrologiebücher, die gehen wie Kochbücher vor sich. Da steht also Mars/Cupido und da steht dahinter, was das bedeutet: Schaden durch Feuer oder Gewitter bei Nacht, oder irgend so etwas.

Der Nachteil ist natürlich, daß Sie an einem Punkt mindestens fünfzig solcher Aussagen bekommen und eine ist dann sicher darunter, die stimmt. Und dann können Sie sagen: "Da schauen Sie, wie das genau gestimmt hat." Sie müssen verstehen, die Astrologie war verbannt von der offiziellen Wissenschaft und hat sich in Geschichten weitergetragen, wo dann alles mögliche hineingepackt wurde. Die eigenen Emotionen, die eigene mangelnde Erlebnisfähigkeit und so weiter wurde in die Astrologie reingebracht. Das kann man nicht übel nehmen. Und da sind natürlich von der Astrologie auch sehr komische Seiten da, das muß man als rein historische Entwicklung oder soziale, oder Schichtungsentwicklung sehen, das muß man also mit berücksichtigen.

Da weiß ich aber wesentlich mehr, wenn ich weiß, das achte Haus ist die Bindung an die Notwendigkeit anderer. Alle anderen Einzelheiten kann ich mir dann in der Kombination ableiten. Aber ich habe den Oberbegriff. Oder wenn ich weiß, Haus sechs, das ist die Anpassung oder die Steuerung meines Lebenswillens oder meines Lebenstriebs gegenüber den Lebensbedingungen. Da kann ich natürlich sagen, daß ich möglicherweise eine Tätigkeit vollführen muß, die mir nicht paßt. Das kann ich dann ableiten durch die anderen Anlagebilder, wie die sich jeweils auswirken.

K: Was sollen wir für achtes Haus schreiben?

A: Ja, schreiben sie hin: Bindung an die Notwendigkeit anderer.

Gut, dann haben wir das neunte Haus. Was ist das? - Was passiert denn als Funktion, wenn ich mich an den Notwendigkeiten anderer Menschen zumindest mal orientiere? Was ist die Funktion daraus? - Das ist relativ einfach. Folgert sich da nicht daraus..

K: Anpassung.

A: Nicht Anpassung. Anpassung ist ja die eigene seelische Aussteuerung. Das hier ist ja was anderes.

K: Verständnis.

A: Genau, Verständnis oder Einsicht oder Einsichtigkeit, man kann also sagen: Verstand. Verstand von verstehen. Wir haben ja hier unten den Intellekt, Haus drei, als Hilfsfunktion zum Zurechtfinden im Lebensraum: unterscheiden, bezeichenbar machen. Während die Vernunft, vom Althochdeutschen: vernehmen, wahrnehmen, eine Aussteue-

rung der Lebensbedingungen ist. - Was ist damit das neunte Haus
als Funktion?

K: Geistiges Interesse.

A: Geistiges Interesse, ja, wenn der Mars zum Beispiel drinnen
steht, ein reges geistiges Interesse. Was würde das noch sagen? -
Welche Formen von Einsichtigkeit in welchen Gebieten gegeben sind.
Wenn zum Beispiel Steinbock im neunten Haus ist, was würde man vermuten als Funktion der Bindung an außerpersönliche Ideen? Der würde sich mehr dogmatisch äußern, warum?

K: Weil er immer regeln will.

A: Weil er regeln und formieren will.

K: Der ist ein bißchen militärisch.

A: Ja, wenn zum Beispiel der Mars drinnen ist.

K: Würde ich nicht sagen.

A: Also gut, wenn der Steinbock drinnen ist, welcher Religionsgemeinschaft würde der noch am ehesten huldigen?

K: Katholizismus.

A: Katholizismus, ja. Was würde ein Krebs machen? Krebs im neunten?

K: Der wäre nicht religiös.

A: Der wäre nicht religiös? - Meistens evangelisch. Und wenn einer
einen Wassermann da oben drinnen hat, oder einen Zwilling, wie würde er da sein? - Der sucht Gott im Grashalm. - Ich zeige hier nur
Tendenzen auf, weil das doch ein bißchen hart klingt.

K: Also Krebs im neunten Haus, da wäre der evangelisch/ protestantisch. Aber der hat doch gar keinen Einfluß darauf, der wird doch
in die Welt geboren, entweder evangelisch oder katholisch.

A: Nun ich muß eines sagen, es gibt auch Leute, die konvertieren,
oder die glauben dann überhaupt nichts mehr, oder die glauben später.

Das Prinzip ist - ich habe es hier schon einmal gesagt - am besten
zu erklären mit dem Sautrog: Wenn Sie sich einen Sautrog vorstellen und Sie tun alles rein: Körner, Nüsse, Kartoffeln, Salat, was

es so gibt, und dann stellen Sie einen Hund, ein Schwein, ein Huhn, ein Pferd davor hin. Und wenn Sie den Trog dann "Milieu" nennen, dann holt sich jeder das heraus, was er braucht. Und wenn es nicht drinnen ist, dann sucht er es so lange, bis er es findet. Und zwar ganz unbewußt, möglicherweise treibt es ihn sogar zu einem Ereigniswunsch hin, um in eine Situation zu kommen, die ihm das gibt, was er braucht.

Sie können sich das Anlagebild wie einen Schwamm vorstellen, der genau das aufsaugt, was er braucht, aber das übrige liegen läßt, was ungeeignet ist.

K: Kann man sagen, das neunte Haus ist die Einsichtigkeit in die Bedürfnisse der anderen.

A: Ja, genau, nicht nur in die Bedürfnisse der anderen, sondern auch in Bedürfnisse der Gattung.

K: Jetzt weiß ich gar nicht mehr, was das neunte Haus ist.

A: Schreiben Sie: Einsicht, Verstand. - Wissen Sie, das, was man im Bayerischen meint: "g'scheit" anstatt "klug". Also wenn es im Bayerischen heißt: "das ist ein g'scheiter Mensch", dann ist das ein echtes Lob. Wenn es heißt: "das ist ein kluger Mensch", dann ist das schon nicht mehr so ganz lobend, - klug im Sinne von lebensklug ist Haus sechs.

K: Ich möchte noch etwas fragen: wie würde das aussehen, wenn der Neptun jetzt im neunten Haus stünde?

A: Das müßte ein Mystiker sein. Er müßte mystisch veranlagt sein.

K: Auch wenn er es schwer hat?

A: Auch dann.

K: Hat das nichts damit zu tun, denn wir hatten auch im achten den Neptun drinnen.

A: Im neunten kann er sich ja bewegen. Naja, mystisch wird der im achten auch sein, nur halt da im neunten in der Auswirkung.

K: Gibt es da auch noch was anderes, außer daß der mystisch ist?

A: Na sicher. Nehmen wir mal an, der Neptun steht drinnen. Der Neptun löst prinzipiell mal Konturen und Begrenzungen auf. Er löst da-

mit auch jede Art von Regelung und jede Art von Formierung auf.
Der Neptun im neunten wird also niemals eine Einsichtigkeit zustande bringen, die in irgendeiner Weise sich artikulieren oder formieren kann. Wir wollen hier ja nun kein Kochbuch aufstellen: Neptun im neunten Haus ist dieses; Mars im neunten Haus ist dieses! Nein, Sie sollen begreifen, aus was für Anlage-Bilder das herauskommt. Denn eines Tages, wenn Sie Horoskope machen, - und das bleibt nicht aus, wenn Ihre Nachbarin kommt und sagt: "Machen Sie mir doch schnell ein Horoskop", und wenn Sie dann gerade in einer Situation sind, wo Sie unzufrieden sind, dann machen Sie es gern, weil Sie dann eine Möglichkeit haben, sich seelisch in eine Erlebnischance zu bringen. Und dann kommt es gar nicht darauf an: das und das ist so, - sondern Sie müssen das, was bei dieser Frau oder diesem Mann passiert in seiner Grundsituation nun nicht nur wissen, sondern verstehen und begreifen. Das ist das Entscheidende. Denn sonst darf man überhaupt nichts tun in der Astrologie. Wobei ein Grundprinzip besteht: keine Auskunft zu geben, es sei denn, man wäre gefragt. Denn das Bedürfnis, in dem Schicksal anderer Leute rumzurühren, das ist relativ stark dort, wo mangelnde Erlebnismöglichkeiten bestehen. Und das finden Sie leider bei einer großen Anzahl von Astrologen. Die sagen dann kühl und ungerührt: "Ja, also, übernächstes Jahr stirbt Ihr Mann". Das ist ihm aufgesetzt. Verstehen Sie, es gibt eine gewisse Befriedigung für den, der das sagt, da spielt ein Sadismus mit rein.

Diese Gefahr liegt besonders nahe, nachdem Bestrebungen im Gange sind von den einzelnen sogenannten Massenmedien, - so wie sie die Sex-Welle ausgenützt haben für Verlags-Ziffern, - so wollen sie sich also jetzt die neue Mode, die Astrologie heißt, für ihre Verlags-Ziffern zunutze machen und wollen eine sogenannte Art von Volks-Astrologie treiben. Ich bin zum Beispiel aufgefordert worden, für eine Zeitung drei Seiten zu schreiben, wie man ein Horoskop erstellt. Verstehen Sie, so als ob, wenn ich vier Seiten lese: "Wie lerne ich das Autofahren", mich ins Auto setzen und fahren kann.

K: Eine Frage noch zu Haus neun. Also der Neptun löst Begrenzungen auf. Der Uranus verwandelt.

A: Ja, der hebt Polaritäten auf, der neutralisiert. Meistens mit dem Ziel der Synthese, die er will, - ob das dann eine Synthese

ist, ist noch die Frage. - Gut, den nächsten Quadranten schauen
wir uns dann das nächste Mal an, und jetzt machen wir eine Pause
und danach ein Horoskop.

P A U S E

A: Was fragen wir also hier? Ascendent?..

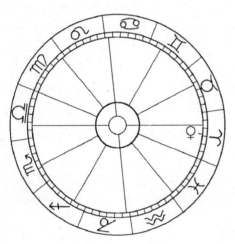

K: Waage.

A: Was heißt Waage? Um was
geht es hier?

K: Begegnung.

A: Begegnung. Ausgleich, -
Begegnung ist ja immer eine
Art Ausgleich. Was brauchen
wir als nächstes?

K: Wo ist die Venus?

A: Die Venus steht im sechsten Haus. Was heißt das?
Also sagen wir mal: Waage
nicht als Begegnung, sondern als Begegnungsbereitschaft. - Im übrigen betrifft das Horoskop ein Ereignis. Weil das immer am besten geeignet ist, so ein
bißchen zu üben. - Gut, Begegnungsbereitschaft, und die Venus
liegt im sechsten Haus. Was heißt das?

K: Anpassung an die Lebensmöglichkeiten.

A: Ja.

K: Abhängigkeiten von den Lebensumständen.

A: Genau, Abhängigkeit von den Umständen. Die Anlage dieses Ereignisses liegt in einer Begegnung, wobei als Kennzeichen die Abhängigkeit ist. - Eine Begegnung, die in Abhängigkeit stattfindet von
Umständen, von Bedingungen. Wir können das jetzt noch erweitern
und können fragen: Was für Abhängigkeiten sind das?

K: Da ist ein wenig Impulsivität drinnen durch den Widder im sechsten Haus, das Ungestüme.

A: Ja, auf welcher Ebene vollzieht sich die Spontanität? Das sechste Haus wird noch vom Fisch beherrscht. Wonach fragen wir da? - Da fragen wir nach dem Neptun. Nur um zu erweitern, wir können das ja ausbauen. Wir fragen nach dem Neptun, weil wir wissen wollen: worauf bezieht sich die Abhängigkeit? Und da haben wir den Neptun im zweiten Haus, das heißt..?

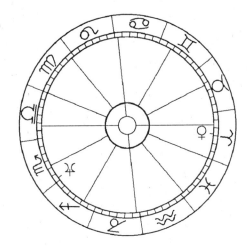

K: Die substantiellen Wurzeln sind aufgelöst.

A: Ja, das ist eine recht unklare Rechtssituation, oder so etwas. Aber wenn das ein Ereignis ist..

K: Materie wir aufgelöst, oder ist das zu weit?

A: Das ist etwas zu weit, weil..

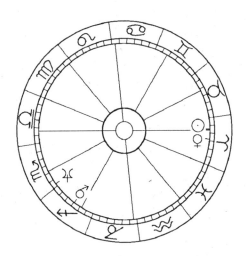

K: Sicherungen werden aufgelöst.

A: Das trifft schon eher zu.

K: Durchbrennen der Sicherungen.

A: Da müßte mindestens der Uranus dabei sein. Gut, was fragen wir als nächstes? Wo ist die Sonne? - Die Sonne ist genau am Descendenten in sieben und wie verwirklicht sich das?

K: In einer Begegnung.

A: Ja, in einer Begegnung. Und das können wir auch noch illustrieren, Widder, was ist das für eine Begegnung? - Vom Widder der Impuls, und wo steht der Mars? - Der steht hier Spitze drei. Der Impuls wirkt sich also funktionell aus. Tatsächlich funktionell.

Was fragen wir als nächstes

K: MC.

A: Was haben wir da?

K: Den Krebs und den Löwen.

A: Ja, warum? - Weil der Löwe ganz eingeschlossen ist. Im zehnten Haus selber steht nichts. Den Löwen, die Sonne haben wir so wie so schon hier in sieben. Da müssen wir also nur noch fragen: Wo der Mond ist? - Und der steht da Spitze fünf. Was sagt das? - Was ist das für eine Begegnung, die sich spontan im dritten Haus kund tut? - Das ist übrigens ein Alltagsereignis, suchen Sie da jetzt nichts besonderes dahinter.

K: Seelische Verausgabung.

A: Ja, innerhalb der Begegnung schon, das kann man sich leicht vorstellen. - Was ist das für ein Alltagsereignis? Ist das so schwierig? - Also: Es treffen sich zwei Personen das erste Mal.

K: Das ist ein Seitensprung, das ist rechtswidrig.

A: Das ist ein Seitensprung, das ist rechtswidrig?

K: Wegen dem Neptun in zwei.

A: Wegen dem Neptun, das ist wahr, er war verheiratet. Ich sehe also, der Kurs trägt Früchte. Nächste Frage: War es ein Seitensprung?

K: Ja, aber nur ein kurzer.

A: Warum nur ein kurzer?

K: Weil der Skorpion das zweite Haus anschneidet: eine Begegnung und dann nichts mehr.

A: Wieso? Der Skorpion will also eine Begegnung und dann nicht mehr?

K: Ja, aber nur, wenn es ihm paßt.

A: Warum sollte es ihm nicht passen, er ist ja nur zweites Haus, der Skorpion. Ich meine, wir können ja den Pluto hineinzeichnen, wenn Sie wollen, ja? Tun wir ihn halt rein. Der steht da hinten drinnen, der steht zwar noch im elften, geht aber schon ein bißchen ins zwölfte rein. - Ja, wie schaut die Rechtsfrage dann aus? - Die ist, so wie Sie sagten, - neptunisch. Die Rechtsordnung war nicht da, der war verheiratet. Aber ich möchte jetzt nur wissen: Was ergibt sich noch? Ist es ein Seitensprung?

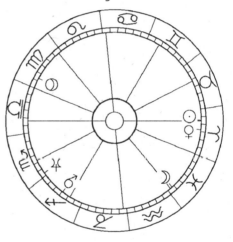

K: Nein, ich würde sagen: nein. Sonst würde die Sonne im elften stehen.

A: Oder im fünften oder im dritten. Was heißt das also, wenn die Sonne da drinnen steht im siebten? - Eine echte Begegnung, wo aber die rechtliche Situation nicht gegeben ist, ist das klar?

K: Aber was hat dann der Pluto in zwölf zu sagen?

A: Der hat zu sagen, daß das Ganze dann klammheimlich vor sich gegangen ist.

K: Würden Sie bitte noch einmal sagen: was der Mond da Spitze fünftes Haus ist?

A: Ja, ich habe geglaubt, grad' das brauche ich nicht zu erklären. Das ist die Verausgabung der seelischen Kräfte, Haus fünf, die Verausgabung und noch der Mond, also eine Gefühlshingabe, also noch dazu wo der Fisch da unten drinnen ist.

K: Platonisch?

A: Nein, im fünften ist er nicht platonisch. Ich meine, im elften wäre er platonisch, ohne daß er es will. Im fünften ist er es nicht. Ist das einigermaßen klar: warum das eine echte Begegnung ist? - Gut, und jetzt noch eine Frage: Warum ist das eine Begegnung, - jetzt einmal nicht, weil die Sonne im siebten Haus steht. Ich möchte es inhaltlich wissen. - Was ist der dritte Quadrant? - Causa efficiens, das Bewirkende, Herausfordernde. In dieser Situation liegt für die Begegnung jeweils eine Herausforderung. Nächste Frage: Herausforderung von was? - Herausforderung oder Anforderung an die eigene Person. Infolgedessen: echt.

Sie können auch daraus ersehen, daß jede im Erscheinungsbild der Umwelt sich ergebende Situation inhaltlich Ausdruck ist, der sich niederschlägt. Das heißt also, die Dinge, die funktionell geschehen, sind nicht ohne Bezug auf die inhaltlichen Voraussetzungen. Es sind sämtliche Faktoren von solchen Ereignisbildern immer unbestechlich verzeichnet. Ich finde das ungeheuerlich, wenn Sie das mal ganz genau überlegen.

K: Ist die Begegnung das erste Mal?

A: Das ist das erste Mal, da haben die sich getroffen. Das ist das Geburtshoroskop der Begegnung.

K: Was Sie vorher gesagt haben mit der Herausforderung aus dem dritten Quadranten, das war nicht ganz klar. Und zwar bezogen auf was? Da ist ja jetzt wenig drinnen im dritten Quadranten außer der Sonne. Bezog sich das jetzt auf den Sonnenstand oder was?

A: Auf den Sonnenstand, weil ja da die Verwirklichung passiert.

K: Nur weil Sie vorhin sagten, - mal abgesehen von der Sonne ist das eine Begegnung, und deshalb wußte ich nicht genau, wie Sie das meinen.

A: Abgesehen von der Nominierung der Sonne, was die Sonne damit inhaltlich sagt, das habe ich gemeint.

Ja, und jetzt können Sie das Experiment zur Übung noch weiter treiben. Bei was für einer Gelegenheit war das? Wie ist das vor sich gegangen?

K: Müssen wir da das MC fragen?

2.H, 3.H, 6.H

A: Nein, da müssen Sie nicht das MC fragen, das dritte Haus ist die Funktion nach außen, Haus zwei, das ist das Formale, unter dem das vor sich geht. Haus sechs, das sind die Bedingungen. - Ist das ein Ehe-Institut gewesen?

K: Nein.

A: Warum nicht?

K: Weil es spontan ist.

A: Genau, - da müßte nämlich sonst ein Kalkül drinnen sein.

K: Zwilling sechs?

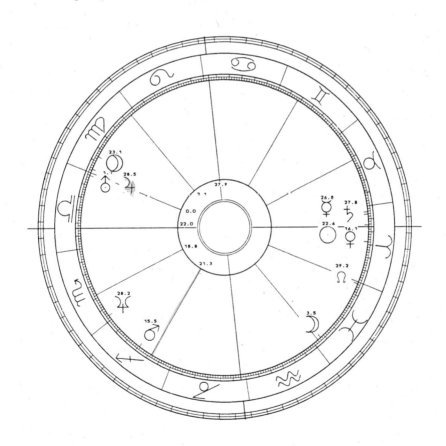

Ereignishoroskope!!

A: Nein, gesteuerte..

K: .. Jungfrau.

A: Gesteuerte Jungfrau. - Das wäre übrigens ein ganz schöner Titel für ein Buch. - Also, was für Bedingungen? - Gut, spontan. - Ja dann zeichne ich noch die anderen Planeten hinein.

Jetzt müssen Sie bei einem Ereignishoroskop natürlich bedenken: das geht pro vier Minuten um einen Grad weiter in Tierkreis-Richtung, die Sonne geht dabei runter in den Untergangspunkt, unter den Horizont und der Zenit wandert weiter. Was haben Sie für Bedingungen? Anpassung woran?

K: Begegnung.

A: Nein, da unten drinnen, sechstes Haus.

K: Mondknoten.

A: Ja, Mondknoten, und der Herrscher? - Ist der Neptun und kurze Zeit später der Mars. - Was ist der Neptun im zweiten Haus? - Eine unklare Situation. Und was ist der Mars im dritten Haus? - Die Entscheidung zu einer Situation hin. Eine Funktion, eine begonnene Tätigkeit, eine Bewegung. Es ist halt so gewesen: Da hat sich ein Mädchen nicht ausgekannt und da hat ihr dann jemand gesagt, wohin sie müßte, wolang der Weg geht.

Zuerst kommt ja der Herrscher vom Fisch rein ins sechste Haus, das heißt der Fisch ist der Herrscher vom sechsten Haus, - sie kennt sich nicht aus - und anschließend wird der Herrscher von sechs: Widder. So ungefähr vier Minuten später, und dann kommt sofort die Initiative im dritten - sie spricht jemanden an, der ihr hilft, oder er sieht sie so verlassen und allein und hilft ihr.

K: Ich hätte da noch eine Frage: der Saturn steht da so schön, bezieht sich der im siebten so etwa bedeutungsmäßig auf die dumme Situation des Neptun im zweiten?

A: Nein.

K: Auch nicht in dem Sinn, daß die Begegnung von vornherein gehemmt ist?

A: Nein, wenn das Horoskop einer Person gehören würde, dann würde ich sogar schlußfolgern, daß der Betreffende in seinem Wesen sehr formiert ist und Prinzipien hat, festgefügte Begegnungsprinzipien. Begegnungswillig, aber da sehr festgefügt und dogmatisch als Schutzverhalten gerade deswegen, weil er in seiner Rechtssituation so unklar ist. Wenn Sie das jetzt auf die Begegnung beziehen, würde das heißen: dieser Saturn wird um so stärker, - das dogmatische Bemühen hier wird um so stärker, je stärker der Neptun in zwei in Erscheinung tritt. Als Schutzreaktion.

K: Und wie würde sich das jetzt in der Realität auswirken?

A: Daß ein absoluter Ehewille daraus entsteht. Ein absoluter Ehewille.

K: Noch einmal zurück zum Ereignis. Der Neptun in Haus zwei, ist das ein bißchen am Rande der Legalität, ist das irgendwie zum Ausdruck gekommen in der Begegnung?

A: Na klar, sie hat sehr schnell gemerkt, daß er verheiratet ist.

K: Dann war das nicht das einzige Treffen?

A: Nein, aber das war das erste.

K: Hat der denn gleich erzählt, daß er verheiratet ist.

A: Nein, das ist nicht zur Sprache gekommen, - vielleicht, das weiß ich nicht. Ich nehme nicht an, daß er es gleich erzählt hat, könnte aber durchaus sein. Aber das spielt ja keine Rolle. Es wird ja hier nicht vermerkt, was der gesagt hat, sondern es wird ja hier vermerkt, was ist. Verstehen Sie, das liegt da mit drinnen. Denn wenn das die Geburt einer Begegnung ist, dann müssen ja die Geburtsumstände drinnen sein, das heißt die Geburtsbedingungen.

Machen Sie solche Horoskope, Sie werden sich erstens über astrologische und symbolische Vorgänge klar, Sie können Sie besser beurteilen und Sie bekommen ein anderes Verhältnis zu Ereignissen, Sie bekommen eine völlig andere Beziehung dazu, automatisch.

K: Wenn ich etwas vorhabe, ein Geschäft aufzubauen oder ähnliches, welches Datum ist da wichtig?

A: Bei einem Geschäft? - Die Gründung, die Eintragung ins Handelsregister oder Assoziierungsvertrag beziehungsweise der notarielle Vertrag.

K: Aber meistens sind davor schon Verhandlungen.

A: Das zählt alles nicht. In dem Moment, in dem der Vertrag rechtsverbindlich wird, gilt das als Geburt.

K: Und zum Beispiel bei Geschäftseröffnung, wo keine Verträge geschlossen werden.

A: Dann wird das Geschäft als solches eröffnet. In dem Wort liegt es an sich schon drinnen. Also sonst: wo Rechtsverbindlichkeiten entstehen.

K: Ich nehme eine neue Stelle an zum Beispiel am ersten September, Sonntag. Rechtsverbindlich wird es also Sonntag, obwohl Montag der erste Arbeitstag ist?

A: Ja, bevor Sie eine Stellung antreten, unterschreiben Sie doch einen Arbeitsvertrag. Das andere ist ja nur der praktische Beginn. Sie können sich natürlich aufschreiben, wann Sie Ihren neuen Chef das erste Mal begegnen. Da wissen Sie gleich, warum Sie befördert werden oder nicht. Da muß man schon genau unterscheiden, ob sich das Geburtsbild auf die Rechtsverbindlichkeit bezieht oder auf die Alltagspraxis.

K: Da kann man praktisch einen Hochzeitstermin auch bestimmen?

A: Na selbstverständlich, das mache ich bei allen meinen Bekannten.

K: Das kann man doch gar nicht genau bestimmen, man kann ja nicht zu jedem beliebigen Zeitpunkt heiraten. Und es verändert sich doch nichts, wenn einer an dem einen oder anderen Termin heiratet.

A: Das ist schon ein Unterschied. Wenn sie bereit ist, ihn noch um fünf Uhr früh zu heiraten, dann weiß man nicht, ob sie übermorgen auch noch bereit dazu ist. Ich habe das schon des öfteren gemacht bei Bekannten den Hochzeitstermin ausgerechnet. Es wird auch manchmal als Mittel zum Zweck genommen, weil Stiere heiraten zum Beispiel nicht gern, - und wenn dann so eine Verlobte vom Stier als gemeinsame Bekannte fragt: "wann ist ein guter Termin?" vor ihrem Verlobten, dann heißt das quasi schon: den festnageln. Das ist dann auch wieder eine Taktik.

Nun ist es so: wenn Sie einen ganz bestimmten Termin haben wollen, dann ist es ja nicht so, daß Sie einen optimalen Termin bekommen, denn Sie müssen ja unter den gegebenen Möglichkeiten, die Ihnen das Jahr oder der entsprechende Monat bietet, den Besten rausziehen. Zweitens müssen Sie sich ganz klar darüber sein, daß es einen wirklich krisenfreien Termin überhaupt nicht gibt.

Das nächste ist das: Sie stellen fest, wenn Sie jetzt heiraten wollen, daß in dem Monat überhaupt kein Termin da ist, in dem nicht diese oder jene grundsätzliche Krise auftaucht, das heißt daß Sie in Wirklichkeit in dieser Zeit gar keine Chance zu einem guten Termin haben. Dann muß ich mich doch fragen: "Was ist schlecht in der Verbindung". Und damit wird das Ausrechnen eines Heiratstermin mehr zu einer Eheberatung oder Voreheberatung.

In anderen Fällen, wenn ein Termin gegen den Inhalt erzwungen werden soll, dann ist einfach nicht die Chance da, daß man den Termin bekommt. Sie können sich auf den Kopf stellen, Sie bekommen keinen guten Zeitpunkt, weil zum Beispiel der Standesbeamte so lange redet und man hat dann doch nicht den Mut zu sagen: "Jetzt paß auf, jetzt wird unterschrieben und Du kannst hernach fertig reden." Das macht keiner. Das sind die sogenannten Zwänge, die Ihnen einen Strich durch die Rechnung machen.

K: Also schicksalsbedingt.

A: Nein, nicht schicksalsbedingt, sondern inhaltsbedingt. Das Schicksal ist ja erst die Folge davon.

Schauen Sie, es wollen zum Beispiel zwei heiraten aus gegenseitiger Kompensation - einer ist dem anderen eine seelische Prothese, sie klammern sich aneinander. -Nehmen wir mal an: Freiberufliche Männer fangen an freiberuflich zu werden. Da sind die immer unsicher, haben kein Selbstbewußtsein. Und was suchen die sich für Frauen: so stabile Frauen, daß ein normaler Mann sagt: "Ja um Gottes willen." Das merkt der gar nicht, weil er von ihr Halt bekommt. Er kompensiert sein mangelndes Selbstbewußtsein an der Formierungsbereitschaft der Frau, oder an ihrer Aktivität. Das ist ja keine gesunde Geschichte, denn daß der betreffende Mann kein Selbstbewußtsein hat, ist ja Teil seiner Entwicklung, sozusagen eine Entwicklungskrise, die er möglicherweise braucht. Aber in dieser Krise sich festlegen und aus dem Mangel eine Bindung eingehen, die länger bestehen soll, ist ausgesprochen ungeeignet, weil sie beim Mann ja nur eine kurze Entwicklung ist. Infolgedessen, wenn die zwei heiraten wollen, dann können sie nur ein Datum bekommen, in dem dieser Mangel als Symbol verzeichnet ist, als Anlageprin-

Schicksal — Pech — Unglück

zip. Das ist aber nicht Schicksal, das ist dessen Entwicklungskrise und das nennt der dann Schicksal, weil es einfacher ist. - Der dürfte nicht heiraten. In dem Moment, wo er die Ehe dazu benützt, um sich selber zu kompensieren, dann ist das ungeeignet. Denn acht Jahre später hat er sein Selbstbewußtsein, ist beruflich anerkannt und dann sagt er: "Was will denn die mich schuhriegeln, wo kommen wir denn da hin, hat die das eigentlich schon immer gemacht? Versteh' ich gar nicht, hab' ich mir doch früher gefallen lassen, raus damit". - Da hat er aber inzwischen zwei Kinder. Das ist das Wesentliche. Das hat aber mit dem Schicksal gar nichts zu tun.

K: Was ist das Schicksal dann?

A: Ja nichts anderes als, daß im Ereignis die eigene inhaltliche Abweichung von der Verwirklichung aufgezeigt wird. Die Natur kann sich - jetzt sage ich es ganz primitiv - keine Abweichungen von der Norm erlauben, das heißt sie will auch gar nicht.

Wenn Sie ein Anlagebild haben, dann will sich dieses Anlagebild erfüllen. Es will sich verwirklichen und wenn Sie nicht bereit sind, mit Ihrem oberbewußten Verhalten dieser Anlage Rechnung zu tragen, weil die Ihnen möglicherweise unbequem ist, weil es möglicherweise eine Anlage ist, die nicht auf Erhaltung und Sicherung des Individuums hinaus geht, sondern auf Hingabe an Notwendigkeiten außerhalb des eigenen Zweckbereichs, wenn Sie also im Oberbewußtsein dieser Anlage nicht stattgeben, gibt die Anlage keine Ruhe. Es dauert nämlich gar nicht lang, dann schiebt dieser Anlagetrieb, dieser Verwirklichungstrieb dieser Anlage das Oberbewußtsein auf die Seite und zieht Sie quasi durch einen unterbewußten Ereigniswunsch in eine Situation hinein, wo sich diese Anlage außerhalb Ihrer Steuerung verwirklicht. Und das meistens in einer Art, daß es die eigenen zweckdienlichen Bereiche des Lebens korrigiert, regelt, formiert, einschränkt, behindert. Das nennt dann der Mensch Pech oder Unglück. In Wirklichkeit hat es sein eigenes Unterbewußtsein gesucht, und das ist das Schicksal.

Na, dieses Schicksal ist doch nichts Fremdes. Und außerdem muß man froh sein über das Unglück, - nicht nur wegen des Lernens, - man wird ja auf seine Norm gebracht, man wird geregelt, man wird ausgeglichen, man kommt wieder zu seiner Mitte oder in das Verhältnis zu sich, man entwickelt sich nicht weiter ins Extrem.

Da gibt es natürlich unterschiedliche Tierkreiszeichen. Das ist eine Frage von Schuldbewußtsein und von Bußdrang. Es gibt Tierkreiszeichen, die haben einen sehr viel stärker ausgeprägten Bußdrang als andere Tierkreiszeichen. Wer könnte zum Beispiel einen starken Bußdrang haben? - Die Wasserzeichen, allen voran der Fisch. Warum? - Weil der so empfänglich ist. Oder der Schütze, weil der einsichtig ist. Da kann sich erst gar nicht so viel Abweichung entwickeln. Die haben so lauter kleine Mißgeschicke, aber niemals große. Im großen haben sie dann meistens das, was man Glück nennt, - aber lauter kleine Mißgeschicke, weil sie schon die kleinen Abweichungen durch ihr schlechtes Gewissen mit dem unterbewußten Ereigniswunsch auspegeln.

Aber zum Beispiel ein sehr hartes Zeichen wie zum Beispiel Skorpion oder Erdzeichen, die geben dann nicht nach, und die erwischt es dann zwar nicht in Kleinigkeiten, sondern in großen Abständen, dann aber gewaltig. Jedenfalls, die Gefahr besteht.

K: Kann man dann beim Fisch oder beim Schützen sagen, daß denen weniger passiert.

A: Nein, der Ausgleich geht in vielen Kleinigkeiten vor sich. Der Fisch ist ja wie ein Sieb, der wehrt nicht ab.

K: Vielleicht könnte man sagen: ein Typ hat halt die Organe gerade dafür entwickelt, daß er dadurch genauer reagiert und sein Leben danach steuert.

A: Das geht beim Fisch ganz unbewußt.

Ja, das ist also das Grundprinzip, warum man überhaupt eine astrologische Deutung machen soll, und warum man sie auch ohne Wertung machen soll. Weil es ja völlig klar ist: wenn jemand irgendein Anlagebild hat, dann kann ja das einzelne Anlagebild niemals negativ sein, sondern nur in Beziehung zu etwas Spezifischem ungeeignet sein.

K: In einem Mietvertrag oder so etwas ähnlichem, kann man das auch einbauen in seine eigene Konstellation?

A: Selbstverständlich. Nehmen Sie folgendes: Es schließt einer einen Vertrag ab und fällt rein. Nun hat er natürlich eine Konstellation für das Hereinfallen, aber die Konstellation sagt ja mehr als das, daß der nur reinfällt. Diese Konstellation sagt: dem ist es

so und so lange gut gegangen, der wird spekulativ, der sieht seine
Grenzen nicht mehr. - Das beinhaltet ja diese Konstellation: die
Konfrontation mit der Wirklichkeit. Das steckt da drinnen und da
kann ich natürlich nicht böse sein, wenn ich reinfliege.

K: Das heißt, ich soll mich immer nach meinen Möglichkeiten richten. Und wie soll ich mich mit der Absicht zu einem Mietvertrag an
meine Möglichkeiten halten?

A: Ja, es kommt noch darauf an, in welchem Zusammenhang er steht.
Natürlich können Sie einen Mietvertrag abschließen, und da müssen
Sie halt schauen, ob die Termine günstig sind und wenn inhaltlich
bei Ihnen im Leben sowieso alles stimmt, ist sowieso alles gut. Es
ist ja nicht so, daß es kausal vor sich ginge. Sie suchen sich das
Pech mit Ihrem Ereigniswunsch ja nicht in Kausalitäten und in kausalen Zusammenhängen, sondern Sie suchen es sich ja in Situationen, die gleich einer Symbolkette symbolentsprechend sind.

In der alten Astrologie heißt es zum Beispiel: Neptun ist das große Wasser, oder Neptun ist das asoziale Chaos, oder Neptun ist die
illegitime Beziehung, oder Neptun ist Chemie. Das eine Mädchen mit
Neptun in sieben hat wirklich einen asozialen Freund gehabt, die
hat doch tatsächlich das zweite Mal einen Chemielehrer als Verhältnis gehabt, der verheiratet war, und die hat jetzt tatsächlich einen, der über dem großen Teich lebt.

Verstehen Sie, was ich meine? Das ist alles nicht kausal, aber es
ist die gleiche analoge Situationswahl. Entsprechend der gleichen
Symbolkette.

Wenn Sie zum Beispiel einen Ingenieur nehmen, der DKW fährt. der
geflochtene Schuhe tragt, kurze Haare hat und naturfreudig ist. -
Wenn vier von diesen Punkten zusammentreffen, dann können Sie den
fünften schlußfolgern. Das sind die Symbolketten, die einfach miteinander auftreten. - Kennen Sie sie nicht, die vor ungefähr zehn
Jahren, diese DKW - jetzt Audi - gefahren sind, das war doch immer
der gleiche Typ, der da drinnen saß. Der hat doch immer kurze Haare gehabt - Zündholzschnitt - die haben immer den gleichen Beruf:
Ingenieure, ja, die haben die geflochtenen Schuhe und meist kommt
dann noch ein depressives Gesäß dazu.

K: Jetzt noch eine Frage: wie soll sich denn die Frau verhalten,
die mit dem Neptun in sieben?

A: Da müßten wir jetzt deren Geburtsbild spezifisch sehen. Wir können nicht die Deutung der ganzen Frau an einer einzigen Konstellation - Neptun Haus sieben - aufhängen.

Es ist so: wir wollen ja nur das Prinzip erklären und nicht ein Kochbuch machen.

Diese Frau gibt sich nicht an die Begegnung hin, weil ihre Aufgabe darin liegt, sich selber zu formieren und ihren eigenen Bereich aufzubauen. Möglicherweise braucht sie keine Begegnung, weil sie sich selbst genügt, so etwas gibt es. Nur benützt sie natürlich die Begegnung für ihre Zwecke. Aber da müßte man das Geburtsbild sehen, so hat das keinen Zweck.

K: Ich wollte eigentlich nur wissen, wie sie das leben kann?

A: Das geht eigentlich ganz einfach, da sagt man dem Betreffenden: die und die Situation ist gegeben.

Nehmen Sie einen Fall: Sie haben also irgend jemand, der hat eine Unterleibsoperation hinter sich. Da kann man sofort schlußfolgern, daß die Ehe schon eine ganze Zeit nicht stimmt, und daß innerhalb dieser Ehe Inhalt und Funktion getrennt sind. Das heißt daß sie eine Ehe führt, die sie inhaltlich nicht erfüllt und die Folge davon ist, daß Frauen dies auf die Dauer durch Funktionsstörungen im Unterleib ausleben, dies darauf ableiten. Und das führt so weit, daß es zur Totaloperation kommen kann.

Ein Beispiel: Eine Klientin, verheiratet, seit vierzehn Jahren kommt der Mann nur sporadisch alle vierzehn Tage bis drei Wochen eine Nacht nach Hause. Die Frau kann sich nicht zur Trennung und damit Verselbständigung aufraffen, aus Existenzangst. Sie lebt in einer Form, mit der sie inhaltlich nicht übereinstimmt, im Gegenteil. Sie hatte natürlich x Unterleibsoperationen hinter sich. Ich schickte sie zu einen befreundeten Arzt, mit dem ich zusammenarbeite. Der meinte: "Jetzt müssen Sie doch endlich Ordnung schaffen, mehr können wir jetzt nicht mehr herunterschnipseln". - Verstehen Sie, was ich meine? Da kann ich sagen: Sie haben die und die Konstellation, - <u>wenn Sie selbst nicht Stellung beziehen, dann wirkt sich diese Konstellation als Eingriff in den Organismus aus.</u> Entweder Sie operieren selber ihre Situation oder an Ihnen wird operiert.

K: Kann ich dann, wenn ich das weiß, entgegenwirken?

A: Nicht entgegen, sondern dafür, - daß nichts mehr passiert. Ja, das können Sie ohne weiteres.

Schauen Sie, Sie müssen da immer an das griechische Opfer denken. Ob der Saturn, oder was weiß ich für einer, sich jetzt selber was holt, zum Beispiel ein Schaf oder ob er das Schaf von Ihnen bekommt, ist egal, er muß nur satt sein.

Wenn Sie einen Saturn im Geburtsbild haben, der eine Disziplinierung in einer bestimmten Weise verlangt: Entweder Sie disziplinieren sich selber und heben ihn damit auf, oder Sie machen es nicht selber, dann macht sich diese Disziplinierungsanlage selbständig, holt sich im Außenbereich die Notwendigkeit, die Ihnen dann so auf's Haupt kommt, daß Sie von außen diszipliniert werden. Und das kommt so oft, bis Sie es einsehen. Denn manche Leute haben das gleiche Schicksal in einem Abstand von zwei Jahren immer wieder, sodaß man am Schluß sagen kann: "Wann begreift er es denn endlich?" Aber das gehört alles in spätere Kursabende.

K: Aber ein Problem bleibt letztlich noch. Diese ganze Sache ist ja einsichtig, aber dann kommt noch das größte Problem für die Einsichtigkeit, das ist das Problem mit der Zeit. Haben Sie da eine Erklärung oder wie ist Ihre Einstellung zu dem Problem?

A: Ja, das ist an sich so, - kurze Andeutung jetzt - weil, das ist eigentlich der zweite Teil vom Kurs. Ich möchte zuerst die Deutung relativ klar umreißen, damit die griffig wird und dann erst auf das Zeitproblem eingehen, das heißt in welcher Weise eine Anlage in der Zeit welchen Zeitnormen ausgeliefert ist. Und die Zeiteinteilung ist davon abgesehen nicht zufällig, sondern die ist entstanden aus dem Rhythmus zum Beispiel des Jahresablaufs als naturgegebener Rhythmus und innerhalb dieses Rhythmus haben die Tierkreiszeichen eine ganz verschiedene Ablaufdichte, ein verschiedenes Verhältnis zum Ablauf der Zeit. Das heißt also, jede Anlage, die sich hier im Symbol darstellt, hat ihre subjektive Zeit, in der sie verwirklicht werden will, in der sie sich als Problem stellt. Das heißt, in jeder Anlage gibt es eine Uhr und die tickt.

Und nun ist also folgendes, nehmen Sie ein Beispiel: Gattungsmäßig ist es so, daß der Mensch die Anlage - in der ersten Stunde hat er die doch schon, zum Beispiel die Anlage, daß er pubertär wird, -

aber pubertär wird er erst mit dreizehn. Jetzt nehmen Sie das für die einzelnen Anlagebilder aller möglichen Bereiche. Genauso haben diese Anlagen die Zeit, wo sie rauskommen. Aber das ist eine Sache, die wir erst durchnehmen können, wenn wir wirklich die ganze Deutung begreifen.

Es ist ja nicht nur eine Frage des Wissens, sondern auch eine Frage des Übens und der Erfahrung. Damit Sie die Dinge in den Griff bekommen, erstens technisch und daß Sie es zweitens begreifen und verstehen und zwar nicht nur an sich, sondern auch am anderen. Dann können wir auf die Zeit eingehen, die die jeweilige Anlage in sich hat, zu der sie sich also verwirklicht.

Noch kurz ein weiteres Beispiel: Das ist ein weiblicher Mensch. Der Ascendent ist etwa auf zwanzig Grad Stier, die Sonne auf fünfundzwanzig Grad Widder, in zwölf. Was sagen Sie zur Sonne in Haus zwölf?

K: Das ist doch eine Isolierung, eine Unverstandenheit durch die Umwelt.

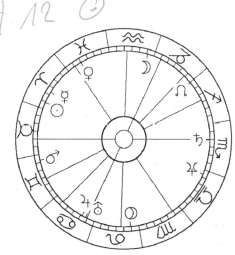

A: Genau. Ich wollte Ihnen mit dem Beispiel kurz zeigen, wie sich äußere Umstände im Horoskop niederschlagen. Die äußeren Umstände bei der Geburt des Mädchens waren, daß die Mutter bei der Zeugung noch mit einem anderen Mann verheiratet war. Das Kind wurde die ersten Monate verschwiegen, damit auch der Beginn der Entwicklung des Kindes. Das Verschweigen bringt mit sich, daß das Kind sich später seelisch nicht in das Leben hinaustraut. Das war es eigentlich, was ich bei dem Horoskop sagen wollte.

Gut, dann machen wir Schluß für heute.

ACHTER ABEND

1. Dezember 1971

Heute nehmen wir den vierten Quadranten, den haben wir ja das letzte Mal nicht besprochen.

Also beginnen wir mit Haus zehn. Was ist das?

K: Die Bedeutung der Sache.

A: Die Bedeutung der Sache. Und worin sieht man die Bedeutung einer Sache?

K: Im Ergebnis.

A: Erstens in ihrer vollständigen Wirkung, das heißt im Ergebnis. Wodurch ergibt sich überhaupt eine Bedeutung?

K: In der geistigen Unterscheidbarkeit.

A: In der geistigen Unterscheidbarkeit, ist das klar? Das ist ein ganz wesentlicher Punkt. Was heißt das?

K: Herausheben aus der Allgemeinheit.

A: Herausheben aus der Allgemeinheit, das heißt aber auch was anderes: ist was geistig unterscheidbar? Muß ja nicht immer sein, ist das klar?

Also, wenn Sie ein Geburtsbild betrachten, und Sie haben ein relativ starkes zehntes Haus, oder der Herrscher vom zehnten Haus steht relativ stark - was man unter stark versteht, erkläre ich später noch -, dann können Sie schlußfolgern - was? - Daß die Sache oder der Betreffende dem Allgemeinen gegenüber unterscheidbar ist, das heißt also, daß er Konturen hat. Das heißt in Wirklichkeit, daß er eigenständig ist.

K: Das ist also eine starke Persönlichkeit?

A: Es ist hier noch etwas Spezifisches.

Wenn jemand zehn Planeten im ersten Haus hat, dann ist er ohne Zweifel eine sehr starke Persönlichkeit, um den kommen Sie nicht herum. Da haben Sie gar keine Chance, daß Sie an dem vorbeikommen. Der ist ohne Zweifel eine Persönlichkeit, nur die Persönlichkeit liegt, - nehmen wir mal an, die Sonne ist auch im ersten Haus - in der Verwirklichung seiner eigenen Person: Er setzt sich durch, hat aber deshalb noch keine Bedeutung. Das ist eine ganz andere Art von Persönlichkeit als, wenn das zehnte Haus voll steht. Das heißt es ist eine geistige Konzeption da, deren Wirkung sich vom Durchschnitt unterscheidet und sich vom Subjektivismus allgemeiner Anpassungsart abhebt. Es muß natürlich deswegen nicht sein, daß diese Unterscheidbarkeit nun für die Allgemeinheit geeignet ist. Das heißt nur, sie ist in irgendeiner Weise verbindlich. Wenn für die Allgemeinheit etwas geistig unterscheidbar ist, soll das ja heißen, es ist verbindlich. Es ist in einer ganz bestimmten Weise verbindlich. Es muß nun nicht immer so sein, daß das nun in einer geeigneten Weise verbindlich ist. Es kann genau so gut ein Massenmörder fünf Planeten im zehnten Haus drinnen haben.

K: Sie nennen das Wort: Unterscheidbarkeit. Es ist für mich furchtbar schwer, mir darunter etwas vorzustellen. Könnten Sie es noch einmal anders definieren?

A: Nehmen Sie mal das Wort Bedeutung in seinem ursprünglichen Sinn das heißt etwas be-deuten. Für jemand etwas bedeuten. - Wie soll ich das anders ausdrücken?

K: Vielleicht kann man das dem zweiten Haus gegenüberstellen: Es gibt Menschen, die sind sehr reich und es gibt andere, die sind weniger reich und unterscheiden sich praktisch durch irgend etwas Materielles.

A: Das ist genau das, was im zehnten Haus nicht gemeint ist. Nehmen wir mal irgendwelche bekannten Leute: Beethoven, Kant oder Sauerbruch oder so, Leute, die eine bestimmte Konzeption vertreten haben, die auf ihrem Gebiet etwas Besonders geleistet haben, die auf Grund ihrer Fähigkeiten bekannt sind. Und jetzt kommen wir auf einen wesentlichen Unterschied, nämlich nicht auf die Person als solche kommt es an, sondern auf das, was sie bewirkt haben.

K: Wäre das nicht Profil?

A: Profil trifft die Person selber - erster Quadrant - obwohl man zum Teil auch meinen kann, die Person ist profiliert, das heißt die Artikulation, das, was rauskommt ist profiliert. - Aber der wesentliche Unterschied ist der, daß die Bedeutung durch den vierten Quadranten erreicht wird. Die Bedeutung tritt durch das zutage, was die Person über sich hinaus im Außen erwirkt.

K: Hebt der Mensch sich vom Durchschnitt ab?

A: Er wird dem Durchschnitt gegenüber verbindlich. Er hebt sich ab.

K: Muß er immer etwas Positives leisten?

A: Nein, ich sage ja, es kann ein Massenmörder sein. Der kann möglicherweise irgendeine Zeitsituation ausdrücken und damit sehr verbindlich werden. Der kann auch sehr herausgehoben sein. Das ist jetzt ein drastisches Beispiel.

Die Frage ist die, die als nächstes kommt: Wieso hebt er mit dem, was er über sich hinaus erwirkt, ab? Woher kommt das? - Aufgrund der vorhergehenden Entwicklungsphasen von eins bis neun. - Gut, was haben wir für ein Analogiezeichen für zehntes Haus?

K: Steinbock.

A: Steinbock für das zehnte und den Saturn. Wie kann man das übersetzen: die Eigenschaften oder die Verhaltenssituation - der Steinbock - wenn er analog zum zehnten Haus sein soll? Was kann man da sagen? Was würde das für Verhaltenseigenschaften geben?

K: Ehrgeizig.

A: Ehrgeiz ist keine Verhaltenseigenschaft.

K: Der Saturn versucht doch zu beschränken auf irgend etwas Wesentliches.

A: Zu disziplinieren auf das Wesentliche.

K: Der wird eben hier vergeistigt ausgedrückt im zehnten Haus, weil er nicht materiell ist.

A: Ja, wir können das sogenannte Verbindlichsein übersetzen in seiner Auswirkung oder in seiner Verhaltensart mit dem Regeln oder Formieren, dem Bestimmen. Das kann sich beim Steinbock durchaus auf sehr primitive Weise äußern, etwa wenn der Steinbock im ersten Quadranten ist, ist das klar? Regeln bis Maßregeln, Formieren bis Deformieren. Was kann man dem Steinbock auf Grund dessen noch zuschreiben, wenn man eine Analogie herstellt zum zehnten Haus? Wenn ein Steinbock zum Beispiel regelt, was nimmt er da zu Hilfe? Auf was bezieht er sich?

K: Auf Maßstäbe.

A: Maßstäbe. Welche Maßstäbe?

K: Prinzipien.

A: Seine persönlichen oder welche?

K: Seine persönlichen.

A: Nein, gar nicht, er verschanzt sich immer hinter der Gesellschaft.

K: Er will vielleicht glauben, daß das seine persönlichen sind?

A: Aber der Steinbock sagt immer, wenn eine Tafel dort steht: "Hunde an der Leine zu führen", sagt der Ihnen: "Sie dürfen den Hund nicht frei laufen lassen." Ich habe extra mal einen gefragt. Und da hat er einen Moment gestutzt und dann hat er "ja" gesagt. Weil, ich habe einen Hund ohne Leine durch eine Anlage gehen lassen und da war eine Tafel und da war darauf gestanden: "Hunde sind an der Leine zu führen". Das hat nicht unbedingt ein Steinbock sein müssen, aber die neigen dazu, das heißt, daß sie sich mit einem Maßstab identifizieren der außersubjektiv ist. Das wäre die Analogie hier zum zehnten Haus, das heißt sich mit den Maßstäben einer Gemeinschaft, einer Gesellschaft zu identifizieren, und diese Maßstäbe dem anderen gegenüber zu vertreten. Ein Steinbock wird nie wie ein Widder sagen: "Ich bin der Meinung, daß..", sondern ein Steinbock wird immer sagen: "man". Das ist jetzt übertrieben, aber der Steinbock neigt dazu.

K: Bezogen auf den Beruf ist das schwer zu erläutern. Wenn man sagt, wie es nach herkömmlicher Meinung gemacht werden muß. Aber irgendein Künstler-Typ kann sich beruflich kaum auf individuelle Weise etablieren?

A: Sie meinen, wenn er überhaupt etwas im zehnten Haus hat, oder wenn Sie die Analogie zum Steinbock herstellen?

K: Analogie zum Steinbock im zehnten Haus.

A: Ja, da müssen Sie eines unterscheiden. Jeder hat ja einen Steinbock irgendwo stehen. Der eine hat ihn im siebten Haus, dessen Denken ist formierend und regelnd bis maßregelnd. Der kommt immer mit dem ethischen Denkfinger daher. Ein anderer hat den Steinbock im fünften, der ist in dem, was er selber hervorbringt, formierend und regelnd. Ein anderer hat den Steinbock im ersten Haus, der ist als Person regelnd. Wird vielleicht gern Lehrer oder so was. Wissen Sie, jeder hat den Steinbock irgendwo.

Es kann genau so gut sein, daß Sie Löwe-Ascendent haben und Sie haben die Sonne im Steinbock, dann ist die Verhaltenseigenschaft formierend. Aber was wird formiert? - Formiert wird ja die Anlage, die zur Verfügung steht und das ist der Löwe.

Also zum Beispiel gab es früher mal den Zeichner H.M. Brockmann, von dem vielleicht schon einige von Ihnen etwas in der Zeitung gesehen haben. Der hat mit drei Strichen einmal eine Karikatur von mir gemacht. Ich konnte nur noch lachen, so genau hat er es getroffen. Und der brauchte wirklich nicht mehr wie drei bis vier Striche, das heißt die Gestaltung ist Ascendent Löwe und Sonne Steinbock. - Er hatte Löwe-Ascendent. - Die Gestaltung ist so auf's Wesentliche formiert und konzentriert worden, daß er mit einem Strich schon eine ganze Welt auszudrücken vermochte. - Das ist durchaus möglich, daß ein Steinbock zur Gestaltung kommt. Im Gegenteil, ich würde sagen, das ist sehr angenehm, weil, der verliert sich dann nicht.

Ja, was ist denn der entscheidende Unterschied zwischen dem zehnten Haus und dem vierten Haus, und dem zehnten Haus und dem sechsten?

K: Ja, daß sie sich gegenüber liegen.

K: Das eine ist das Wesen der Sache..

A: Ja, wenn wir zum Beispiel davon ausgehen, daß das zehnte Haus in dem, was erwirkt ist, durch das Ergebnis der Person verbindlich wird, das heißt doch mit anderen Worten: es ist entsubjektiviert. Was ist der Gegensatz zum vierten? Was ist die Beziehung zum sechsten?

K: Das vierte ist auf der persönlichen Basis und das zehnte ist das, was über das Persönliche hinaus geht.

A: Das vierte ist das Persönliche, das heißt das Subjektive oder das Subjektivistische. Und das sechste verhält sich nach subjektivistischen Normen und Gegebenheiten. Ist das klar?

K: Nein, das ist bestimmt nicht klar.

A: Ist nicht klar, gut, packen wir es nochmal. Das sechste Haus - haben wir gesagt - ist die Steuerung des eigenen Lebenstriebs, die Anpassung gegenüber den Lebensbedingungen, ist das soweit klar? -

Worin liegt denn der Maßstab für die Anpassung? Was soll denn angepaßt werden? - Der eigene Lebenswille. Das sind doch die subjektiven Maßstäbe. Das entfällt da oben im zehnten, schon ab dem siebten Haus entfällt das, weil da schon das sogenannte Ergänzungsprinzip herrscht. - Gut, was ist dann das elfte Haus?

K: Die Art der Bedeutung.

A: Die Art und Weise, wie sich die Bedeutung überhaupt erst installiert. Ist das klar? - Gut, was ist das, wenn etwas bedeutend ist? Was ist dann eine Grundvoraussetzung?

K: Ja, es muß irgendwie in Erscheinung treten.

A: Die Analogie dazu ist der Wassermann. Vielleicht hilft Ihnen das, das Begriffsschlagwort, das wir dafür haben.

K: Die geistige Umsetzung.

A: Ja, was heißt das, die Umsetzung? - Na, die Aufhebung von Polaritäten, das heißt die Aufhebung von subjektiven Bezogenheiten. Ist das klar?

K: Und im zehnten über der Sache. Und im elften kann man praktisch dadurch ausdrücken, daß das Subjektive in irgendeiner Form aufgehoben werden muß, sonst könnte das zehnte nicht über dem Subjektiven stehen.

A: Genau. Weil ja immer das nächstfolgende Haus die Art und Weise darstellt, in der sich das Eckhaus vollzieht.

K: Aber die Polarität liegt doch nicht immer auf subjektiver Ebene.

A: Also im relativen Sinn immer.

K: Gut, die Polaritäten bezogen auf die Person, womit die Person zu tun hat.

A: Ganz sicher. Sehen Sie, der Stier, als das zweite Zeichen im Tierkreis, ist der Schritt in die Polarität, - oder besser: Dualität. Hier pubertiert man, hier wird man Eigenart unter Eigenarten. Dagegen im Wassermann, im vorletzten Zeichen des Tierkreises, vollzieht sich der Schritt aus der Dualität, - hier kämpft man nicht mehr verbissen um einen Standort, hier folgt man nicht mehr tierisch ernst den Spuren seiner Emotionalität. Das Handeln wird nicht mehr vom Subjekt her bezogen. Ganz deutlich wird das in der griechischen Mythologie, wenn von der Entstehung des Raumes und damit des Gegensätzlichen die Rede ist, - beziehungsweise dies "ins Bild gesetzt wird".

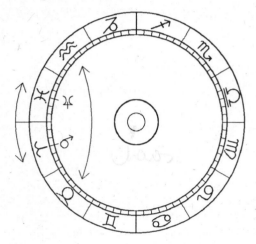

Zuerst ist das Chaos, - das können Sie sich im Tierkreis als Widder/Fisch oder Mars/Neptun vorstellen. Und dann kommen zwei Hilfsgötter, teilen das Chaos und schieben die Teile auseinander: so entsteht dann Gäa - die Erde und Uranos - der Himmel. Das wäre dann im Tierkreis der Schritt zu Stier/Wassermann, der Pforte zur oder aus der Dualität.

Sie können sagen: Stier ist der Schritt in den Raum, in das dualitätsbezogene Handeln, - in die Schuld, nur deshalb, weil man subjektiv sein muß.

Im Wassermann ist dies ganz anders: es ist der Schritt aus der Verfangenheit des Raumes, - die Pforte, die wieder in die Einheit oder auch Unschuld zurückführt. Da muß kein Platz mehr verteidigt werden, da verliert sich die Gier, da verliert sich die Abhängigkeit von den eigenen Empfindungen, die Abhängigkeit von den eigenen Emotionen, weshalb ja dann auch keine Vernunft mehr nötig ist. Die Mythologie macht das deutlich, wenn hier Uranos entmannt wird. Kurzum die subjektive Befangenheit wird durchbrochen.

K: Können Sie vielleicht ein anderes Wort für "subjektiv" bringen, weil, das Wort "subjektiv" hat ein sehr weites Spektrum.

A: Also gut, aus der eigenen Notwendigkeit. Also eine Handlung oder Sicht, die aus der eigenen Bedingtheit entspringt, oder aus der eigenen Getriebenheit, oder aus den eigenen persönlichen Sicherungsabsichten, die ist subjektiv. Aus den eigenen Emotionen ohne daß sie äußere Maßstäbe oder Notwendigkeiten, die außerhalb der Zweckmäßigkeit der Person liegen, wahrnimmt. - Aber ich finde das viel komplizierter als das Wort: subjektiv.

K: Ich auch.

K: Und materiell und geistig ist gar nichts?

A: Materiell und geistig gibt es bei uns nicht, das ist uns zu allgemein.

K: Erfolgt das bewußt?

A: Das kann unbewußt und bewußt erfolgen. Das spielt ja keine Rolle. Wichtig ist, daß sich die Anlagen verwirklichen wollen.

K: Ja und das ist meistens unbewußt.

A: Ja, also mit anderen Worten so - nehmen Sie ein ganz drastisches Bild: Nehmen Sie mal einen großen Forscher, der hat eine ganze Menge im elften Haus drinnen. Und so nach der üblichen Meinung forscht der immer, den ganzen Tag. Wenn man ihn antrifft, forscht er. Das Ergebnis ist, daß er natürlich - das ist auch wieder die allgemeine Meinung - fürchterlich schlampig rumläuft, sich nicht ums Essen kümmert und um gar nichts. Er forscht den ganzen Tag.

Dieses sich-nicht-beziehen auf die eigene Notwendigkeit, das ist Haus elf. Daß der Zwang aus der Sache des Forschens heraus für ihn so stark wird, das ist Haus elf, verstehen Sie, was ich meine? - Daß die Emotion, etwas zu tun, nicht aus den subjektiven Bezogenheiten entsteht, sondern außerpersönlich. Nicht aus persönlichen Gründen, sondern aus anderen. Wenn er aus persönlichen Gründen handeln würde, würde er sich zuerst mal die Schuhe putzen ecetera. Daß einer aus reinem Ehrgeiz forscht, das meine ich jetzt hier nicht.

Im übrigen ist das tatsächlich beim Einstein passiert, nun ist der auch ein Fisch. Fische sind da sowieso leicht schlampig. Der ist mal irgendwo groß gefeiert worden, da hat er vergessen, seine Socken anzuziehen und die Hosen waren viel zu kurz. Und dann ist er in der ersten Reihe gesessen mit Schuhen ohne Socken. - Da stimmt das Klischee sogar.

K: Ich dachte, er hat Krebs-Ascendent?

A: Er hat Krebs-Ascendent und Sonne-Fisch.

Was könnte man sagen: wie ist denn dann der Wassermann? Wenn man jetzt eine Analogie herstellt zwischen elftes Haus, Wassermann,

Uranus. Und wenn man das nun übersetzt auf Verhaltenseigenschaften. Wie ist dann der Wassermann? Also jemand, der die Sonne im Wassermann hat, wie ist das als Verhaltenssituation. Wie geht das vor sich? - Der will vom Subjektiven wegkommen und unabhängig sein.

K: Ja, unabhängig und keine Maßstäbe und so.

A: Ja. Was bedeutet das? Ist er verpflichtungsbereit?

K: Ja.

K: Aber nur der Sache gegenüber.

A: Nur der Sache gegenüber?

K: Nur der gewählten Sache gegenüber.

A: Was kann man noch sagen?

K: Er ist objektiv.

A: Er versucht objektiv zu sein. Natürlich kann man das nie so beziehen. Es kann einer den Wassermann im ersten Haus haben, dann ist er subjektiv auf Wassermann Art und hält das für objektiv. Er versucht relativ objektiv zu sein, ungebunden von seelischen Vorgängen. Er wird sich seelisch, was wir subjektiv genannt haben, niemals binden. Wenn ihm etwas zu warm kommt, seelisch zu warm, dann haut er ab, dann fliegt er weg.

Was kann man noch sagen? - Er wird einfallsreich sein, warum? - Weil er nicht bezogen ist auf irgendeine Begrenzung des eigenen Zweckes, daher nicht folgerichtig sein muß.

Was haben wir gesagt, ist Haus zwölf? Oder Entwicklungsphase zwölf? - Das ist die Funktion, die sich aus den beiden vorhergehenden ergibt. Ist das klar? Jedes dritte Haus eines Quadranten ist immer die Funktion aus den vorangegangenen, das war in allen Quadranten so.

K: Das ist klar.

K: Also zwangsläufig führt das in die seelische Isolation.

A: Genau, es ist das Nicht-begriffen-sein von den anderen.

K: Drücken wir das mal positiv aus. Er steht über den Dingen und er steht neutral zu allem, und kann praktisch alles verstehen und begreifen, ohne irgendwelche persönliche Emotionen denen gegenüber zu haben.

A: Genau. Ohne sich veranlaßt zu sehen, irgendwo etwas zu tun oder einzuwirken.

K: Aber er selber hat viel Verständnis für alles?

A: Verständnis ist schon wieder ein seelischer Vorgang. Sagen wir mal, er begreift relativ viel. Denn das schließt nicht mit ein, daß das ein seelischer Vorgang ist, daß er eine Gemütsbewegung dabei hat. Er ist seelisch nicht betroffen.

K: Kann man sagen, der ist tolerant?

A: Der ist liberal. Denn tolerant ist er deswegen nicht, weil, es gibt ja nichts zu tolerieren. Er begreift ja einen jeden. Er ist einfach liberal. Er läßt die Dinge sich entwickeln, er schaut zu. Tolerant bezieht mit ein, daß er sich etwas antut, um zuzuschauen, er braucht sich aber nicht zwingen. Verstehen Sie, bei Toleranz hat man das Gefühl, er muß eine eigene Emotion zurückhalten. Das muß er gar nicht. Es sei denn, er hat das Pech und hat als Herrscher von eins: Widder, hat den Mars im neunten Haus und die Sonne im zwölften. Das ist natürlich dann Pech. Oder er hat Widder-Ascendent und den Mars im siebten Haus und die Sonne im zwölften. Denn dann hat er eine Verhaltensart, die im zwölften Haus liegt, also die im Grunde genommen nicht eingreifen will, die liberal ist, die inaktiv ist, die nie konkret handeln kann. Und er hat eine Anlage, die täglich und stündlich raus will, als Energie. Das gibt dann die sogenannten Problemfälle.

Wenn wir da die Analogie hernehmen zum Fisch, wie wäre ein Verhalten von einem Fisch demzufolge? Zwingt der den anderen in eine Form, - denken Sie an den Steinbock?

K: Nein.

A: Nein. Der schaut zu, wie der andere ins Unglück rennt.

K: Er versteht es aber?

A: Er weiß es schon vorher.

K: Immer der Fisch, oder nur in dieser Konstellation?

A: Immer der Fisch. - Es ist durchaus möglich, daß der Fisch dann andeutend zu einem sagt: Hör' mal, ich würde da eigentlich nicht weiter gehen.

K: Er macht sich keine Illusionen darüber.

A: Illusionen über die Menschen hat er nicht. Über alle anderen Dinge, aber über die Menschen nicht.

K: Berechnend?

A: Berechnend ist er überhaupt nicht. Er muß ja nicht berechnend sein, er braucht es nicht. Er ist ja unabhängig. Er genießt die indirekten Vorgänge, er ist liberal, läßt jeden sich so entwickeln, wie er will. Hat keine Wertungen. Darum sprechen sich die meisten bei den Fischen so gerne aus.

K: Das verstehe ich nicht: Wieso ist jemand, der solche Eigenschaften hat, dann einsam?

A: Wir müssen jetzt mal davon ausgehen, wir haben zunächst für das zwölfte Haus "einsam" gesagt. Nun ist Fisch nicht immer gleich zwölftes Haus, sondern ist nur in der Analogie zwölftes Haus. Das heißt den Fisch können Sie haben im ersten Haus, im fünften, im zweiten oder sonst wo. Wenn man aber in der Analogie übersetzt auf den Fisch hin, dann heißt das, daß er eine Verhaltensart hat, die dieser Sphäre des zwölften Hauses entspricht. Und wie gesagt: nun hat jeder ein zwölftes Haus. Jeder hat einen solchen Bezirk, wo er möglicherweise nicht begriffen ist, aus was für Gründen auch immer. Möglicherweise hat er in dem zwölften Haus dies oder jenes drinstehen.

Wenn ich aber nun die Analogie auf das Verhalten einer starken Fisch-Betonung, quasi, durch Sonnenstand, oder fünf Planeten im Fisch - wenn ich das nun darauf beziehe, dann stelle ich erstens fest: dieser Fisch ist im Haus gegenüber dem der Anpassung. Die Anpassung ist abhängig von den Bedingungen, darum Steuerung, Vernunft, Anpassung. Der Fisch ist völlig unvernünftig. Er braucht sich gar nicht anzupassen, weil er nicht abhängig ist von diesen Lebensbedingungen. Die sind ihm egal. Darum hat er auch keine Wertmaßstäbe. Er regt sich darüber nicht auf.

Da gab es ein Buch von einer Amerikanerin, Linda Goodman die beschrieb das folgendermaßen recht gut: Wenn ein Mann kommt und sagt

- in Amerika gibt es verschiedene Scheidungsgesetze und so und so
viele Staaten - wenn also ein Mann kommt und klagt in einer Gesprächsrunde, daß er in vier verschiedenen Staaten vier verschiedene Frauen hat, dann regt sich das eine Tierkreiszeichen darüber
auf, und ein anderer hält ihn für einen Schuft und so weiter Und
der Fisch fragt als erstes: "Und lieben Sie sie alle?" - Was für
andere ein Maßstab ist, interessiert den Fisch nicht, ihn interessiert etwas ganz anderes. Und die zweite Frage ist die: "Haben Sie
einen guten Anwalt?" - Weil er wertet ja nicht, sondern er begreift den in seiner Not beziehungsweise in seiner Situation.

K: Er schaut das ganz kühl an. Er könnte auf einen hohen Berg oben
stehen und runterschauen, wie die Welt in Flammen aufgeht und würde es nur analysieren.

A: Er würde schon einen Hinweis geben, aber nicht sehr laut. Und
wenn der nicht gehört wird, dann läßt er es, dann sollen die halt
zu Grunde gehen. Die sind ja selber Schuld, das ist ein Naturgesetz, die sind krank und dann sterben sie daran. Das ist ganz einfach. Ja ich meine, das ist jetzt alles ein bißchen drastisch.

K: Aber jetzt kommt noch eine Beziehung dazu zum zwölften Haus,
gleich dem Unglücksfeld.

A: Das ist doch Vulgär-Astrologie. Das ist natürlich klar, daß Sie
in das zwölfte Haus, - nehmen wir mal ein bildliches Beispiel -
keine Häuser reinbauen können. Ich meine, recht durchsetzungskräftig ist eine solche Haus-zwölf-Situation nicht. Sie können da keine konkreten Werte reinsetzen.

K: Ist er mehr der Analytiker, aber nicht der Aktivist?

A: Nein, analysieren tut er gar nicht so sehr. Er hat nur eine relativ gute Beobachtungsgabe, nämlich das Gegenzeichen Jungfrau im
Denken. Wenn Sie nun Fische vorne hinsetzen, als Ascendent, dann
haben Sie gegenüber das sogenannte grammatikalische Zeichen Jungfrau im Denkvorgang. Er ist sogar überpräzise im Denken, nicht spezifisch analytisch, er selber ist ja ein Mystiker, er hält sich
zurück. Die Situation ist die: ein Fisch würde jedem seine eigene
Entwicklung lassen ohne jemanden zu irgend etwas zu zwingen, sodaß
sich einer frei entwickeln könnte, aber, ein Fisch, würde ohne weiteres jemanden ins Unrecht laufen lassen. Ein Fisch würde zuschauen können, wie ein anderer ins Unrecht läuft. Ein Fisch würde sich

auch nie bemühen - nehmen wir mal an - es gibt zum Beispiel ganz bestimmte Gockel-Zeichen, zum Beispiel der Löwe.. Wenn da ein Löwe-Mann ist und er sieht ein Mädchen, oder mehrere beieinander, dann macht er gleich einen Gockel und spreizt die Federn. Der Fisch würde das nie machen. Der Fisch würde sagen: "Wenn sie nicht von Haus aus erkennt, und wenn ich in Lumpen daher käme, was ich für eine einmalige Person bin"... Der Fisch sagt: "Wenn ich erst jemanden zwingen muß, zur Einsicht, dann ist die Einsicht niemals echt und ich kann es sein lassen." - Das ist ungefähr das zwölfte Haus und so reagiert auch jemand, der zum Beispiel die Sonne im zwölften Haus hat.

K: Wie würde sich ein Fisch verhalten, wenn seinen Planeten irgend etwas zuwider läuft?

A: Der würde sagen: es gibt mehrere Möglichkeiten, und das, was jetzt daneben gegangen ist, das ist jetzt halt mal daneben gegangen, - weil der Fisch ja sehr empfänglich ist, würde er möglicherweise sagen: das ist deswegen oder deswegen kaputt gegangen. - Das ist schwer zu sagen. Das muß man dann aus dem einzelnen Horoskop sehen. Wofür wäre also ein Fisch geeignet?

K: Psychologe.

K: Geistlicher.

A: Geistlicher, ja.

K: Richter, weil er unabhängig ist.

A: Ja, und weil er nicht wertet.

K: Mathematiker.

A: Ja. Und solche Dinge, die nicht das konkrete Handeln, also das reine tatkräftige konkrete Handeln verlangen.

K: Ärzte.

A: Das weniger.

K: Ich kenne auch einen Astrologen.

A: Astrologen, da gibt es eine ganze Masse.

K: Da gibt es eine ganze Masse. Was haben die für eine Sonne?

A: Es gibt ja verschiedene Astrologen. Aber Fische sind davon schon eine ganze Menge.

Damit haben wir das zehnte, elfte, zwölfte, dann rekapitulieren wir noch einmal die übrigen Häuser. Ein paar kleine Testfragen: Was würden Sie sagen, wenn jemand die Sonne im sechsten Haus hat?

K: Er arbeitet und ist praktisch nicht zu bremsen in seiner Tätigkeit.

A: Das ist sicher richtig, aber ich möchte den Oberbegriff haben, warum er das tut.

K: Das sich anpassen müssen.

A: Das sich ständig anpassen. Der verwirklicht sich darin, daß er sich ständig an Gegebenheiten anpaßt.

K: Also das, was ein unheimlich vernünftiger Mensch ist.

A: Wenn er die Sonne im sechsten Haus hat, was heißt das dann? In welchem Bereich?

K: In der Durchführung.

A: In der Durchführung. Also unter Umständen verwirklicht er irgend etwas. Aber in der Durchführung ist er der Anpassungstyp. Was kann nun passieren? - Es kann passieren, daß jemand einen Skorpion-Ascendent hat, damit also vorstellungsgebunden und leitbildhaft ist, stark fixiert auf äußere Leitbilder. Also Leitbilder, die nichts mit den subjektiven Gegebenheiten zu tun haben, also mit den persönlichen, und der hat nun die Sonne im sechsten Haus. Wie schaut das aus? Ist das gesund? Oder paßt das?

K: Gerade das Gegenteil, das hebt sich gegenseitig auf.

A: Warum kann es sich nicht aufheben? - Weil, das eine ist Anlage und das andere ist Verhalten. Es stört sich, - das ja.

K: Er kann sich doch immer an dieses Leitbild anpassen, wenn das Leitbild ein gutes ist, das ihn weiterbringt.

K: Das tut ihm weh, wenn er sich tatsächlich anpaßt in der Durchführung.

A: Genau, weil seine Person ist ja nicht auf Anpassung gerichtet, sondern auf das Gegenteil der Anpassung, nämlich auf das Erfüllen eines Leitbildes, einer Vorstellung. Wenn eine solche Situation auftritt, kann man immer damit rechnen, daß da eine ganze Masse von anderen Dingen im Geburtsbild auch relativ schlecht steht. - Sonne im sechsten Haus, Skorpion-Ascendent.

K: Wenn der Ascendent jetzt aber günstiger ist für das sechste Haus, zum Beispiel Schütze, der hat ja keine Maßstäbe in dem Sinn, dann müßte das doch harmonisch verlaufen?

A: Jetzt kommt es noch darauf an, wo der Herrscher von sechs steht. - Der kann im neunten Haus stehen, der kann im dritten Haus stehen, das ist ganz verschieden.

Einstein zum Beispiel hat den Mond als Herrscher von eins im sechsten Haus. Und er hat die Sonne im zehnten Haus stehen. Bei ihm geht es um Anpassungsprobleme auf einer ganz anderen Ebene, also nicht um Steuerung und Anpassung für seine individuelle Situation, sondern um Anpassung für die Gattung. Aber das Prinzip des sechsten Hauses ist eben, wenn man es als eine Entwicklung betrachtet, die Aussteuerung gegenüber den Bedingungen der Umwelt.

K: Wie kann sich derjenige verhalten, der Ascendent Löwe hat und die Sonne im sechsten Haus?

A: Dann ist folgendes, dann geht es darum, um Anpassung der eigenen Gestaltungs- und Verausgabekraft. Das ist die direkteste Form der Anpassung, nämlich dessen, was er selber hervorbringt, - Löwe.

K: Er muß sich also anpassen, wenn er selbst etwas hervorbringt. Oder hat er das Bedürfnis, sich anzupassen?

A: Das ist ein sehr merkwürdiges Gemisch. Es ist eine Anpassung. Ich habe den Karikaturisten vorhin genannt, der Ascendent Löwe hat und die Sonne im Steinbock. Ich hätte dazu sagen können: er hat Ascendent Löwe, Sonne im Steinbock und zwar im sechsten Haus. Der war ungeheuer abhängig von der jeweiligen Aktualität. Den haben Sie überhaupt nicht ruhig erlebt. Der war ständig am Sprung. Der ist von einem Wirtshaus ins andere. Der ist von einem Stammtisch zum anderen. Immer reden, immer aktuell sein, der hat immer routiert.

K: Aber keinen Erfolg wahrscheinlich. A: Erfolg, ja doch.

K: Aber materiell?

A: Ja, materiell hat der überhaupt keinen Erfolg gehabt. Der ist Hungers gestorben, das kann man ruhig sagen. Und am Tag nach seinem Tod hat die Stadt München bekannt gegeben, daß er für das nächste Jahr einen Kulturpreis bekommen hätte, wenn er noch gelebt hätte. - Ist das klar, inwiefern das Anpassung ist? - Der hat nur das gezeichnet, als Karikaturist, was die jeweilige Tagesaktualität war. Das ist: die eigene Gestaltungskraft in den Dienst der jeweiligen Tagesaktualität gestellt.

K: Man ist ja immer irgendwie abhängig.

A: Nein, man ist nur so abhängig, wie man sich abhängig macht.

K: Wenn man sich durchsetzen will, dann muß man sich doch gewissen Gegebenheiten anpassen.

K: Aber manche verzichten darauf, etwas durchsetzen zu wollen.

A: Ja, das gibt es auch.

K: Zum Beispiel jemand, der die Sonne in Haus zwölf hat.

A. Der will nichts durchsetzen, der braucht sich auch nicht anpassen. Das ist immer das Einfachste. Darum wie gesagt: soll man gar nicht so traurig darüber sein, wenn jemand die Sonne im zwölften hat. Das tut nur in der Jugend in bißchen weh.

K: Wieso sagen Sie das, daß das nur in der Jugend weh tut?

A: Wenn jemand die Sonne im zwölften Haus hat und hat einen starken Ascendenten, dann ist das natürlich eine Veranlagung, die raus will. Jetzt, wenn die Sonne im zwölften Haus ist.. - wir haben ja schon ein solches Geburtsbild gehabt, - wo der Betreffende gar keine Chance hat, irgendwo konkret anzukommen, weil er verschwiegen wurde. Wo dieses zwölfte Haus noch nicht von dem betreffenden Menschen begriffen und erlebt wird, von sich aus erlebt wird, sondern nur von außen als Ergebnis erlebt wird, dann ist das sehr unangenehm, verschwiegen zu werden oder nicht anzukommen, oder eine Fassadensituation zu haben. Oder einen relativ starken Ascendenten haben, wo viel Gefühl raus will, - sagen wir mal Krebs-Ascendent, dann tut das schon ein bißchen weh. Das ist später nicht mehr so unangenehm, wenn man durch diese ganzen Erleidens- oder Erlebnissituationen der Kindheit durch ist.

K: Hängt das auch damit zusammen, daß man in der Jugend doch zu sehr gezwungen ist, sich anzupassen: "Wenn der nicht will, so brauche ich Gewalt". Wenn man dann erwachsen ist und sich selber gestalten kann, dann ist einen das wurscht.

A: Daß der Vater streng ist, ist auch nicht zufällig, der kann einen nur da schlagen, wo man zu treffen ist. Das heißt für mich mit anderen Worten: wenn ich keine Konstellation in meinem Geburtsbild habe, die den Schlägen entspricht, dann kann ich auch gar keine bekommen, das heißt, wenn ich aber eine Konstellation habe, die Schlägen entspricht, dann werde ich solange rumlaufen, bis ich sie kriege. Und als Kind ist man der Passive und die Verwirklichung seiner Konstellation erlebt das Kind passiv in der Erleidensform. Und das ist immer unangenehm bei einer negativen Konstellation, vor allem, wenn man nicht heraus kann.

Das Geburtsbild sagt immer über den jeweiligen Zustand des Elternhauses aus, in das das Kind hineingeboren wird. Das Geburtsbild läßt sich da in gar keiner Weise täuschen.

Sie haben es an dem einen Partnerschaftshoroskop gesehen, da war der Neptun in Haus zwei: er war verheiratet.

Diese Situation muß einfach im Geburtsbild drinnen sein, weil es ja Zustände schildert, - die dann allerdings in die Entwicklung gehen und ein Verhältnis zur Zeit bekommen, sich in der Zeit aufblättern, und sich an Wirklichkeiten binden. Jetzt machen wir eine Pause und dann machen wir ein paar Horoskope.

P A U S E

Das letzte Mal haben wir ein Situationshoroskop gemacht und zwar über den Zeitpunkt, zu dem sich zwei zum ersten Mal gesehen haben. - Ist das noch erinnerlich? - Und da wurde gesagt: In München laufen soundso viele herum und die Konstellation war in ganz München. Es können sich doch nicht sämtliche Paare, die sich in München getroffen haben, zu diesem Zeitpunkt begegnet sein. Oder andere, die sind aneinander vorbeigegangen, trotz der Konstellation.

Das ist folgendermaßen: die Konstellation sagt über das aus, was vorgeht. Sie läßt aber durchaus zu, daß etwas nicht vorgeht. Stellen Sie sich mal die Konstellation als bestimmten Raster oder als Filter vor. In die Konstellation kann nur das zur Verwirklichung hineinfallen, was den entsprechenden Inhalt hat. In dem Augenblick sind sich in München soundso viele Leute entgegengelaufen, die sich, wenn sie sich näher kennengelernt hätten, bestimmt die Augen ausgekratzt hätten. Das lag aber nicht an der Konstellation, daß es nicht zur Identifikation kam. Es kann nur das identisch werden, was als Inhalt vorgegeben oder da ist.

K: Wie bestimmt man, wenn man sich ausrechnen möchte, was am Freitagnachmittag um halb drei Uhr los ist. Dann heißt es: irgendeine Begegnung, - aber das ist nicht meine gewesen, sondern da hat mein Bruder jemanden getroffen.

A: Das ist schön und recht. Es kommt auf eines spezifisch an: Wenn Sie etwas ausrechnen, bevor das Ereignis eintritt, können Sie natürlich die Konstellation, wenn Sie da jemand treffen wollen, nur insofern zwingen, als Ihr Inhalt die Möglichkeit dazu gibt. Wenn Ihr Bruder die Möglichkeit dazu hat, dann ist das etwas anderes. Ich habe zum Beispiel einen Schüler gehabt, der hat sich astrologisch auf Detail-Arbeit spezialisiert. Da war er in einem Cafe gesessen und hat sich ausgerechnet, es kommt Mondknoten/Merkur mit Spitze Haus drei. Und Quadrat Uranus kommt in drei Minuten in die Tageskonstellation. Insofern hat er sich gesagt, es müßte eine gute Gelegenheit sein, das Mädchen am Tisch jenseits seines Tisches anzureden. Und er hat sich überlegt, was kann denn das sein: Mondknoten/Merkur - das wäre gar nicht schlecht, um mit dem Reden anzufangen. Was ist denn der Uranus dazwischen? - hat er sich gedacht - was kann denn der Uranus sein? - Das ist irgend etwas plötzliches, irgend etwas schnelles, vielleicht fällt etwas runter. - Da war er schon parat, und ihr ist wirklich etwas runter gefallen, zack, war er schon unten. Und dann hat er sie tatsächlich angeredet.

Aber die Geschichte war dann so: Er wollte sich nochmal mit ihr verabreden, und da sagte sie, sie ist nur einen Tag in München und fährt heute Nachmittag wieder mit dem Zug weg. Da war es also nichts. Dann hat er allerdings noch gesagt - das hat er sich ausgerechnet - daß der Mond nochmal über die Konstellation abends um sieben Uhr geht und hat gesagt: Wir treffen uns aber auf jeden Fall noch,.. hat es so zum Gag gesagt, war aber nicht recht davon überzeugt. Er hat in der Post gearbeitet, in der Nähe ist der Bahnhof. Dort hat er dann Würstl gegessen und da hat er sie tatsächlich beim Würstlessen getroffen, zufällig, ohne es ausgemacht zu haben, weil sie ihren ersten Zug versäumt hatte und mit dem zweiten fahren mußte. Da hat sie Hunger gehabt und hat auch Würstl gegessen. Aber daraus ist dann weiter nichts entstanden.

Sie können auch folgendes beobachten: wenn Sie schnell Ascendenten ausrechnen können, das kann man oft im Kopf machen: - Wenn Sie hier in München sind und es ist viertel nach acht, was haben wir für einen MC? - dann brauchen Sie bloß zu rechnen: viertel nach acht - eine Stunde weg - viertel nach sieben - eine dreiviertel Stunde Ortszeit dazu - acht Uhr, - wieviel Stunden vergehen bis Mitternacht? - das sind vier Stunden. Fünfzehn Grad sind eine Stunde, sind vier mal fünfzehn ist sechzig Grad. - Wenn Sie wissen, die Sonne steht an dem Tag - wo steht sie heute?

K: Auf acht Grad Schütze.

A: Wenn Sie wissen, die Sonne steht auf acht Grad Schütze, dann rechnen Sie eben sechzig Grad zu dem tiefsten Punkt des Horoskops runter, acht Grad Schütze, - acht Grad Skorpion, - acht Grad Waage, dann wissen Sie: wir haben einen IC von acht Grad Waage und einen Zenit von acht Grad Widder in München. Das braucht man bloß zu üben.

Und wenn Sie's dann im Kopf haben - bei Widder MC -, was haben wir da für einen Ascendenten? - Das könnte Ende Krebs sein. Und dann allmählich bekommen Sie so eine Übung, daß Sie das so im Kopf haben, dann können Sie sofort im Stegreif sagen: Ascendent null Grad Löwe. Sie müssen halt immer wissen, wo die Sonne an dem Tag steht.

Wenn Sie das können, können Sie folgendes beobachten: Wenn Sie zum Beispiel in ein Lokal reinwollen und wollen da essen oder trinken, und das ganze Lokal ist voll, jeder Tisch ist besetzt und Sie sind sauer, weil Sie Hunger haben, und Sie müssen wieder in die Kälte hinaus, dann müssen Sie bloß schnell ausrechnen: wo ist der Ascendent? - Und wenn Sie dann kurz vor vierundzwanzig Grad Widder oder Waage sind, dann bleiben Sie stehen, denn dann stehen kurz darauf mindestens fünf oder sechs Personen auf. - Probieren Sie es aus.

Haben Sie das noch nie beobachtet? - Das sind Dinge, die man eigentlich leicht übersieht, weil man nicht darauf achtet, oder weil man sie nicht extra beobachtet.

Aber wenn Sie in einem Lokal sitzen, der Impuls, das Lokal zu verlassen - das können Sie richtig beobachten - der Impuls ist immer in mehreren gleichzeitig. Das brauchen Sie nur ausprobieren.

K: Das Gähnen zum Beispiel steckt auch an.

A: Ja, das steckt an, das ist aber auch was anderes. Wenn Sie in einem Lokal sind, mit vielen Winkeln und Ecken, da ist der Impuls auch gleichzeitig, um einen Milieuwechsel vornehmen zu können.

K: Kommt das nicht auch daher, weil es bestimmte Essenszeiten gibt..?

A: Nein. Die Zeit, wo ich zum Beispiel im Lokal immer esse, - das ist sowieso erst nach zehn Uhr abends - da sitzen die einen beim Wein oder ähnlich wie ich beim Essen. Es ist schon so: da läuft das MC über eine bestimmte Konstellation, und nun wird jeder von dieser Konstellation angesprochen, der die Situation dafür hat.

Bei Uranus - Merkur, wo da zum Beispiel in dem Cafe etwas runtergefallen ist, da ist garantiert gleichzeitig in so und so vielen anderen Bezirken, wo die Gegebenheit da war, soundso viel runtergefallen. Wobei ich sagen muß, dem Bekannten von mir ist es ja nicht runtergefallen, aber er hat es an der anderen erlebt, daß etwas runtergefallen ist. Es kommt immer auf die Zuständigkeit an. Und wenn Sie eine Begegnung ausrechnen oder irgendeine Situation, wo zum Beispiel recht viel im zehnten Haus drinnen ist, dann wird es ja für immer mehr Leute verbindlich. /10.H/

Wir haben vorhin festgestellt: zehntes Haus ist die Verbindlichkeit über das Subjektive hinaus. Das heißt je mehr eine Bezogenheit auf das zehnte Haus da ist, um so verbindlicher wird es für die Mehrheit von Menschen, das es möglicherweise so verbindlich wird, daß es jeden in Kenntnis setzt, so daß jeder es von außen her seelisch oder geistig erlebt. Ist das klar?

K: Ja, kann man da aus dem eigenen Geburtsbild schon sagen: man selber hat eine Antenne für dieses Vorgang?

A: Das kann man sagen, ja. Wenn die Verbindungspunkte beziehungsweise Konstellationen ihrer Person zu diesem Ereignis oder zu dieser Gelegenheit da sind, können Sie die Verbindung natürlich herstellen. Sie können das so machen, daß Sie sagen: was habe ich damit zu tun? Und dann gibt es bestimmte Verfahren, das sind Techniken, die bekommen wir im zweiten Teil, wenn die Grundbegriffe sitzen. Dann können Sie das ohne Zweifel feststellen.

Wie gesagt, der Bekannte, der sich so auf Detail-Arbeit spezialisiert hat, der hat folgendes gemacht: er hat Versuche angestellt und hat das regelrecht geübt. Wenn er wußte, um die Zeit sitzen Bekannte zusammen, dann hat er das Geburtsbild darauf gemacht. Er kannte die Geburtstage von denen, und hat nun versucht, herauszubekommen, über was die sich unterhalten. Das hat er niedergelegt und hat die dann gefragt über was sie sich unterhalten haben. Das wollte er zu einer Art Routine machen, sozusagen astrologische Etüden. Da hat er relativ gute Ergebnisse erzielt. Es ist natürlich eine furchtbare Arbeit, und meiner Ansicht nach steht es nicht dafür. Für mich ist das uninteressant, das sind technische Spielereien.

Das war das eine mit der sogenannten Möglichkeit, also mit der Potenz. Ob man die Potenz für diese Situation, für diese Gelegenheit hat, das ist eine andere Frage, weil, die ist ja immer subjektiv beschränkt. Nur dort, wo sie eintritt, da kann sie nichts anderes bringen als das, was inhaltlich in ihr steht. Das ist ungefähr dasselbe, - das habe ich als Astrologe schon gemacht: wenn ich weiß, welche Situation zwischen dem Elternpaar besteht, dann kann ich sagen, wann das Kind geboren wird. Und zwar ganz einfach, weil es nur diesen oder jenen Inhalt bekommen kann. Weil es einfach die Sonne nur da haben kann, etwa im zwölften Haus oder was weiß ich ..

Das ist schon in der Praxis erprobt. In einem Fall bin ich so weit gegangen: wir sind zum Arzt gegangen und haben versucht, die Geburt zu einem anderen Zeitpunkt einzuleiten. Und da ist am anderen Tag dieselbe Ascendenten-Belastung herausgekommen.

Ich kenne einen Arzt, der wollte kein Skorpion-Kind haben. Der ist Astrologe und Arzt, er wollte jedes Tierkreiszeichen haben, aber keinen Skorpion wollte er als Kind haben. Und da ist die Zeit schon so verdächtig nahe hingegangen an den Skorpion, und da hat er seine Frau immer Kniebeugen machen lassen, am laufenden Band.

Und der Erfolg war der, daß das Kind gerade noch mit null-Kommafünf Grad Skorpion Sonne geboren wurde. Und der Witz an der Geschichte ist der: der Ascendent ist fünfzehn Grad Skorpion. Das ist natürlich Pech.

K: Die Natur läßt sich nicht zwingen.

A: Ja, nicht die Natur, die Inhalte lassen sich nicht zwingen. Die Inhalte, die Sie irgendwann einmal gesetzt haben, die lassen sich durch Funktionen nicht zwingen.

K: Um mal eine Kombination zwischen Wissenschaft, Naturwissenschaft und Astrologie zu machen: das Erbgut liegt von der Naturwissenschaft her gesehen fest. Sie können die Gene in einem Kind nicht ändern. Aber scheinbar läuft ein Synchronprozeß ab, daß sie eben mit dem genetischen Material zu dem und dem Zeitpunkt geboren werden müssen.

A: Das kann man schon sagen, nur kommt da noch eine relative Möglichkeit von Freiheit dazu. Ich habe die Gelegenheit gehabt von einem Heilpraktiker Material zu bekommen, der das untersucht hat. Es werden ganz bestimmte Konstellationen vererbt und ganz bestimmte Konstellationen nicht vererbt. Nun sind alle diese Konstellationen Anlagen, die sozusagen aus den Genen kommen. Aber es hängt von der Situation des eigenen Verhaltens ab, welche Konstellationen vererbt werden und welche nicht. Das heißt die Inhalte zu setzen, - und die Inhalte setzen sich in einer bestimmten Zeit aus, - da besteht möglicherweise noch die Freiheit.

K: Sie meinen von dem Verhalten des Vaters beziehungsweise der Mutter hängt es ab, welche Konstellation ich vererbe?

A: Ja, Genau. Ob ich nun aus dem reichhaltigen Genmaterial eine Sonne Haus zwölf vererbe oder - aus dem Reservoir oder Programm das ich in meinen Genen habe, - eine Sonne Haus neun, - diese Freiheit besteht. Allerdings nur in dem Rahmen dessen, was ich zu vererben habe. Ist das klar?

K: Wenn jetzt einer zum Beispiel wie dieser Arzt ein Skorpion-Kind nicht haben will und die Frau soll früher entbinden, dann kann man doch zum Beispiel einen Kaiserschnitt vornehmen. Ist das dann dasselbe wie die Geburt oder verändert sich da die Geburtskonstellation?

A: Das Skorpion-Kind nicht haben, - das ist heute übrigens schon vierundzwanzig Jahre alt und studiert Jura. - Das Skorpion-Kind nicht haben wollen und dann aber den Mut haben aus dieser Idee heraus den Kaiserschnitt zu machen..

K: Aber wenn Sie ihn zum Beispiel beraten müssen, müßte das doch möglich sein?

A: Wissen Sie, ich persönlich zum Beispiel bin ein Fisch. Ich würde sagen: wenn der Inhalt schon mal gesetzt ist, warum soll man da noch verändern und zwingen? Dann machen Sie einen Kaiserschnitt und dann kann der Arzt zeitlich nicht anders und dann kommt das Kind doch bei Skorpion Ascendent raus. Ich habe da schon zuviel Erfahrung.

K: Muß das so sein?

A: Das Wesentliche ist, daß man zuerst durch seine Handlungen Inhalte setzt, die sich dann die entsprechende Funktion dazu holen. Es ist meiner Ansicht nach völlig sinnlos, die Funktion verändern zu wollen, sondern es ist viel wichtiger, die Inhalte zu verändern, denn dann verändern sich die Funktionen ganz von alleine.

Ich bin heute schon zweimal gefragt worden wegen Hexen, wie eine Hexe astrologisch ausschaut. Halten Sie es für möglich, daß es Hexen gibt?

K: Ja.

K: Nein.

A: Was wollen wir darunter verstehen?

K: Ich würde das erst einmal definieren?

K: Das ist ein Mensch, der eine magische Kraft auf andere ausüben kann, die haben sie früher als Hexen verurteilt.

K: Oder noch vor achtzig Jahren verbrannt.

K: Da hat man das doch nicht mehr gemacht.

K: Doch, da ist die letzte Hexe verbrannt worden, genau vor achtzig Jahren.

A: Es ist folgendes: überlegen Sie sich mal eines: da sind mehrere Bauern, da liegen ein paar Gehöfte beieinander. Und der eine Bauer hat eine Tochter, die hat einen Saturn am Ascendenten. Was ist sie dann als erster Quadrant?

K: Ein Saturn-Typus.

A: Ein Saturn-Typus. - Ein anderer Bauer hat den Saturn im sechsten Haus, nehmen wir mal an, nur fiktiv, im sechsten Haus liegt das Großvieh. Im sechsten Haus kann man also dann ablesen, wie es dessen Großvieh geht. Jetzt überlegen Sie sich mal, was passiert: Jetzt haben wir in dem Dorf zwei Saturn-Prinzipien. Die Tochter des einen Bauern ist der personifizierte Saturn-Typus, und der andere Bauer, bei dem ist das Saturn-Prinzip für das Großvieh zuständig. Jetzt steht bei dem Bauern mit dem Saturn im Kuhstall drinnen, der Saturn in sechs - sagen wir mal ganz primitiv - furchtbar schlecht. Was passiert jetzt?

K: Das Vieh geht ein.

A: Er, der Bauer steht zu seinem eigenen Saturn in sechs schlecht. Das heißt doch: er selber, der den Saturn im sechsten hat, steht in seinem ersten Quadranten zu dem Saturn im sechsten schlecht. Zu wem steht er noch schlecht? Er steht zu allem schlecht, was Saturn ist, zu der ganzen Symbolkette. Der Pickel fällt auf ihn runter, wenn das ein Saturn-Instrument ist. Und die Tochter des anderen Bauern, die den Saturn personifiziert, mit der liegt er zu der Zeit ganz schlecht. Und jetzt kommt das Problem: Immer dann, wenn der Bauer mit dem Großvieh, mit der Saturn-Bauerntochter einen Streit hat, geben seine Kühe keine Milch. Und das stimmt auch immer zeitlich genau überein. Logischerweise sagt doch der: die verhext mir mein Vieh. - Und er hat mindestens so recht, wie alle die, die sagen, daß es so etwas nicht gibt. Und seine Aversion richtet sich natürlich gegen den Saturn-Typus und er sagt: verbrennt sie doch, - als ob dann der Saturn bei ihm selbst weg wäre.

Das können Sie natürlich übersetzen auf sämtliche Beziehungen. Denn jeder Planet, den Sie in ihrem Geburtsbild haben, den hat jeder andere auch, der neben Ihnen sitzt oder Ihnen auf der Straße begegnet, - der hat die gleichen Planeten, bloß stehen sie bei ihm woanders. Wenn bei Ihnen der Mars schlecht steht, und Sie gehen am

Abend durch die Kaufinger-Straße, und Sie gehen an einem Hund vorbei, der den Mars am Ascendenten hat, der beißt sie. Ist das klar?

Ich sage Ihnen das deswegen, weil Sie daran sehen, daß im Grunde genommen diese Planeten eine bestimmte Ordnung oder Hierarchie von Anlagen zeigen, Anlage-Prinzipien, die jeder in einer anderen Beiordnung hat, wo der Konnex dadurch entstehen kann, daß der eine eine bestimmte Anlage im Ausgleichsteil hat und der andere hat sie im Erleidens- oder Erlebnisteil. Verstehen Sie, und dadurch kommen die jeweils verschiedenen Konnexe eigentlich zustande. Das können Sie bei Geburtsbildern wunderbar verfolgen.

Sie können dem eben gesagten auch einen Streich spielen. Angenommen: Sie haben eine Schwiegermutter, oder einen Schwiegervater, der hat einen Mars am Ascendenten, und bei Ihnen steht der Mars schlecht, und der will jetzt unbedingt einen Streit mit Ihnen. Da brauchen Sie nichts anderes machen, als gar nicht auf den Streit einzugehen.

K: Das kann ich aber auch so machen, wenn ich nicht streiten will, weil ich weiß: der streitet gern, dann gehe ich gar nicht darauf ein, ohne daß ich weiß, wo sein Mars steht.

A: Ja, also, wenn Sie selbst ein Mars-Quadrat haben, dann fällt es Ihnen schon verdammt schwer, auf den Streit nicht einzugehen. Die Überlegenheit haben Sie nur dann ohne weiteres, wenn Sie kein Mars Quadrat haben.

Wenn Sie aber einen schlecht stehenden Mars haben, dann sind Sie kritisch und dann ärgern Sie sich über irgend etwas. Jetzt kommt eine Bekannte von Ihnen rein, und die ist ein Mars-Typus. Da jubeln Sie innerlich auf, weil Sie jetzt die Identität haben zwischen Ihrem Kritischsein - und da läuft Ihnen der personifizierte Mars über den Weg, was Schöneres gibt es ja gar nicht. Da kann ja die Aggression frei heraus, das ist ganz was Schönes für Sie, weil Sie ja Ihren Mars los werden.

Jetzt ist aber Ihre Bekannte eine weise Frau, nehmen wir mal an, die hat zwar den Mars am Ascendenten, bringt aber das Kunststück fertig, trotzdem eine weise Frau zu sein, und die sagt: "Ich bin doch nicht blöd und verlange doch mindestens eine Nutzungsgebühr, wenn die Ihren Mars bei mir abreagieren will, die soll kritisch sein, wie sie will, ich gehe überhaupt nicht darauf ein." - Und

jetzt kommt der Clou, was machen Sie jetzt mit Ihrem Mars? - Der
kompensiert sich, der verstärkt sich bloß noch, und will sich noch
drängender lösen. Und was macht er? - Er sucht sich irgendeine un-
personifizierte Art, um sich zu verwirklichen, denn der Mars will
sich ja verwirklichen.

K: Was an die Wand schmeißen.

A: Ja, Fingerkuppen abschneiden beim Krautschneiden, die Schere
fällt Ihnen auf den Kopf und lauter so Zeug.

K: Ich habe das am eigenen Körper schon wiederholt erlebt, gerade
wenn ich eine schlechte Mars-Position hatte, also zum Beispiel
Mars/Saturn und habe gesagt: Jetzt machst du das so, - und wenn
ich dann mit Widder-Typen zusammen komme, dann passiert es.

A: Und das geht wechselwirkend. Sie sind für die schön und umgekehrt. Das ist ein Urinstinkt, den man da geradezu hat.

K: Wenn Sie von Widder- oder Mars-Typen sprechen, geht man da vom
Ascendenten aus oder von der Sonne?

A: Damit meine ich vom Erscheinungsbild, nämlich vom Ascendenten,
was steht im Ascendenten.

K: Aber von den meisten weiß ich das doch nicht. Immer wenn mir
ein Widder begegnet, wenn ich Glück habe, weiß ich vielleicht den
Geburtsmonat, aber den Ascendenten noch lange nicht.

A: So ist es.

K: Ich hätte noch eine Frage zu einem vorhergehenden Abend. Da haben Sie erwähnt, daß die unehelichen Kinder kein Verhältnis zum
Konkreten haben - Neptun Haus zwei. Hier hat der Mensch, das Individuum etwas aufzuarbeiten. Die Tendenz ist da, daß das Schicksal
so geprägt ist und der Uneheliche hat eben nun etwas aufzuarbeiten.

A: Genau.

K: Durch Gesetzgabe ist die Sache doch jetzt so angeordnet, daß
eben der Uneheliche eingeordnet ist beziehungsweise das Privileg
der anderen teilt und daran teil hat. Ist es nicht so, daß es eine
höhere Ordnung gibt, innerhalb der nun die Astrologie selber eingeengt ist, denn es kann doch so sein, daß die Zeit als solche reif
ist, daß gewisse Dinge für viele Individuen aufgehoben werden?

A: Ja, das klingt sehr schön, nur eines möchte ich dazu sagen: die Astrologie ist ja ein Mittel zur Erkenntnis, das heißt zum Erkennen, zum Erkennen dessen, was vorgeht. Sie ist ein Mittel sich zu objektivieren. Und als Mittel zu objektivieren sehe ich, daß es eine Unmasse von Konstellationen durch die Jahre gibt, eine Unmasse von Geburtsbildern, die völlig verschieden in ihrer Anlagestruktur sind. Infolgedessen individuell zu verschieden, um sich ungehindert zu verwirklichen. Aus diesem Grund muß jemand, der sich astrologisch orientiert oder beziehungsweise versucht astrologisch zu arbeiten, der muß immer für die freie Marktwirtschaft des Geschicks sein. Ich meine damit eines, die freie Marktwirtschaft ist: laß jedem die Chance ins Verderben zu rennen, denn sonst nimmst Du ihm die Chance aus sich selbst heraus die Umkehr zu schaffen und damit eigenständig zu sein. Das heißt mit anderen Worten: Wenn ich einen genormten Erlebnis- und Entwicklungsweg habe, wie es heute schon der Fall ist, sind so und so viele Konstellationen gar nicht mehr erlebnis-durchführbar für die meisten Menschen. Die Folge ist, daß sich diese Konstellationen aber verwirklichen wollen und müssen und keine Rücksicht auf noch so ein System nehmen, auch nicht auf die Vernunft und auf die Anpassung zu diesem System. Die Vernunft der Menschen paßt sich doch einem noch so artfremden System an, nur weil man in diesem System dann wenigstens noch vegetieren kann. Das ist Haus sechs.

Aber die Anlagen wollen sich verwirklichen und wenn sie nicht die Chance haben, wird eben die Vernunft auf die Seite geschoben und es kommt zu einer Art von Revolution, Explosion, ob man das Entartung, ob man das Schizophrenie oder sonst was nennt. Die Leute bauen sich dann einen imaginären Erlebnisbereich auf, in dem sie Scheinerlebnisse haben. Darum bin ich für die freie Marktwirtschaft des Geschicks, - gegen soziale Verplanung.

Und in Bezug auf die unehelichen Kinder finde ich das nun einen Witz. Sie müssen noch von etwas anderem ausgehen: Gehen Sie jetzt mal von dem früheren Standpunkt aus, - ich will jetzt direkt ketzerisch sein, regelrecht provozierend sein, - gehen Sie mal davon aus: Sie haben ein Gut. Und dieses Gut hat Tradition. Das Gut soll mitsamt dem Namen vererbt werden. Und würden Sie das Kind aussuchen dafür, das den Neptun im zweiten drinnen hat?

K: Nein.

A: Ich nicht.

K: Niemals.

A: Und darum ist diese rechtliche Trennung der Unehelichen und Ehelichen gewesen. Auch wenn sie es nicht gewußt haben warum.

K: Ja, das war konventionell bislang..

A: Nein, das war berechtigt, das war vom Inhalt her berechtigt. Ich habe jedes Verständnis für jedes Geburtsbild. Aber es geht mir immer um die Geeignetheit. Und da hat jedes Mitgefühl oder sonst was keinen Zweck. Im Gegenteil, Sie tun ja denjenigen gar keinen Gefallen.

Schauen Sie, ich habe mit jemanden zu tun, der hat diese Konstellation. Der hat nun zwei Güter geerbt. Was soll ich Ihnen sagen: der Mann ist heute fünfundfünfzig Jahre alt. Was meinen Sie, was mit diesen zwei Gütern passiert ist? - Vor drei Jahren hat er das zweite Gut verscherbelt. Sie können sagen: ja wunderbar. - Der Mann hat jetzt fünfzig Jahre so schön gelebt und es sind Millionengüter gewesen, da hat er ein schönes Leben gehabt. - Was meinen Sie, wie der Mann rumläuft, weil er sich sagen muß, als Mannsbild: was habe ich eigentlich in meinem Leben geschafft? Ich habe zwei Güter verwirtschaftet. Der hält sich doch nur noch an der Vorstellung vom sogenannten schönen Leben aufrecht.

So einen tun Sie keinen Gefallen damit. Aber wenn Sie ihm die Grenzen zeigen oder die Zuständigkeit oder die Geeignetheiten seiner Verwirklichung, dann ist der doch wesentlich besser beraten.

K: Verstehen Sie mich bitte recht, ich bin ja Schüler und zwar ein ganz kleiner Schüler, ich will beileibe auch nicht die Astrologie in Mißklang bringen, aber gehen Sie da nicht doch zu weit?

A: Scharf und konsequent analysieren, dann ist die Hilfe um so wirksamer. Diejenigen, die nicht den Mut zur konsequenten Analyse haben, sind sowieso diejenigen, die außer wachsweichen Worten im Ernstfall doch nicht helfen. Und dann muß ich sagen, das, was ich jetzt als Auswirkung des Astrologischen sage, das ist ja nur meine persönliche Meinung, das ist kein Lehrstoff, das muß ich dazu sagen, das ist meine subjektive Meinung. Sie können ganz anderer Meinung sein. Ich schlußfolgere eben so.

Das ist dasselbe mit der Unauflöslichkeit der Ehe. Die katholische Kirche hat vollkommen recht, wenn sie sagt, daß die Ehe unauflöslich ist. Wenn mit der Ehe alle Anlagen des dritten Quadranten identisch geworden sind, dann ist die Ehe unauflöslich, - denn Sie bekommen keinen anderen dritten Quadranten als den Ihren. Sie haben keine andere Chance zur Begegnung. Etwas anderes ist sozusagen in Ihrem Einfallswinkel gar nicht drin.

Es gibt natürlich Horoskope, in denen im dritten Quadranten nicht viel los ist, oder vielleicht nur ein einsamer Neptun drin steht. Das sind dann aber die Fälle, bei denen der Ausgleich mit der Begegnung gar nicht wirklich erwünscht ist, weil er ja nur die Eigenverwirklichung stören würde. Das sind dann die Fälle, wo eine echte Begegnungsfähigkeit nicht gegeben ist, weil möglicherweise alle Planeten im ersten Quadranten eingepackt sind, - nehmen Sie mal an: Herrscher von eins, Sonne und Herrscher von Zehn. Da bleibt nicht viel für die Begegnung oder gar Bindung an die Begegnung übrig. - Das gibt dann die Scheinbindung, - eher in Richtung Symbiose.

Und dann gibt es natürlich die Kompensationsehen, Ehen aus Sicherungsangst, aus Prestige- oder Machtgründen, aus seelischer Uneigenständigkeit und so weiter, - wir haben ja darüber schon gesprochen. Wo dann der Partner regelrecht benützt wird, zur "seelischen Prothese" wird. Die Abdeckung des Verlassenheitsgefühls wird dann mit Liebe verwechselt.

K: Um noch mal auf die Unauflöslichkeit der Ehe zu kommen. Das müssen wir also begrenzen. Alle diese Ehen, die eigentlich eine Kompensation sind,..

A:.. die sind gar keine.

K:.. die sind auflösbar,..

A: Genau.

K:.. eigentlich mit Recht und nur jene Ehen, die wirklich aus dem siebten Hause beziehungsweise dritten Quadranten oder obere Hälfte kommen, die sind unauflöslich.

A: Ja, und das ist genau das, was die katholische Kirche sagt. Die sagt ja: die Ehen sind nicht auflösbar, die bestanden haben, - diese anderen hätten gar nicht bestanden.

K: Und die anderen haben vorher nie bestanden?

A: Und die anderen haben nicht bestanden und die haben auch astrologisch nie bestanden.

K: Ja, damit bin ich einverstanden.

K: Womit zu sagen ist, wenn sie kirchlich getraut sind.

A: Nein, die kirchliche Trauung ist nur die Chance dessen, daß das Sakrament Ihnen zuteil wird. Denn wenn die inhaltlichen Vorbedingungen nicht da sind, kriegen Sie das Sakrament ja gar nicht rein. Aber das weiß der Pfarrer nicht und gibt es Ihnen auf jeden Fall mal proforma. Und dasselbe ist: warum laut Gesetz der Ehebrecher als solcher, denjenigen mit dem er die Ehe gebrochen hat, zumindest vor Ablauf von soundsoviel Jahren nicht heiraten durfte. Das ist völlig klar. Habe ich das schon mal erklärt: warum?

K: Nein. *Ehestecher*

A: Noch nie?

K: Nein.

A: Stellen Sie sich doch mal folgendes vor: es treffen sich zwei Personen erstmals und einer davon ist verheiratet. Was haben wir dann in dem Geburtsbild drinnen?

K: Die Aufhebung des Gesetzes.

A: Was ist dann verletzt?

K: Das Gesetz.

A: Das zweite Haus zum Beispiel und das ist das Grundhoroskop für die Bindung. Verstehen Sie, was ich meine? Ich kann es noch deutlicher machen. Es lernen sich zwei kennen. Der eine ist verheiratet. Die fangen ein Verhältnis miteinander an. Jetzt ist doch der Tatbestand der, daß da ein Hinderungsgrund vorhanden ist. Sagen wir mal, das wäre der Neptun in zwei. Kennzeichnen wir diesen Hintergrund als Neptun, der irgendwie behindernd wirkt. Jetzt lieben sich die beiden heiß. Und jetzt wird dahin gearbeitet, daß es zu einer Scheidung des Verheirateten kommt. Die Scheidung wird auch mit Mühe und Not geschafft, oder - von mir aus - ohne Mühe und Not. Jetzt können die zwei durchschnaufen und sagen: so, jetzt sind wir frei, jetzt fangen wir frisch an. Was haben Sie denn für ein Horoskop, was haben sie da drin? - Sie haben einen behindernden Neptun drinnen. Und nachdem das das Radix-Horoskop der Begegnung ist, haben die den behindernden Neptun immer drinnen. Was macht der Neptun? - Der holt sich einen neuen Hinderungsgrund, oder Entfremdungsgrund, verstehen Sie? Da gibt es sicher Ausnahmen von der Regel, wenn Jupiter und so weiter.., - das gibt es sicher, aber im Prinzip hat die katholische Kirche oder das Gesetz, das vermeintlich rückschrittlich war, in dem Punkt inhaltlich durchaus recht. Denn diese Leute werden gerade davor geschützt, von falschen Voraussetzungen auszugehen. Denn dann geht es wieder daneben. Und dann gibt es eine Kette.. Verstehen Sie? Andererseits: Man soll den Leuten nichts vorschreiben: freie Marktwirtschaft des Geschicks. Jeder soll die Chance haben, seine Konstellation in einer möglichst großen Erlebnismöglichkeit verwirklichen zu können.

K: Ist das nicht ein Widerspruch in dem, was Sie da sagen? In einem Fall befürworten Sie es, im anderen Fall sagen Sie nein. Freie Marktwirtschaft zum Beispiel sagen Sie, ist etwas Gutes und..

A: Ich meine ja nur, jeder muß die Möglichkeit zur eigenen Einsicht haben, und die hat er eben meist erst nach dem Erlebnisfall.

Schauen Sie, es ist so: Wenn ich feststelle, da ist der Neptun drin in der Verbindung, dann ist das aus den Zusammenhängen heraus eine begreifbare Aussage.

Und jetzt kommt noch ein anderer Punkt: der sogenannte "Ehebrecher" ist doch meist nur ein "Erfüllungsgehilfe des Schicksals", der als solcher die Probleme der Ehe aufdeckt, - der in die Konstellation der betreffenden Ehe "genau hineinpaßt". Wichtig ist, daß man weiß, daß die Gefühlsintensität zu dem Außenstehenden ja unter Umständen kompensatorische Gründe hat, - auf Bedingungen basiert, die ja nach der Scheidung des einen wegfallen. Und eben das drückt sich in diesem, meinetwegen Neptun oder Saturn im Begegnungshoroskop aus. Und manche lieben sich doch nur, so lange sie sich nicht kriegen können, vor allem die innerlich mißtrauischen, die sich nicht trauen, ihre Gefühle zu lokalisieren. Wo läßt denn der Skeptiker seine Gefühle laufen, - doch dort, wo scheinbar nichts geht, wo ein Hinderungsgrund ist. Da liebt dann der eine das Handikap des anderen.

Und das sollte man wissen, - auch wenn man anders handelt. Verstehen Sie was ich meine? Man soll es wissen, und dann trotzdem die Freiheit haben, zu handeln wie man will. Das hat dann wenigstens mehr Stil, - und zudem kann man dann nicht verbittert sein oder Schuld abschieben auf den anderen.

K: Gibt es das eigentlich, daß einer keine Möglichkeit zu einer guten Ehe in seinem Horoskop hat?

A: Über die Scheinbindungen haben wir ja schon gesprochen, wenn aus der jeweiligen Eigenverwirklichung heraus berechtigter - und logischerweise keine echte Begegnungsfähigkeit da ist. Solche Symbiosen verlaufen aber meist recht vernünftig, - das ist natürlich auch die Frage, für welchen Partner mehr oder weniger.

Es kann natürlich auch sein, daß innerhalb der Anlagen Ihres dritten Quadranten Spannungen herrschen. Dann ist zwar möglicherweise der Partner beziehungsweise die Ehe mit diesen Anlagen identisch, die Ehe aber gerade deshalb schlecht, beziehungsweise voller Spannungen. Da kann einer tausend Jahre eine bessere Ehe suchen, er kriegt einfach keine, weil er eben nur Affinität hat zu "seinen" Möglichkeiten.

K: Und wenn er das weiß, kann er das schlecht steuern, weil er die Anlage dazu hat.

A: Wenn er es weiß, kann er es schon steuern. Das ist dann die Fähigkeit zur Einsichtigkeit, zum "aus sich heraustehen". Er muß sich der Spannungsanlagen in seinem dritten Quadranten bewußt werden, den Grund finden, warum innerhalb seiner Anlagehierarchie an dem einen Punkt die Anlagen differieren, - denn der Grund liegt meist woanders wie die Auswirkung. Und dann kann er die Spannung möglicherweise ausgleichen, oder sich aber einer Verzichtsposition bewußt werden. Das gehört zum Erwachsenwerden.

K: Und wenn er es nicht selbst aussteuert?

A: Dann ist er eben seinen divergierenden Anlagen blind ausgeliefert und wird davon hin- und hergetrieben. Und die Aussteuerung, die übernimmt dann schon der Saturn, der regelt dann schon von Außen, was man aus sich nicht regelt. Das ist ja das Schöne. Wenn Sie irgend etwas außerhalb Ihrer Verwirklichungsmitte tun, dann kommt der Saturn und regelt Sie wieder in Ihre Mitte rein. Und wenn Sie es nicht kapieren, kommt er noch einmal, und wenn Sie es wieder nicht kapieren, kommt er noch einmal, zehnmal, zwanzigmal. Sie werden staunen, wieviele Leute die gleichen Sachen immer wieder erleben und dann schon sagen, bei mir muß der Stern so und so stehen. Aber einsehen, daß man sich irgendwo nicht eigenartmäßig entwickelt, das ist wieder eine andere Frage. Ich habe ja höchstens Pech oder Unglück, heißt es dann, aber ein verantwortliches Verhältnis zu dem, was das Ereignis mir zu bieten hat, habe ich sowieso nie, das wäre ja noch schöner, so sagen die Leute, und dann bekommen sie dasselbe Ereignis noch einmal.

Da bin ich eben für die freie Schicksalsmöglichkeit, für freie Marktwirtschaft. Verstehen Sie, das sagt auch die katholische Kirche. Die hat auch nie zum Beispiel die Gläubigen gegen den Nationalsozialismus aufgehetzt. Und da hat sie vollkommen recht gehabt, weil sie gesagt hat: sie kann die Verantwortung gar nicht dafür übernehmen, weil sie die einzigen gläubigen Katholiken möglicherweise in Situationen bringt, denen sie erstens nicht gewachsen sind und zweitens, wo sie sich nicht freiwillig aus sich dazu entschieden haben. Das ist meiner Ansicht nach die freie Marktwirtschaft der Möglichkeit zur Sünde. Wenn ich nicht mal die echte Chance habe zu sündigen, dann ist das ja alles gar nichts wert.

K: Um nochmal auf Haus zehn, elf und zwölf zurückzukommen. Was kann man da als Schlagwort schreiben?

A: Beim Wassermann würde ich schreiben anstatt Begabung "Begnadung". Also beim zehnten würde ich schreiben anstatt "Berufung" würde ich "Bedeutung" sagen: Bedeutung des Erwirkten. Beim elften, beim Wassermann-Haus meiner Ansicht nach: Aufhebung der Polarität oder Aufhebung des Subjektivismus oder Aufhebung der Ich-Bezogenheit. Aber das ist zu allgemein: Aufhebung der Polarität. Und beim zwölften können wir hinschreiben: Auflösung der Abhängigkeit, Auflösung des Reflexzwanges.

Wobei ich eines noch sagen möchte: Nehmen wir zum Beispiel an, so ein Gutsbesitzer hat ein uneheliches Kind und das würde nicht in die Erbfolge eintreten, weil es eben für die Fortsetzung der Tradition nicht verwurzelbar genug ist, so ist deswegen nicht gesagt, daß da nicht irgendwo anders die Planeten die Geeignetheit auf ganz anderen Gebieten darstellen und damit eine Art von Mutation eintritt. Eine Mutation aus der Tradition heraus. Es geht ja hier um die Geeignetheit wofür? - Um die Erbnachfolge anzutreten, denn das Recht ist möglicherweise von den Großgrundbesitzern oder Besitzern oder von Besitzvorgang überhaupt ausgegangen, oder vom Traditionsstand. Insofern ist es schon berechtigt, wenn es geändert wird, weil das heute nicht mehr der Maßstab ist, - weil Besitz inhaltlich nicht mehr zählt.

K: Ich habe da noch eine grundsätzliche Frage: ein uneheliches Kind, das ist meinetwegen zehn Jahre alt, und die Eltern heiraten erst dann, um es doch noch zu legalisieren?

A: Aber die Konstellation ist trotzdem drinnen. Vor allen Dingen, was in den ersten drei Jahren passiert ist, ist sowieso schon gemacht.

K: Oder nehmen wir den anderen Fall: das Kind ist unehelich gezeugt und ehelich geboren.

A: Das haben wir gehabt, das haben wir ja das letzte Mal gesagt.

K: Da war die Sonne in Haus zwölf.

A: Das Kind ist verschwiegen worden, bevor es geboren wurde, weil es noch gezeugt war in einer anderen Ehe.

K: Beide unverheiratet vorher.

A: Da mag es dann nicht so drastisch sein, aber ein bißchen sehen Sie es immer. Also am Geburtsbild sehen Sie es, ob die Eltern heiraten mußten oder so.

K: Wie ist es, wenn die Eltern verheiratet waren, wie das Kind gezeugt war und bevor das Kind geboren wurde, sich scheiden ließen.

A: Ja, das weiß ich nicht. Das habe ich noch nie gehabt. Da müßte eigentlich ein ganz starker Saturn drinnen sein. Aber die Bedingung als solche müßte drinnen sein, weil der Keim dazu an sich schon gelegt ist.

K: Oder wenn der Vater im Krieg, wie das oft der Fall war, noch vor der Geburt des Kindes stirbt, also im Krieg stirbt?

A: Da ist es sowieso klar.

Jetzt wollen wir ein Horoskop durchsprechen. Zufällig habe ich zwei Horoskope mit derselben Häusereinteilung. Da brauchen Sie nicht so viel zeichnen. Das eine ist ein Zeithoroskop für Deutschland, also ein Epochenhoroskop. Für diejenigen, die schon ein bißchen Astrologie gemacht haben, kann ich schon sagen: entwickelt aus der großen Konjunktion, ein rhythmisches Zeithoroskop, das für eine bestimmte Zeit zuständig war. Damit Sie sehen, wie sich das Symbol Planet in den Inhalten einer Zeitepoche zeigt, wollen wir es einmal probieren. Vielleicht finden Sie raus, für welche Zeit das Horoskop zuständig war. Was fragen wir als erstes? Worum geht es überhaupt? Ascendent Löwe. Worum geht es?

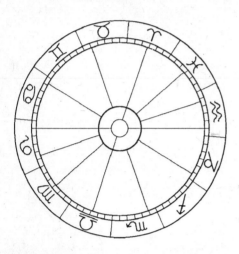

K: Verausgabung.

A: Verausgabung, von was?

K: Des eigenen Ichs.

A: Sagen wir: der eigenen Emotion. Gut, was fragen wir als nächstes?

K: Wo steht die Sonne?

A: Die Sonne steht in sieben.

K: Die Begegnung.

K: Ich vergebe mich praktisch dem Du gegenüber, - Verausgabung gegenüber einem anderen.

A: Ja.

K: Begegnung.

A: Ja, in Ordnung, - Vorstellung. Was fragen wir noch?

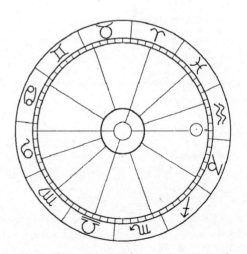

K: Ist das erste Haus noch besetzt?

A: Das ist noch besetzt. Jawohl, da haben wir einen Mars. - Also mit Energie nach außen. Also man ist geistig aufgebracht -einverstanden?

K: Geistig?

A: Ja, man ist geistig emotionalisiert - dritter Quadrant, das Bewirkende, das Herausfordernde, das was an..

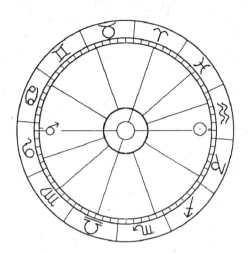

K: Warum nicht körperlich?

A: Weil das Ziel, der Herrscher von eins steht da in Haus sieben. Der Löwe ist die Wurzel, die Sonne als Auswirkung ist in sieben. Daß das außerdem hernach Verwirklichungspunkt ist, das ist wieder so eine zweite Frage.

K: Weil wir eine Zeit betrachten und keine Person?

A: Ja, das ist eine Zeitbetrachtung. Was würde das allgemein sagen, wenn man das verständlich ausdrückt? - Was haben Sie für einen Eindruck, wenn Sie das sehen? - Wenn das ein Zeithoroskop ist, was ist das für eine Stimmung? Was ist das für eine Zeitstimmung?

K: Ich würde sagen: energiereich.

A: Energiereich, aufgeladen und so?

K: Da können auch Kriege mit drinnen sein.

K: Expansion.

A: Expansion, ja, also emotionell - zack, - so in dem Stil. Wo verwirklicht sich das? - Das verwirklicht sich tatsächlich: Wassermann: siebtes Haus, nach außen, an die Begegnung. Was ist dies nun für eine Zeit? - Was ist das für eine Zeit, wenn das kein Mensch ist und keine Sache, sondern eine Epoche?

K: Aufbruch.

K: Krieg.

A: Aufbruch in etwas Neues. - Dann fragen wir als nächstes, wo steht der Herrscher von zehn? - Was hat das für eine Bedeutung? - Das ist der Mars, der steht da vorn in eins, was heißt das wieder? - Jetzt kommen wir zum Körperlichen, daß tatsächlich etwas passiert, - erster Quadrant. Was heißt das? - Wenn sozusagen im Erscheinungsbild dieser Zeit der Mars konkret wird?

K: Krieg.

A: Das können aber auch die Olympischen Spiele sein, das kann auch Sport sein. das ist auch Energie.

K: Das kann auch Auflösung sein.

A: Auflösung, mit dem achten? - Ja. Wirkt sich an der Sache selbst aus. Was steht im zehnten Haus? - Saturn Pluto und Uranus. Da stehen alle so auf ungefähr achtundzwanzig Grad Widder. - Das ist ungefähr der Bereich Deutschland. - Was könnte das für eine Zeit sein.

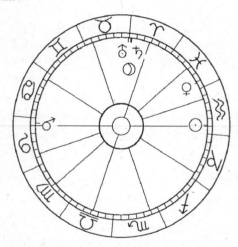

K: Das Dritte Reich.

K: Nach Kriegsende.

K: Oder Beginn, mehr.

A: Das ist die Epoche von 1912 bis 1919, der erste Weltkrieg.

K: Für den MC, ist da nicht die Venus von Bedeutung?

A: Richtig, die Venus ist noch von Bedeutung.

K: Wie bestimmen Sie bei den langsamer laufenden Planeten den Ort während einer ganzen Epoche?

A: Das ist nun eine Spezialgeschichte. Das werden Sie auch lernen, später. Das geht nach dem Prinzip: was in dem ersten Jahr passiert, das passiert im vergrößerten Rhythmus von eins bis sieben.

Solar

Was im zweiten Jahr passiert, wiederholt sich im Rhythmus Und der Charakterisierung von sieben bis vierzehn. Das können Sie ganz exakt verfolgen. So auch hier: Das elfte Jahr der großen Konjunktion von 1842 schwingt in der rhythmischen Vergrößerung von sieben mal elf Jahren erst richtig aus, - das heißt, die Konstellationen von 1852 - 1853, kommen also von 1912 - 1919 erst richtig zum tragen. Was wären also hier die sieben Jahre von 1912 bis 1919.

Nun muß ich hier doch noch etwas erklären:

Die große Konjunktion ist das jeweils erste Zusammentreffen von Jupiter und Saturn in einem "neuen Element", - also wie 1842 im Erdzeichen Steinbock. Das Horoskop dieses Zeitpunktes gilt im Sinne öffentlicher, sogenannter "mundaner" Vorgänge, so lange, bis wieder eine Konjunktion von Jupiter/Saturn in einem anderen Element, zum Beispiel Luftzeichen, stattfindet.

Wenn man nun das elfte Jahr dieser großen Konjunktion astrologisch umreißen will, dann macht man sogenannte Solare, - nämlich Jahreshoroskope, die im übrigen auf den französischen Astrologen Morinus zurückgehen. Jahreshoroskope erstellt man, indem man den Zeitpunkt ausrechnet, an dem die laufende Sonne im jeweiligen Jahr mit der Radix-Sonne des Geburtshoroskops identisch ist, - also den gleich Grad-, Bogenminuten- und Bogensekundenstand hat. Dies nur als erster Hinweis, das Rechnerische wird später noch genau durchgenommen.

Diese Solare sind für uns als reine Jahreshoroskope uninteressant. Für uns haben sie nur Bedeutung in der rhythmischen Vergrößerung, in der sie in einem späteren Zeitpunkt aufschwingen und erst dann effektiv wirksam werden.

Hier, in unserem Falle, wird das Solar, das also auf dem zehnten bis elften Jahr nach der großen Konjunktion, also 1852, aufgebaut ist, für uns in der rhythmischen Vergrößerung, - im Siebener-Rhythmus, - von 1912 - 1919 erst bedeutsam. Wir nennen ein solches Horoskop Septar. Und Sie können an dem vorliegenden Septar-Horoskop ja sehen, wie charakteristisch diese Zeitspanne umrissen wird. Wenn Sie so ein Horoskop aufstellen, und angenommen, Sie sind gerade an der Jahrhundertwende, und sitzen am Schreibtisch und sehen dies für die Jahre 1912 - 1919. Was machen Sie da? - Da wandern Sie vorher aus und kommen danach wieder. Aber, ist das inhaltlich für Sie jetzt schon nach dem bisherigen Kursverlauf erkennbar? - Schon klar, nicht?

K: Ja. Das Besondere ist ja, daß gerade Uranus, Pluto und Saturn an einer Stelle am Medium coeli stehen. Das ist praktisch so, daß wir noch zu wenig darunter verstehen können.

A: Ja, weil Sie es jetzt übersetzen müssen, nicht auf eine Person oder auf eine Sache, sondern auf die Zeit, und da ist die Artikulierung etwas schwieriger. Aber Sie können ganz einfach und allgemein nehmen. Der Mars, alles was marsisch ist, will konkret werden. Die Bedeutung liegt darin, daß alles, was marsisch ist im Erscheinungsbild dieser Zeit konkret wird, - Herrscher von zehn in eins. - Von mir aus die Soldaten, die marschieren mit der Pickelhaube, marsisch - konkret, die Begeisterung, der Aufbruch in den Krieg. - Der Mars wird dominant, wird beherrschend. Und die Planeten, die hier oben in zehn drinnen sind, können nur so, wie es wer zuläßt? - Wie sowohl die Venus als Herrscher von zehn in acht, als auch der Mars als Herrscher von zehn am Ascendenten es zuläßt. Und die Venus ist da auch nicht gerade schön.

Nun wird der Mars noch einmal potenziert mit Uranus, Pluto und Saturn in Zehn. Vom Mars beherrscht in einer ganz unangenehmen Weise: das ist echt Tod, Vernichtung und Destruktion und Deformierung und so weiter.

Wenn Sie dies in Bezug auf die Zeitumstände artikulieren, können Sie dieselben Begriffe anwenden, Sie müssen nur persönlich umdenken, in Ihrem Vorstellungsvermögen.

Der erste Quadrant ist dann die Erscheinung, was am Erscheinungsbild der Zeit ist. Das ist dann nicht das Erscheinungsbild der Person oder was die Person sichtbar macht, sondern die Person ist einfach die Zeit und was in dem konkreten Erscheinungsbild dieser Zeit da ist. Verstehen Sie?

K: Was wäre das zum Beispiel für eine Persönlichkeit?

A: Das wäre ganz sicher eine Totgeburt. Wenn hier ein Kind geboren werden würde, dann wäre das eine Totgeburt, wäre es keine Totgeburt, dann wäre das Kind - sagen wir mal - gesundheitlich schwerstens angegriffen.

Schwingungshoroskop

Und da ist folgendes Problem: Nun kommt die moderne Medizin und sagt: wir sind fortschrittlich, wir erhalten dieses Kind am Leben, damit es die Konstellation ausleben muß. Das ist nämlich dann die Folge. Der Arzt, der dem Kind hilft, am Leben zu bleiben, der muß ja die Konstellation nicht ausleben, später, sondern das Kind.

Darum bin ich für freie Marktwirtschaft des Geschicks, ohne Eingriffe, ohne zu viel Eingriffe. Wenn die Natur das will, dann soll man es lassen. *Selbstmord*

Ich möchte Ihnen folgendes sagen: ich habe mit so und so viel Menschen zu tun gehabt, die sich selber das Leben genommen haben, oder die depressiv sind. Das sind alles die Konstellationen, die durch die sogenannte Sozialhygiene am Leben geblieben sind. Was haben sie denn davon?

K: So generell kann man das jetzt auch nicht sagen. Der eine hat sich in den Finger geschnitten und hat eine Blutvergiftung und wenn er nicht behandelt worden wäre, dann wäre er halt draufgegangen, und jetzt ist er halt Wissenschaftler.

A: Ich rede ja jetzt von der Geburt als solcher, Geburtsvorgang. Es ist selbstverständlich, daß Sie sich heilen lassen, wenn Sie krank sind. Das ist wieder etwas anderes. Das liegt in Ihrer eigenen Emotion, das liegt in Ihrem eigenen Willen. Das ist Ihre Sache. Das Kind will vielleicht nicht leben, - der Wille des Kindes drückt sich noch rein im Somatischen aus, im Körperlichen.

K: Ich wollte noch etwas fragen: Die Zeit von 1912 - 1919, aber stand da nicht der Uranus ganz woanders?

A: Ja, ich sagte doch gerade, daß das ein Schwingungshoroskop ist, das heißt wenn Sie einen Stein ins Wasser werfen - ich versuche es jetzt mal so zu erklären - dann gibt es verschiedene Wellen, kreisförmige. - Wenn jetzt an der einen Seite, wo sich die Wellen ausbreiten, ein Halm rausschaut, dann werden auch die vergrößerten Wellen außerhalb der Linie, wo der Halm steht, einen Einbruch in diesem Rondell der Welle haben. Und damit möchte ich versinnbildlichen: wenn Sie irgendwo ein Ereignis haben, ist das nicht nur stationär dort zuständig, sondern es schwingt in rhythmischer Vergrößerung weiter, wie die Welle. Und wenn ich ein Jahreshoroskop beziehungsweise ein Solar mache, dann schwingt das in der rhythmischen Vergrößerung später erst richtig aus. Darum nennen wir für unseren Gebrauch die Jahreshoroskope rhythmische Horoskope, Schwingungshoroskope zum Beispiel Septare.

Die Ereignisse, etwa der ersten Kindheit, werden bei der rhythmischen Vergrößerung später "ausgedehnt", im Sinne weiterer Vergrößerungen, bis Unendlich, - während gleichzeitig die Details immer schärfer hervortreten, nunmehr in der Verkleinerung bis unendlich. Darauf werden wir aber später noch eingehend zurückkommen.

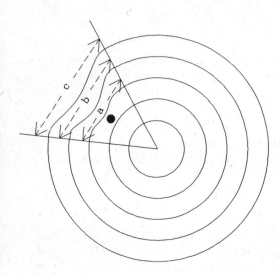

Um zu wiederholen: ich kann ganz genau sagen, wann der Uranus so gestanden ist, wie in dem vorliegenden Horoskop: er ist am 26. Januar 1852 so gestanden. Das Horoskop von 1852 ist eben für die Zeit von 1912 - 1919 zuständig, als elfte Septar von 1842, der großen Konjunktion, - sozusagen als Welle von 1852.

Das ist ja das Spezifische an dem System der Rhythmenlehre, das Sie hier lernen.

K: Eine Frage: In diesem Weltkrieg sind Millionen von Deutschen gefallen. Das ist eine gewisse Generation. Irgendeine vorherige Konstellation müßte das doch anzeigen, die Jahrgänge, die da zum größten Teil ihr Blut gelassen haben?

A: Ja, darf ich Ihnen sagen: Es hat 1934, 35 einen Astrologen gegeben, und der hat geschlußfolgert: ab 1942 muß es einen Krieg geben, weil bei allen Horoskopen, die er macht, sind soundsoviel Todesfälle ab 1942 zu sehen. - Er hat sich bloß getäuscht, denn der Krieg ist schon 1939 angegangen.

K: Aber die krassen Sachen..

A: Nun, Todesfälle, die sind eigentlich erst ab 1942 angegangen, da sind die meisten eigentlich erst gefallen.

Dann habe ich noch ein anderes Horoskop und zwar eines, was komischerweise sehr ähnlich ist, - naja so ähnlich ist es auch wieder nicht.

Ich sage Ihnen gleich: es ist eine Institution und zwar eine Parteigründung.

Als erstes fragen wir nach der Sonne. - Und die haben wir da oben drinnen in zehn.

K: Ascendent und Medium coeli?

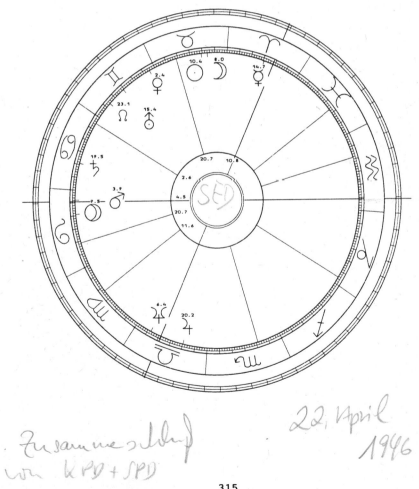

Zusammenschluß
von KPD + SPD

22. April
1946

A: Die sind dieselben wie beim vorhergehenden. - Ich zeichne Ihnen mal alles rein, was Sie brauchen. Das ist, nach unserem Grobsystem, Sache - Durchführung - Ergebnis.

K: Steht der Mars im zwölften oder im ersten?

A: Der steht zum ersten hin. Und das unter dem Mars ist der Pluto. - Ja was würden Sie sagen?

K: Das ist eine liberale Partei.

A: Ich stelle das Geburtsbild jetzt einmal zur Diskussion. Dieses Horoskop habe ich aus irgendwelchen Veröffentlichungen entnommen. Das ist immer ein wenig fragwürdig, ob da die Daten so genau stimmen. Es gibt eigentlich nur eine Partei, von der man ganz genau die Gründungszeit weiß. Wie mutet Sie das an? Würden Sie sich in der Partei wohlfühlen oder nicht?

K: Nein.

K: Das zehnte Haus, Venus ebenfalls im zehnten Haus, das heißt daß das zehnte Haus hier besonders Stier betont ist.

A: Das kann man ruhig sagen, das ist zuständig für..

K: Sicherung, - sozialer Zusammenschluß.

A: Was haben wir noch gesagt? - Es ist verbindlich für eine ganze Menge. Es ist geistig unterscheidbar, es ist also verbindlich für eine ganze Menge. Ist das klar?

K: Ja, sicher.

K: Schaut es nicht nach Gewalt aus?

A: Nach Gewalt, warum?

K: Ja, die Sonne mit dem Stier im zehnten Haus.

A: Der Stier ist nicht so gewalttätig.

K: Mars und Pluto am Ascendenten.

A: Das ist schon wieder etwas anderes. Ja, was sagen Mars und Pluto am Ascendenten? - Was haben Sie für ein Gefühl, wenn die beiden zusammenstehen? - Kein Gutes?

K: Nein.

A: Und warum nicht? Warum hat man da kein gutes Gefühl?

K: Ja, der Pluto, der ist leitbildhaft, also leitbildhafte Ideologie.

A: Die Ideologie. Da haben Sie Ideologie und den Mars dazu, was heißt das?

K: Gewaltvolle Ideologie, könnte man sagen.

A: Okey, und das mögen Sie nicht? - Ich auch nicht. Gut.

K: Woher kommen die Leitbilder?

A: Die Leitbilder kommen schlimmerweise sogar noch von da unten, vom vierten Haus her, die sind auch noch traditionsbedingt. Die Leitbilder kommen vom Pluto. Pluto - Skorpion - achtes Haus - Analogie, vorstellungsgebunden sein, geistige Bindung an Bilder, Loslösung vom Lebendigen, oder vom Substantiellen. Ist das klar? Und wenn diese Leitbildhaftigkeit über Lebendiges hinweg geht, jede fixe Idee, jedes Leitbild trägt dem Lebendigen möglicherweise nicht genug Rechnung, oder der freien Entfaltung des Lebendigen. Und wenn der Mars noch dazu kommt, wird es ganz wild.

K: Ja, ich verstehe das schon. Der Herrscher vom zehnten selbst ist der Mars. Und der Mars steht am Ascendenten. Und der Pluto steht praktisch auch am Ascendenten, und weil der Pluto dort steht, darf er nicht reinrassig betrachtet werden, sondern man muß sich eine Verbindung, eine Symbiose von Mars und Pluto hier vorstellen.

A: Das können Sie auch anders haben, nämlich so: erstes Haus ist disponiert durch Löwe und disponiert durch zwei Planeten, nämlich Mars und Pluto. Und beide Kräfte fallen in ein und dieselbe Entwicklungsphase, infolgedessen brauchen wir gar keine Symbiose. Sie wirken doch auf dieselbe Hebelseite hin, sie wirken auf denselben Hebel. Es ist ja nicht so, daß der Pluto im zweiten steht, oder im dritten, nein, er steht da dabei, auf dieselbe Ecke wirkt das rein.

K: Man kann aus einem Geburtshoroskop doch sagen, in der Zeit geht es dem jeweiligen dreckig oder so, vielleicht stirbt er dann, kann man aus so einem Horoskop auch ablesen, wann die Partei aufhört zu bestehen.

A: Das kann man schon. Aber da muß ich zuerst wissen: Wann die gegründet wurde.

Das ist die SED und die wurde am 1. Mai 1946 in Berlin gegründet.

K: Um welche Uhrzeit?

A: Das stand nicht dabei. Wenn die Sonne in zehn steht, dann muß es kurz vor Mittag, so halb zwölf gewesen sein.

Ja, dann hören wir für heute auf.

NEUNTER ABEND

8. Dezember 1971

Planeten

Ich möchte heute ein bißchen revidieren, und zwar die einzelnen Häuser, Tierkreiszeichen, und zwar diesmal von der Analogie der Planeten her.

Was ist also noch bekannt von den Planeten? Was würden Sie sagen zu: Mars?

K: Energie.

A: Energie, und wie ist die Energie?

K: Sie ist richtungslos.

A: Richtig, sie ist richtungslos, und wie ist sie noch?

K: Stoßweise.

A: Stoßweise, - das ist ja exzellent, - was heißt das auf deutsch: eine richtungslose, nur stoßweise auftretende Energie? - Mal ist sie gar nicht da und dann wieder mit Schwung.

K: Unkontrollierbar.

A: Unkontrollierbar, und wie ist das mit den Grenzen?

K: Unbegrenzt, also findet keine Grenzen. Was könnte man noch über den Mars sagen? - Läßt der die Leute in Ruhe, oder läßt er sie nicht in Ruhe?

K: Aggressiv.

A: Aggressiv, das heißt herausfordernd. Was fordert er heraus?

K: Die Umwelt.

A: Sie müssen immer davon ausgehen: ein Prinzip sucht möglicherweise seinen Ausgleich. - Wenn also der Mars an sich stoßweise ist, die Energie stoßweise auftritt, wenn er also richtungslos ist, dann sucht er was? -Ich habe es schon gehört. - Erstens den Widerstand und zweitens: was noch?

K: Reaktion.

A: Reaktion, und was in der Reaktion?

K: Die seiner Art entspricht, die er gerade zu vertreten hat in seinem Horoskop.

A: Orientierung oder Begrenzung, weil ihm ja das fehlt.

K: Aber dieser Ansatzpunkt ist doch letzten Endes durch das Horoskop vorgegeben.

A: Sicher, der Ansatzpunkt ist natürlich vorgegeben. Man kann sagen, daß die Anlage Mars beziehungsweise Aggression in dem und dem Bereich zutreffend ist. Aber lassen wir das mal außer acht. Nur einmal als Prinzip betrachtet ist der Mars in seiner Eigenart richtungslos, hat eine stoßweise auftretende Energie, fordert heraus und sucht somit den Ausgleich zu seinem eigenen Prinzip. Das heißt also, er sucht den Widerstand, er fordert ihn geradezu heraus, um in einer möglichen Aggression gegenüber einem Widerstand Orientierung zu finden. Es gibt ja verschiedene Arten, wie sich jemand eine Orientierungssituation bringt. Beim Mars ist das so: wenn einer zum Beispiel den Mars am Ascendenten hat, geht die Orientierung nicht im stillen Kämmerlein vor sich, sondern in der gewollten Herausforderung von Widerständen. Was sucht also dann der Mars dort wo er auftritt?

K:.. Aufgaben?

A: Nein, in erster Linie nicht. In erster Linie sucht er die Möglichkeit zum Widerstand und die liegt im Gemeinschaftsleben. Der Mars sucht folglich Gemeinschaften auf.

Jetzt ist es an sich so, daß die einzelnen Anlagen, die Sie im Geburtsbild haben, daß die rudimentär aus der Familiengeschichte, Erbmasse und was weiß ich, ihren Aufbau bekommen. Das heißt, daß sie sich zum Teil auch schon in der Menschheitsgeschichte entwickeln. Beim Mars wäre es also die Aggression. - Ich möchte das nur ganz kurz streifen. - Was würde man sagen, was ist das für eine Anlage, der Mars? - Und das, was durch den Mars symbolisiert wird? - Das ist also zunächst einmal das Kriegerische, die Durchsetzung und Selbstbehauptung. Und was noch?

K: Das ist Eroberung, überhaupt..

A: Ja, an sich und?

K: Imperialismus.

A: May be, ja und nein.

K: Zerstörerisch.

A: Ja, nicht unbedingt.

K: Fortpflanzung.

A: Ja, er hat also mit all den Dingen zu tun, die an sich noch dem Raubtier anhaften, dem Beute machen. Und das ist an sich auch sehr schön, daß dem Mars all diejenigen Dinge unterstehen, die mit dem Beute machen im urrudimentären Zustand noch zu tun haben. Das heißt also, wenn Sie einen verletzten Mars haben, bekommen Sie zum Beispiel Zahnweh, - auch wenn es nicht mehr die Reißzähne sind - Mars-Verletzungen sind meistens Hornhautverletzungen und - wie nennt man das an den Fingern?

K: Fingernägel.

A: Nägel, richtig. Verletzungen und so weiter, das untersteht dem Mars. Wenn Sie also zum Beispiel irgendeine eitrige Fingernagelentzündung haben oder so etwas, dann brauchen Sie nur zu schauen, wie der Mars dazu steht. Das gleiche ist es also bei den Zähnen.

K: Haare auch?

A: Haare nicht, nein, die unterstehen eher dem Löwen. Wobei dies eine der Unverständlichkeiten der Astrologie ist: das Tierkreiszeichen Löwe ist angeblich deshalb so benannt, weil in dieser Jahreszeit im nahen Osten die Sonne so heiß ist, daß sie wie ein Löwe alles verschlingt.

Und trotzdem ist es so, daß der, der entweder Ascendent Löwe hat, oder Sonnenstand Löwe, vor allen Dingen Ascendent, genau das hat, was man eine Löwenmähne nennt, natürlich ein unwahrscheinlich reichhaltiges und gesundes Haar. Die haben nie Haarsorgen, das ist keine Schwierigkeit, die können damit anstellen, was sie wollen. Nun kann das Zufall sein, oder - das weiß man nicht.

K: Ist es nun so, daß Leute, deren Vorfahren mal eine Glatze gehabt haben, nie mehr im Zeichen Löwe einen Ascendenten haben können?

A: Ich würde fast sagen: ja. Das würde man dadurch ausgleichen können, daß einer der Nachfahren dann jemanden heiratet mit Löwe-Ascendent, und dann erst wieder Kinder bekommt, .. wenn er so viel Wert auf Haare legt.

An sich ist es so, - das ist so ein kleiner vorgezogener Hinweis, - wenn Sie hier ein Horoskop mit vier Quadranten haben, und Sie ha-

ben hier das MC, dann kann
es sein, daß das MC zum Beispiel vom Saturn entweder
direkt belegt ist, oder ein
Quadrat von der Seite hat,
dann ist das immer schlecht
für die Haare oben, immer.

Und Personen, die zur Längs-
achse ein Saturn-Quadrat haben, die werden nie dick,
die haben keine Chance dazu.

K: Zur MC-Achse?

A: Ja. K: Und wenn das Quadrat nach unten ist?

A: Dann werden Sie nie
groß. Und wenn es von un-
ten kommt, dann haben Sie
O-Beine, zumindest in der
Anlage. Aber das sind nur

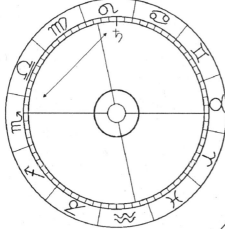

so Sachen nebenbei, die
an sich inhaltlich
nichts aussagen. Gehen
wir wieder zum Mars zu-
rück.

Was würden Sie also dann
sagen, wenn der Mars im
dritten Haus stünde, im
dritten Haus eines Ge-
burtsbildes?

K: Unbedingt aggressiv.

A: Ja, warum unbedingt?

K: Angriffslustig als Rechtsanwalt, das sind aggressive Berufe.

A: Ja, das ist schon alles wieder Wertung.

K: Wenn das die Darstellung nach außen ist.

A: Ja, das Geltungsbedürfnis nach außen ist ungeheuer. Und ist der gesellig oder nicht?

K: Ja, gesellig muß er ja sein, er will ja immer Mittelpunkt sein.

A: Damit er seinen Mars los wird, geht er sogar in den Sportverein, oder auf den Fußballplatz.

K: Das heißt aber nicht, daß alle, die auf den Fußballplatz gehen, den Mars dort haben.

A: Das heißt es nicht, aber es könnte schon sein, ja. Aber wissen Sie, wer an den Fußballplatz geht, hat garantiert irgendwo einen unzufriedenen Mars.

K: Was ist ein unzufriedener Mars?

A: Ja, daß er mit seinen Möglichkeiten, seiner Energie Spielraum zu lassen, unzufrieden ist. Also keine Zielmöglichkeit möglicherweise im Beruf oder sonst irgendwo hat, keine Spannung in der Familie zum Beispiel.

K: Ich will noch was sagen: das Benehmen auf dem Platz und nicht das Hingehen.

A: Das Hingehen nicht, aber.. doch, das Hingehen, also beides. Und es ist ja an sich so, daß Männer sowieso lieber Sport anschauen und meistens, - so heißt es doch immer, weil Männer mehr darauf angewiesen sind, um halt für ihre marsischen Ambitionen Zufriedenheit zu haben.

K: Ja, was machen denn die Frauen, die so einen Mars haben?

A: Ja, die erleben ihn passiv, - oder in der Familie als Spannungsträger. Ja, bei der Frau hat der Mars ja eine ganz andere Bedeutung als beim Mann. Aber das ist auch etwas, was wir später bekommen.

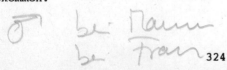

K:. Wie steht er da im dritten Haus?

A: Ja, dasselbe, das Geltungsbedürfnis, das ist ganz klar. Das ist schon das gleiche, also ein eminentes Geltungsbedürfnis. - Es kann relativ gesund sein, es muß ja nicht schlecht sein. Hauptsache, es ist für die Person geeignet, ohne dabei in ein Mißverhältnis zur Umwelt zu kommen.

K: Ich möchte jetzt auch noch etwas fragen. Das Wort "aggressiv" ist immer so ein bißchen ein Werturteil. Es gibt doch auch einen Mars, der sehr aktiv sein kann, er muß ja nicht immer nur aggressiv sein, also ein Mars, der vorwärts geht, der ungemein tätig ist.

A: Ja, das ist gut und schön. Es ist ja so, daß sich im Tierkreis alle Planeten gegenseitig ausgleichen und das ist auch ganz gut so. Denn ein Mars, der ständig vorwärts will und nicht weiß, was vorwärts ist, also sagen wir mal einen Mars, der Fortschritt will, wenn man ihn aber fragt, was Fortschritt ist, dann aber nicht darüber Bescheid weiß, - das ist, meine ich, natürlich schon auch schwierig. Also ich würde das weder positiv noch negativ bewerten, sondern ich würde einfach sagen, das ist..

K: Das ist schon negativ, das aggressive..

A: Die Energie der Durchsetzung und die Durchsetzung verlangt eine Aggression gegen das, was bestehend ist, um es zu verändern, um sich innerhalb dieses Bereichs eben in Front zu setzen. Und das ist durchaus gesund, wenn das eine Selbstdurchsetzung ist, da ist nichts dagegen gesagt, nur, wenn sie im dritten Haus ist, zum Beispiel ist die ganze Energie darauf ausgerichtet, sich selbst darzustellen. Deswegen ist da aber auch nichts Negatives gesagt.

Und wie ist das, wenn der Mars im zweiten Haus zum Beispiel ist?

K: Er verwendet die Energie zur materiellen Sicherung.

A: Genau, die ganze Energie ist also darauf ausgerichtet, sich abzugrenzen und sich zu sichern. Und das sind dann meistens Schriften, bei denen Sie dann - das heißt nicht meistens, das können Sie eigentlich fast immer sehen -da geht dann, wenn der ein "g" macht, das geht dann so: *g*

- ich habe jetzt ein bißchen übertrieben. Das ist dann so ein spitzes "g" nach unten und das geht tief runter, ganz tief.

Was würden Sie sagen, wenn der Mars im vierten Haus sitzt? Was würden Sie da..?

K: Der explodiert seelisch.

A: Ja, was würde das der Formel nach heißen? - Wir haben ja so schöne Formeln.

K: Der geht im Familienleben auf und betreibt das mit aller Vehemenz.

K: Der schüttet einem jeden gleich sein Herz aus.

A: Warum das?

K:. Weil er sich seelisch sehr verausgaben möchte.

A: Nein, verausgaben will er sich noch nicht, im vierten Haus nicht. Was ist das?

K: Er hat eine sehr starke Wesenskraft, die Wesenskraft oder seine seelischen Kräfte sind durch den Mars sehr gestärkt.

A: Ja, das ist jetzt natürlich alles Schablone, aber Sie müssen davon ausgehen, - wir haben gesagt: viertes Haus kommt nach dem dritten Haus - wir haben festgestellt: viertes Haus, zweiter Quadrant gehört zur causa formalis, das heißt also zunächst: zur Versammlung der seelischen Kräfte. Die äußere Entwicklung ist abgeschlossen im dritten Haus, der Möglichkeit einer Entfaltung in den Raum ist eine Grenze gesetzt, und jetzt kommt es also aus der Begrenzung durch das dritte zu einer Krise.

Das dritte Haus haben wir gesagt: ist die Ergreifung des strukturell zur Verfügung stehenden sichtbaren Raums, und wenn dieser strukturell zur Verfügung stehende Raum ergriffen ist, dann wird die Beziehung zum Raum eine andere als fortschreitende - eine inhaltliche. Wo also dadurch, daß Grenzen spürbar werden, eine Art Verinnerlichung oder Versammlung des gesamten seelischen Bereichs zustande kommt und wenn nun da der Mars drinnen ist? - Das dürfen Sie dann nicht einfach kombinieren und da "plus" sagen. In der Versammlung der seelischen Kräfte, - was ist das? Das ist etwas an sich relativ Beharrliches, wir haben ja gesehen: die Versammlung der seelischen Kräfte basiert darauf, daß eine Entwicklung nach außen nicht mehr möglich ist, entwicklungsstufenmäßig gesehen.

Was heißt das also mit anderen Worten? - Das ist also eher ein Beruhigen, ein sich in der Begrenzung zurechtfinden, ein "die Begrenzung ausfüllen", das ist also ein eher beharrendes Moment, und was ist dann der Mars?

K: Der stürmende..

A: Genau, der ist nämlich die Bewegung. Das ist also dann mehr ein Sturm im Wasserglas, man würde eher sagen, daß das nicht paßt. Wie ist der Mensch dann, wenn es ein Mensch ist?

K: Unruhig, unausgeglichen.

K: In sich gespalten.

A: Gespalten und affektiv und wie ist er seelisch? -Denn darum geht es, der Mars kann ja nur so..

K: Instabil im Seelischen.

A: Nicht stabil, ständig in Bewegung, unruhig, ja, das könnte man sagen. Finden Sie nicht? Es ist an sich so: wissen Sie, es ist natürlich sehr schwer, jemanden zu beurteilen. Es geht ja nicht darum, es ist ja nicht ein Werturteil, sondern es ist die Frage: Ist der Mars geeignet für das vierte Haus? Und das ist auf jeden Fall so, daß die Beruhigungssituation, die sogenannte Versammlung des Wesens durch den Mars in etwa gestört ist, sodaß also kein wirklicher Sitz, keine wirkliche Verwurzelung überhaupt stattfinden kann. Und insofern würde ich sagen, ist also die seelische Reichhaltigkeit und Besinnung in einer ganz entscheidenden Weise gestört. Möglicherweise braucht der Betreffende die gar nicht so. Aber es geht jetzt nur darum: wenn diese beiden Prinzipien zusammentreffen, daß man mit dieser Wirkung rechnen kann.

Es kommt ja noch darauf an: wo ist der Ascendent? Was ist das für ein Zeichen im vierten Haus? Wo steht die Sonne? Wie sind die Verhaltenseigenschaften?

Wir geben ja jetzt keine Beispiele, Beispiele bringen wir immer gesondert. Sie können nicht eine Sache für sich allein herausgreifen.

Was würden Sie sagen, wenn der Mars im sechsten Haus ist? - Das haben wir schon mal kurz angedeutet.

K: Das fünfte haben wir nicht.

A: Ja, das brauchen wir nicht, das ist einigermaßen klar, denn das paßt ja. Fünftes Haus ist ein Verausgabungshaus und wenn der Mars da drinnen ist, Energie, das ist also durchaus entsprechend, das würde nicht stören. Die einzige Gefahr ist, daß möglicherweise eine zu starke Verausgabung da ist, man könnte also dann vermuten, daß, - weil die Natur und jedes Geburtsbild selbst immer wieder das Bedürfnis hat, sich auszugleichen, - wenn der Mars schon im fünften Haus ist, also im sogenannten Verausgabungs- oder Löwe-Prinzip, daß dann irgendwo der Saturn steht und dann schon rechtzeitig schaut, daß da eine Bremse ist, - daß also der Saturn herausgefordert wird.

Denn Sie können immer, wenn Sie ein Extrem kennen, die Begrenzung gleich vermuten. Ich habe mal Versuche mit Bekannten durchgeführt, das sind so kleine Spiele gewesen, daß wir gesagt haben: gut, wenn eine Konstellation so und so ist, wo könnten und wie könnten die anderen Planeten ausschauen? - Und das sind halt reine Etüden gewesen, um dann herauszufinden: wenn das eine Extrem im Horoskop gegeben ist, vielleicht findet man das andere, ohne in die Ephemeriden zu schauen, heraus, - wo muß dann der Saturn stehen, wo muß dann der Uranus stehen? Oder so ähnlich. Das können Sie mit einigem Erfolg machen, nicht sicher, aber Sie können schon in die Richtung kommen. Das ist eine ganz gute Übung.

Gut, den Mars im Fünften haben wir. Den Mars im sechsten?

K: Eine Frage habe ich: kann man davon ausgehen, wenn zum Beispiel jemand den Mars am Ascendenten hat, daß der dann in Haus fünf den Saturn haben müßte, der ihn etwas bremst?

A: Warum gerade Haus fünf? Das kommt natürlich auf die Gesamtsituation des Horoskops an, es kommt ja immer darauf an: Wo hat der die Sonne? Wo wäre denn dann die Sonne?

K: Wenn der die Verwirklichung auch in Haus fünf hätte, in der Verausgabung, wäre es dann gut, wenn da auch der Saturn steht, oder im zweiten?

A: Da würde der Saturn wahrscheinlich im dritten Quadranten stehen, da würde die Bremse im dritten Quadranten stehen, oder im sechsten Haus, in der Anpassung.

K: Ja, ist das jetzt zwangsläufig..

A: Wenn man es ganz genau nimmt, brauchen Sie zwei bekannte Punkte, um auch den dritten schlußfolgern zu können. Sie brauchen nicht nur - sagen wir mal -den Mars im fünften Haus, sondern auch - von mir aus eine Sonne im dritten, dann können Sie sagen: gut, wenn der in seinem zweiten Quadranten unbegrenzt ist, grenzenlos ist, wenn der in seinem ersten Quadranten, in seiner Verhaltenseigenschaft auch unbegrenzt ist, dann läßt sich doch unschwer schlußfolgern, daß automatisch die Begrenzungssituation von draußen, also aus dem dritten Quadranten reinkommt, weil er es ja in sich nicht hat, muß er es ja von außen dann massiv hineinbekommen. Sie müssen natürlich zwei Punkte haben, das ist ganz klar, aber ich wollte das ja auch nur mal andeuten.

Ja, Mars im sechsten Haus, was war das?

K: Einer, der seinen Lebenszweck in der Arbeit sieht.

A: Ja, das mag schon stimmen, aber das ist jetzt eine Teilaussage von einer möglichen gesamten.

Das Haus sechs ist ja die Steuerung und die Vernunft und die Anpassung an die Bedingungen, an die Lebensbedingungen und zwar die Anpassung wovon? - Die Anpassung von den jeweiligen Lebenswünschen, Lebenstrieb, Lebenswillen. Wenn die Anpassung mit Energie betrieben wird, dann ist das möglicherweise ein Opportunist und Wichtigtuer, der immer genau weiß, was wie zu tun ist. - Muß aber nicht sein, kann aber. - Wobei man das Wort "Opportunist" natürlich auch nicht so negativ sehen soll, - und zwar deswegen nicht, weil jeder hat ja ein sechstes Haus, jeder hat eine Anpassungsanlage und Steuerungsanlage und Vernunfts-Anlage, und das heißt also mit anderen Worten: es ist notwendig, daß man seinen Lebenstrieb gegenüber den vorhandenen Bedingungen anpaßt und koordiniert. Das ist eine absolute Notwendigkeit. Nur ist die Gefahr, daß natürlich, wenn der Mars im sechsten ist, diese Anpassung und somit Vernunft in einem zu starken Maße betont ist.

K: Könnte man sagen: es zwingt ihn zur Anpassung, oder läßt es ihn eher darüber hinausschießen?

A: Nein, es befähigt ihn nicht, er ist geradezu darauf angewiesen, da könnte man dann auch vermuten, daß irgendwo anders irgendwelche Planetenstände sind, die ihn geradezu zwingen, so betont seine Energie in Anpassungs- und Vernunftsdinge reinzubeziehen.

K: Das Positive an der Anlage ist doch: der findet sich in jeder
Lebenslage zurecht.

A: Auf jeden Fall. - Und nachdem der Mars ja ein relativ aktueller
Planet ist, - der ist ja immer auf Aktualität aus, - könnte man also sagen, daß das, was im Moment getan wird, also die jeweilige Anpassung, mit Überzeugung vollzogen wird.

K: Könnte man sagen: er ist automatisch ein Pragmatiker, wenn er
den Mars im sechsten Haus hat?

A: Ja, es kommt jetzt darauf an, was man darunter versteht.

K: Daß er sich immer nur praktischen Annäherungsmöglichkeiten zu-
wendet.

A: Das würde ich nicht sagen, es kann auch ideell sein.

K: Der kann sich wahrscheinlich nicht unterordnen.

A: Ach und wie, der hat andere Schwierigkeiten, aber die gehören
hier nicht rein, die gehören mehr ins astromedizinische Gebiet.
Der hat Verdauungsschwierigkeiten.

Würden Sie mit so jemanden einen lang andauernden Vertrag machen,
auf Handschlag?

K: Nein.

A: Und warum nicht?

K: Das geht doch gut, der tut sich doch anpassen.

A: An wen? - An die jeweilige Situation. Das ist nicht gesagt, daß
das immer der Vertrag ist. Ist das klar? - Ja. Also infolgedessen
ist es ja so, wenn man so etwas weiß und man schließt mit so jemanden dann einen Vertrag ab, überfordert man, oder schätzt man diese
Person falsch ein und wenn man dann anschließend über diese Person
schimpft, hat man ja unrecht.

K: Weil er unselbständig ist, nicht?

A: Das möchte ich auf Grund eines Mars in Haus sechs alleine noch
nicht sagen. Es geht nur darum: die Energie ist darauf gerichtet
über das notwendige Maß hinaus die Anpassung an die Lebensbedingungen zu vollziehen, - also hundert Prozent und quasi nahtlos sich

der jeweiligen Aktualität anzupassen, - und das mit Überzeugung bei jeder Veränderung.

K: Sind solche Leute für die Ehe geeignet?

A: Ja, mai, das kann für die Ehe schon sehr geeignet sein, das kommt ganz darauf an, was sonst noch wo steht.

Aber schauen Sie, ich habe gerade in dieser Woche mit einem Fall zu tun gehabt, da ist es so: Die Frau ist Skorpion und er, der Mann ist Jungfrau, ist ja auch eine Haus-sechs-Betonung, und er ist sich seiner Entscheidungen nicht sicher, das ist klar, Haus sechs, - jeweils ausgeliefert im Bedenken der Dinge, jeweils ausgeliefert an die jeweiligen Situationen und an die Anpassung diesen gegenüber, - ist das klar? - Und sie, als Skorpion mit einem ausgesprochen starken Leitbild versehen, die immer vorher schon weiß, was sie will, - also das paßt wunderbar.

Ja, also was für ein Planet ist Ihnen noch unklar, den wir spezifischer durchgehen könnten?

K: Der Merkur.

A: Der Merkur.

K: Und die anderen Häuser?

A: Ach, die können Sie selber probieren. - Das sollen ja nur ein paar Hinweise sein, die ja dann in den Beispielen von verschiedenen Seiten her immer wieder herausgegriffen werden. Der Kurs ist ja so aufgebaut, daß Sie es selber nachvollziehen können, was es sein muß. Und schauen Sie, im Skriptum, das Sie schon haben, da ist auch ein Beispiel, wo der Mars im elften Haus ist und die Sonne im dritten steht. Was heißt das, wenn der Mars im elften und die Sonne im dritten steht? -

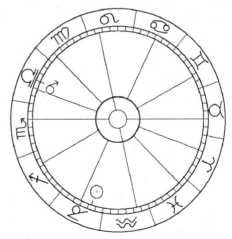

Naja, das steht ja im Skriptum schon drinnen.

K: Darstellung zum Beispiel.

A: Die Energie ist worauf ausgerichtet, wenn sie elften steht?

K: Die Polarität aufzuheben.

A: Die Polarität gegenüber der Umwelt oder so etwas aufzuheben. Ja, das heißt, sich herauszuheben aus dem subjektiven Gleichgewicht des Durchschnitts. Ist das klar? - Und worin verwirklicht es sich dann? - Sonne Haus drei?

K: Eben in der Selbstdarstellung.

A: Auf dem Weg der Selbstdarstellung, das heißt also: Familie Gänseklein, die wollte was Besseres sein, - also das kommt im Endeffekt dabei heraus.

Verstehen Sie, Sie können also nie eine Anlage alleine beurteilen, sondern Sie müssen auch sehen, auf welcher Ebene die Verwirklichung dieser Anlage sich vollzieht.

Sie haben da beim Mars die Veranlagung, mit Energie einer Lebenserhöhung entgegenzutreten oder sich zu entsubjektivieren oder und so weiter. Also in die edle Richtung zu marschieren und Sie haben dann aber eine Verhaltensebene, auf der sich das im Grunde nur auf die eigene Selbstdarstellung bezieht, wo es also dargestellt oder demonstriert wird, aber nicht erlebt oder durchlebt.

Wenn die Sonne woanders wäre, würde sich diese entsprechend geartete Energie auf etwas anderes beziehen. Also Sie müssen da immer zwei kombinieren, und darum ist es ja so müßig, genau detaillierte Feststellungen zu machen. Wenn der Mars im elften Haus ist, dann kann man zwar sagen: die Energie ist darauf ausgerichtet, Polaritäten aufzuheben, aber dann muß man erst sagen: vollziehen tut es sich bei Sonne in Haus drei, da, oder bei Sonne in Haus fünf, da, und so weiter.

Der Merkur ist unklar, habe ich gehört? - Ja, was ist der Merkur? - Der Merkur gehört also sowohl zum Zwilling als Morgenplanet und als Abendplanet zur Jungfrau. Was würde man schlußfolgern?

K: Er hat zwei Seiten.

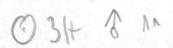

A: Er hat zwei Seiten, okey, er hat zwei Seiten. Man bezeichnet ja immer jemanden, der nur eine Seite hat als charakterfest, dann würde das also heißen, daß das ein charakterloser Planet ist.

K: Er ist geschlechtslos.

A: Er ist geschlechtslos, er ist neutral, ja. Er richtet sich genau danach aus, was neben ihm steht. Was gibt es denn noch für solche neutralen Planeten?

K: Die sich nicht festlegen können, so irgendwie?

A: Was gibt es denn noch außer dem Merkur?

K: Die Venus.

A: Die Venus, die ist durch den Stier schon sehr beharrlich, die hat auch zwei Seiten, richtig, aber sie ist an sich durch den Stier schon sehr beharrlich, die Venus kann man nicht nennen. Sie ist.., ja sehr fest ist sie nicht, aber..

K: Der Neptun.

A: Nein, der Neptun ist auch ziemlich eindeutig, der löst alles auf, was er erwischt. Aber..

K: Der Uranus.

A: Der Uranus, ja. Der Uranus, der Mars, der Merkur, das sind die drei Unausgesprochenen. Das heißt die sich von außen her orientieren lassen, das heißt sie haben kein autonomes Zentrum, aus dem heraus sie handeln, sondern sie lassen auch von außen orientieren. Was heißt also das, wenn einer Ascendent Widder hat und der Merkur steht drinnen?

K: Vermutlich wirkt sich's krasser aus, als wenn gar kein Merkur da wäre.

A: Mmh.. - Also ist diese Person in sich autonom, als Anlage, oder ist sie von außen orientierbar? - Nur das wollte ich wissen.

K: Die ist von außen orientierbar.

A: Die ist von außen orientierbar, das ist ganz klar. - Was ist aber los, wenn einer Steinbock-Ascendent hat und es ist der Merkur im ersten Haus. - Dann ist er von außen nicht unbedingt orientierbar, - es kommt noch darauf an, wo die Sonne steht, also, wie gesagt, nur damit Sie das Verhältnis von Planet zu Ascendent merken.

Und wenn eine Konjunktion ist von Uranus, Mars und Merkur, was ist das? Hat man da ein gutes Gefühl?

K: Nein, überhaupt nicht.

A. Man hat das Gefühl, es ist irrsinnig labil, weil alle drei Planeten eine Potenz aufbauen, die in einer außergewöhnlich Weise von außen lenkbar ist. Ist das klar?

K: Was entspricht denn dann einer Explosion? Uranus-Mars und was noch?

A: Nein, Explosion ist doch immer das, wenn der Uranus etwas wandeln will und irgend ein anderer Planet läßt es nicht zu.

K: Der Mars, nein, der Saturn.

A: Der Saturn, ja. - Es kommt aber darauf an: da muß der Uranus stärker sein. Die Konjunktion muß in einem Zeichen stehen, das es zuläßt, daß der Uranus stärker ist.

K: Im Wassermann.

A: Zum Beispiel, oder im Zwilling. Denn der Zwilling ist ja auch ein Neutraler, und infolgedessen hilft der dem Uranus viel mehr als dem Saturn, aber das sind so Kleinigkeiten, auf die es später mal in der Deutung ankommt, vielleicht, aber hier brauchen wir es noch nicht einmal, und dann interessiert es uns ja im Moment auch nicht.

K: Und wenn der Uranus auf die Sonne trifft?

A: Ja, was ist das? Was würden Sie da sagen, so auf Grund Ihrer Kenntnisse? - Ist das gesund?

K: Nein, das verstärkt.

A: Nein, ist nicht gesund. Das heißt wenn man fragt: ist das gesund, dann müßte man fragen: für wen? - Ist das gesund für die Sonne? - Ist nicht gesund, und warum nicht?

K: Die ist gestört.

A: Ja, und warum ist sie gestört?

K: Weil der Uranus die Aufhebung von Polarität ist.

A: Und die Sonne?

K: Und die Sonne, die will sich durchsetzen.

A: Die Sonne ist aus dem verausgabenden Haus. Die Sonne ist aus dem Subjektivismus geboren, und der Uranus muß die Sonne stören. Ist das klar? - Ist das nicht klar? - Nicht unbedingt?

K: Obwohl die Sonne doch Verausgabung ist.

A: Ja, das sagt nichts, es gibt ja verschiedene Ebenen, auf denen sich das vollzieht, Sonne ist ja eine Hervorbringende. Das ist ja zweiter Quadrant, die Sichtbarkeit, die hervorgebracht wird.

K: Aber kann der Uranus nicht auch eine Sichtbarkeit hervorbringen?

A: Nein, das kann er nicht, er kann Sichtbarkeit entpolarisieren.

A: Ach so, jetzt verstehe ich.

A: Das kann sehr unangenehm sein, wenn der Uranus, sozusagen die Polarität der Sichtbarkeit aufhebt und das geht unter ungünstigen Bedingungen mit Saturn und Mars und - was weiß ich - vor sich, dann ist das für den jeweiligen Organismus durchaus unangenehm. Darum ist der Uranus der sogenannte Unfallplanet oder wie man ihn nennt.

Ja, ach so, den Merkur haben wir noch nicht deutlich genug.

Was ist über den Merkur noch zu sagen? Wenn er an sich neutral ist, - ich meine, das was wir hier jetzt machen, sind an sich lockere Gespräche über Planeten, damit Sie ein Gespür, ein vertrautes Verhältnis zu den jeweiligen Aussagen bekommen.

Wenn der Merkur also ein von außen orientierbarer Planet ist, und zwar sowohl als Zwillings-Merkur als auch als Jungfrau-Merkur, denn als Zwillings-Merkur wird er von der Räumlichkeit herausgefordert, also auch von außen orientierbar, und als Jungfrau-Merkur wird er von den Bedingungen herausgefordert, was würde das heißen? Wie ist so ein Merkur?

K: Auf Äußerlichkeiten ist er bedacht.

A: Ja, - muß er, weil er ja dadurch herausgefordert wird.

(Hier fehlt ein Stück der Tonbandaufzeichnungen)

Ist dann der Merkur klar? Der Zwillings-Merkur? - Da heißt es auch: Zwillinge sind flatterhafte Personen, die gefühlsmäßig mit mehreren Möglichkeiten spielen, - so geht doch der Volksmund um. Und was ist da möglicherweise Wahres dran? Und warum?

K: Weil sie sich nicht gebunden fühlen an irgendeinen Vertrag,..

A:.. der ihnen die Beweglichkeit..

K:.. hindert.

A:.. hindert, genau. Ja, es gibt andere Tierkreiszeichen, die das auch nicht vertragen, wie zum Beispiel der Löwe, aber aus anderen Motiven, das hat dann andere Gründe. Gut, was gibt es noch für einen Planeten, wo irgend etwas..?

K: .. den Pluto.

A: Den Pluto, aber der ist doch einfach. - Ist der nicht einfach?

K: Nein, nicht sehr.

A: Also gut, der Pluto gehört zu welchem..?

K: Skorpion.

A: Und Analogie: Haus..?

K: Acht.

A: Acht, was ist Haus acht?

K: Leitbildhaftigkeit.

A: Leitbildhaftigkeit. Leitbildhaft also durch die Bilder der Vorstellung, ja. Ich möchte es noch genauer. - Das ist die Bindung an das, was von außen als Herausforderung, als Begegnung möglich ist.

Und da haben wir gesagt: eine solche Bindung an eine solche Herausforderung ist von der Person selber nicht erlebt. Wenn Sie sich an eine Begegnung binden wollen, also sogenannte Verpflichtungstreue, oder was es da sonst noch gibt, das ist ja nicht erlebt. Ist das nicht klar, der Unterschied?

K: Nein.

A: Ist nicht klar, na gut.

Wir haben im zweiten Quadranten hier den Löwen, im ersten Quadranten haben wir den Stier. Und da haben wir den Skorpion gegenüber. Und dann haben wir hier im Löwen, den zweiten Quadranten, die sogenannte Verausgabung, ist das klar? - Und zwar: was wird hier verausgabt? Was strömt hier?

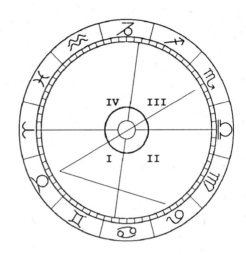

K: Der Lebenswille.

A: Ja, was ist denn der Lebenswille, worauf basiert denn der?

K: Auf Kraft.

A: Auf Kraft, und was ist denn Kraft? - - Kraft ist durchaus eine seelische Potenz, im Gegensatz zu Stärke, ist das klar? - Gut. Wenn Sie geneigt sind zur Verpflichtungstreue, das heißt, wenn Sie sich verpflichtet - man sagt zwar "fühlen" dazu, dann ist das doch eine Idee, ein Vorstellungsbild, das die Seele erst aktiviert oder motiviert. Das ist doch seelisch nicht unmittelbar aus sich, aus dem eigenen Fühlen erlebt, das wird höchstens seelisch nachvollzogen. Aber das ist doch eine Bild-Idee, die aus der Begegnung kommt, und dann erst nachempfunden wird. Ist das nicht klar, daß das seelisch nicht erlebt ist?

K: Also die Philosophie, zum Beispiel typisch Hegel, ist sehr stark die Idee.

A: Die ist Idee, die ist nicht erlebt, nein.

K: Ist dann die Identifizierung noch mal nach zu vollziehen?

A: Ja, schauen Sie, es ist so: Nehmen wir einmal an: der ganze dritte Quadrant, - also der zweite ist das, was an Sichtbarkeit hervorgebracht wird, das heißt auch die Gebärde, das alles, was ich an Ausdruck fähig bin, erstens: hervorzubringen, zweitens: zu gestalten, drittens: an die Bedingungen anzupassen, ist das klar? - Das ist also etwas, das aus mir kommt.

Wir haben aber gesagt: der dritte Quadrant ist alles das, was mich herausfordert von außen, das heißt das ist auch alles das, was geradezu als Einfallswinkel in mich einfällt, als Bild-Einfall von außen, um mir von außen, als Idee oder sonst irgendetwas hereingetragen zu werden, um mich herauszufordern. Ist das klar? - Schon klar.

Das ist nämlich die Begegnung, ob personifiziert oder nicht, das ist auch das sogenannte "Es" in meinem Denken: "Es fällt mir ein", oder irgendeine Idee, die zu irgendeiner Herausforderung oder Bewegung veranlaßt. Die Bewegung selbst aber, die seelische, die liegt im fünften Haus, ist das nicht klar? - Wie kann man denn das anders erklären?

K: Beeinflussung von außen.

A: Ja, gut, Beeinflussung, ja, wer weiß, was ich meine und kann es erklären?

K: Die Idee, die liegt ja in mir, die kommt mir doch nicht entgegen.

A: Die Vorstellung, daß..

K: Das Leitbildhafte, das liegt doch in mir.

A: Nein, die Vorstellung wird immer angeregt von etwas, was außen ist; freilich liegt diese ursprünglich als inneres Bild in Ihnen. Aber erst, wenn dieses innere Bild durch Begegnung äußerer Bilder als Vorstellungsinhalt bewußt wird, - erst dann wird das Empfinden im II. Quadranten wachgerufen.

Sie können die Vorstellung selbst nicht erleben, das ist unmöglich, - die Vorstellung aktiviert erst das Erleben.

K: Darf ich jetzt mal was sagen: man kennt doch den sogenannten Idealismus der Jugend, der in einem bestimmten Zeitraum, so vom zwölften bis sechzehnten Lebensjahr, liegt. Könnte man sagen: ein Jugendlicher hat noch sehr wenig erlebt, das heißt sein Erlebnisbereich ist noch gering, weil er noch jung ist, er hat noch keine richtige Gelegenheit gehabt. Trotzdem kann er ungeheuer idealistisch sein, das hat ja das dritte Reich wunderbar gezeigt, die ganze Hitlerjugend, die nachher verblutet ist und das heißt also, er sucht etwas, weil er noch nichts erlebt hat, sucht er etwas, was ihm Erlebnisinhalte suggeriert und das ist das Idol.

A: Ja, ich weiß schon, was Sie meinen, bloß das, was Sie meinen, ist das da oben. Das, was Sie jetzt angesprochen haben, ist alles Haus elf, nämlich möglicherweise als Flucht, weil er seinen eigenen Lebenstrieb disziplinieren müßte, gerade in der Jugend, dann flüchtet er dahin und baut sich einen Idealismus auf, daß es nur so kracht und scheppert, verstehen Sie, als Fluchtpunkt, sozusagen "heraus aus der Enge", weil ihm die Anpassung hier nicht gelingt oder sonst irgend etwas, dann wird er spekulativ, dann geht er hier ins elfte: "Erhöhung des Lebens, wir sind alle Brüder" und "seid geküßt Millionen" und was es da sonst so alles gibt. Verstehen Sie, was ich meine, das ist das, was Sie jetzt angesprochen haben, das ist etwas ganz anderes als die Idee als solches, - die ich natürlich dafür verwenden kann.

Wenn mir die Idee entgegenkommt und wenn sie mir verpflichtend erscheint, wenn sie mir zum Leitbild, zur Vorstellung wird, - eine Vorstellung erleben kann man einfach nicht, eine Vorstellung kann man denken, aber man kann sie nicht erleben.

K: Wenn ich aber sage: Wenn Sie hernach rausgehen, dann wird irgendeiner Sie umbringen oder..

A: Das ist eine Vorstellung, erlebt habe ich sie noch lange nicht.
- Ja, das ist ungefähr das, ja.

K: Wenn ich recht verstanden habe, soll erklärt werden, wie das Wechselspiel stattfindet, der Mensch, das Wesen als Potential betrachtet mit dem Umkreis von Einflüssen, Ideen, Vorstellungen. Die Vorstellung ist ja eine selbstverfaßte Idee, es gibt auch Dinge, die Fremdvorstellungen sind, nun wird ja das dynamisch aus der Potenz heraus. Ein Einfluß setzt eine Aktion in Bewegung, - so meine ich also, was Sie jetzt, glaube ich, sagen wollten oder darstellen wollten, ja, das Wechselspiel von außen nach innen, ja,..

A: Ja, Sie haben schon etwas Richtiges gesagt, nämlich das: die Vorstellung oder das Leitbild muß ja nicht unbedingt von einem selber kommen, sondern das kann von irgendjemand übernommen werden, deswegen kann das Leitbild aber doch nicht erlebt werden, ein Leitbild kann man nicht empfinden, nur seine Auswirkungen, - ein Leitbild, das kann man denken.

Wenn Sie eine Vorstellung haben, nehmen Sie einmal folgendes Beispiel: Sie haben einen Plan und der Plan soll durchgeführt werden und Sie haben eine Vor-.., nein, noch viel einfacher: Sie haben Kinder, und Sie haben eine Vorstellung davon, wie das und das Ziel erreicht werden soll oder daß die Kinder das und das machen sollen. Diese Vorstellung, daß die Kinder das und das machen sollen, ist etwas, was von außen kommt, das ist nicht von Ihnen erlebt, das ist eine Vorstellung. Das Erlebnis kommt erst dann, wenn die Kinder das nicht so machen, ja, denn dann regen Sie sich auf, persönlich, empfindungsgemäß, weil Ihre Vorstellung nicht erlebt wurde, verstehen Sie. Weil es nicht zum Leben geworden ist, das Leitbild oder die Vorstellung oder die Idee.

Verstehen Sie, ich habe die Idee, die Lampe müßte da links rauf, ja, also, das ist gedacht, na, wie soll ich sagen, ja, vielleicht finde ich das nächste Mal die richtigen Worte..

K: Das Leitbild kommt immer von außen?

A: Das Leitbild kommt immer von außen, das ist immer ein Bewirkendes, das ist immer ein Herausforderndes. Ist das nicht klar? Während das, was ich ausdrücke, immer aus mir kommt. Der Jähzorn, zum Beispiel oder irgend etwas kommt immer aus mir, als Emotion.

K: Ich dachte, "herausgefordert" ist was anderes.

A: Ja, der kann herausgefordert werden, aber das Zentrum, wo etwas herausgefordert wird, das bin ich, während das andere, die Herausforderung, die kommt von außen, auch wenn es ein Denkinhalt ist.

K: Da kommen aber dann auch Idealisten raus praktisch, gerade durch das achte Haus, die diese Vorstellung nach..

A: Ja, die nächste Folge ist ja dann das elfte, die geistige Bindung schlußfolgert ja dann die Entsubjektivierung. Das ist dann das nächste Kreuz. Ich würde das eher als Fanatismus bezeichnen, also als Fanatiker. Weil, Sie haben ja hier im siebten Haus die Begegnung als solche, die Herausforderung von dem, was von aussen kommt, den Bildeinfall. Denn die Begegnung nehmen Sie ja als Bild in die Vorstellung auf.

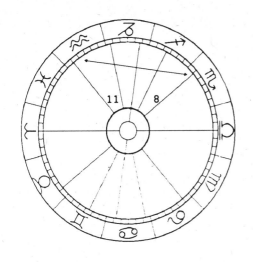

Und wenn Sie sich dann in Haus acht daran binden und diese.. - nennen wir es einmal ganz anders: nennen wir es die Auseinandersetzung mit der Begegnung.

K: Ja, ja, die Beantwortung aus dieser Begegnung.

A: Die Beantwortung, oder besser: die Verantwortung, das ist eine Vorstellungssache. Sie hören hier einen Satz, irgendeinen Satz im siebten Haus. Es begegnet Ihnen zum erstenmal einen Satz, der irgend etwas aussagt. Im achten Haus schafft dieser Satz bei Ihnen eine Vorstellung, ist das klar?

K: Ja.

A: Die ist aber nicht erlebt, die ist vorgestellt, die wird Gestalt in der Vorstellung. Die ist noch lange nicht erlebt, da fehlt noch viel.

K: Das ist ein Plan, praktisch.

A: Das ist ein Plan, genau, ist das klar?

K: Ja. Zum Beispiel: wir hören hier Ihren Satz, wir hören hier Ihren Vortrag, und dann..

A:.. entsteht bei Ihnen eine Vorstellung..

K:.. also eine Idee..

A:.. von der Astrologie, deswegen leben Sie noch lange nicht astrologisch, - ist das jetzt einigermaßen klar?

K: Also im Zusammenhang mit dem Pluto, nicht?

A: Ja, mit dem Pluto, und was ist also dann der Pluto, was ist dann dieser Planet, was sagt er dann aus, was tut er dann?

K: Er ist vorstellungsgebunden.

A: Richtig, was heißt das übersetzt, jetzt, wenn er vorstellungsgebunden ist? - Ist er elastisch, ist er nicht elastisch?

K: Nein, er ist unbeweglich.

A: Er ist unbeweglich, er hat eine Idee, und die möchte er, daß die erfüllt wird. Was kann man noch sagen?

K: Auf seiner Vorstellung beharren.

A: Ja, sicher, das ist klar.

K: Ist der sehr charaktervoll im Gegensatz zum Merkur?

A: Er ist ausgesprochen charaktervoll, weil er einseitig ist.

K: Und konsequent.

A: Er ist auch konsequent, ja. Was gibt es denn noch für Adjektive?

K: Er profiliert.

A: Ja, das tut er auch, aber er zeigt sein Profil nicht unbedingt, es besteht ja keine Haus drei Beziehung. Im Gegenteil, er hat zwar Profil, aber die anderen sollen es suchen. Nein, - ich möchte eines sagen: was ist der Pluto im Verhältnis zu Haus zwei? - Wenn wir das analog mit dem Stier setzen und mit Haus fünf, wenn wir das jetzt analog mit Löwe aetzen, oder überhaupt ohne analog: Haus zwei, Haus fünf. Was hat der Pluto überhaupt für ein Verhältnis zu Haus zwei, was für ein Verhältnis zu Haus fünf? - Ist das geeignet, ist das..?

K: Bei Überbetonung eine Vernachlässigung der Lebensbedürfnisse.

A: Vernachlässigung, ja, das ist schon wieder zu weit gegriffen. Angenommen, der Pluto ist im zweiten Haus, also würde das heißen: die Sicherung geht nach Plan. Ist das klar? - Die Sicherung geht nach Vorstellungs-Plan. Was ist aber dann das Hauptmotiv dabei?

K: Der Plan, und nicht die Sicherung.

A: Genau. Ist das klar? - Ja. - Was ist denn mit dem Pluto im fünften Haus? - Die Verausgabung geht..

A:.. geht nach Plan.

K: Kann man da sagen: das ist Berechnung?

A: Das ist keine Berechnung, nein, Berechnung ist ja schon wieder Anpassung zum Zwecke des Vorteils. Der Pluto paßt sich ja überhaupt nicht an.

K: Ja, wie äußert sich dann der Plan?

A: .. gegenüber den realen Lebensbedingungen. Der sagt: ich habe eine Vorstellung, und dann kommt lange nichts, - und ich habe mir das so vorgestellt, und ich will das so haben und keiner macht es so richtig, daß es richtig ist. Also es ist kein Firmenchef ärmer dran als wie ein Skorpion. Weil er immer das Gefühl hat: er muß wirklich alles selbst machen, denn die anderen machen ihm alles nicht recht. - Ist schon klar? - Weil er eine bestimmte Vorstellung hat, wie etwas zu sein hat und weil er die auch konsequent zu Ende führt.

Ja, gut, wenn der Pluto jetzt im fünften Haus ist, was ist das also? - Das ist die Verausgabung, und die seelische Verausgabung geht nach Plan, das heißt nach Vorstellung. Was ist jetzt da das Seelische dagegen im Prinzip? Was ist denn das eigentlich?

K: Vorstellungslos.

A: Im Grunde vorstellungsfeindlich, geradezu. Ist das klar? - Nicht klar? - Schauen Sie, das Seelische entwickelt sich frei. Verausgabt sich ohne Begrenzung, dagegen die Vorstellung, also der Plan, die Struktur schränken ein.

Mond, das ist die seelische Verausgabung, oder wie man es auch sonst nennen möchte. Und da geht der Kreis der Vorstellung drum herum, - Idee umschließt den Mond, das heißt also - entsprechend dem Pluto-Zeichen - die Idee geht über seelische Regungen hinweg.

Also wenn Sie zum Beispiel Mars, Saturn, Uranus Quadrat Pluto haben, was ist das dann? - Ist das angenehm? - Und dann als nächste Frage: für wen?

K: Grausam.

A: Das wären also zusammen reine Grausamkeitszeichen, ist das klar? Und ist auch das Motiv klar, warum? - Ist das Motiv nicht klar? - Das Motiv ist, weil eine Vorstellung von ihm nicht erfüllt wurde.

Ich weiß nicht, vielleicht haben Sie irgendwo in der Zeitung gelesen: da ist einer aus seinem Auto ausgestiegen und hat den anderen mit dem Messer niedergestochen, weil der die Vorfahrt nicht beachtet hat. - Das muß so etwas gewesen sein, weil der andere so dumm war und dem seine Vorstellung in einer solchen hanebüchenen Weise verletzt hat, daß er hat sterben müssen. Verstehen Sie, das bezieht sich auf jede Plutoverletzung mit Mars, Uranus, Saturn und was weiß der Teufel alles, - je massiver, desto stärker.

Natürlich gibt as das, was die Leute, die seelisch disponiert sind, "grausam" nennen. Der Mensch, der die Konstellation hat, der nennt das ja nicht "grausam", für den ist es ja nicht grausam, für den ist es ganz folgerichtig und zwar aus dem Grund, weil er ja eine Vorstellung hat und weil die seelischen Regungen einer Vorstellung zu unterliegen haben. Ob das nun seine subjektive Vorstellung ist, oder ob das die Vorstellung einer Idee ist, wie zum Beispiel beim Nationalsozialismus, oder bei - was gibt es denn alles - den Hugenotten und Jakobinern und so, das spielt dabei keine Rolle.

K: Astrologen.

A: Ja, aber die bringen ja niemanden um. Die Idee ist immer das Entscheidende und die Frage, ob das nun eine subjektive Vorstellung ist, oder eine von außen allgemein verbindliche Vorstellung, das entscheidet dann das, wo die Sonne steht, Herrscher von eins und so weiter.

K: Wie ist denn ein Quadrat mit der Sonne und dem Jupiter?

A: Mit dem Pluto?

K: Ja.

A: Ja, es kommt darauf an, wo es steht. Ich kenne eine ganze Menge von Geburtsbildern, einschließlich Schriften, da steht der - das können wir gleich nehmen - da steht da oben der Pluto im zehnten Haus am MC im Krebs und da steht am Descendenten die Sonne im Widder, im siebten Haus, was ist das?

K: Die Begegnung ist energisch und die Bedeutung ist..

A: Das ist ein Mißverhältnis zunächst einmal, um mal vorzugreifen. Das ist ein Mißverhältnis zwischen der Durchführung - Sonne und zwischen dem, was erwirkt werden soll oder wird, also zwischen der Bedeutung und der Durchführung.

K: Die Sonne will sich im "Du" verwirklichen, angedeutet durch den Stier..

A: Widder, Widder..

K:.. also Widder-Mars, also praktisch mit einer besonderen Mars-Betonung und der Pluto will aber eine Verwirklichung auf einer ganz anderen Ebene, auf der religiös-geistiger Ebene..

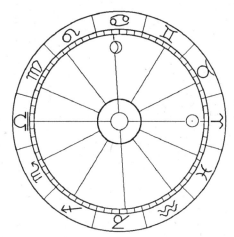

K: Gefühl und Leitgedanken, wie kann man das unter einen Hut bringen?

A: Das kommt auf den Hut an. - Also gut, was ist der Pluto im Krebs?

K: Das ist wieder dasselbe, was wir vorher gehabt haben.

A: Ja, die Seele wird einer Vorstellung untergeordnet. - Wenn also die seelischen Regungen - um es mal ganz einfach zu sagen - wenn die seelischen Regungen einer Vorstellung untergeordnet werden, was heißt das? - Ist das eine Geschlossenheit oder ist das eine Ungeschlossenheit?

K: Eine Ungeschlossenheit.

A: Eine Ungeschlossenheit? - Das ist ja so geschlossen wie nur was!

K: Die Weite der Seele wird begrenzt.

A: Genau. - Wenn eine Vorstellung oder eine Idee übergeordnet ist den seelischen Vorgängen, dann ist das immer eine Einengung, eine Begrenzung. Weil die Entfaltung nicht mehr spontan, zufällig, vor sich geht, wie es der Mond will.

Wir können natürlich jetzt wieder anfangen und sagen: Gut, was verstehen wir unter Seelischem und so weiter - da haben wir gesagt:

das ist der jeweilige immer wieder neu, ständig oder immerfort
sich erneuernde Zustand, Gestalt werden lassen zu wollen. Also ein
immer unmittelbar entstehendes labiles Kraftpotential, das immer
aus der Beziehung eins zu sieben entsteht, nämlich aus der Sache
und deren Herausforderung. - Ist das klar? - Infolgedessen muß das
Seelische auf das Zufällige angewiesen sein, auf das jeweilig gegenwärtig Spontane, auf das jeweils Unbegrenzte, verstehen Sie, -
das ist wie bei Milch, die Sie verschütten, die läuft da und da
hin. Aber in dem Moment, in dem die Idee kommt, sind da schon bestimmte Rillen, wo die Milch entlang saust, die ist also eingeengt. - Ist das klar?

K: Ist das nicht fast schon ein pathologischer Zustand, das ist eine..

A: Das da?

K: Nein, ich meine an einer Idee haften, so haften, wie Sie vorhin
erklärten.

Jetzt habe ich noch eine Frage dazu: Wenn ich jetzt mit der Straßenbahn fahre und es mißfällt mir, daß der Fahrer jetzt die Richtung anders nimmt und ich nehme dann ein Messer und steche ihn
zusammen, ist das doch eine derart pathologische Fixierung in mir
und ich lasse mich hinreißen, einen einfach zusammenzustechen,
weil es mir nicht paßt.

A: Ja, daß es gesund ist, habe ich nicht behauptet. Das ist natürlich so, das Krankhafte tritt in dem Moment in Erscheinung, in dem
aus subjektivistischen Motiven oder Vorstellungen ein Übergriff
über die eigenen Grenzen vollzogen wird, natürlich, bei sogenannten übergeordneten Ideen kann man das auch sehen, - krank wird es
halt dann, wenn die Vorstellung die Seele total unterdrückt. In
dem Moment wird es krank. Verstehen Sie, das ist natürlich ein pathologischer Fall, da ist gar kein Zweifel.

Aber es wird jedem von Ihnen schon so gegangen sein, daß im Täglichen irgend jemand in der Nähe - man braucht nur noch nervös sein
dazu - irgend etwas Belangloses macht, was einem so irrsinnig auf
die Nerven geht, daß man den anspringen möchte und gleich an die
Gurgel. So pazifistisch können Sie gar nicht sein, daß Ihnen das
noch nicht passiert ist. Und wo Sie keinen Grund finden, sondern
nur die Vorstellung, daß Ihnen das jetzt nicht paßt. Wie der Auto-

fahrer vorhin, der hat den anderen ja nicht umgebracht, um zu einem Vorteil zu kommen, er hat ihn nicht umgebracht, um sich zu rächen für irgend welche seelischen Angelegenheiten, er hat ihn umgebracht, weil er seiner Vorstellung zuwiderlief.

Da gibt es ein paar Theaterstücke, die einen Skorpion darstellen, wie er besser gar nicht dargestellt werden kann und zwar von einem Autor, der selbst Skorpion ist. Den Calligula von Camus, wenn Sie den anschauen, - das ist ein Gedicht von einem Skorpion, - so viel können Sie von mir gar nicht lernen als wenn Sie das Stück sehen.

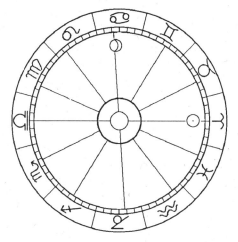

K: Könnte man hier sagen, daß die Verwirklichung dieser Anlagen im Kontakt mit der Umwelt liegt, den Widerspruch herausfordert, um auch selbst zu orientieren..

A: Ja, im Grunde ist die Geschichte natürlich sehr verwickelt. Wir wollen es zunächst, nachdem wir das Gesamtbild nicht haben, nur einfach nehmen.

Erstens einmal: in der Auswirkung ist der natürlich sehr ehrgeizig, das ist klar. Er hat auch eine entsprechende Schrift, wo man sagen kann, das sind die Flammen des Ehrgeizes. die nach oben schießen.   Schrift:

Aber das Wesentliche ist der Gegensatz: warum das neunzig Grad sein müssen, denn wir haben ja gesagt: Aspekte wollen wir ja nicht nur nach Graden messen, sondern wir wollen zunächst feststellen: Wenn die Anlage Pluto und die Anlage Sonne gleichzeitig dominant sind: Warum schließen sie sich aus? - Und dann können wir feststellen: Das hat neunzig Grad und ist ein Quadrat.

Das ist so: das ist hier, Pluto am MC, die Begrenzung des Seelischen, Seele nach Konzept, und das ist hier die völlig unbegrenzte in die Begegnung hinausschießende - Widder - -energische Herausforderung.

K: Kommt der Ascendent Waage auch noch dazu?

A: Kommt noch verschlimmernd dazu, ja. Das kommt dann noch ganz schlimm hinzu, weil der ja auf die Denkenergie in sieben angewiesen ist und diese damit verschärft. - Ist das klar, warum das dann ein Quadrat sein muß? - Sie müssen immer vom Prinzip ausgehen. Ja, ist noch irgendein Planet von dem Sie was wissen möchten? - Dann machen wir nämlich eine Pause.

PAUSE

Ich bin gerade etwas gefragt worden, da ging es darum: Wenn wir also eine Häusereinteilung in das Geburtsbild zeichnen, dann machen wir

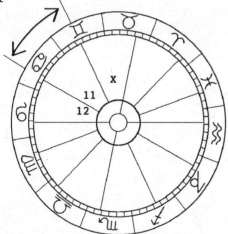

solche Fächer und wir schreiben hinein: das ist das zehnte Haus und das ist das elfte, - da, die Spitze, da hört es auf und da fängt es an.

Verstehen Sie, in Wirklichkeit ist es so: das sind ja nur graphische Orientierungen über einen durchaus lebendigen Vorgang. Das heißt jeder lebendige Vorgang vollzieht sich rhythmisch. Sie haben also im Grunde genommen hier, wenn Sie sich das so vorstellen, zum Beispiel zwanzig Zwilling, dann ist das davor - fünfzehn Stier, - das wäre dann zehntes Haus, elftes Haus, da hinten zwölftes Haus wenn es da weiter geht.

Das heißt also, der Strich hier, die
Häuserspitze sagt nichts anderes aus,
als daß hier der Übergang, der rhythmische Übergang, wie eine Sinuskurve,
ist zu der nächsten Entwicklungsphase, also eine Art Schwingungsbauch -
ist das klar?

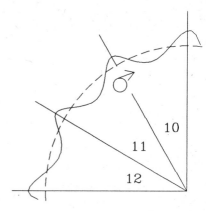

Infolgedessen ist doch auch klar,
daß, wenn das das elfte Haus ist und
das steht hier, Spitze elf irgendein
Planet, der Mars zum Beispiel, daß der
schon eine ganz wichtige Rolle für das
elfte Haus hat, obwohl er noch in
zehn steht, - die "Welle" spült ihn schon mit hinein. - Ist das klar?

K: Wirkt der dann in beiden Häusern?

A: Genau, aber er wirkt auf diese Spitze. - Man sagt dann, die Spitze des elften Hauses. Auf diese Spitze des elften Hauses - das können Sie sich direkt gegenständlich vorstellen - wirkt der schon.

Sie haben es hier nicht mit einer Schublade zu tun, wo Sie die Schublade Haus elf aufziehen und die Schublade Haus zehn zumachen, sondern das müssen Sie schon der lebendigen Wirklichkeit gemäß im Ganzen sehen. Ist das klar? - So ist das mit den Häusern.

K: Und wenn jetzt der Planet dazwischen ist?

A: Da unten im Wellental, dann gehört der nur da hinein und dann ist basta, da geht nichts mehr rauf auf den Wellenkamm.

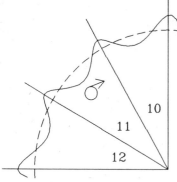

K: Das ist dann ein Minimum.

A: Da ist er im Bauch, da ist er eingesperrt.

K: Hat das auch eine Auswirkung auf die
Intensität, das heißt wenn er in der
Mitte steht?

A: Gar kein Zweifel, das hat eine Auswirkung auf die Intensität.

K: Und am Anfang?

A: Ist sie am allerstärksten, am Anfang ist der Planet also bestimmend.

K: Gilt das auch innerhalb des Ascendenten, wenn einer also am Ende des zwölften Hauses den Mars hat, wirkt der ins erste Haus?

A: Ja, da wirkt der sehr stark hinein, da wirkt er stärker, möglicherweise, wenn er kurz vor dem Ascendenten und dem ersten Haus steht, als wenn er vielleicht am Ende des ersten Hauses steht.

K: Kann man da einen Orbis angeben?

A: Das kommt auf das Haus an. Sie wissen, es gibt große und es gibt kleine Häuser, aber der Orbis - würde ich sagen - also zwei, drei Grad vor der Häuserspitze. Da haut er noch ein bißchen hinein - da haut er noch hinein.

K: Wenn die Häuser größer sind..?

A:.. dann wäre der Orbis größer, das ist klar, weil die Kurve damit flacher wird.

K: Und wenn die Sonne Ende zwölftes Haus steht, spiegelt das dann schon ins erste Haus hinein?

A: Wieviel Grad weg?

K: Zwei, drei Grad.

A: Ins erste.

K: Geht ins erste.

A: Ja, obwohl eine leichte Färbung vom zwölften natürlich da ist, das ist schon klar, er nimmt ja von da hinten noch etwas mit. Aber er wirkt in das erste hinein, da ist gar kein Zweifel.

K: Das gleiche jetzt auf den Ascendenten bezogen. Ein Ascendent der zum Beispiel mit neunundzwanzig Grad und dreissig Minuten noch in einem Zeichen drinnen ist..

A: In einem Zeichen, ja?

K:.. in einem Zeichen drinnen ist, also praktisch nur noch eine halbe Bogenminute vom nächsten Zeichen entfernt ist, ist er dann noch dieses Zeichen oder ist es eigentlich dann schon das Nächste?

A: Dieses Zeichen ist zuständig, aber das andere färbt noch mit.

K: Welches Zeichen ist hier zuständig?

A: Das erstkommende, dort, wo er mit neunundzwanzig Grad und dreißig Bogenminuten drinnen steht.

K: Das erstkommende, obwohl er da nur noch eine halbe Minute vom anderen Zeichen entfernt ist?

A: Wenn geklärt ist, daß er wirklich im erstkommenden Zeichen ist, ja.

K: Da gibt es doch so Grenzfälle, gerade bei Widder oder Waage Ascendent, da verschiebt sich innerhalb von zehn Minuten alle..

A: Alles.

K: .. sodaß da..

A: Da muß man halt richtig korrigieren können. Das lernen wir aber. Sie bekommen hier eine Korrekturmethode, wo Sie relativ schnell korrigieren können. Die kommt natürlich am Ende, weil das Korrigieren geht ja auf die sogenannten Bewegungsabläufe, die Bewegungsdichte eines jeweiligen Zeichens zurück.

Da können Sie also in übersichtlicher Weise korrigieren und sagen: Das ist ganz klar, das Ereignis war da und da, so und so geartet und Sie können es also, je nach dem, wie genau Sie rechnen wollen, ohne daß Sie irgendwas sonst noch machen, das Ereignis zeitlich festlegen. - Ohne Transite und ohne alles. Und das heißt also mit anderen Worten: Sie können den Ascendenten dann ziemlich genau festlegen. Sie brauchen halt drei Ereignisse, um sich sicher zu sein, denn ein Ereignis sagt noch nichts.

K: Zwei wären ein Minimum und das..

A: Das dritte bestätigt dann.

K: Jetzt noch eine andere Frage. Jetzt sagen wir einmal: Der Mars steht Spitze elf, wirkt er dann in das zehnte, retour sozusagen?

A: Tut er nicht.

K: Ja, sagen wir, er ist schon drüber und steht schon in Spitze elf?

A: Nein, zurückwirken tut er nicht.

Und nun ein neues Beispiel-Horoskop. Gut, was können wir schlußfolgern, wenn wir den Ascendenten haben. Wir gehen wieder unser bewährtes Kurzdeutungsverfahren mit Sache - Durchführung Endergebnis beziehungsweise Bewirkendes durch. Also Herrscher von eins ist Schütze, was ist das Ganze?

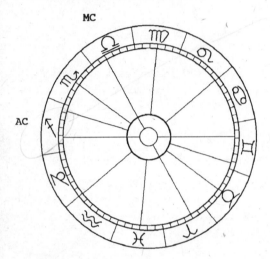

K: Einsichtigkeit.

A: Jawohl. Was kann man noch schlußfolgern, wenn das zehnte Haus Waage ist, was kann man da schon schlußfolgern? - Jetzt mal ganz ohne Planeten, - um was geht es denn? Um was Ausgleichendes, also irgend etwas muß da sein, was ausgeglichen werden muß und dafür ist dann diese Person oder diese Institution, deren Horoskop das ist, da. - Ist das klar?

Sie können natürlich anders herum auch rechnen. Sie können sagen: Ja, gut, die Bedeutung - vorausgesetzt: das Geburtsbild hätte eine große Bedeutung - liegt im Ausgleich, zehntes Haus. Knöpfen wir das halt mal von hinten auf. Das heißt also, wenn die Bedeutung im Ausgleich liegt, daß dieses Geburtsbild dafür da ist, etwas auszugleichen. - Von mir aus, Lastenausgleich, ja?

Gut, jetzt schauen wir es uns doch einmal an, noch ganz ohne Planeten. - Sie müssen lernen, mit dem Geringsten auszukommen, weil Sie sich dann weniger verirren. Wie schaut es denn mit dem zweiten Haus aus, wie geht der Ausgleich vor sich, der da bewirkt werden soll, der als Ergebnis dann dasteht?

K: Aufhebung von Polarität.

A: Aufhebung von Polarität, es wird also etwas verändert, - ist das klar?

K: Da ist doch der Steinbock da?

A: Ja, der Steinbock ist auch noch da.

K: Gibt es das überhaupt, eine formierte Aufhebung von Polaritäten?

A: Da muß man natürlich jetzt schauen: es geht also um Formierung einerseits und es geht andererseits um Aufhebung von Polarität im zweiten, - also staatlich ist gleich Steinbock - geregelte Aufhebung von Polarität.

K: Warum fragen Sie jetzt nach dem zweiten?

A: Nur zufällig, weil - verstehen Sie, mich interessiert: das Geburtsbild ist dazu da, um etwas auszugleichen, denn das ist ja das Ergebnis. Die Bedeutung dieser Institution, deren Geburtsbild das ist, liegt darin, den Ausgleich herbeizuführen, ist das klar?

Ja, und dann interessiert mich: wo wird ausgeglichen? - Nun hat man bei Waage-MC, dem Ausgleich als Finalität, gleichzeitig Wassermann - das heißt Entpolarisierung - in Haus zwei, also auf der konkreten Ebene der Rechtsgrenzen und des Eigentums.

Gut, was fragen wir als Nächstes? - Was hat das für eine Bedeutung?

K: Ist im ersten Haus nichts drinnen?

A: Im ersten ist nichts drinnen.

K: Ja, aber der Mitherrscher von Haus eins?

A: Da gibt es keinen, weil..

K: Aber das umfaßt doch den ganzen Steinbock?

A: Nein, nicht den ganzen.

K: Ach so, ja, aber den großen Teil.

A: Das hilft nichts. Spitze Haus zwei ist Steinbock. Also, wir fragen als nächstes..

K: Wo steht die Venus?

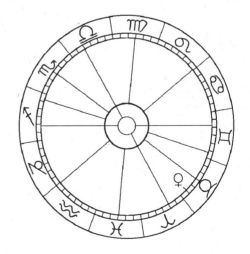

A: Wo steht die Venus? Und warum fragen wir das? -Weil es das zehnte ist und weil es damit die Ebene des zehnten festlegt. Wir haben hier nämlich einen Ausgleich als Ergebnis, - und nachdem wir diesmal das Pferd von hinten aufgezäumt haben, - dürfen wir nicht vergessen, daß der Jupiter als Herrscher vom Ascendenten im zehnten Hans mitbestimmend ist. Dominant ist also der Ausgleich - Waage - und dieser Ausgleich ist jupiterhaft, also einsichtig, - im weitesten Sinn: gerechter Ausgleich.

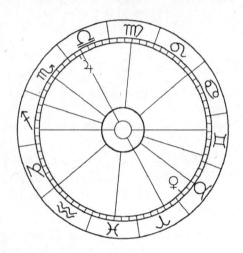

Der Jupiter heißt aber noch etwas, wenn er als Herrscher von eins im zehnten Haus steht, und zwar, daß die Sache selbstbedeutend über sich hinaus verbindlich wirkt.

Und nun müssen wir fragen: für wen oder für was oder für welche Ebene den Ausgleich, - und da haben wir die Venus da unten, im vierten Haus. Jetzt wissen wir es also ganz genau.

K: Das ist ein Problem.

A: Ja, aber nicht erst in der Tätigkeit, sondern schon im angelegten Wesen der Sache, - im Seelischen und zwar im allgemein Seelischen über diese Institution hinaus. Denn Sie müssen ja eines bedenken, die Venus steht hier zwar unten im vierten Haus, - aber im Sinne einer Anlage, wo der Jupiter in Haus zehn als Herrscher von eins das Ganze schon aus dem Persönlichen heraushebt, schon allgemein macht. Die Venus ist da nicht das vierte Haus der Institution selbst, das heißt also nicht: die Institution wohnt in einem sehr schönen Haus, wo man einen sehr schönen Ausblick hat und alle sind nett zueinander, sondern das heißt für alle vierten Häuser im übergeordneten Sinn..

K: Was heißt für alle vierten Häuser?

A: Ja, also für.. - Ja, wie kann ich das sagen?

K: Man kann die Venus nur in bezug auf die Waage da oben sehen?

A: Genau, die Venus kann man nur in bezug auf die Waage sehen und nicht mit der Dominanz auf das vierte Haus, das heißt das ist hier kein individuelles viertes Haus, sondern das ist bereits verallgemeinert. Ist das nicht klar? - Die Anlage als Basis läßt nichts anderes zu, weil sie von vornherein da oben drinnen in Haus zehn steht.

K: Alles bezieht sich jetzt auf das zehnte Haus.

A: Genau, hier steht das edle Motiv im Vordergrund. Ja, und das ist also sozusagen die SPD, aber das war Ihnen ja klar.

K: Ist das elfte Haus im Skorpion fixiert?

A: Ja, natürlich, fixiert in der Idee. Diese Institution ist in ihrem Angelegtsein historisch sicher verständlich, - aber dieses Geburtsbild wird in dem Augenblick problematisch, in dem es nichts mehr auszugleichen gibt, denn dann wollen sie immer noch ausgleichen, bis zur Aufhebung des Individuellen.

K: Und was für ein Tag war denn das bitte?

A: Das war der 27. Mai 1875. Gut, nachdem das ja die SPD ist und die SPD allen bekannt ist, nehmen wir das Geburtsbild so wie es ist: Wir haben hier eine Sonne in Haus sechs - Zwilling, wir haben also die Verwirklichung in Haus sechs im Zwilling. Zunächst muß man ja sagen: das Geburtsbild ist schön und edel.

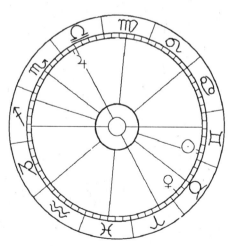

K: Aber der Zwilling in Haus sechs?

A: Ja, der ist auch edel, der kann ja nur, wie es der Schütze vorne zuläßt. Gut, aber, was ist denn in der Verhaltenssituation problematisch?

K: Der Neptun.

A: Nein, lassen wir den Neptun, tun wir ihn raus, der gehört nicht zum Grobsystem.

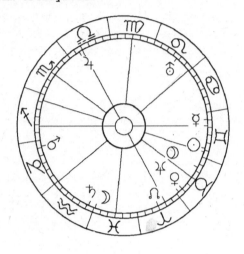

K: Ja, aber der Merkur in der Anpassung?

A: Der gehört auch nicht zum Grobsystem, den tun wir auch hinaus.

K: Da haben wir ja nichts mehr.

A: Da haben wir nichts mehr?

K: Die Durchführung ist eher opportunistisch.

A: Genau. Nehmen wir mal das unschöne Wort "opportunistisch" weg und sagen was anderes dafür. - Wie handelt die Partei?

K: Die hängt ihr Fähnchen nach dem Wind, sozusagen.

A: Das ist gewertet.

K: Ja, sie paßt sich den jeweiligen geistigen Strömungen an, weil der Jupiter im zehnten Haus praktisch das Über-Ich andeutet und..

A: Ja, und dafür ist die Sonne Haus sechs u sehr von der Anpassung an die Aktualität abhängig. Daran ist natürlich eines problematisch, das ist natürlich..

K: Der Grundauftrag fällt weg.

A: Genau, die Sonne, die Verwirklichung, die Verhaltenssituation in Haus sechs wird zum Seismographen der jeweiligen Aktualität, verstehen Sie, die Sonne in Haus sechs wird dem Jupiter in zehn nicht ganz gerecht.

K: Ist das Mitbestimmung zum Beispiel?

A: Immer mit der Aktualität laufen, mitgehen, was nich. schlimm wäre, wenn Aktualität und Notwendigkeit identisch wären. Aber Notwendigkeit und Aktualität sind nicht immer, wenn nicht gar selten identisch und infolgedessen ist das problematisch. - Aber das gilt wohl für jede Partei.

K: War die SPD formiert während des Dritten Reiches? Das müßte man doch da sehen.

A: Das müßte man da sehen, ja. Im Einzelnen gehen wir das später durch. Welcher Gefahr unterliegt die SPD nicht?

K: Daß die Notwendigkeit und Leitbildhaftigkeit..

A: Genau, daß sie aus Leitbildhaftigkeit zu starr an irgendeiner Vorstellung kleben, die Gefahr besteht hier nicht. Ja, das wäre es eigentlich für heute.

Nun noch eine Aufgabe für das nächste Mal. Schauen Sie sich das Geburtsbild mit dem Datum vom 3.8.1935 in Nordrhein-Westfalen an. Ascendent ist 6 Krebs.

K: Ist eine Person oder eine Institution?

A: Eine weibliche Person. So, das wär's.

ZEHNTER ABEND

15. Dezember 1971

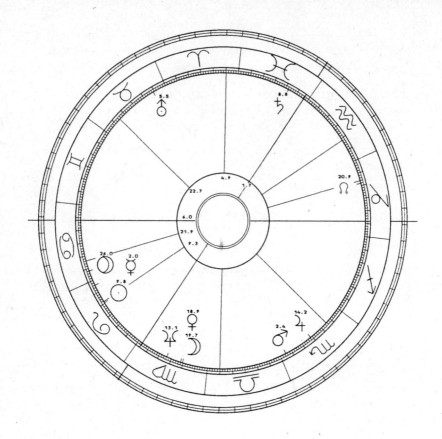

Wir hatten eine Aufgabe, wie machen wir das jetzt am besten? Was ist die von Beruf?

K: Die ist Schauspielerin.

A: Schauspielerin?

K: Etwas mehr als Schauspielerin.

K: Die ist Sektenführerin.

A: Die ist Sektenführerin?

K: Schriftstellerin kann sie sein.

A: Schriftstellerin?

K: Ein bißchen Regie kann dabei sein.

A: Regie? Ist das von Ihnen so angeschaut und durchgearbeitet worden? Ja? - Würden die einzelnen dann erklären, was ihre Meinung ist, - wenn Sie wollen. Was konnte das sein?

K: Auf den Beruf bin ich nicht gestoßen. Ich habe alles mögliche andere rausbekommen.

A: Na gut, fangen Sie an.

K: Eine Frage noch: Wie genau müssen die Häuser gerechnet werden? In den Häusertabellen steht drinnen, wenn einer nicht exakt auf dem Grad, sondern nur dreiviertel..

A: Es ist an sich so mit der Genauigkeit: Man braucht mit der Genauigkeit der ausgerechneten Häuserspitzen nicht - wie soll ich sagen - nicht kokettieren. Sie müssen davon ausgehen, daß Sie sowieso nicht damit rechnen können, daß Sie immer eine genaue oder zutreffende Geburtszeit zur Verfügung haben. Es wird Ihnen meistens angegeben: sechs, viertel nach sechs oder zwischen acht und neun und wenn es ganz schlimm kommt: irgendwann nachts.

Ich habe das in meiner Praxis nie gemacht, sogenannte Bogenminutenfuchserei. Denn ob die Sonne eine Bogenminute mehr an der Häuserspitze steht, das spielt effektiv keine Rolle. Ich habe Ihnen ja das Bild von den Häuserspitzen - Schwingungen - wenn Sie sich erinnern - an die Tafel gezeichnet. Wenn ein Planet dort am Maximum steht, dann beherrscht er die Schwingung der gesamten Häuserspitze und ist dann auf Bogenminuten nicht einzuteilen.

Da ist es viel wichtiger präzise und diszipliniert zu deuten, - ein genau definierter Begriff ist mir lieber als eine genaue Bogenminute.

Jetzt wollen wir mal zunächst, nachdem das ja vor Weihnachten der letzte Abend ist, das Horoskop durchnehmen, noch einige Fragen, die auftauchen, klären, dann eine Pause machen und dann einen Vorgriff machen auf die nächste Kursperiode, die sich dann zunächst auch noch vorgreifend damit befaßt, in einem Grobsystem - so wie wir jetzt ein Grobdeutungssystem haben - in einem Grobsystem die jeweilige zeitliche Auslösung einer Anlage, das heißt also eines Ereignisses anzudeuten.

Jetzt machen wir also zunächst das Horoskop. Wissen Sie, ich möchte das Horoskop aber gar nicht aufzeichnen, weil, das hat jeder von Ihnen.

K: Wenn es stimmt.

A: Ja also, der Ascendent ist sechs Grad Krebs, einigen wir uns mal darauf, dann die Sonne: elf Grad Löwe. Und die Planeten stehen ja drinnen.

K: Auch der Pluto?

A: Auch der Pluto, der Pluto steht auf fünfundzwanzig Grad Krebs.

A Also, jetzt gehen wir einmal vor: Ich habe mehrere Berufsbezeichnungen gehört, das eine war Schauspielerin. Wer ist dafür?

K: Ausschließen kann man es nicht.

A: Das zweite war Regie, wer ist dafür? - Kombiniert mit Schauspielerei?

K: Auch.

A: Auch zwei. Dann haben wir gehört: Schriftstellerin, wer ist dafür?

K: Aber ganz lyrisch, aber ganz mit Gefühl.

A: Lyrisch, mit Gefühl?

K: Die müßte doch was produzieren?

A: Die müßte was produzieren?

K: Dann steht doch die Sonne nicht im Haus drei?

A: Doch, die steht Spitze drei.

K: Könnte die dann nicht..?

A: Also, na ja. - Gut, jetzt gehen wir mal der Reihe nach vor. Wer übernimmt das zu sagen: Herrscher von eins steht da und da und..

K: Ich, sofern die Häuserspitzen stimmen.

K: Geben Sie zumindest die Spitzen an, die Häuserspitzen.

A: Ja, mein Gott, zweiundzwanzig Grad Krebs ist das zweite, neun Grad Löwe ist das dritte, fünf Grad Waage ist das fünfte, zweiundzwanzig Grad Skorpion ist das sechste, und die Gegenüberliegenden sind dann dieselben.

K: MC zwei Grad Fische.

A: Zwei Grad.

K: Ja, dann stimmt es.

A: Stimmt alles?

K: Also: Ascendent Krebs. Jetzt frage ich natürlich: wo ist der Herrscher des Krebses. Herrscher des Krebses ist der Mond, der Mond steht bei mir im vierten Haus, ist das richtig?

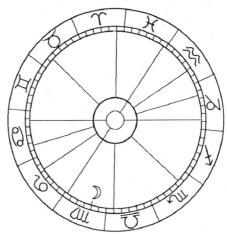

A: Ja, das ist richtig.
Geht aber schon ein bißchen ans Maximum zum fünften.

K: Das vierte Haus ist bestimmt durch Familie, durch die Beziehung zu Haus und Heim. Man muß sagen, daß hier praktisch der Mond in seinem richtigen Haus steht und daß praktisch dieses Haus durch die Mond-Stellung in der Waage recht gut, also gefördert wird. Es wird hier also eine interessante, harmonische Beziehung zu diesem Haus zu vermuten sein, wenn nicht gerade der Neptun hier auch noch eine auflösende Wirkung hätte. Also, den Neptun kann ich nicht deuten, da komme ich zur Zeit nicht hin.

A: Ja, also: wer hat noch eine Deutung? - Ja, bitte schön.

K: Also, dann würde ich sagen: Ascendent ist Krebs: es geht um seelische Versammlung, und der Mond, der im vierten Haus steht, das heißt die Zielrichtung ist dasselbe wie die Anlage, das ist wieder: die Versammlung. Die Durchführung ist Selbstdarstellung, die Sonne im dritten Haus. Nachdem also der Mond in der unteren Hälfte ist, würde ich sagen, daß das eine Schauspielerin ist. Ich glaube, wir haben es hier so gedeutet, daß es, wenn der Herr von eins in der oberen Hälfte wäre, daß dann ein Schauspieler nicht mehr in Frage käme. (siehe Kurs 27.10.71)

Schauspieler

A: Okay.

K: Das Ziel ist die Loslösung von der Abhängigkeit. Der Fisch wirkt sich wieder in der Versammlung Neptun im vierten Haus - aus. Ich weiß nicht, ob man da die Begegnung dazu bringen soll?

Die Begegnung, die im Steinbock ist, sie ist formierend, und der Saturn steht im zehnten Haus, im Haus der Bedeutung, das heißt also: die Begegnung wird zur Bedeutung der Person. Kann man das so sagen?

A: Ja, das ist schon sehr gut, das war schon ziemlich auf die Formel gebracht.

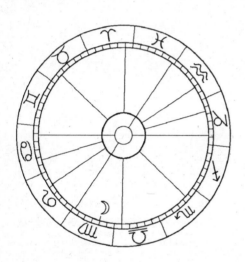

Sie sollen immer von der Struktur ausgehen und sollen dann erst die Kleider dran hängen. Also, immer zuerst den Knochenbau, und der Knochenbau ist der, daß Sie da in vier den Mond haben, noch auf vier bezogen, vom Krebs her. Das heißt die Anlage ist prinzipiell was?

K: Gefühl.

A: Auf jeden Fall seelisch bedingt.

K: Selbsthingabe an die seelische Erfüllung.

A: Okay, wir haben also da eine Anlage, die da auf Ausdrucksdrang hintendiert.

Und da haben wir eine Verwirklichung - Sonne in Haus drei im Löwen auch noch dazu, ja, das heißt also auf deutsch: die Sonne kann nur das verwirklichen, was an Anlage da ist, das heißt also noch einmal anders: Die betreffende Person stellt in der sichtbaren Umwelt etwas dar, - Sonne Haus drei - was stellt sie dar? Die Anlage, was ihr die Anlage mitgibt, das stellt sie dar, nämlich Mond als Herrscher von eins in vier: ihre Empfindungen, ihre Ausdrucksfähigkeit.

Nehmen wir mal ein anderes Beispiel, nehmen wir mal ein ganz anderes Beispiel. Angenommen, wir haben hier vorne einen Steinbock-Ascendenten. Wir haben den Saturn oben; in zehn, und wir haben die Sonne wiederum hier im dritten. Die stellt auch etwas dar. Was stellt die dar?

K: Heraushebung aus der Allgemeinheit.

K: Die stellt die eigene Bedeutung dar.

A: Warum die eigene?

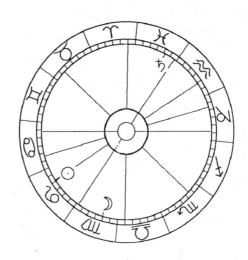

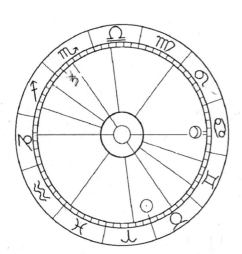

K: Vom Ascendenten her.

A: Ja, aber das heißt doch, daß die Anlage schon ein Erwirktes ist, - daß es sich also um eine Bedeutung handelt, die schon als "Fertiges" vorliegt, - die ihr schon in die Wiege gelegt wird, ehe sie zu leben beginnt. Verstehen Sie, die Anlage - Saturn als Herrscher von eins in zehn - trägt schon maßstäbliche, formierende Bedeutung in sich, eine, die schon vorhanden ist und übernommen wird. In diesem Sinne ist es eine Tradition, - und wenn Sie an den Steinbock - Saturn und noch dazu an das zehnte Haus denken, da haben wir von Maßstäben der Gemeinschaft und in der Analogie - erster Abend – vom Staat gesprochen. – Es handelt sich um die Queen Elisabeth.

K: Sie demonstriert.

A: Sie demonstriert eine Tradition staatlicher Macht. Diese Macht ist nicht effektiv, sonst müßte die Sonne im vierten Quadranten stehen, sie ist auch nicht erlebt, – sie wird lediglich dargestellt –, sagen wir einmal, wie in einer Charakterrolle.

Also, noch einmal: mit Sonne Haus drei wird dargestellt, und zwar das, was man als Anlage, im Sinne des Ascendenten und seines Herrschers, hat. Bei der Queen Elisabeth ist es so, daß sie sich nicht selbst darstellt – erster Quadrant –, sie stellt nichts dar, was sie hervorbringt – zweiter Quadrant –, sie stellt nichts dar, was sie gedacht hat – dritter Quadrant –, sondern sie stellt eine bedeutende, maßstäbliche Tradition dar. Wenn es das englische Königshaus nicht gäbe, müßte man es geradezu für dieses Horoskop erfinden.

Gut, dann gehen wir zurück zum vorhergehenden Horoskop mit dem Krebs-Ascendenten. Was ist dann also mit dem Krebs-Mond, der im vierten Haus steht, wenn der in drei verwirklicht wird?

K: Die demonstriert also ihren eigenen Ausdruck, quasi.

A: Ja, die stellt also ihren eigenen Ausdruck dar. Na, was wird denn so jemand? – Sie stellt ihre Empfindungen dar.

K: Na, Schauspielerin.

K: Nein, die stellt jemand anderen dar als Schauspielerin.

A: Jetzt haben wir da im dritten Haus die Sonne und da haben wir den Löwen.

K: Die kann was hervorbringen.

A: Ja, die bringt was hervor, die ist Tänzerin. Und zwar keine Ballettänzerin, sondern Pantomimin. – Ist das schon klar. Warum? – Die entwirft auch ihre Sachen selbst, also daher noch die Beziehung zum Merkur im zweiten und so weiter. Die macht ihren Ausdruck sichtbar. Ja, schöner geht es ja gar nicht mehr als bei der Pantomime. Sie dürfen natürlich Pantomime nicht mit Imitation verwechseln, mit dem Marcel Marceau zum Beispiel. Was der macht, ist natürlich weniger Pantomime, obwohl es den Leuten gefällt, - nachmachen etwa wie ein Vogel das Fliegen anfängt.

K: Der kopiert.

A: Der kopiert, der imitiert, ja. Pantomime, das ist dann schon eine Hausnummer anders.

K: Das ist ihre eigene Schöpfung.

A: Das ist schöpferisch, genau.

K: Was bewirkt die Sonne da, die Sonne im Löwen?

A: Ja, die macht das Gestaltungshafte, das ist noch einmal eine indirekte Betonung des zweiten Quadranten, das ist die Gestaltungskraft, die Ausdruckskraft.

K: Die Sonne sagt, daß das kräftig verwirklicht wird, kraftvoll?

A: Genau, ja. - Im übrigen muß ich dazu sagen: Sie hat zeitweilig auch geschauspielert, allerdings nicht im Film, was ja eher Darstellung wäre - da bräuchte sie den zweiten Quadranten gar nicht dazu - sondern im Theater.

K: Also Boulevard-Theater.

A: Ja. - Ist das jedenfalls klar? - Prinzipiell kann die Sonne nur das verwirklichen, was an Anlage da ist.

K. Sehr gefühlvoll.

A: Gefühl ist dabei, und alles sonstige.

K: Was ist mit dem Saturn in zehn?

A: Mit dem Saturn? - Da haben Sie an sich genau die Umkehrung von dem, was wir vorher bei der Queen Elizabeth gehabt haben. Nur mit umgekehrten Vorzeichen. Der Steinbock ist jetzt nicht der Ascendent, sondern der Descendent. Was ist denn das hier, das siebte Haus?

K: Die Begegnung.

A: Die Vorstellungsinhalte beziehungsweise die Begegnung. - Wie ist denn die überhaupt als Person, - so mit Krebs-Ascendent?

K: Leitbildhaft.

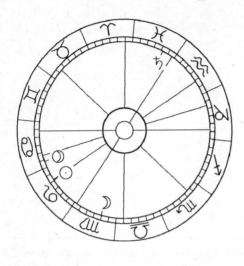

A: Leitbildhaft?

K: Mit Pluto.

A: Gar nicht.

K: Mit Pluto im Krebs im ersten Haus?

A: Der steht Spitze zwei.

K: Gefühlsbetont, Fisch - Neptun in vier.

A: Ja, was heißt gefühlsbetonte Fische? - Sicher, gefühlsbetont, aber um gefühlsbetont zu sein, muß ich nicht einen Krebs-Ascendenten haben, ich kann ja so auch gefühlsbetont sein.

K: Ein bißchen labil.

A: Ein bißchen labil ist sie, ja. - Ich würde sagen: gefühlsgetrieben.

K: Der Mond steht ja schon fast im Lebenstrieb, im fünften.

A: Lebenstrieb, ja, die ist sogar triebhaft. Die ist ausgesprochen triebhaft, ist das verständlich, warum?

K: Weil der Mond praktisch ein Quadrat bildet oder so etwas?

A: Nein.

K: Der Krebs ist sehr triebhaft.

A: Erstens, weil sie Krebs-Ascendent hat...

K: Ja, das ist klar.

A: Zweitens - jetzt sind nicht alle, die einen Krebs-Ascendenten haben, gleich triebhaft, aber sie neigen dazu - sondern weil der Herrscher von eins auch noch in vier ist, im zweiten Quadranten und dann noch so etwas in Spitze fünf, so ganz leicht dahinein spitzt.

K: Und da steht der Mars.

A: Der kommt noch erschwerend hinzu, ja. Und er wirkt ähnlich, ja, da kommen wir gleich drauf, - jetzt haben wir also da eine relative Triebkomponente.

K: Ja, wie bringen Sie jetzt den Pluto im ersten Haus - ach ja, der ist gar nicht im ersten Haus.

K: Der ist im zweiten, Spitze zwei.

A: Das werden wir alles schön klären. Jetzt haben wir also in vier den Mond, Spitze fünf. Das ist jetzt nun bei den Lebewesen so eingerichtet in der Natur, daß, wenn ein Extrem auftritt, sich sofort Antikörper bilden, das heißt es ist nicht nur im Organismus so, sondern das ist auch im seelischen und geistigen Haushalt so. Das heißt also, wenn im Verhalten ein Extrem da ist, wie hier zum Beispiel die seelische Reichhaltigkeit, dann bilden sie Antikörper im Denken als Stütze oder Ausgleich: eine Formierung des Seelischen durch das Denken, eine Denkformierung aus Steinblock - Haus sieben oder ein strenges Denken. Und deswegen steht jetzt auch noch der Saturn als Herrscher von sieben so entscheidend da oben im zehnten Haus. - Ist das klar, daß der da recht hart stehen muß, was ist das dann für eine Gefahr?

K: Die Beschränkung des Ziels.

A: Ja, und wenn es ein Ausgleich auf so ein Extrem ist, ist die Gefahr, daß...

K:... Verhärtungen auftreten.

A: Ja, genau, im Denken. Daß das Denken zu maschinell wird. Gut, jetzt kann aber der Saturn nur so, wie es der Neptun zuläßt.

K: Und der Neptun steht im vierten.

A: Und der Neptun steht da unten im vierten Haus. Wieso kommt der Neptun ins vierte? Wieso paßt der da

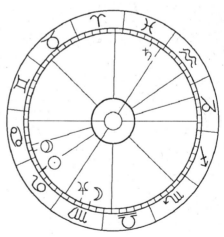

so gut? - Der paßt ausgesprochen gut.

K. Damit der das Triebhafte ein bißchen auflöst.

K: Der wandelt das vielleicht in Ausdruck um, die Triebhaftigkeit.

A: Das ist so: Sie müssen noch strenger werden, Sie müssen noch viel struktureller denken, - ich möchte fast sagen: schablonenhafter vorgehen. Und Sie dürfen nie einen Punkt alleine betrachten, und Sie dürfen auch nie in Eigenschaften denken oder in Adjektiven. In dem Moment, wo Sie sich selber erwischen bei irgendeinem Adjektiv, weg damit bei der Beurteilung von Geburtsbildern, klar?

Wenn Sie eine so starke Triebkomponente haben und ein sehr diszipliniertes und formgezieltes Denken, und wenn Sie wissen, daß das vierte Haus, die Vereinheitlichung, die Versammlung der seelischen Kräfte ist und wenn Sie wissen, wie wir einmal gesagt haben als Arbeitsdefinition, daß das, was wir hier "seelisch" nennen, der sich immer wieder erneuernde Zustand ist, der aus der Beziehung von eins zu sieben entsteht: wie kann also dann die Versammlung der seelischen Kräfte oder die Vereinheitlichung nur vor sich gehen? Ist das eine dichte Vereinheitlichung?

K: Nein.

A: Nein, das ist eine auflösende, die schwimmt seelisch. Ist das klar, daß der Neptun da drinnen in vier sein muß? Also nicht klar. - Packen wir es nochmal von vorn: Wir haben festgestellt - ganz am Anfang, wie wir die Quadranten durchgenommen haben: da ist zunächst einmal die causa materialis, die Anlage, die Sache, aber dann haben wir da drüben, im dritten Quadranten das, was die Sache herausfordert, denn die Sache ist ja für ihre Umwelt eine Herausforderung von außen, dieser Einfall, dieser Lichteinfall von außen, dieser Ausgleich oder die Begegnung, - beides zusammen, - also das Sein hier im ersten Quadranten und das Nichtsein von Sichtbarkeit im dritten Quadranten. Aus der Spannung entsteht die causa formalis, nämlich die Ausdrucksdrängung, anders gesagt: Wir haben einen Batzen Lehm und der Lehm fordert heraus zum Modellieren. Diese Herausforderung des Lehms liegt im dritten Quadranten drin als "Bildidee", ist das klar? Aber erst durch diese Idee, - dadurch, daß der Lehm einen so anmutet, zum Beispiel eine Schale oder Vase daraus zu machen, daß er einen herausfordert, - erst dadurch kommt es zum sogenannten Formwillen, ist das klar?

Und der Formwille ist nichts anderes als der sich ständig erneuernde Trieb, Gestalt werden zu lassen, nämlich sichtbar werden zu lassen, was einem innewohnt. - Siehe viertes Haus: "Innewohnen".

Und aus diesem Grund ist es in diesem Geburtsbild so: wenn ich hier die starke seelische Reichhaltigkeit und Undiszipliniertheit und Labilität und Triebhaftigkeit in der Person habe, aber im Denken und in dem, woran sie sich binden will, ganz präzise, fast genormte Denkvorstellungen mit einem Formwillen und so weiter habe, dann sind das doch zwei, nicht mehr zu vereinbarende Gegensätze, dann nämlich, wenn sich das im Sichtbaren verwirklicht. Verstehen Sie? - Infolgedessen muß die doch seelisch uneinheitlich sein.

Es gibt ein sogenanntes seelisches Gefühl der Einheitlichkeit, der Dichte und es gibt seelische Unsicherheit, wenn Sie das kennen, den Unterschied.

K: Darf ich etwas fragen: wenn die Sonne jetzt nicht in drei stünde? Das ist doch die Betonung für den Gegensatz?

A: Das betont den Gegensatz eminent, ja, weil sie ja die Disziplinierung dann nicht in ihr Verhalten als Sonne Haus drei miteinbezieht, sondern weil sie die Disziplinierung nur in Personen sucht und Begegnungen oder wenn Sie so wollen, im Schicksal. Die holt sich also einen ganz strengen, älteren Mann, wenn es sein muß.

Als Prinzip ist das Chaotische - und dazu das prinzipielle Denken - immer da bei Ascendent Krebs und Descendent Steinbock. Und je stärker die Triebkomponente bei Krebs-Ascendent ist, desto stärker wird der Steinbock-Saturn als präzises, maßstäbliches Denken, sozusagen harte, außerpersönliche Denkinhalte. Natürlich, wenn die Sonne in Haus drei ist, - wie Sie gesagt haben -, wird das Denken nicht in das Verhalten integriert, es bleibt im Sinne der Begegnung "ein Außen".

Ein ähnliches Gegenregulativ finden Sie zum Beispiel beim Stier-Ascendenten mit Skorpion am Descendenten. Es heißt doch immer: der Stier ist so vorsichtig in seinen Bindungen und Verpflichtungen. Warum ist er denn vorsichtig?

K: Er ist leitbildhaft in der Begegnung.

A: Genau, weil das sein Schutzverhalten ist, das Leitbildhafte und nicht nur, weil es sein Schutzverhalten ist, sondern weil er ganz

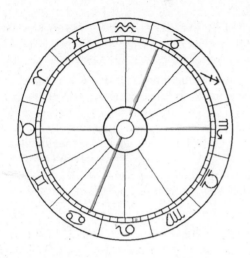

genau weiß, das heißt das weiß er nicht, aber irgendwo weiß er es doch -, daß er eine solche Verpflichtungstreue im Denken hat, daß er vorsichtig sein muß bei Verpflichtungen, weil er sich sonst tatsächlich ausliefert. Ist das klar? Ein Krebs, ein Zwilling etwa, die haben nicht diese Verpflichtungsausgeliefertheit, verstehen Sie, die sind auch weniger vorsichtig. Das ist dasselbe, wie bei Krebs und Steinbock.

Das ist immer die Frage, ob man jemandem sein Schutzverhalten nehmen soll oder nicht. Es heißt zum Beispiel ein Steinbock sei so furchtbar vorsichtig und dann höre ich direkt, wie man sagt, wenn das überbetont ist: "Ja, geh' doch ein bißchen aus Dir raus, kannst doch was vom Leben haben, hab' doch ein bißchen mehr Schneid, riskiere halt auch mal was". Das ist grundverkehrt, denn der Steinbock hat ja sein Schutzverhalten der Vorsicht nicht umsonst, im Gegensatz zum Krebs. Der Krebs ist ganz unvorsichtig, wenn der Krebs noch nicht ganz liegt, da steht er schon wieder auf. Aber wenn der Steinbock stolpert und hinfällt, dann liegt der Monate, zwei oder drei oder er steht überhaupt nicht mehr auf. Das ist doch ganz logisch, daß jemand, der schwer aufsteht, gegen Stolpern ein viel größeres Schutzverhalten braucht als einer, der erst gar nicht ganz hinfällt. Ist das klar?

Es gibt sogenannte Verhaltenssituationen bei Menschen, bei denen man tatsächlich meint - nach dem Normativen -, das ist falsch und dann will man auf sie einwirken. Das darf man nicht, bevor man nicht weiß, was dieses sogenannte falsche Verhalten bei dem Betreffenden in seinem Seelischen oder Geistigen halt für Funktionen erfüllt. Erst dann, wenn ich geprüft habe: dieses falsche Veralten oder dieses abweichende Verhalten nach außen erfüllt die oder die Funktion, Schutzfunktion oder Stützfunktion - erst dann kann ich mich darum kümmern, und erst dann kann ich an dem Punkt ansetzen, der gestützt wird. Aber daß Sie dann von außen mit der Brechstange hergehen und dem das Schutzverhalten wegnehmen und der liegt dann hernach darnieder - das ist grundverkehrt. Ja, was gibt es eigentlich noch für Fragen?

K: Den Uranus da oben in elf.

A: Ja, der Uranus in elf, da haben wir doch gesagt: der will unabhängig sein von..

K: Aufhebung von Polarität

K: Ja, und unabhängig von seelischen Vorgängen haben wir auch einmal..

A: Ja, - nicht unrein werden wollen, etwas Narzißmus.

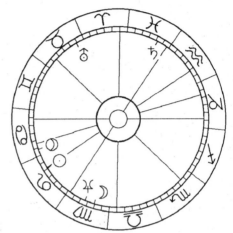

K: Das ist doch direkt ein Widerspruch zu der Anlage.

A: Ja, schauen Sie ihn doch einmal an. Als Herrscher von was steht der Uranus denn dort?

K: Als Herrscher von neun in elf im Stier.

A: Ja, das ist also gedacht. Und Sie können durchaus was anderes denken, als Sie tun, das gibt's. Je abhängiger Sie seelisch sind, desto mehr denken Sie an Unabhängigkeit oder Reinheit.

K: Der Stier ist doch die Sicherung, an sich.

A: Verstehen Sie, das ist ja die Trennung von Inhalt und Funktion. Sie können denken, das und das ist falsch und dann trotzdem das Richtige tun, das können Sie auch umgekehrt machen. Sie können denken, das und das ist richtig und können dann trotzdem das Falsche tun. Na gut: Die Aufhebung von Polarität bezieht sich auf welche Quadranten, ausschließlich?

K: Auf den vierten.

A: Auf den..

K: .. zweiten.

A: Auf den dritten und vierten. Der Wassermann ist oben im dritten Quadranten und der Uranus ist oben im elften Haus, in diesem Geburtsbild. Gut, welche Polarität soll aufgehoben werden?

K: Selbstdurchsetzung, Widder.

A: Nein.

K: Die Selbstsättigung.

A: Nein, das ist..

K: Das elfte Haus schneidet doch den Widder an.

A: Weltanschaulich soll die Polarität aufgehoben werden, das heißt was kann ich also für Schlußfolgerungen ziehen?

K: Daß sie sich nicht um Politik und Außenstehendes kümmert.

A: Das ist noch nicht gesagt, ob sie sich kümmert, neugierig ist sie gewiß. Nein, was heißt denn Aufhebung oder Entpolarisierung im weltanschaulich, religiösen Bereich? Was heißt denn das?

K: Freizügig, tolerant.

A: Da habe ich etwas gehört: "tolerant". Da haben Sie nämlich den heutigen Begriff von Toleranz genau umrissen, nämlich sich nicht festlegen wollen. - Das ist die Entpolarisierung von weltanschaulichen oder religiösen Geschichten. In dem Fall heißt das: die Entkonfessionalisierung, - das ist die typische Art von: alles ist möglich.

K: Jeder soll nach seiner Façon selig werden, so ungefähr.

A: Nein.

K: Weltanschauliche Toleranz.

A: Warum denn Toleranz?

K: Wurschtigkeit.

A: Warum sagen Sie denn nicht Unverbindlichkeit? Das stimmt doch viel eher.

K: Bei Toleranz muß man selber eine Neigung haben.

A: Genau, um erst einmal tolerant sein zu können, muß man überhaupt erst eine Meinung haben, das ist genau richtig. Und die Art "Toleranz", die man heute meint, ist die, die dadurch entsteht, daß man gar keine Meinung hat.

K: Also Indifferenz?

A: Ja, genau.

K: Sie haben das jetzt so behandelt, als wäre der Wassermann im elften Haus und der Uranus im neunten Haus. Aber das elfte Haus wird doch vom Widder beherrscht.

A: Sie haben schon recht, natürlich, der Wassermann kommt vom neunten her und wirkt sich im elften aus, das ist klar.

K: Die Fragestellung wäre doch anders herum viel besser.

A: Richtig, es hätte unsere Rede nach sein müssen, daß also der Wassermann im elften ist und der Uranus steht im neunten. Hier ist es aber umgekehrt. Was nicht sagt, daß sie diese weltanschauliche Situation nicht auch hätte. Aber das führt dann dazu, daß sie in ihrem elften Haus eben, ja, was ist sie dann? - Da haben wir also doppelt gemoppelt, also doppelt entpolarisiert.

K: Das bezieht sich so wieder auf Haus neun.

K: Sie will unabhängig sein.

A: Ja, das ist der Unabhängigkeitsdrang. Also sogenannte Bindungslosigkeit. Was spricht denn da noch dafür? - Sie haben doch gesagt: das paßt doch nicht zusammen zu dem seelischen Ausdruck, wenn das entpolarisiert wird, das haben Sie doch gesagt?

K: Das ist ein gewisser Widerspruch.

A: Das ist ein Widerspruch, in Ordnung.

K: Ja, der entsteht durch den Mars in fünf.

A: Der Widerspruch ist ja drinnen.

K: Sicher seelisch uneinheitlich.

A: Sie haben eine Opposition, um mal in Aspekten zu reden, von Uranus-Mars. Die zwei können sich nicht vertragen, die schließen sich gegenseitig aus. So etwas gibt es in einem Geburtsbild, daß sich zwei Anlagen gegenseitig ausschließen.

K: Und was kommt dann dabei heraus?

K: Das verstehe ich jetzt wieder nicht. Das paßt doch an und für sich zusammen, wenn ich sehr frei denke und mir da keine Schranken auferlege und dann ein starkes Gefühlsleben habe?

A: Aber wenn Sie einen sehr starken subjektiven Ausdruckswillen haben, mit einem Mars im fünften noch dazu, paßt das nicht zusammen mit dem Denkziel der Aufhebung des Subjektiven, - mit dem Ziel der Reinheit, der Unantastbarkeit. Und jetzt reden wir mal in Aspekten. Warum ist das hier inhaltlich ein Quadrat? Wir haben Quadrat Uranus-Merkur. Was schließt sich denn da aus?

K:. Die Aufhebung von Polaritäten, das Streben nach..

A: Das Streben nach Verwurzelung einerseits und andererseits Unverbindlichkeit, ist das klar? Und da haben wir eine ganz schöne Spannung drinnen. Mars Opposition Uranus Quadrat Merkur, da kommt es dann darauf an, wer siegt.

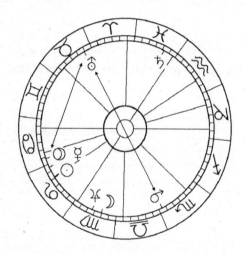

K: Und vom Merkur zum Mars ist dann noch einmal ein Quadrat.

A: Ja, ist klar, der Mars ist die Verausgabung und der Merkur ist die Konzentration auf sich. Konzentrationsbestreben gegen Verausgabungsbestreben. Sie will schon auf Sicherheit, da ist gar kein Zweifel.

K: Das Quadrat ist auch noch wirksam zur Sonne.

A: Das spielt noch ein bißchen mit hinein, ich meine, die hat es natürlich schon schwer.

Gut, was machen wir jetzt?

K: Den rückläufigen Saturn sollten Sie vielleicht noch einmal erwähnen.

A: Ja, ich halte von Rückläufigkeit gar nichts, das heißt so wenig und nur in so spezifischen Fällen, daß ich das jetzt an den ersten Kursabenden gar nicht anwenden will.

Eines möchte ich zu Geburtsbildern noch sagen: Gehen Sie so scharf und so konsequent wie nur möglich mit der Handhabung des Materials, das Sie haben, um. Und wenn Sie noch unsicher sind, dann lassen Sie jetzt noch die Frage weg, ob das da vorne der Krebs und da in vier der Mond ist, dann sagen Sie es nur strukturell: Herrscher von eins in vier oder fünf.

Und wenn Sie sich da nicht schlüssig sind, dann gehen Sie weiter zurück und sagen: Herrscher von eins im zweiten Quadranten und dann kommen Sie zumindest auf die Aussage mit einer an Sicherheit grenzenden Wahrscheinlichkeit, daß Sie sagen können: die Anlage ist geeignet oder gewillt oder gedrängt, Sichtbarkeit hervorzubringen: Ausdruck, Gestalt - und dann nehmen Sie nur die Sonne, und dann achten Sie noch nicht darauf, was für ein Zeichen oder was für ein Haus, wenn Sie sich im Haus nicht sicher sind, dann tun Sie sie nur in den Quadranten rein und dann können Sie allmählich anderes dazubauen. Das ist jetzt sozusagen eine Art Manöverkritik.

K: Aber wenn man im zweiten Quadranten überhaupt nichts hat?

A: Und? Hat man halt nichts. Braucht man ja nicht.

K: Ist man dann seelisch leer, sozusagen?

A: Wenn man im zweiten Quadranten nichts hat? - Ja, schauen Sie, die Planeten stellen ja nur sogenannte Wirkungssummen dar. Selbstverständlich existieren Sie auch dort, wo Sie nichts haben, nämlich alleine dadurch, daß ein Tierkreiszeichen drinnen steht, das ist ganz klar. Und, was ich sagen wollte, - weil die Gefahr immer noch da ist, daß zuviel spekuliert wird - es wird zuviel in Eigenschaften geredet. Gewöhnen Sie sich eines an: begründen Sie niemals eine Sache durch sich selbst, also sagen Sie nie: die ist deswegen so, weil der Mond oder weil der Neptun da oder da steht. - Verstehen Sie, was ich meine? Freilich können Sie es auch so mal ausdrücken. Aber Sie sollten fragen: Warum steht er da oder da drinnen. Das heißt, daß Sie hernach gar nicht mehr den Neptun in den Mund nehmen müssen, sondern daß Sie den Sachverhalt benennen können, wie er ist. Daß Sie also nicht sagen: "Ja, das kommt dann daher, weil die den Neptun im vierten Haus hat", sondern daß Sie sagen: "Die ist gefühlsunsicher und zwar deswegen, weil.. - die kommt nicht zur Vereinheitlichung ihres Gefühls." Das finden Sie nämlich so und so oft in astrologischen Artikeln. Da lesen Sie zum Beispiel: das ist so und das ist so und das ist so, weil der Mond ein Quadrat zum Neptun hat. Das ist keine Begründung, verstehen Sie, das ist ja gar keine Begründung.

Sie werden natürlich Horoskope machen, sehen oder beobachten und vielleicht sogar üben mit Ereignissen. Gehen Sie da auf die sparsamste Weise mit dem Material um, weil eine Aussage, - ein Begriff ist ja in sich schon so reichhaltig, daß Sie sich dann ohne Disziplin automatisch verwirren. Ich meine, das ist natürlich eine Routine, sich zu disziplinieren und richtig vorzugehen, das ist ganz klar. Ein Holzfäller nimmt die Axt nach zwei Jahren, - wenn er zwei Jahre Holzfäller ist, - auch anders in die Hand als einer, der gerade anfängt. Der bekommt halt dann auch keine Blasen mehr. Gut, machen wir jetzt eine Pause.

K: Darf man vielleicht noch wissen, wer das war?

A: Niemand, der berühmt war.

P A U S E

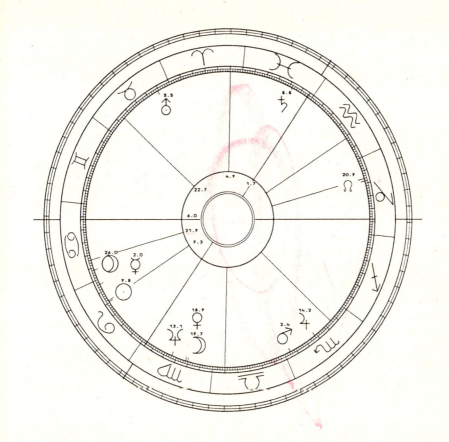

Wir nehmen das Horoskop, das Sie sich für heute abend angeschaut haben. Sie haben hier in diesem Bild, in diesem Geburtsbild eine sogenannte hierarchische Darstellung der Anlagebilder, der einzelnen Anlagen. Anlagen durch Planeten symbolisiert, und zwar - hier die reinen Anlagen, dort die Verhaltensmechanismen. Da gibt es Anlagen, die in Bereichen einer Person stehen, und solche, die durch die eigene Aktivität der Person nicht bewegbar sind. Das heißt mit anderen Worten: Wenn Sie eine Konstellation möglicherweise im dritten oder vierten Quadranten haben, dann können Sie diese Konstellation zwar in sich verwirklichen, das heißt durch Ihr Denken oder durch Ihre Verpflichtungsbereitschaft - Haus acht - oder durch al-

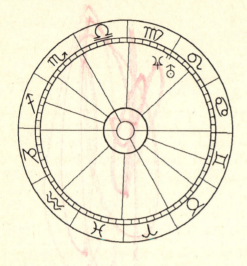

le möglichen Dinge, aber das Ereignis, das sich an dieses Anlagebild binden will, ist durch Ihre persönliche Initiative, durch Ihre kausale, äußere Initiative überhaupt nicht beeinflußbar.

Nehmen wir zum Beispiel, daß jemand den Uranus im achten Haus, als Herrscher von zwei hat. Dieser Uranus ist nun eine Konstellation, ein Anlagebild, das sich verwirklichen will. Uranus-Neptun, da wird es noch klarer, will sich also verwirklichen, - das soll jetzt nur mal als Modellbeispiel gelten. Dieses Anlagebild verwirklicht sich zum Beispiel jetzt durch einen Unfall, wo der Betreffende gar nichts dafür kann. Nehmen wir mal einen Fall, wo wir es ganz bestimmt wissen, daß er selber "nichts dafür kann". Lassen wir ein Flugzeug runterfallen, da ist es doch klar, daß der das weder suggestiv noch..

K: Er ist nicht der Pilot?

A: Er ist nicht der Pilot. - Also da ist völlig klar, daß der von dem Unfall Betroffene dies überhaupt nicht, - auch nicht durch Autosuggestion oder durch sonst irgend etwas - funktionell herbeiführen kann. Es ist vielmehr so, daß sich diese Anlage in ihrem Trieb verwirklichen will und zwar in einer bestimmten Zeitsituation. Das heißt, an einem bestimmten Ort in der Zeit will sich das Ereignis verwirklichen und das Unterbewußtsein führt den Betreffenden genau dort hin, wo das Flugzeug runterstürzt, ist das klar?

```
     x
Uranus-Ereignis

         o
     Betroffener
```

Und das heißt: Sie können also annehmen, hier ein Ort x mit Uranus-Ereignis, der Betreffende wohnt aber eigentlich da drüben. Er hat eine Anlage Uranus. Diese Anlage Uranus ist frei, verstehen Sie, die ist frei, – die will sich auffüllen, die will sich im Ereignis manifestieren.

Dieses Uranus-Ereignis ist ein Zeitpunkt, fest umrissen, das ist eine fest umrissene Zeit-Ort-Koordinate. Um diese Zeit-Ort-Koordinate weiß dieses Anlagebild und es zieht ihn genau dorthin zum richtigen Zeitpunkt, und das Ereignis als solches findet statt, ist das klar? Ist nicht klar? – Diese Situation kann man "Ereigniswunsch" nennen – merken Sie sich einmal den Begriff, – das ist so etwas wie ein Ereigniswunsch, der dann auftritt, wenn diese Anlage "Uranus" unerfüllt ist, wenn sie leer ist, wenn sie von dem Betreffenden selbst nicht verwirklicht wird.

K: Man muß also versuchen, die Anlage zu verwirklichen, damit nicht so etwas Schlimmes eintreten kann?

A: Ganz genau, so ist es. Ist das verstanden worden? – Jede Anlage, die erfüllt ist, die verwirklicht ist durch die Person, ist damit nicht mehr zu gebrauchen für Ereignisfälle.

K: Wie soll der seinen Uranus verwirklichen?

A: Ja, da müssen wir jetzt das ganze Horoskop sehen und fragen: in was für einem Verhältnis steht der Uranus im Horoskop? Noch eine Grundunterscheidung: Sie können Veranlagungen haben, die darin begründet sind, daß die Verwirklichung dieser Anlage in der Erhaltung der Gattung beziehungsweise der Art liegt, und es gibt Anlagen, die verwirklichen sich in der Erhaltung und Sicherung des Individuums. In dem Augenblick, in dem Sie eine Veranlagung verwirklichen wollen, die zur Erhaltung der Art dient, ist es ganz klar, daß Sie eigene Individuumsrechte aufgeben. Das hat nichts mit Vergemeinschaftung oder Sozialismus zu tun, die ja der Individuumssicherung dienen, – sondern Sie riskieren etwas an eigener persönlicher Sicherheit. Das tut man im Allgemeinen nicht gern. Die Folge ist, daß in soundso viel Fällen die Anlage, die außerhalb der Sicherung liegt, gar nicht verwirklicht wird und die weitere Folge ist, daß die Anlage leer bleibt. Was er nun zu tun hätte, im einzelnen, das wollen wir nicht untersuchen, das ist die spezifische Horoskopsituation.

Deshalb sind alle übertriebenen Verkehrsgesetze absolut sinnlos, – und da bin ich, wie gesagt, für die freie Marktwirtschaft des

Schicksals. Denn, wo ein solcher Ereigniswunsch im Unterbewußtsein ist, ist der überhaupt nicht abzuhalten durch Gesetze.

Nun muß ich einmal davon ausgehen, daß jedes Anlagebild eine eigene Ablaufdichte hat, ein eigenes Verhältnis zur Zeit hat, das heißt nun ist ja unsere Jahreseinteilung auf den Jahresrhythmus der Sonne tatsächlich eingestellt, sodaß also die Zahlen, die man nennen kann für rhythmische Entsprechungen der Wirklichkeit tatsächlich entsprechen. So kann man sagen, daß zum Beispiel der Mars einen Bewegungsrhythmus hat, den man ungefähr, nach unseren Zeitmaßen, mit neun Jahren bezeichnen kann und den Mond mit sieben und so weiter.

K: Und der Uranus?

A: Ja, jetzt wollen wir nicht zu viel auf einmal. Nun gibt es einen wesentlichen Hauptrhythmus, das ist der siebener Rhythmus, das ist der des Mondes. Und dann gibt es einen zweiten wesentlichen Hauptrhythmus, das ist der Rhythmus der Sonne, das ist der Zehner-Rhythmus.

K: Und der Rhythmus des Ascendenten?

A: Wollen wir beim Mond-Rhythmus bleiben.

K: Was heißt dieser Rhythmus des Mondes, daß er innerhalb von sieben Jahren einen Kreis beschreibt?

A: Im Radix-Horoskop braucht er sieben Jahre pro Haus, und im Schwingungs-Horoskop des Septars braucht er sieben Jahre rund um das ganze Horoskop, um eine vollständige Schwingung durchzuführen, mit einmal auf und mit einmal ab. Was wir im Horoskop nicht sehen, weil, beim Horoskop gehen wir rundherum. Normalerweise müßten wir so rübergehen, ja weil das Geburtsbild geht ja eigentlich in Wirklichkeit nicht rund herum, sondern das Geburtsbild geht so rum, sodaß Sie die untere Horoskophälfte eigentlich da drüben, links unten haben, und die obere haben Sie da drüben, rechts oben. - Aber das ist eine andere Frage, das ist für diesen Zusammenhang unwichtig.

Die Auslösungen sind übrigens im Septar genauso wie im Radix-Horoskop beziehungsweise Geburtsbild. - Sie haben dann halt statt sieben Jahren pro Haus sieben Monate. Denn wenn der Mond-Rhythmus im Septar in sieben Jahren durch das Horoskop geht, dann hat er genau

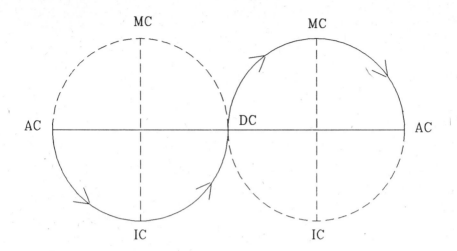

sieben Monate für ein Haus. Ist das klar? - Zwölf mal sieben, das geht wunderschön auf.

Nun wollen wir aber wieder zurück zum Grundhoroskop, zum Geburtsbild. Wir haben ja an einem der vorhergehenden Abende die Auslösungen schon einmal behandelt. (Anm.: am vierten Abend). Das haben Sie alle auf einfache Weise verstanden: wir haben in sieben Jahren ein Haus im Uhrzeigersinn durchlaufen. Ist das klar? - Soweit sind wir uns einig, in Ordnung.

K: Sie haben vorhin gesagt: in sieben Monaten?

A: Wenn ich ein Sieben-Jahres-Perioden-Horoskop, ein Septar, habe, dann kann ich das machen. Wir sind aber jetzt beim Geburtshoroskop, also ein Haus entspricht sieben Jahren. Ist das klar?

K: Und wo wissen Sie, daß Sie es haben und wann hat man das? Hat man das allerweil?

A: Es ist folgendes: Sie haben ein Geburtsbild von der Geburt vor sich. Dann ist dieses Geburtsbild sowohl Ihr Geburtsbild als auch Ihr erstes Sieben-Jahres-Horoskop, auch Ihr erstes Jahres-Horoskop, auch Ihr erstes Zehn-Jahres-Horoskop, verstehen Sie, was ich meine.

K: Ja, Sie haben zehn Jahre, warum nicht acht Jahre?

A: Acht auch, auch acht.

K: Alle Zahlen durch?

A: Alles durch, in Wirklichkeit haben Sie nämlich eine schöne Kurve von sämtlichen Planeten, die Summe sämtlicher Rhythmen, - wobei ja jeder Planet einen bestimmten Rhythmus repräsentiert. Nun wissen Sie ja, daß einzelne Planeten bei Ihnen dominant und andere nicht dominant sind und schon hat es mit der Gleichmäßigkeit dieser Summe ein Ende. Möglicherweise ist der Achter-Rhythmus überhaupt nicht dominant bei Ihnen, verstehen Sie?

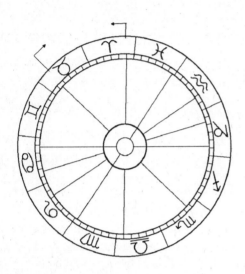

K: Woher soll man es wissen, daß es der Siebener ist?

A: Der Siebener ist der Hauptrhythmus, der Siebener ist der Hauptrhythmus für inhaltliche Dinge und der zehner ist der Hauptrhythmus für äußere Aktivität, aber der entscheidende Rhythmus, der überall durchzieht ist der Siebener.

K: Der ist wohl der wichtigste?

A: Jawohl. - Nun, eine Zeitperiode wird von dem Tierkreiszeichen in der Be-

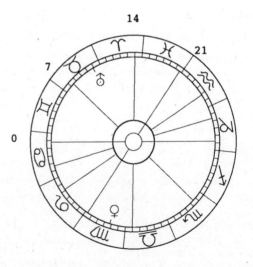

wegung immer von dem Haus beherrscht, das es in Richtung zum Uhrzeigersinn anschneidet, das heißt wir haben bei unserer Deutung statisch gesehen: das elfte Haus wird vom Widder beherrscht. In der Bewegung, in der Auslösung ist es umgekehrt: Der Zeitablauf von der Spitze zwölf zur Spitze des elften, die sieben bis vierzehn Jahre werden vom Stier beherrscht. Dann wird dieser Zeitablauf, der nächste zwischen vierzehn und einundzwanzig zum Beispiel vom..

K: Widder.

A:.. Widder beherrscht, okay. Da haben wir auch ein schönes Ereignis, das können wir gleich mit hineintun. Das heißt also, der Uranus kann nur so wirken, wie es die Venus zuläßt, das heißt er kann nur auf dieser einen Ecke eine Unruhe und eine Umstellung bringen, wo die Venus steht, klar? Wo steht die Venus?

K: Haus vier.

A: Haus vier, in der Familie, beim Neptun. Das Kind wird deshalb so unruhig, weil im vierten Haus eine Unruhe, eine Unsicherheit ist, Venus-Neptun. - Gut.

K: Der Neptun ist aber jetzt noch nicht damit in..

A: Eigentlich hat er gar nichts damit zu tun. Nur die Venus.. wir haben den Neptun hingezeichnet, weil er so nah bei der Venus steht, daß es eine leichte Charakterisierung von der Seite her zuläßt.

Jetzt kommt aber noch etwas, damit es noch komplizierter wird: Der Uranus - haben wir gesagt - kann nur auf der Ebene wirken, wo es die Venus zuläßt, klar? - Ja. - Die Venus liegt auf wieviel Grad? - Auf neunzehn Grad Jungfrau im vierten Haus.

Und jetzt ist folgendes: Wenn Sie die ersten sieben Jahre durchlaufen haben, hinter sich haben, dann löst zwischen sieben und vierzehn der Stier seine Venus aus, und zwar im vierten. Sie übertragen jetzt die Venus im Verhältnis auf das elfte, - das wäre der direkte, aber kompliziertere Weg. Einfacher ist es, Sie rechnen die Venus-Auslösung gleich im vierten Haus aus, und zählen dann die Zeit oben, das heißt zum Beginn der Siebener-Periode dazu.

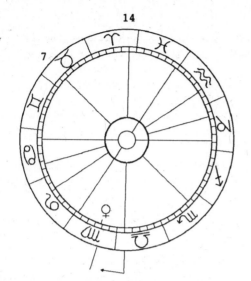

Sie zählen also in Haus vier in Richtung der Bewegung von der vorhergehenden Häuserspitze bis zur Venus, rechnen das Vergehen der Jahre als Strecke aus und zählen das zu den sieben vergangenen Jahren - der ersten Periode dazu.

K: Dreieinhalb Jahre.

A: Das sind dreieinhalb Jahre, also sieben plus dreieinhalb: mit zehneinhalb Jahren ist diese Venus da unten in der Auslösung fällig, wird zum Ereignis.

K: Von welcher Spitze rechnen Sie, von vier oder fünf?

A: Von fünf runter, immer in Richtung des Uhrzeigers.

K: In zehn-Komma-fünf Jahren ist die Auslösung fällig..

K: Aber in etwa zehn-Komma-zwei Jahren ist der..

A: Uranus schon da, das spielt keine Rolle, der Uranus kann sowieso nur so, wie es die Venus zuläßt, denn die Venus beherrscht den ganzen Zeitraum.

K: Und wenn die noch nicht ausgelöst ist, kann der Uranus nicht?

A: Doch, der kann schon.

K: Wie, der ist ja noch nicht ausgelöst?

A: Macht ja nichts, die Venus ist allein schon durch den Stier, der die ganze Periode beherrscht, schon ausgelöst. Sie läuft nur auf die Kulmination ihres Ereignisses hin, auf ein Maximum. Schauen Sie, der Stier löst die Venus aus und dann hat die Venus ihr Maximum bei zehn Komma fünf Jahren, trotzdem ist der gesamte Zeitraum im elften Haus von der Venus beherrscht.

K: Ja, jetzt haben Sie gezeigt, im vierten Haus, daß praktisch in dem Augenblick, wo der Stier angeschnitten wird, das vierte Haus

A: Gut, da haben Sie die Venus-Kulmination und da kann der Uranus trotzdem hier schon sich auslösen, denn er wird ja selber angetroffen.

K: Ja, sind das dann nicht getrennte Ereignisse?

K: Der Uranus kommt ja erst später.

A: Genau, das sind zwei getrennte Ereignisse.

K: Also zunächst, wenn ich Ihren Worten jetzt folge, dann muß ich zunächst sagen: wir kommen mit dem Ascendenten bei zweiundzwanzig Komma acht Stier an. Hier brauchen wir..

A: Lassen Sie mal den Ascendenten sein und nehmen Sie an, es wäre ein gedachter Punkt.

K: Ein gedachter Punkt kommt also bei zweiundzwanzig Grad - Stier an und in dem Augenblick besteht die Voraussetzung dazu, daß die Venus ausgelöst werden kann. Die Venus steht im vierten Haus, wir müssen also bis zur Auslösung noch warten und zwar bis diese Strecke von der Spitze des fünften Hauses zur Venus zurückgelegt ist.

A: Folgendes, - ich weiß schon, was Sie meinen. Jetzt vergessen Sie einmal die Venus, vergessen Sie die einmal. Ich stelle fest: der Uranus kann nur so, wie es der Stier zuläßt und der Stier wirkt ab dem siebten Lebensjahr, einverstanden?

14   K: Ja.

A: Der Stier hat aber seinen Inhalt daher, daß die Venus im vierten Haus steht, also kann es uns zunächst völlig egal sein, wann die ausgelöst wird und dem Uranus ist es auch egal. Verstehen Sie, was ich meine: der Stier wirkt als solches immer hier im elften, die sieben Jahre, es ist ja nicht die Venus alleine, sondern beide zusammen.

K: Ach so.

A: Das ist der Ausgangspunkt und die Auslösungsebene, ja. Die sind ja nicht zu trennen. Okay.

K: Die dreieinhalb Jahre kann man also nur in bezug auf die Spitze vom zwölften..

A: .. dazu zählen, genau. Jetzt kommen wir an den Uranus. Und so, wie der Stier seine Venus auslöst, so löst der Uranus seinen Wassermann, neuntes Haus, aus: Wechsel in der Außenwelt, wir wollen das jetzt nicht umreißen.

Übrigens, was sich noch mit auslöst, ist natürlich die Uranus-Opposition zum Mars, durch Aspekt, weil er in einer inhaltlichen Gegenstellung steht und gebunden ist an die Gegenstellung.

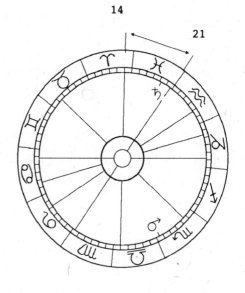

Jetzt habe ich eine erste Frage an Sie: Was ist los zwischen vierzehn und einundzwanzig?

K: . Der Zeitraum untersteht dem Mars, vom Widder her.

A: Genau, der untersteht dem Mars, der legt also fest, worin das Wesentliche dieses Zeitraums steht.

K: Und der steht in Haus fünf.

A: Und der steht in Haus fünf. Was heißt das? - Diese Periode kommt dem Ascendenten sehr entgegen. Mal allgemein gesagt. Ausdrucks-, Triebwillen und so weiter Energie, energisch und so weiter. So, jetzt kommt etwas sehr Komisches: der Saturn wird direkt angetroffen, was ist jetzt damit?

K: Der bremst, der wirkt dem entgegen.

A: Der gibt dem einen Dämpfer, in welcher Form?

K: Der versucht einzuschränken..

K: Der reguliert in der Begegnung.

K:.. von seiner Beziehung vom siebten Haus her.

A: Ja.

K: Das ist schon eine Begegnung.

A: Wir haben hier was ganz Eindeutiges sogar.

K: Etwas Trennendes?

A: Etwas Trennendes, ja.

K: Die kommt vielleicht in ein Internat oder so etwas.

A: Internat? - Wir haben nichts von Haus drei dabei, wir haben nichts von Haus sechs dabei.

K: Ich meine, wegen der Begegnung?

A: Überlegen Sie mal: Sie haben den Mars im fünften Haus der recht stark ist. Und dieser Mars drückt ja eigentlich aus, was in der Veranlagung dieses Mädchens, da ist es schon Mädchen, vorhanden ist. Nämlich ein ungeheuer starker Lebenstrieb und Triebwillen.

K: Geschlechtstrieb auch?

A: Ja, gewiß.

K: Und da kommt der Saturn und versucht genau entgegengesetzt zu wirken.

A: Ja, wir haben doch gesagt, Mars in fünf: Verausgabung. - Die will ihren Geschlechtstrieb ausleben, nicht nur den Geschlechtstrieb, auch ihren ganzen Lebenstrieb. Das geht aber - Quadrat Merkur - zur Ordnung dieser Welt vor sich.

Das heißt, wenn der Lebenstrieb so eminent stark ist, daß er aus dem bürgerlichen Weltbild herausfällt, dann muß es ja ein Quadrat zum Merkur im zweiten geben. Und der löst sich also da jetzt aus. Ich weiß nicht in welchem Alter das genau ist, was können wir denn ungefähr schätzen?

K: So um zwanzig rum?

A: Nein, der Mars löst sich früher aus. Rechnen Sie doch mal nach, wann löst der sich aus?

K: Der ist wiederum in der Mitte, also mit siebzehneinhalb Jahren.

A: Mit siebzehneinhalb Jahren löst er sich aus, okay. Und wann löst sich der Saturn aus?

K: Mit zwanzig ungefähr.

A: Mit zwanzig, okay. Nun ist ja der Saturn als Anlage die Repräsentation der Disziplinierung, ist das klar? - Ist nicht klar? Der Saturn ist der Antikörper vom Denken her gegen die Labilität, das haben wir doch gesagt. Und jetzt kommt sie auf den Saturn. Was heißt das?

K: Sie fängt allmählich an zu denken.

A: Ja, ja schon, aber?

K: Ein bißchen vernünftiger vielleicht, zu steuern und zu formieren, zu regeln.

A: Zu disziplinieren, genau. Sie wollte sogar in ein Kloster gehen damals, - nachdem sie es vorher recht..

K:.. toll getrieben hat.

A: Toll, na ja.

K: Lustig.

A: Nur ist es dabei nicht geblieben. Warum ist es nicht dabei geblieben, beim Kloster?

K: Sonne im Löwen vielleicht?

A: Nein, das haben wir jetzt gar nicht. Nein, nur von der Periode her gesehen. - Weil der Saturn nur so kann wie es der Mars zuläßt. Und der Mars läßt halt das Kloster doch nicht zu.

K: Ach so, weil er daß zehnte anschneidet, im Uhrzeigersinn der Bewegung.

K: Aber ist der wirkungslos, praktisch, der Saturn?

A: Nein, das nicht, wirkungslos ist er nicht.

K: Ja, also der Saturn möchte dazwischen, aber der Mars kann jetzt das verwirklichen, was er schon vorher will, weil er dem Saturn nämlich sagt: "Du darfst nicht". Also der Mars ist bestrebt, dieses Mädchen dazu zu bringen, sich in jeder Hinsicht auszuleben und gewissermaßen das Triebhafte auszuleben, da will der Saturn dazwischen kommen und will versuchen, diese Tendenz einzuschränken und sagt: "Das hört jetzt auf, das geht nicht so weiter", aber dann sagt aber wiederum der Herr vom Saturn, der Mars: "Du hast hier gar nichts zu sagen, es wird so gemacht wie ich will."

A: Wenn es heißt, der Saturn kann nur so, wie der Mars es zuläßt, dann heißt das mit anderen Worten: die Disziplinierung des Saturn kann sich nur auf dieses Gebiet beziehen, das der Mars vorher festlegt. Die Disziplinierung kann also nur dort passieren, wo der Mars steht, der legt die Ebene fest. Sie diszipliniert sich also nicht zum Beispiel in Haus zwei oder in Haus vier oder in Haus acht, sondern sie diszipliniert sich spezifisch hier in fünf.

K: In Haus fünf.

A: Also verbietet der Saturn das, was der Mars gebietet. Der Saturn verbietet genau in den Bereichen, die der Mars gebietet, denn nur in diesem Bereich hat der Saturn seinen Einfluß.

A: Okay. - letzt möchte ich folgendes gleich mal dazu sagen: Das soll jetzt keine Kritik sein, sondern - Sie sind ja in einem Kurs. Nun wollen wir davon ausgehen, daß der Saturn jetzt prinzipiell nur dort disziplinieren kann, wo etwas zu disziplinieren ist. Ist das klar?

K: Das ist ja uninteressant, dann wirkt er ja nicht.

A: Das ist ja selbstverständlich. Infolgedessen verbietet der Saturn nicht..

K:.. sondern schränkt ein.

A:.. sondern schränkt ein. Verstehen Sie, das ist ein Unterschied. Vielleicht in diesem Fall noch nicht einmal so stark als in anderen Fällen.

Der Saturn regelt und schränkt ein, was über das Extrem hinausschießt. Das heißt: je stärker das Extrem ist, desto stärker zieht der Saturn ins Gegenextrem, - aber prinzipiell will er nichts anderes als die normale Mitte erreichen. Also verhindern bis in Grund und Boden und dann noch draufstampfen, das will er nicht, ist das klar?

K: Ja, ist klar.

A: Der will..

K:.. regeln und formieren.

K: Aber das Kloster ist schon ziemlich extrem bei dieser Veranlagung.

A: Wissen Sie, welche Mädchen hauptsächlich ins Kloster gehen? - Krebs - Ascendenten, und zwar deswegen, weil sie mit der Verarbeitung ihre seelischen Reichhaltigkeit nicht mitkommen, weil sie sich dann als Schutz und Disziplinierung aufbauen: Antikörper im Sinne einer strengen Denkanforderung. Ob sie dann im Kloster bleiben, ist eine andere Frage.

Ja, ist das jetzt einmal, als Vorgriff gesehen, einigermaßen klar?

Was ich noch hinzufügen will ist: In dem Moment, in dem mit zwanzig Jahren der Saturn erreicht ist, ist der Saturn, und über die Auslösung auch der Mars in dem Erscheinungsbild verwirklicht, ist das klar?

Die hat übrigens zu dem Zeitpunkt einen Wohnungswechsel gehabt, das heißt sie hat dringend eine Wohnung gesucht und dann hat sie eine Wohnung gefunden.

Das ist so: Während sie über den Saturn gelaufen ist, zeitpunktmäßig, hat sie eine Wohnung bekommen und, wo glauben sie, hat Sie die Wohnung bekommen? Der Saturn ist eine Disziplinierungsanlage von ihr und sucht nun als Ereigniswunsch Situationen, in denen er sich ausdrücken kann.

K: In einem Mädchenheim.

A: Nein, wieso? - Ist doch keine Vergemeinschaftung da. - Direkt neben der Erlöserkirche in der Germaniastrasse hat sie die Wohnung bekommen und die hat im Zimmer sitzen können, wo sie wollte, die hat immer auf das Kruzifix geschaut, also auf die Kirche und dauernd das schwere Gebimmel gehört. Jetzt ist die Frage: Hat sie das gestört oder nicht?

K: Nein.

A: Überhaupt nicht hat es sie gestört, die fand das herrlich. Und zu dem Zeitpunkt hat sie übrigens ledernes Wams getragen, also so richtiges rohes Leder, härenes Gewand.

K: Jetzt habe ich noch einmal eine Frage zu dem Saturn da, mit dem Steinbock in der Auswirkung, das ist also die Herausforderung. Ist sie dazu gezwungen worden oder ist die Formierung aus ihr selber gekommen?

A: Das ist aus ihr selber gekommen. Naja, es kann vielleicht Anlässe gegeben haben, so gut kenne ich sie nicht.

K: Wissen Sie die tatsächlichen Begebenheiten, wie sie neuneinhalb, zehn Jahre war? Also wo der Uranus sich verwirklicht hat, und wo die Venus dann auch die Anlage zur Verwirklichung gebracht hat?

A: Das weiß ich weniger, ich weiß nur, daß es da irgendeine Umstellung und Wohnungsveränderung gegeben hat und daß mit den Eltern was nicht ganz gestimmt hat, das ist das einzige, was ich weiß.

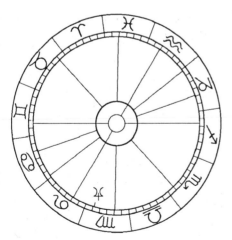

Aber ich habe noch ein Beispiel, das geradezu herrlich ist, daß muß ich Ihnen noch schnell zeigen: Das ist kein ganzes Horoskop, da brauchen Sie keine Angst zu haben: Da haben wir im vierten Haus den Neptun, und da erzählt der mir: sein Vater war Kapitän, und da habe ich mir gedacht, wenn der Neptun da in vier schon so eine Assoziation mit dem Wasser hat, daß der Vater Kapitän ist, sozusagen als das schwimmende Heim - und dazu ab vierzehn der Fisch den Neptun auslöst, im vierten, ist das klar, ab vierzehn löst der Fisch den Neptun aus? Was würden Sie zumindest experimentell für eine Frage abschießen, an den?

K: Ja, willst du das auch werden? Oder so.

A: Ja, man könnte fragen: "Wolltest du daß mit vierzehn Jahren auch werden?" -, der ist ja mit vierzehn dort, in vier bei Neptun. Aber ich war natürlich frech und habe gesagt: "Wo haben denn Sie ab vierzehn gewohnt? War das auf einem Schiff oder irgendwo, wo viel Wasser drumrum war?" Und dann war der mit vierzehn in ein Internat gekommen. Und da gibt es ein Internat, das in einer Burg ist und wo Wasser rundum ist, ich weiß nicht, das muß irgendwo in Württemberg oder der Gegend sein.

K: Salem.

A: Nein, nicht Salem. Ich weiß nicht, das Schloß liegt direkt im Wasser. Das ist ja auch wurscht, jedenfalls hat sich dieses Anlagebild tatsächlich so konkret verwirklicht. Das heißt bei dem Sohn haben sich also in der Periode, in der sich die Konstellation Neptun in vier auslöst, die er von seinem Vater geerbt hat, die Eindrücke des Vaters sogar tatsächlich wiederholt. Nämlich von Wasser umgeben zu leben. Also da können Sie schon sehen, was für Erbgut ereignismäßig sich in den einzelnen Konstellationen niederschlägt.

Ja, das wäre es dann für heute und - ja, wann denn wieder?

K: Am zwölften Januar.

A: Ja, dann am zwölften wieder hier um dieselbe Zeit.

Inhaltsübersicht

1. Abend   Seite 5
    I. Teil: Astronomische Grundlagen - Horoskoperrechnung - erste Zeichenerklärung.
    II. Teil: Deutungsgrundlagen - Vier Quadranten - Bedeutung von astrologischen Häusern und Tierkreiszeichen.

2. Abend   Seite 53
    I. Teil: Wiederholung: Vier Quadranten Tierkreiszeichen - Häuser - Planeten.
    II. Teil: Erste Deutungsversuche mit Deutungsschema - Ereignishoroskop

3. Abend   Seite 77
    I. Teil: Deutungsübung: Schauspieler-Horoskope von O.W. Fischer, Hildegard Knef - (Sonne Haus 5) - Wiederholung: Mars, Venus, Merkur, Mond.
    II. Teil: Deutungsübung: Werner Heisenberg Ludwig II. von Bayern, Albert Einstein.

4. Abend   Seite 119
    I. Teil: Der Aspekt als Anlage-Divergenz mit Horoskop-Beispiel Hotelier - erster Versuch der Ereignis-Berechnung - Zeitplan der Anlage-Auslösung Wiederholung Zeichen: Fische, Jungfrau, Wassermann.
    II. Teil: Deutungsübung: Beispiel Vatikanstaat, Bayrische Akademie der schönen Künste.

5. Abend   Seite 165
    I. Teil: Deutungsübung: Horoskop eines Betrugers - Neptun Haus 2 - Wiederholung: Sonne Haus 2, 3, 4, 5.
    II. Teil: Wiederholung: Haus 4, 5, 6 - die vier Quadranten mit Beispielen - Deutungsübung: Horoskop eines Homosexuellen.

6.Abend   Seite 201
    I. Teil: Deutungsübung: Horoskop einer Modejournalistin - Horoskop Hildegard Knef - Beispiel für Spannungsherrscher.
    II. Teil: Wiederholung: Aspekte sowie Tierkreiszeichen und Häuser mit Beispielen.

7.Abend   Seite 237
    I. Teil: Wiederholung Häuser 6, 7, 8, 9 mit Beispielen.
    II. Teil: Deutungsübung: Begegnungs-Horos kop - Schicksalsbegriff - Horoskop als Situationsbild der Zeugungszeit.

8.Abend   Seite 273
    I. Teil: Wiederholung: Haus lo, 11, 12 - mit Beispielen.
    II. Teil: Stegreif-Astrologie: Stundenhoroskope - Gen-Auswahl durch Zeugungssituation - Hexen: Austauschbarkeit der Symbole - erster Hinweis auf Rhythmen-Horoskope: Mundan- Septar 1912-19 - Deutungshinweis: Horoskop der SED.

9. Abend   Seite 319
    I. Teil Wiederholung: Häuser, Tierkreiszeichen, Planeten - Mars in den einzelnen Häusern - Pluto, mit Beispielen.
    II. Teil Orbis-Häuserspitzen - Deutungsübung: Horoskop der SPD .

10.Abend   Seite 359
    I. Teil: Deutungsübung: Horoskop einer Pantomimin und Schauspielerin - Horoskop Elizabeth II. von England -
    II. Teil: Schicksal als unbewußter Ereigniswunsch - weiterer Hinweis auf Ereignis-Auslösung mit Übung - Gegenregulative im Horoskop - Beispiel von Vererbung von Erlebnisbildern.

Berichtigung

Beispiel Vatikanstaat (Vierter Abend zweiter Teil) Mond steht im Zwilling und nicht im Fisch.

Literaturhinweise auf Bücher von Wolfgang Döbereiner

Heyne-Tierkreis-Bücher - zwölf kleine Bücher für jedes Tierkreiszeichen - Heyne-Verlag

Im Verlag Döbereiner herausgegeben und direkt vertrieben:

Astrologisches Lehr- und Übungsbuch - Band 1
 ISBN 3-927094-12-9

Astrologisches Lehr- und Übungsbuch - Band 2
 ISBN 3-927094-13-7

Astrologisches Lehr- und Übungsbuch - Band 3
 ISBN 3-927094-14-5

Astrologisches Lehr- und Übungsbuch - Band 4
 ISBN 3-927094-15-3

Astrologisches Lehr- und Übungsbuch - Band 5
 ISBN 3-927094-10-2

Astrologisches Lehr- und Übungsbuch - Band 6
 ISBN 3-927094-16-1

Astrologisch-homöopathische Erfahrungsbilder zur Diagnose und Therapie von Erkrankungen - Band 1
 ISBN 3-927094-11-0

Astrologisch-homöopathische Erfahrungsbilder zur Diagnose und Therapie von Erkrankungen - Band 2
 ISBN 3-927094-18-8

Astrologisch definierbare Verhaltensweisen in der Malerei
 ISBN 3-927094-00-5

Maler-Horoskope zu "Astrologisch definierbare Verhaltensweisen in der Malerei"
 ISBN 3-927094-01-3

Astrologisch definieerbare Gedragspatronen in de Schilderkunst
 ISBN 3-927094-23-4 - Übersetzung ins Niederländische

Flumserberger Seminare - "Weg der Aphrodite" - Band 10
 ISBN 3-927094-09-9

Seminare - "Das Gleichnis des Elefanten" - Band 1
 ISBN 3-927094-17-X

Seminare - "Die Weigerung des Christophorus" - Band 4
ISBN 3-927094-19-6

Seminare - "Die Wege des Ortlosen" - Band 6
ISBN 3-927094-22-6

Seminare - "Geflecht und Zeichen" - Band 7
ISBN 3-927094-24-2

Seminare - "Modelle des Gegenwartslosen" - Band 9
ISBN 3-927094-28-5

Astrologisch-geographische Karten
ISBN 3-927094-20-X

als Zusatz Karten von: BeNeLux
                         Frankreich
                         Deutschland als Gesamtkarte

Horoskop für jeden Tag - Erschienen 1972
Fotokopie, nicht über den Buchhandel beziehbar

Berliner Vortrag
ISBN 3-927094-03-X

Hamburger Vorträge/Berliner Vorträge zusammengefaßt
ISBN 3-927094-02-1/3-927094-03-X

Trois Conferences à Hamburg et Berlin
ISBN - 3-927094-21-8 - Übersetzung ins Französische

Erste Veröffentlichungen, 1953 bis 1957
ISBN 3-927094-04-8

Textbook of Astrology
   Vol. I - ISBN 3-927094-05-6
   Vol. II - ISBN 3-927094-06-4
   Vol. III - ISBN 3-927094-07-2

Patterns of Experience
   Vol. I - ISBN 3-927094-08-0

In Vorbereitung: Flumserberger Seminare" in zehn Bänden
                  und "Seminare" - in weiteren Bänden

DÖBEREINER-SEMINAR-SEKRETARIATE

Schweiz:

Leonore Froriep
Längenstr. 71
Postfach 32
CH-8964 Rudolfstetten
Tel. 057/338 560

Österreich:

Informationen erhältlich im

Büro Döbereiner
Agnes-Bernauerstr. 129
80687 München
Tel. 089/5805566

Norddeutschland:

Irene Otte
Brahmsallee 13
20144 Hamburg
Tel. 040/410 68 78